인천대학교 인천학연구원 독립운동사연구소 총서 1호

이성기 · 용기 형제와 남원 3 · 1독립만세의거

이태룡 엮음

光文閣
www.kwangmoonkag.co.kr

남원출신 독립유공자

▲ 이석기(李奭器, 1880~1932) 지사

▲ 이성기(李成器, 1990~1978) 지사

▲ 정한익(丁漢翼, 1890~1977) 지사

▲ 최병현(崔炳鉉, 1888~1957) 지사

▲ 형갑수(邢甲洙, 1892~1973) 지사

▲ 이범수(李範壽, 1893~1945) 지사

▲ 황석(黃奭, 1848~1919) 의사

▲ 김맹도리(金孟道里, 1876~1959) 지사

▲ 소팔백(蘇八伯, 1882~1968) 지사

▲ 이태현(李太鉉, 1907~1942) 의사

▲ 이대수(李大壽, 1911~1952) 지사

▲ 박순영(朴舜永, 1912~1990) 지사

▲ 이두석(李斗碩, 1921~1947) 지사

▲ 이용식(李容式, 1923~1946) 지사

▲ 오종옥(吳種玉, 1925~1944) 의사

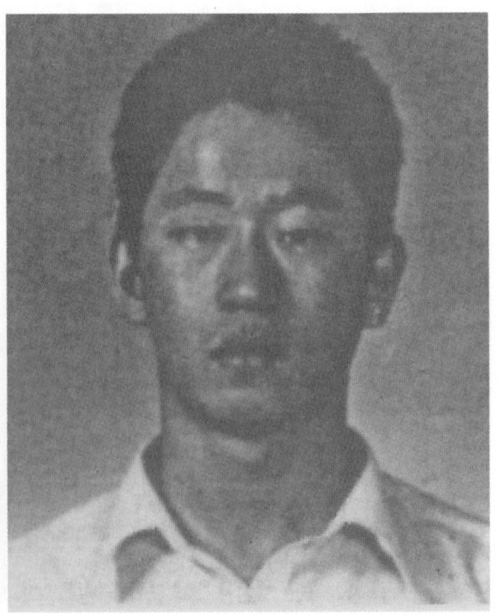

▲ 문정덕(文正德, 1928~1947) 지사

일제 감시대상 인물카드(원본)

김해근(金海根, 1860~1946) 지사

- 경성감옥(전 경성형무소 전신)

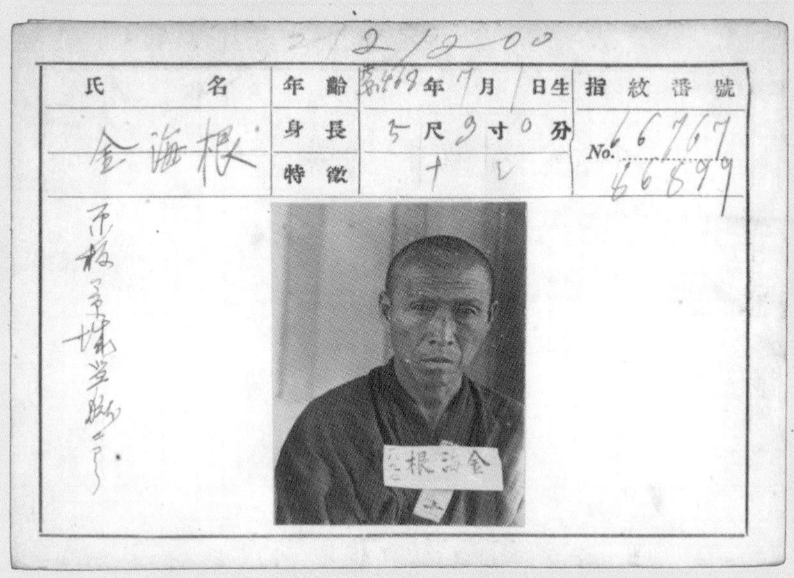

氏名	年齡	年 7 月 日生	指紋番號
金海根	身長	5 尺 3 寸 0 分	No. 66767
	特徵		66899

本籍	出生地	住所	身分
全羅南道 南宗郡 [illegible]	〃	〃	常民
			職業
			農

罪名	刑名	刑期	言渡年月日	刑ノ始期	言渡裁判所	執行監獄	出獄年月日及其事由
保安法違反	禁錮 懲役	一年六月	大正八年六月六日	大正 年 月 日	[illegible] 法院	[illegible] 監獄	大正九年 月 日 滿期 假出獄

前科	備考
初犯	[illegible]

유창근(柳昌根, 1874~1938) 지사

- 경성감옥(전 경성형무소 전신)

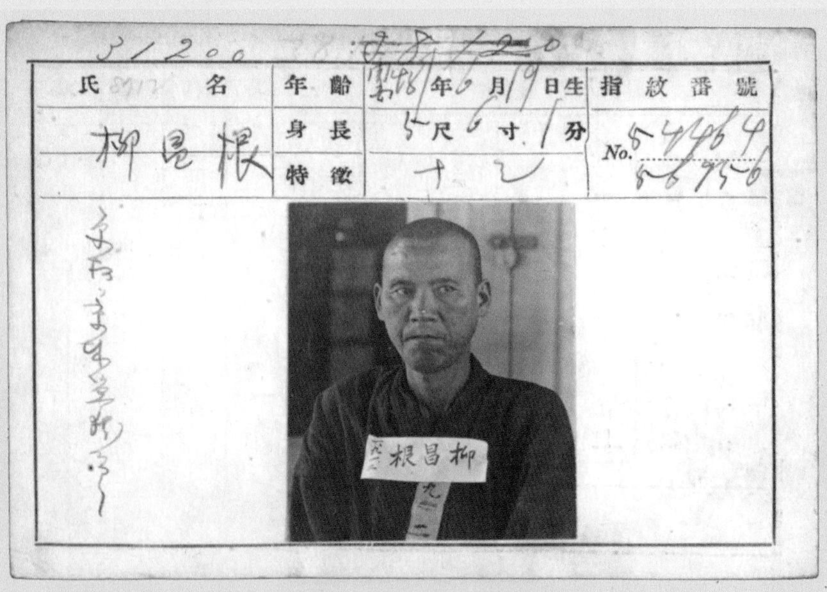

氏名	年齡	年 月 日生	指紋番號
柳昌根	身長	5尺 6寸 1分	No.
	特徵		

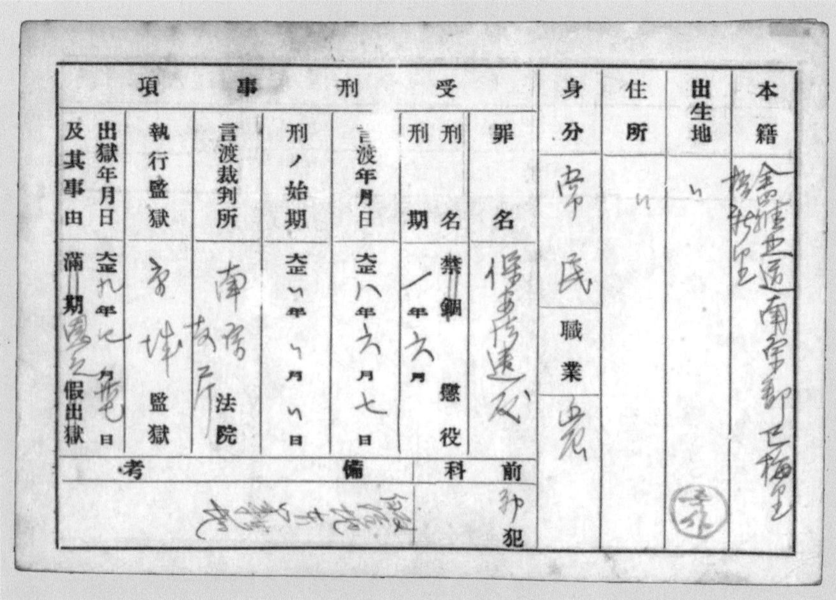

受刑事項	
罪名	保安法違反
刑名	禁錮 懲役
刑期	一年六月
言渡年月日	大正八年六月七日
刑ノ始期	大正〃年〃月〃日
言渡裁判所	法院
執行監獄	監獄
出獄年月日及其事由	大正九年 月 日 滿期 假出獄
前科	犯
備考	
本籍	
出生地	〃
住所	〃
身分	常民
職業	農

이성기(李成器, 1890~1978) 지사

- 김해근 · 유창근 지사와 달리 만기 출옥인데, 출옥년이 잘못 기재되어 있다.

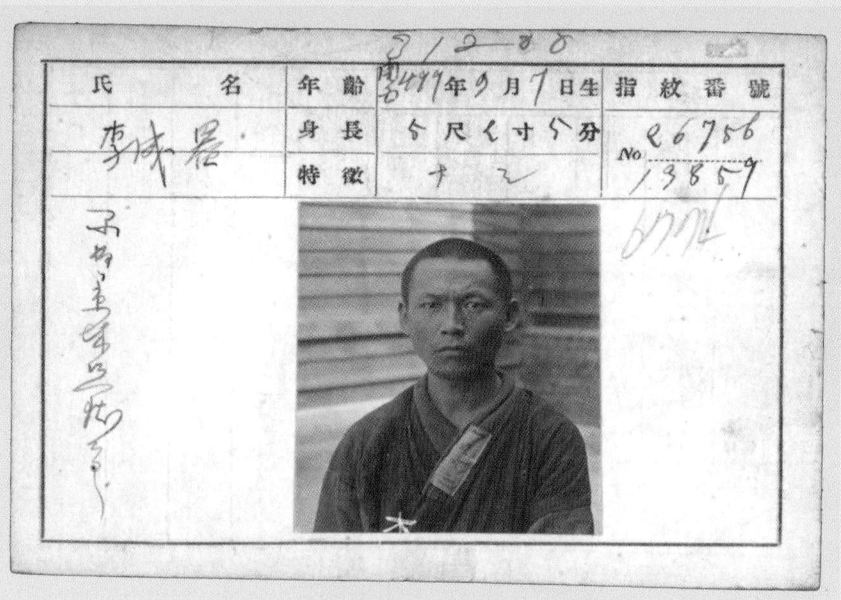

氏名	年齡	年 月 日生	指紋番號
李成器	身長	尺 寸 分	No.
	特徵		

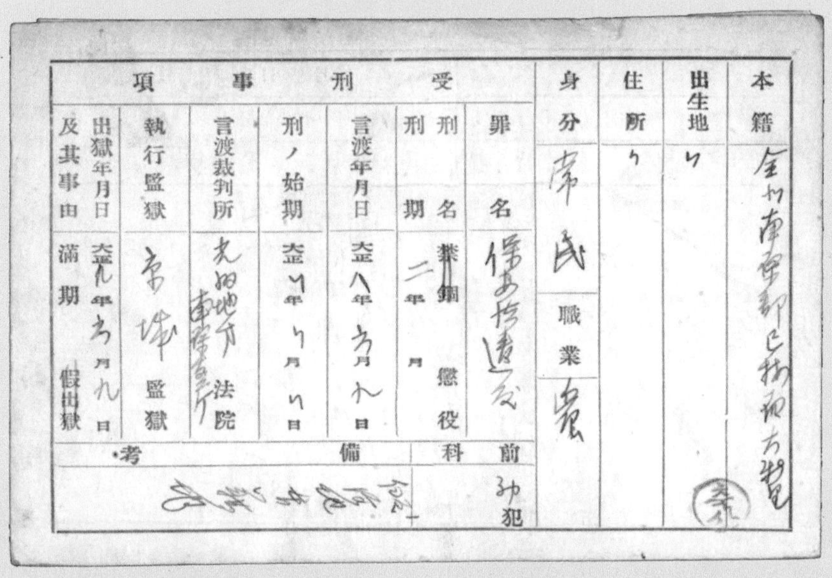

本籍	出生地	住所	身分	罪名	刑名	刑期	言渡年月日	刑ノ始期	言渡裁判所	執行監獄	出獄年月日 及其事由
			常民	保安法違反	禁錮 懲役	二年 月	大正八年 月 日	大正 年 月 日	法院	監獄	大正九年 月 日 滿期 假出獄
			職業 農								

前科	備考
初犯	

전라북도장관(도지사) 보고서

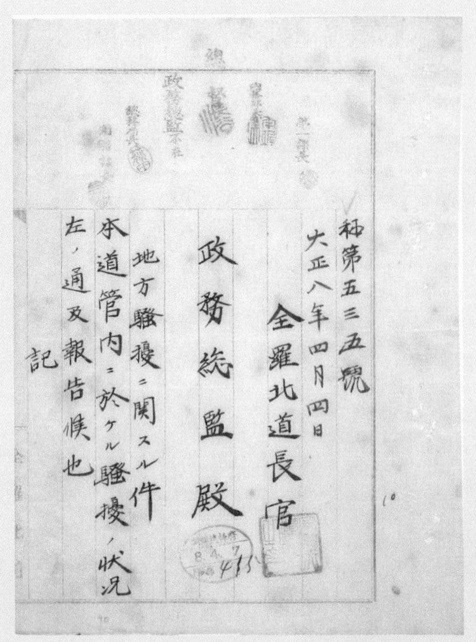
秘第五三五號
大正八年四月四日
全羅北道長官
政務総監殿
地方騒擾ニ関スル件
本道管内ニ於ケル騒擾ノ状況左ノ通及報告候也
記

▲ 남원 3·1독립만세의거(1919.04.04)

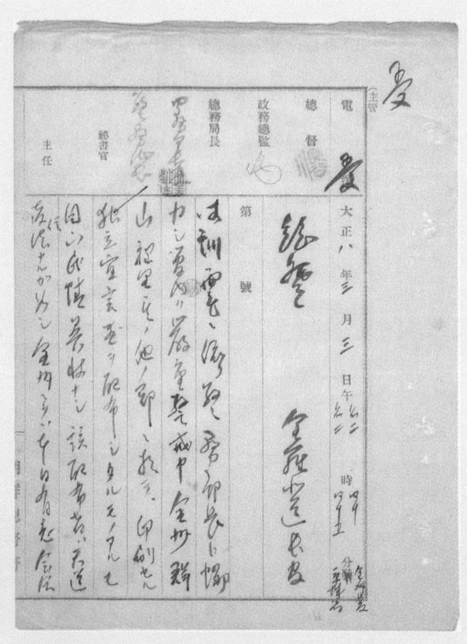

▲ 「독립선언서」 유입(1919.03.03)

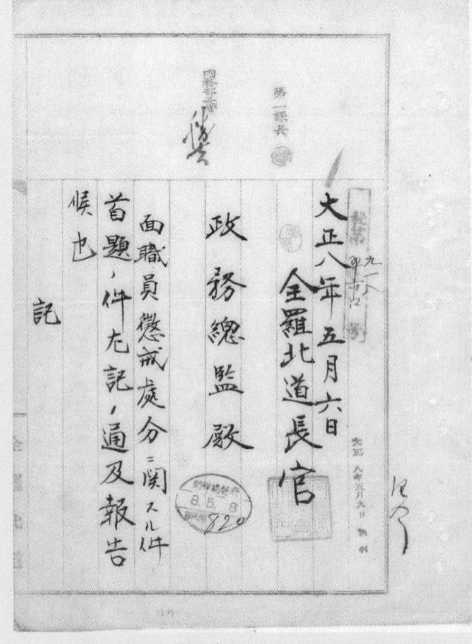
大正八年五月六日
全羅北道長官
政務總監殿
面職員懲戒處分ニ関スル件
首題ノ件左記ノ通及報告候也
記

▲ 남원 등 3·1독립만세의거(1919.05.06)

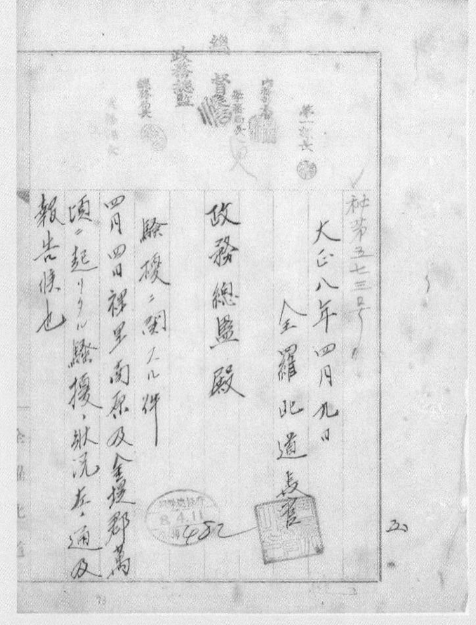
秘第五七三号
大正八年四月九日
全羅北道長官
政務總監殿
騒擾ニ関スル件
四月四日裡里南原及金堤郡萬頃ニ起リタル騒擾ノ状況左ノ通及報告候也

▲ 남원 3·1독립만세의거(1919.04.09)

대전현충원 독립유공자 묘역

▲ 김용식 지사와 배위 안동권씨 묘

▲ 방극용 의사의 묘

▲ 방진형 의사의 묘

▲ 신경화 지사와 배위 김성녀의 묘

▲ 유창근 지사와 배위 강씨의 묘

▲ 윤우현 지사와 배위 박영희의 묘

▲ 이석기 지사와 배위 양천허씨 묘

▲ 이형기 지사와 배위 장덕기의 묘

▲ 정한익 지사와 배위 김정순의 묘

▲ 진만조 지사의 묘

▲ 황석현 지사와 배위 전주이씨 묘

▲ 황동주 지사와 배위 김판순의 묘

▲ 남원 3·1독립만세의거 발상지 기념탑 - 전북 남원시 덕과면 사율리 66

▲ 계명당 고개의 함성 대한독립만세탑 - 전북 남원시 사매면 월평리 산35-2
이용기(李龍器) 지사가 1919년 4월 4일 '大韓獨立旗巳梅面'(대한독립기 사매면)이라 쓴 태극기를 높이 들고 남원시장 만세시위를 주도했는데, 그 구절을 가리키고 있는 손자 이석문

▲ 3·1독립만세의거 기념비 - 전북 남원시 옛 남원역 앞

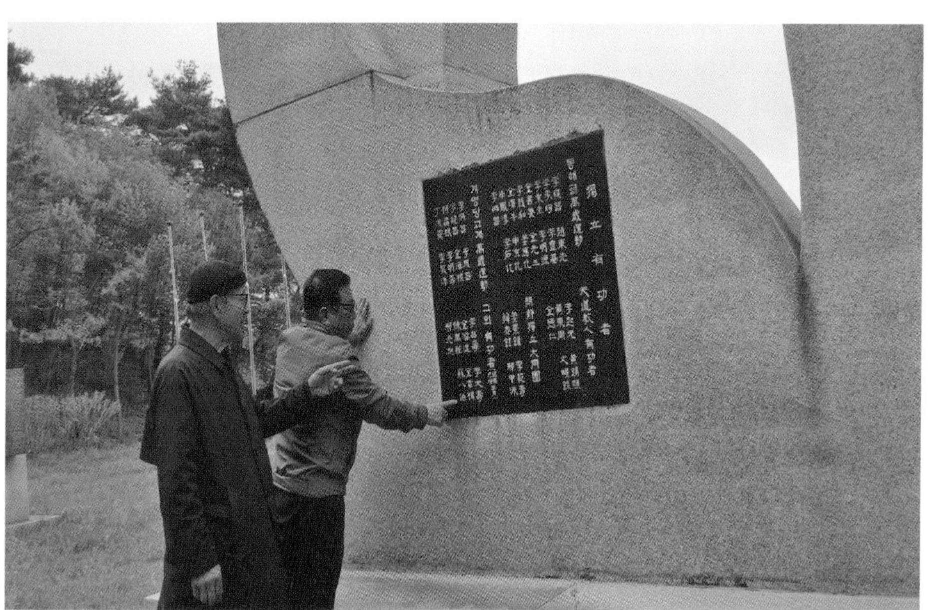

▲ 남원 3·1공원 기념탑에 의병활동으로 독립유공자 포상을 받은 소팔백(蘇八伯) 지사와 이른바 '임시보안령' 위반으로 투옥되어 옥중 순국한 소갑호(蘇甲浩) 의사의 이름을 가리키는 후손 소순권

▲ 3·1독립만세의거 유공자를 많이 배출했다는 긍지가 담긴 덕과면 표지석

▲ 독립유공자 7명을 배출한 전주이씨 영해군파 집성촌 사매면 대신리 입구. 이 거대한 비석에는 마을 유래와 영해군파 인물이 간략히 소개되어 있다.

영해군파 묘역(서울 도봉구 도봉동 산 81-1)

▲ 영해군의 묘 - 서울 영해군파 묘역

▲ 영해군 부인 평산신씨의 묘

▲ 영춘군과 부인 진주류씨의 묘

▲ 영해군 차남 길안도정의 묘

▲ 목성공신도비(통칭 영춘군신도비)

▲ 영해군 사우-남원시 사매면 대신리

▲ 남원 소덕사 영해군 기신제 참반한 전주이씨 영해군파 후손

▲ 이성기 · 용기 형제 지사 성묘 후 후손들의 모습

▲ 이성기 지사(사매면 대신리 자택)

▲ 이용기 지사 자녀 택기, 세 자매

▲ 이성기 지사와 손자녀(1975년)

▲ 이성기·용기 형제 지사 성묘 후 손자 이석문과 외손자 소순권

▲ 이성기·용기 지사 생가지(꽃밭) - 남원시 사매면 대신리

목차

제2부

남원 3·1독립만세의거 / 77

제3부

판결문 / 205

엮은이의 말

2019년 3・1독립만세의거 100주년이자 대한민국 임시정부 수립 100주년이 되던 어느 날, 경성감옥(경성형무소 전신)에서 투옥 중이던 한 인물의 사진을 보았습니다. 국사편찬위원회가 소장하고 있는 이른바 '일제감시대상인물카드' 속의 한 분이었는데, 비록 삭발하고 수인(囚人) 복장을 하고 있었지만 형형한 두 눈빛은 일제 관헌의 간담을 서늘하게 하고도 남음이 있을 것 같았습니다.

'이성기(李成器)'!

그는 1919년 4월 4일 전북 남원 북시장 독립만세시위를 주도한 혐의로 아우 용기(龍器)와 함께 징역 2년이 선고되어 경성감옥에서, 아우는 광주감옥 전주분감에서 옥고를 겪었고, 1977년에 대통령 표창, 1990년 건국훈장 애족장이 추서된 분이셨습니다.

남원 북시장 독립만세시위 주도자로 피체되어 징역 1년 6월이 선고된 후 경성감옥에서 고초를 겪은 분은 김해근(金海根), 유창근(柳昌根) 지사 두 분이 더 계셨습니다.

필자는 소책자를 만들어 어느 모임에서 그것을 나눠드렸는데, 어떤 한 분이 말없이 눈물만 흘리고 계셨습니다. 갑자기 분위기는 숙연해졌고, 모든 시선은 그 사람을 향했습니다. 자세히 보니, 경성감옥에 투옥되었던 인물과 눈물을 흘리는 분이 매우 닮았다고 느꼈던 순간이었습니다.

"…… 이분은 제 친할아버지입니다. 흑, 흐흐흐……."

"아니…!"

1919년 3월 1일 독립선언식을 계획하고, 이를 실천에 옮긴 것은 종교계 지도자들이었으니, 서울, 의주, 평양, 함흥, 해주 등지만 아니었습니다. 전북 전주, 임실 등지에도 천도교나 예수교(당시) 지도자들이 서울에서 보내온 「독립선언서」를 종교계 인사들에게 비밀리 전달해서 일으킨 거사였는데, 남원 3·1독립만세 의거는 여느 지역과 달랐습니다.

당시 남원군 덕과면장 이석기(李奭器)는 전주이씨 영해군파(寧海君派) 집성촌인 사매면 대신리 사람들에게 4월 3일 도로 보수를 하는 모습으로 가장하여 계명당 고개에, 덕과면민은 사율리 동해골에 모이게 하고, '식수기념일' 면민 수백 명을 동원하여 나무를 심은 후 만세시위를 벌였으니, 이석기를 비롯한 시위 주도자들이 남원 헌병대에 유치되기에 이르렀습니다. 그날 밤 사매면 대신리 전주이씨 사람들은 이성기의 집에 모여 대규모 시위를 벌여 힘으로써 남원헌병대에 유치된 인사들을 탈환해 오기로 의견을 모았습니다. 이에 이용기는 자택에서 태극기를 그리고, '大韓獨立旗巳梅面'(대한독립기 사매면)이라고 쓴 깃발을 만들어서 이튿날 남원 북시장에서 대나무 끝에 매달고, '대한독립만세'를 소리 높이 외치자 순식간에 1천여 명의 군중이 함께 '대한독립만세'를 외치며 시위에 나서게 되었던 것인데, 그 시위 현장에서 일본 군경의 총탄에 5~8명이 순국하고, 수십 명이 부상을 입었습니다.

이 책은 제1부 「이성기·용기 형제 애국지사의 삶」을 엿볼 수 있게 엮고, 제2부 「남원 3·1독립만세의거」와 관련된 내용을 정리하였으며, 제3부 「판결문」으로 구분하여 엮었습니다. 판결문과 번역문은 남원 3·1만세의거 관련 13개와 남원·임실 출신이 함께한 임실 오수리 독립만세의거와 관련한 3개 등 총 16개를 실었습니다.

남원 3·1독립만세의거로 인해 순국한 의사, 옥고를 치른 지사의 숭고한 정신을 기리고, 남원 3·1독립만세의거의 진실이 널리 알려졌으면 하는 바람이며, 아울러 어려운 시기에도 불구하고, 본고를 기꺼이 출판해 주신 광문각 박정태 대표이사님께 깊이 감사드리며, 독립운동사연구소 총서는 국립인천대학교와 광문각이 협력하여 계속 간행될 것임을 약속드립니다.

2021년 6월 1일

국립인천대학교 인천학연구원 독립운동사연구소장 이태룡

손자의 말

제가 고향을 찾을 때는 대두병(大斗甁) 정종을 사서 큰할아버지(친할아버지)를 뵈었는데, 그때마다 무척 좋아하셨던 기억이 생생합니다.

저는 어릴 때부터 큰할아버지와 함께하는 시간이 많았습니다. 어느 날 수도꼭지에서 수돗물이 조금씩 졸졸 흐르고 있었습니다.

"저 수도꼭지를 꼭 잠그라. … 수도요금을 아낀다고 생각하면서 잠그지 말고, 물이 부족한 나라의 살림살이를 먼저 생각하면서 그 수도꼭지를 잠그라."

하시고, 큰할아버지께서는 나라 사랑하는 마음은 '항상 물 흐르듯이 자연스럽게 행동해야 한다.'고 하셨습니다.

당신께서는 설·추석 명절 때나 작은할아버지 제삿날에는 당신 이야기보다 아우 이야기를 많이 하셨습니다. 작은할아버지께서는 매안방(사매면)에서 학문이 출중해서 20대 초반부터 서당의 훈장을 하셨다고 자주 말씀을 하시면서, 왜놈 헌병으로부터 모진 고문을 당하면서도,

"우리가 독립만세를 부르고, 내 나라를 찾겠다는 것이 무슨 잘못이냐?"고, 하면서 끝내 잘못을 시인하지 않아 더욱 혹독한 고문을 당하신 후, 징역 2년이 선고되어 고초를 겪고 출옥했다고 하셨습니다.

큰할아버지는 꼽추가 되다시피 하여 출옥한 동생을 위하여 논밭을 팔아 세상에 가장 좋다는 약을 구해서 동생의 건강을 회복시키고자 노력했으나 1933년 광복을 보지 못한 채 향년 36세로 돌아가셨습니다.

선친은 1970년대 중반 할아버지 형제의 포상을 신청하기 위해 판결문을 찾아 나섰습니다. 작은할아버지 재판 기록은 전주지방법원에서 찾았으나 큰할아버지 재판 기록은 찾을 수가 없었다고 합니다. 광주지방법원 남원지청에서 각 징역 2

년이 선고되어 옥고를 겪은 줄 알았기에 광주 · 전주지방법원을 수차례 방문했다가 헛걸음을 한 후 겨우 대구고등법원에서 판결문을 찾아 포상을 신청하시느라 고생하시던 선친의 모습이 아직도 생생합니다.

할아버지 두 분은 1977년 정부로부터 대통령 표창을 받게 되어 큰할아버지께서는 생전이셨기에 수많은 축하를 받으셨지만, 작은할아버지께서는 별세하신 지 44년 만이었습니다. 1990년 포상에 관한 규정이 바뀌면서 두 분 할아버지께 건국훈장 애족장이 추서되셨습니다.

그런데, 필자의 나이 70세를 넘긴 2019년 5월, 어느 모임에 참석한 적이 있었는데, 그 자리에 인천대 이태룡 박사께서 회원들의 조상 독립운동에 관한 내용을 소책자로 엮어 오셨습니다. 저도 모르게 큰할아버지 성함이 있는 페이지를 넘겨보다가 마치 전기에 감전이라도 된 듯이 아무 말도 할 수가 없었습니다. 비록 처음 보는 낡은 흑백 사진이었지만 투옥된 분의 두 눈에서는 호랑이 눈처럼 형형한 눈빛을 발산하고 있었는데, 저의 중학교 시절 모습과 너무 닮아 있었습니다.

'내가 서울 땅에서 사업하느라고 부대끼며 살아오는 동안 나의 뿌리를 잊고 있었구나!'

하는 탄식이 절로 나왔습니다. 할아버지 두 분은 나라의 독립을 위해 목숨을 걸고 싸우다가 2년의 모진 옥고를 겪었는데, 이것조차 정리해 드리지 못한 못난 손자임을 깨닫게 되어 이태룡 박사께 두 분 할아버지뿐만 아니라 남원 출신 3 · 1독립만세의거로 인해 고초를 겪은 분들의 자료를 정리해서 책으로 엮어 주실 것을 간곡히 부탁드렸습니다.

이 책이 나오기까지 2년여 동안 고생하신 이태룡 박사님께 감사드리며, 특히 이 책을 인천대학교 인천학연구원 독립운동사연구소 총서 1호로 간행할 수 있게 배려해 주신 인천학연구원(원장 조봉래)에 깊이 감사드립니다.

2021년 5월 18일

이성기 · 용기 지사의 손자 이석문

제1부

이성기 · 용기 형제 애국지사의 삶

1. 형제 애국의사 공적 약기

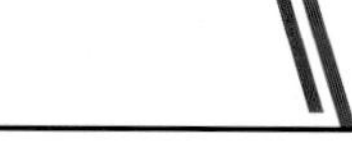

- 이돈수(李敦壽)

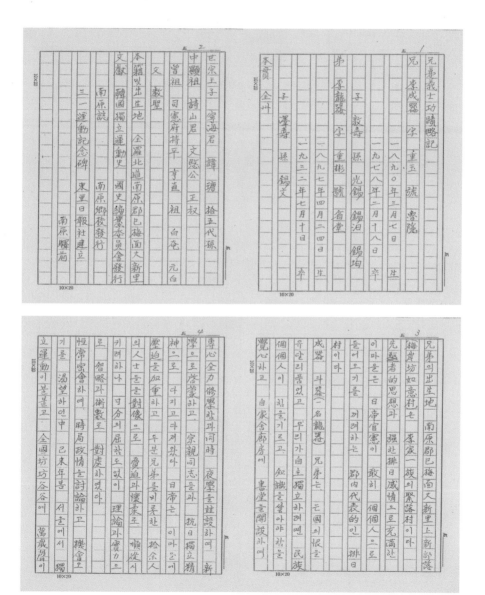

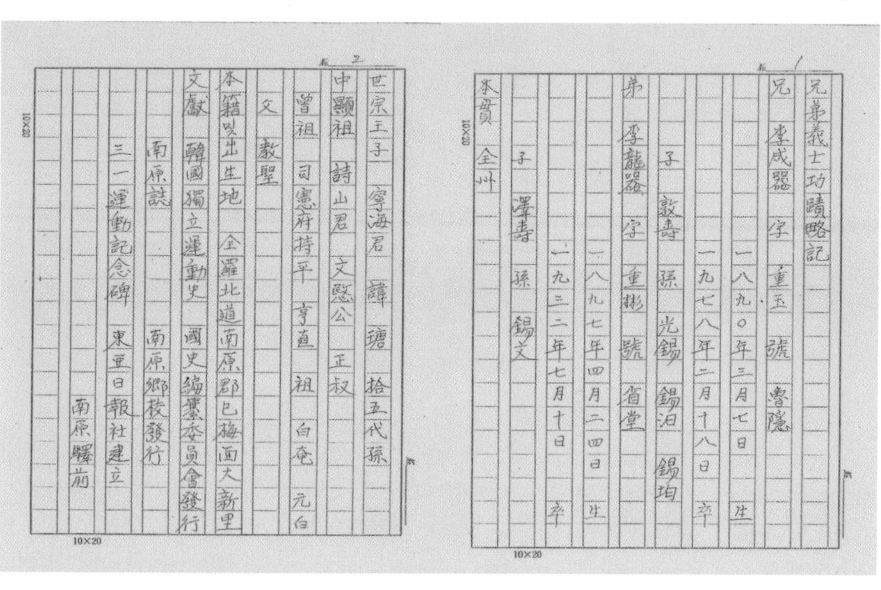

兄弟義士功績略記
兄 李成器 字 重玉 號 晉隱
一八九○年三月七日 生
一九七八年二月十八日 卒
子 敦壽 孫 光錫 錫泊 錫均
弟 李龍器 字 重彬 號 省堂
一八九七年四月二四日 生
一九三二年七月十日 卒
子 澤壽 孫 錫文
本貫 全州

世宗王子 寧海君 諱 瑭 拾五代孫
中顯祖 詩山君 文懿公 正叔
曾祖 司憲府持平 享直 祖 白奄 元白
父 教聖
本籍 및 出生地 全羅北道 南原郡 巳梅面 大新里
文獻 韓國獨立運動史 國史編纂委員會發行
南原誌 南原鄕校發行
三一運動記念碑 東亞日報社建立
南原驛前

兄弟의 出生地 南原郡巳梅面大新里上新部落
梅岸坊如意村은 李家一族의 聚落村이다.
先驅者的思想과 强한 排日感情으로 充滿한
이 마을은 日帝官憲이 敢히 個個人으로
들어오기를 꺼려하는 郡內代表的인 排日
村이다
成器 와 器(一名 龍器) 兄弟는 亡國의 恨을
유달리 품었고 우리가 自主獨立하려면 民族
個個人이 힘을 기르고 知識을 쌓아야 함을
覺心하고 自家舍廊房에 書堂을 開設하여

專心全力 修學함과 同時 夜學을 竝設하여 新
學으로 啓蒙하고, 宗親同志들과 抗日獨立精
神으로 다지고 다져왔다 日帝는 이마을에
壓迫을 加重하고 두분兄弟를 비롯한 拾余人
의 人士들을 對像으로 脅迫과 懷柔로 順從시
키려하나 寸分의 屈함도 없이 理論과 實力으
로 智略과 術數로 對處하였다
恒常密會하여 時局政情을 討論하고 機會오
기를 渴望하던中 己未年봄 서울에서 獨
立運動이 불붙고 全國坊坊谷谷에 萬歲聲이

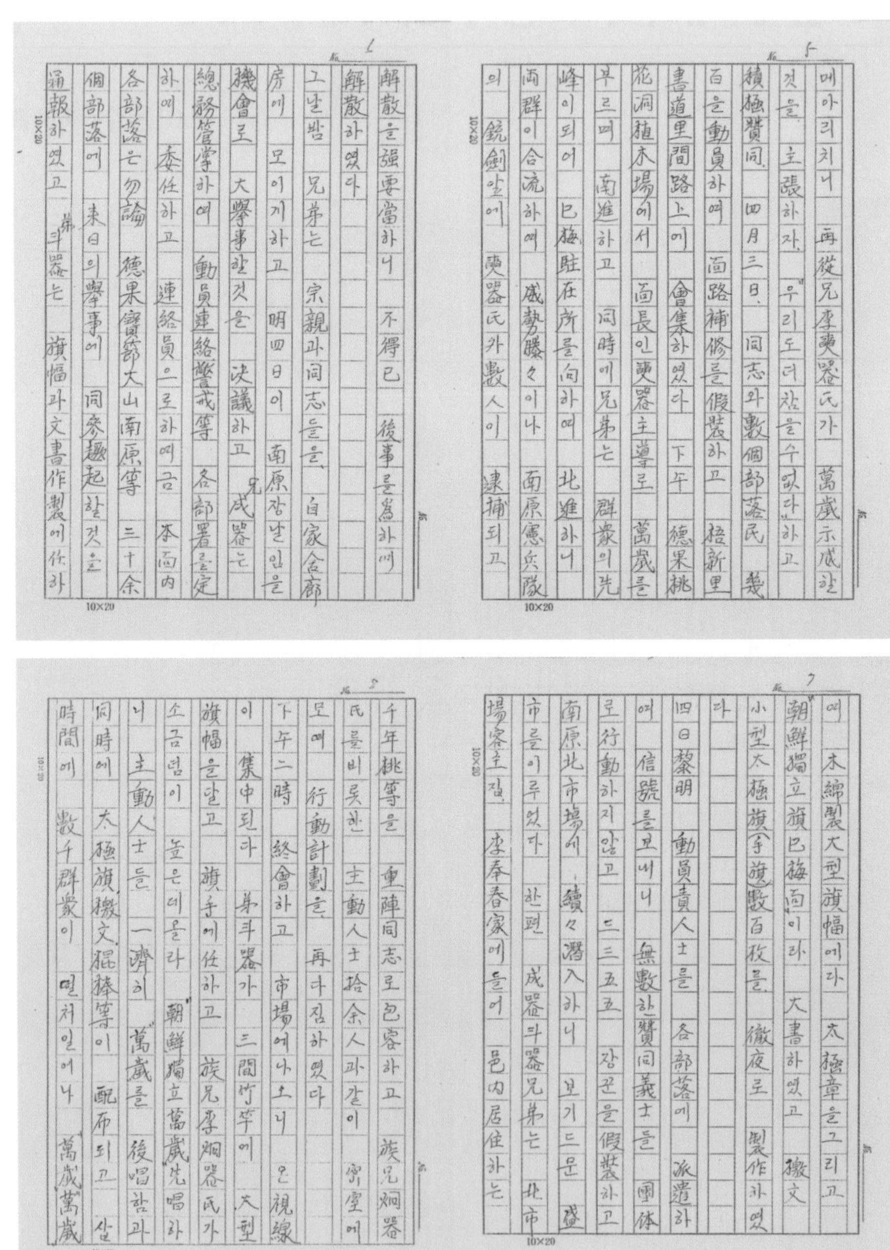

No. 5

메아리치니 再從兄 李秉器氏가 萬歲示威할
것을 主張하자 "우리도 더 참을수 없다"하고
積極贊同. 四月三日. 同志와 數個部落民 幾
百을 動員하여 面路補修를 假裝하고 梧新里
書道里間路上에 會集하였다 下午 德果桃
花洞植木場에서 面長인 秉器主導로 萬歲를
부르며 南進하고 同時에 兄弟는 群衆의 先
峰이 되어 巴梅駐在所를 向하여 北進하니
兩群이 合流하여 威勢騰々이나 南原憲兵隊
의 銃劍앞에 秉器氏外 數人이 逮捕되고

No. 6

解散을 強要當하니 不得已 後事를 爲하여
解散하였다
그날밤 兄弟는 宗親과 同志들을, 自家舍廊
房에 모이게하고 明四日이 南原장날인을
機會로 大擧事할것을 決議하고 兄成器는
總務管掌하여 動員連絡警戒等 各部署를定
하여 委任하고 連絡員으로하여금 本面內
各部落은 勿論 德果寶節大山南原等 三十余
個部落에 來日의擧事에 同參趣起할것을
通報하였고 弟斗器는 旗幅과文書作製에從하

No. 7

여 木綿製大型旗幅에다 太極章을그리고
朝鮮獨立旗巴梅面이라 大書하였고 檄文
小型太極旗(手旗)數百枚를, 徹夜로 製作하였
다
四日黎明 動員責人士를 各部落에 派遣하
여 信號를보내니 無數한贊同義士들 團体
로行動하지않고 二三五五 장꾼을假裝하고
南原北市場에 續々潛入하니 보기드문 盛
市를이루었다 한편 成器斗器兄弟는 北市
場客主집, 李奉春家에 들어 邑內居住하는

No. 8

千年桃等을 重陣同志로包容하고 族兄炯器
氏를비롯한 主動人士拾余人과같이 密室에
모여 行動計劃을, 再다짐하였다
下午二時 終會하고 市場에나오니 온視線
이 集中된다 弟斗器가 三間竹竿에 大型
旗幅을달고 旗手에任하고 族兄李炯器氏가
소금섬이 높은데올라 "朝鮮獨立萬歲"先唱하
니 主動人士들 一齊히 "萬歲"를 後唱함과
同時에 太極旗,檄文,棍棒等이 配布되고 삽
時間에 數千群衆이 메처일어나 萬歲萬歲

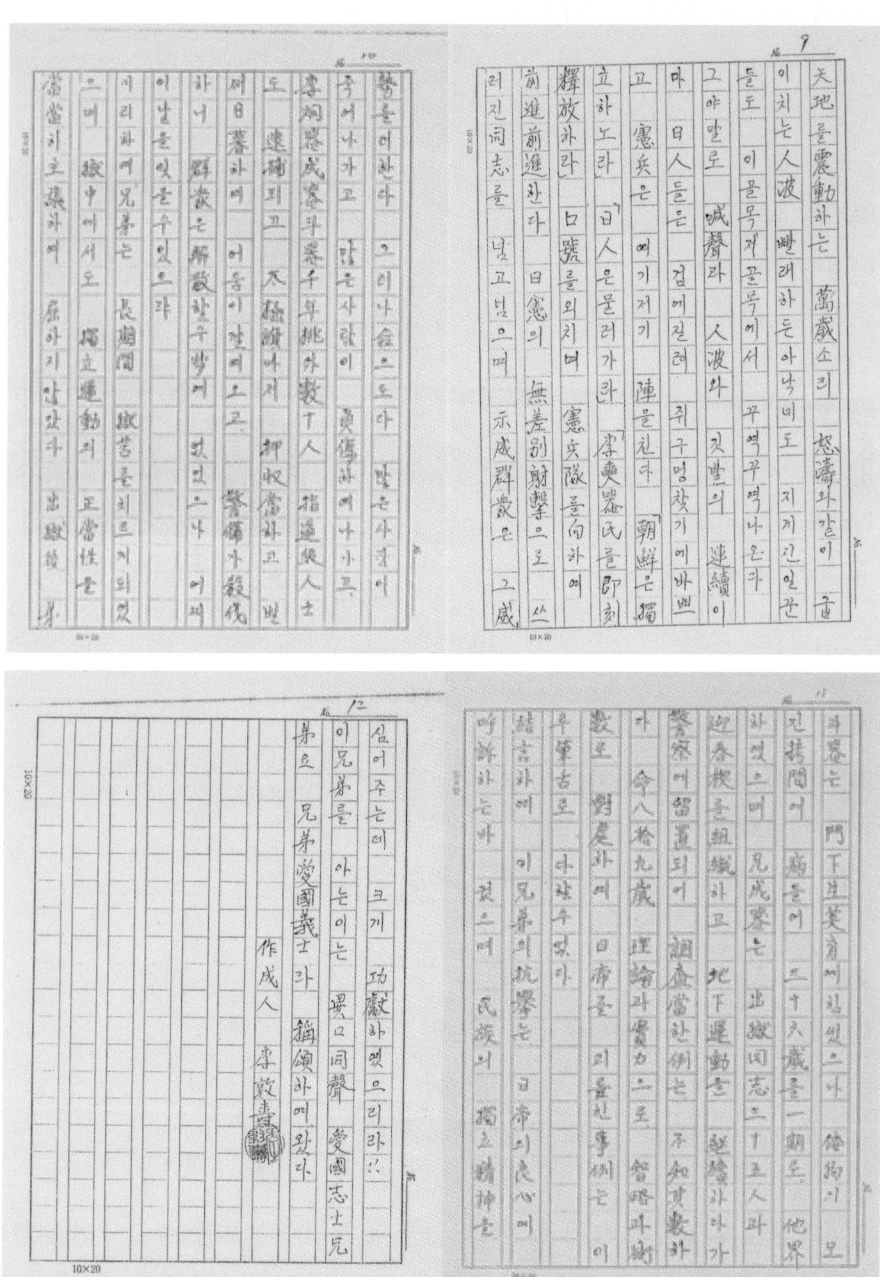
No. 9

天地를震動하는 萬歲소리 怒濤와같이 當
이치는人波 밀려오든아낙네도 지게진일꾼
들도 이골목저골목에서 꾸역꾸역나온다
그야말로 喊聲이라 人波와 깃발의 連續이
다 日人들은 겁에질려 쥐구멍찾기에바쁘
고 憲兵은 여기저기 陣을친다 「朝鮮은獨
立하노라 日人은물러가라」 李秉[illegible]氏를 卽刻
釋放하라 口號를외치며 憲兵隊를向하여
前進前進한다 日憲의 無差別射擊으로 쓰
러진同志를 넘고넘으며 示威群衆은 그威

No. 10

勢를더한다 그러나 [illegible]도다 많은사람이
죽어나가고 많은사람이 負傷하여나가고
[illegible] 外數十人 指導級人士
도 逮捕되고 [illegible] 押收當하고 밤
이 日暮하며 어둠이 짙어지고 警備가 [illegible]
하니 群衆은 解散할수밖에 없었으나 어찌
이날을 잊을수있으랴
이리하여 兄弟는 長期間 獄苦를 치르게되었
으며 獄中에서도 獨立運動의 正當性을
當當히 主張하며 屈하지않았다 出獄後

No. 11

[illegible]는 門下生 [illegible]育에힘썼으나 倭狗이 모
진拷問에 病을어 三十六歲를一期로 他界
하였으며 兄成[illegible]는 出獄同志三十五人과
迎春契를組織하고 地下運動을 繼續하다가
警察에 留置되어 調査當한例는 不知其數하
다 今八拾九歲 理論과 實力으로 智略과 [illegible]
數로 對處하여 日帝를 괴롭힌事例는 이
루筆舌로 다할수없다
[illegible]言하매 이兄弟의抗爭은 日帝의 良心에
呼訴하는바 컸으며 民族의 獨立精神을

No. 12

심어주는데 크게 功獻하였으리라.
이兄弟를 아는이는 異口同聲 愛國志士兄
弟요 兄弟愛國義士라 稱頌하여왔다
作成人 李敦壽

兄弟義士功績略記

兄 李成器 字 重玉 號 魯隱
1890年 3月 7日 生
1978年 2月 18日 卒
子 敦壽 孫 光錫 錫汨 錫均

▲ 이돈수(이성기 아들)

弟 李龍器 字 重彬 號 省堂
1897年 4月 24日 生
1932年 7月 10日 卒
子 澤壽 孫 錫文

本貫 全州
世宗 王子 寧海君 諱 瑭 15代孫
中顯祖 詩山君 文愍公 正叔
曾祖 司憲府持平 亨直 祖 白奄 元伯父 教聖
本籍 및 出生地 全羅北道 南原郡 巳梅面 大新里

文獻
韓國獨立運動史(國史編纂委員會 刊行)
南原誌(南原鄉校 刊行)
三一運動記念碑(東亞日報社 建立, 南原驛前)

兄弟의 出生地 南原郡 巳梅面 大新里 上新部落(梅岸坊 如意村)은 强한 排日感情으로 充滿한 이 마을은 日帝官憲이 敢히 個個人으로 들어오기를 꺼려하는 郡內 代表的인 排日村이다.

成器・斗器(一名 龍器) 兄弟는 亡國의 恨을 유달리 품었고, 우리가 自主獨立하려면 民族 個個人이 힘을 기르고 知識을 쌓아야 함을 覺心하고, 自家 舍廊房에 書堂을 開設하여 全心全力 修學함과 同時 夜學을 竝設하여 新學으로 啓蒙하고, 宗親同志들과 抗日獨立精神으로 다지고 다져왔다. 日帝는 이 마을에 壓迫을 加重하고, 두 분 兄弟를 비롯한 10余 人의 人士들을 對象으로 脅迫과 懷柔로 順從시키려 하나 寸分의 屈함도 없이 理論과 實力으로 智略과 術數로 對處하였다.

恒常 密會하여 時局政情을 討論하고, 機會 오기를 渴望하던 중, 己未年 봄 서울에서 獨立運動이 불붙고, 全國 坊坊曲曲에 萬歲聲이 메아리치니 再從兄 李奭器氏가 萬歲示威할 것을 主張하자, "우리도 더 참을 수 없다." 하고, 積極 贊同, 4月 3日 同志와 數個 部落民 幾百을 動員하여 面路補修를 假裝하고 梧新里 書道里間 路上에서 面長인 奭器 主導로 萬歲를 부르며 南進하고, 同時에 兄弟는 群衆의 先鋒이 되어 巳梅駐在所를 向하여 北進하니 兩群이 合流하여 威勢騰騰이나 南原憲兵隊의 銃劍 앞에 奭器 氏 外 數人이 逮捕되고, 解散을 强要當하니 不得已 後事를 爲하여 解散하였다.

그날 밤 兄弟는 宗親과 同志들을 自家 舍廊房에 모이게 하고, 明 4日이 南原 장날임을 機會로 大擧事할 것을 決議하고, 兄 成器는 總務 管掌하여 動員, 連絡, 警戒 등 各 部署를 定하여 委任하고, 連絡員으로 하여금 本面內 各 部落은 勿論, 德果, 寶節, 大山, 南原 등 30여 個 部落에 來日의 擧事에 同參蹶起할 것을 通報하였고, 弟 斗器는 旗幅과 文書製作에 任하여 木綿製 大形旗幅에다 太極章을 그리고, '朝鮮獨立旗巳梅面'이라 大書하였고, 檄文, 小形太極旗(手旗) 數百枚를 徹夜로 製作하였다.

4日 黎明 動員責 人士를 各 部落에 派遣하여 信號를 보내니, 無數한 贊同義士들 團體로 行動하지 않고, 三三五五 장꾼을 假裝하고 南原 北市場에 續續 潛入하니 보기 드문 盛市를 이루었다.

한편 成器・斗器 兄弟는 北市場 客主집 李奉春家에 들어 邑內 居住하는 千年桃 等을 重陣同志로 包容하고 族兄 炯器 氏를 비롯한 主動人士 10여 人과 같이 密室에 모여 行動計劃을 再다짐하였다.

下午 2時 終會하고 市場에 나오니 온 視線이 集中된다. 弟 斗器가 三間竹竿에

大形旗幅을 달고 旗手에 任하고, 族炯 李炯器 氏가 소금더미 높은 데 올라, "朝鮮獨立萬歲"를 先唱하니, 主動人士들 一齊히 萬歲를 後唱함과 同時에 太極旗, 檄文, 棍棒 等이 配布되고, 霎時間에 數千群衆이 떨쳐 일어나, "萬歲", "萬歲"…. 天地를 震動하는 萬歲 소리가 怒濤와 같이 굽이치는 人波, 빨래하던 아낙네도, 지게를 진 일꾼들도 이 골목 저 골목에서 꾸역꾸역 나온다. 그야말로 喊聲과 人波와 깃발의 連續이다. 日人들은 겁에 질려 쥐구멍 찾기에 바쁘고, 憲兵은 여기저기 陣을 친다.

"朝鮮은 獨立하노라!"

"日人은 물러가라!"

"李奭器 씨를 卽刻 釋放하라!"

口號를 외치며 憲兵隊를 向하여 前進前進한다. 日憲의 無差別 射擊으로 쓰러진 同志를 넘으며 示威群衆은 그 威勢를 더한다. 그러나 슬프도다! 많은 사람이 죽어나가고, 많은 사람이 負傷하여 나가고, 李炯器, 成器, 斗器, 千年桃 外 數十人 指導級 人士도 逮捕되고, 太極旗마저 押收當하고, 벌써 日暮하여 어둠이 깔려오고 警備가 殺伐하니, 群衆은 解散할 수밖에 없었으나 어찌 이날을 잊을 수 있으랴!

이리하여 兄弟는 長期間 獄苦를 치르게 되었으며, 獄中에서도 獨立運動의 正當性을 堂堂히 主張하여 屈하지 않았다. 獄苦 後 弟 斗器는 門下生 育英에 힘썼으나 倭寇의 모진 拷問에 病들어 36歲를 一期로 他界하였으며, 兄 成器는 出獄同志 35人과 '迎春稧'를 組織하고 地下運動을 繼續하다가 警察에 留置되어 調査當한 例는 不知其數하다. 命 89歲 理論과 實力으로, 智略과 術數로 對處하여 日帝를 괴롭힌 事例는 이루 筆舌로 다할 수 없다.

結言하여 이 兄弟의 抗拒는 日帝의 良心에 呼訴하는 바 컸으며, 民族의 獨立精神을 심어주는 데 크게 貢獻하였으리라!

이 兄弟를 아는 이는 異口同聲 愛國志士兄弟요, 兄弟愛國義士라 稱頌하여 왔다.

作成人 李敦壽

2. 피고인 신문조서(被告人訊問調書)

피고인 이성기(李成基/成器)

문 : 전과(前科) 있느냐?

답 : 그런 것 없다.

문 : 피고의 본관은 어디인고?

답 : 전주이씨다.

문 : 피고는 몇 년간이나 교육을 받았느냐?

답 : 서당에서 약 7년간 수업했다.

문 : 재산은?

답 : 답(畓) 15두락, 전(田) 4두락, 가옥 2동을 가지고 있다.

문 : 가족은?

답 : 9명이 자작농(自作農)으로 생계를 유지하고 있다.

문 : 피고의 종교는?

답 : 없다.

문 : 피고는 오늘 남원 북시장(北市場)에서 군중을 지휘, 조선독립시위운동을 했던 전말(顚末)을 진술하라.

답 : 4월 4일 상오 7시경, 동리 구장 이형기(李炯器)와 제 집에서 만나 서로 말하기를, "만세 주동자 이석기(李奭器) 등이 어제 주민들을 집합시켜 조선독립만세운동을 개시하여 남원까지 밀고 가려고 했다 하여 헌병들에게 붙잡혀 남원 헌병분대에 구금되어 있으니 억울하지 않는가? 마침 오늘 장날이니 무리 모두 남원에 가서 만세운동을 벌이자. 동리 모든 이씨 일족도 남원에 가서 만세를 부르기로 작정했다." 하고, 서로 찬동을 하면서

남원 북시장으로 왔다. 그리고 동알 하오 2시경 시장 군중에게 태극기를 내세우고 독립만세를 부르게 했다.

문 : 피고는 군중에게 만세를 부르라고 강요, 또한 부르지 않는 자를 폭행했다는데, 사실인가?

답 : 나는 곤봉도 갖지 않았다. 그래서 쌍수를 들고 계속 부르라고 지휘, 나도 맹렬히 외치다기 체포되었던 것이다.

문 : 오늘의 주모자와 지휘자는 누구누구인가?

답 : 주모자는 동리 구장 이형기였는데, 지휘자는 잘 모른다. 군중들은 동리 사람이나 동면(同面) 관풍리(管豊里) 사람들이 많은 듯하였다. 그리고 오늘은 평시와 달리 시장에는 사매면(巳梅面) 관풍리와 대신리(大新里) 사람들이 많았다.

문 : 피고와 함께 만세를 외치고, 그들을 지휘, 또는 강요한 자는?

답 : 나도 했고, 동리 이두기(李斗器) · 장동엽(張東燁) · 이석기(李碩器) 외 다수인 듯하다.

대정 8년 4월 4일

광주지방법원 남원지청 서기 이시이(石井)

검사사무취급 경부 미토미(未富)

피고인 이두기(李斗器)

우자(右者)에 관한 소요(騷擾) 피고사건에 대하여 대정(大正) 8년 4월 4일 남원 헌병분대에서 검사사무취급 조선총독부 경부(警部) 미토미(未富), 조선총독부 재판소 서기 이시이(石井) 연대하에 검사사무취급이 피고인에게 신문한 사항은 다음과 같다.

문 : 성명, 연령, 족칭(族稱), 직업, 주소, 본적 및 출생지는?

답 : 이름은 이두기, 일명 용기(龍器), 나이는 23세, 족칭은 양반, 직업은 무직, 주소는 남원군 사매면(巳梅面) 대신리(大新里), 본적은 주소지와 같다.

문 : 작위(爵位) · 훈장(勳章) · 기장(記章)이 있거나 연금(年金) · 은급(恩給)을 받거나 또는 공무원직에 있던 일이 있느냐?

답 : 없다.

문 : 이제까지 형벌을 받은 일은 없느냐?

답 : 없다.

문 : 피고의 본관은 어디인고?

답 : 나의 본은 전주이씨다.

문 : 피고는 교육을 받은 적이 있느냐?

답 : 그렇다. 나는 동리 서당에서 10년 전부터 한문을 배웠지만, 지금은 이학기(李學器)라는 한문 선생에게 『시전(詩傳)』을 배우고 있다.

문 : 피고의 재산 정도는?

답 : 내 명의로는 답(畓) 4두락, 전(田) 7두락, 합하여 150원 정도의 재산을 가지고 있는데, 나와 내 식구도 형 이성기(李成器) 댁에서 동거하고 있다.

문 : 그대의 종교는?

답 : 아직 없다.

문 : 소요를 일으키려고 했으며, 어떤 목적으로 그런 일을 저질렀느냐?

답 : 나는 어제, 즉 4월 3일 동면(同面) 오신리(梧新里) 헌병주재소에서 '조선독립만세'를 외친 일에 대해서는 먼저 조선민의 조선독립을 위함이요, 오늘 만세운동도 마찬가지이며, 또 하나는 남원군 덕과면장 이석기(李奭器)가 주동자라고 해서 남원 헌병분대에 구류 인치(拘留引致)되었다는 말을 들은 까닭에 나는 기필코 우리의 애국 주동자 우(右) 면장을 탈환해야 당연할 것이며, 따라서 구인(拘引)된 이석기 외 주동자에 대해서도 우리 전주이씨 일족이 동내(洞內)에서 매우 개탄(慨歎)하고 있었는데, 동일 동리 구장(區長) 이형기(李炯器)가 서당에 와서 서생(書生)들이 모인 자리에서, "우리는 오늘 조선독립을 위하여 만세를 불렀다. 그런데 주동자 남원군 덕과면장 이석기를 비롯해서 다수 주동인이 조선독립만세운동을 선동했다고 남원 헌병분대에 구인되어 갔는데, 우리 전주이씨 일족은 주모자들을 탈환시키고, 끝까지 만세운동을 하지 않으면 안 된다." 하고, 동인은 돌아갔다.

또한 구장은 오늘 이른 아침 동리를 순회했고, 다시 서당에 와서 우(右) 사실을 말했다.

서생들은 아직 어린 사람도 있고 해서 나는 성년들만 선동하여 남원으로 와서 전술한 바와 같이 조선독립을 위한 만세를 부르고, 또한 덕과면장을 탈환하는 일에 주동 가담하게 되어서 나는 집에 돌아가 사방 2척(尺) 정도의 면포(綿布)에다 구 한국기(韓國旗)를 그리고, 거기에다 '大韓獨立 巳梅面'이라 대서(大書)하여 동일 상오 10시경에 남원읍 북시장(北市場)으로 왔다. 그런데 시장에 와 보니, 약속했던 면민과 동리 근처 이씨 일족 중에 안 온 사람도 많았기에 잠시 기다리기로 했다.

소인원으로써는 소기의 목적을 달성하지 못할 것으로 생각되어 오늘 장에 온 사람들을 선동, 하나의 대집단을 이루어 남원 헌병분대로 밀어닥쳐 단번에 분대를 습격하여 동 분대에 유치 중인 이석기 등 주동자를 탈환할 것과 독립만세 시위운동의 계획을 세워 그 수단으로써 먼저 내가 가지고 있던 한국기를 휘두르기로 하고, 혹자들이 시장을 빠져나가 만세운동에 가담치 않으려 할 때는 곤봉 등으로 선동 강요해서 우리에게 가담시키도록 합의를 보았다.

이에 나는 우(右) 시장에서 죽간(竹竿) 10개를 16전에 사가지고 그것을 기간(旗干)으로 하고, 하오 2시 우 시장 동북쪽에서 전시(前示) 한국기를 휘두르며 독립만세를 외친바, 바로 약 1천여 명의 대집단이 형성되어 크게 만세운동을 하고 있던 중, 경계하던 헌병에게 붙잡혀 유치당했다.

문 : 네가 소지했던 기는 이것이냐? (이때 헌병은 이미 압수한 구 한국기 1식을 제시함)

답 : 그렇다. (이에 본건 증거물로써 압수하고, 다음과 같이 조서를 작성함)

문 : 너는 우와 같이 독립시위운동을 선동했고, 이석기 등을 탈환하려 했는데, 남원 헌병분대를 습격하자고 협의한 자는 누구누구인가?

답 : 나는 전술한 바와 같이 4월 3일 밤, 집에서 동리 구장을 비롯하여 형 이성기 및 동리 인근 부락민과 이씨 일족을 중심으로 우와 같은 협의를 했는데, 지금 그 외 사람들의 이름은 모른다. 또한 오늘 우 시장에 있던 자들도 어찌 많은 사람들이라서 누구누구라고 분별하기 어려우나 주동자는 나와 우 이형기(구장), 이성기 및 기타로는 유창근(柳昌根), 김해근(金海根) 등 우리와 당초 이의(異意) 주동자들이었다.

문 : 그렇다면 전라남도 구례군 용방면 용정리 천년도(千年桃)는 오늘 그대들과 공모하여 소요를 일으킨 자가 아닌가?

답 : 우자(右者)를 나는 모를 뿐만 아니라 우자가 어떤 일을 했는지도 모른다.

문 : 그대들이 독립만세를 부르고, 덕과면장 이석기를 탈환하는데 시장에서 소요를 일으켜도 남원 헌병분대에서 석방시켜 주지 않을 때는 어떻게 하려고 하였느냐?

답 : 나는 당초부터 조선민으로서 당연한 조선독립을 위한 만세를 부를 것과 또한 전시(前示) 면장 이석기도 탈출시켜야 하는 것이었으므로 우리가 시장에서 소요를 일으킴은 당연하다고 생각했으며, 만약 당 헌병대에서 이석기 등 4월 3일의 주동자들을 석방하지 않으면 일제히 분대를 습격할 생각이었다. 그런데 이 목적을 달성하지 못하고 당신들 헌병에 붙잡히게 되어 매우 한탄하며, 유감스럽게 생각한다.

문 : 너도 시장에서 모인 사람들에게 곤봉 등을 가지고 만세를 부르라고 폭행과 협박한 자를 모르느냐?

답 : 그렇다. 나는 우 사실과 같이 지휘하는 역할을 했기에 다른 사실은 잘 모르며, 전술한 바와 같이 조금도 틀림이 없다.

대정 8년 4월 4일

광주지방법원 남원지청 서기 이시이(石井)

검사사무취급 경부 미토미(未富)

3. 할머니는 할아버지께 태극기를 건네셨다

내가 중학교 2학년 시절의 일로 기억한다. 우리 가족은 전주시 인후동 서낭댕이 고개 가까이에서 살았다. 마당이 있고, 앞집과의 담에는 구기자나무가 심어져 있었다. 봄이면 보라색의 예쁜 꽃을 피우고, 가을이면 빨간 열매를 맺곤 했었다. 할머니와 새잎을 따서 나물도 무쳐 먹고, 빨간 열매는 차를 달여 마셨다. 넉넉하지는 않아도 모자라지도 않는 소박한 살림살이를 할머니는 잘꾸려 나가고 계셨다. 집 뒤에는 작지만 소담스런 텃밭이 있었고, 장독대도 항상 반짝거리고 있었다. 여름철 저녁이면 모깃불을 피워 놓고 칼국수를 끓여 먹으며 서로 땀 흘리는 모습을 보고 행복하게 웃곤 했었다. 밤이 되면 하늘에는 별들이 쏟아지고, 귀뚜라미와 여치들의 노랫소리가 구성졌던 아름다운 집이었다.

그날도 멍석을 깔고 밤늦게까지 할머니의 무릎을 베고, 이런저런 얘기를 도란도란 나누고 있었다. 내가 뜬금없이 할머니에게 여쭤보았다.

"할머니, 할아버지가 만세 부르고 형무소 가셨을 때에 고생 많았지?"

"글매, 고생 많았지야."

하시고는 깊은숨을 내쉬며 말씀이 없으셨다.

"할머니 그때 얼마나 고생하셨는지 말해줘요."

하고 여러 번 조르니까,

"그러먼 내가 이약 한 자리 해줄거나"

하시고 얘기를 시작하셨다. 그 시간은 할아버지랑 동생들은 방으로 들어가고 없었다. 할머니와 단 둘의 정겨운 시간이었다.

지금도 어머니의 정이 그립지만 그때는 어머니를 대신한 할머니라서 도와 드리기도 하고 어리광을 부리기도 하였다. 나는 할머니와 둘만의 시간을 좋아했다.

나는 자리에서 일어나 앉아 할머니와 눈을 맞추고 얘기를 듣기 시작했다. 할머니는 이야기를 시작하기 전에 전깃불에 날아드는 나방이나 하루살이들을 한참 바라보고 계셨다. 40년이나 가슴속 깊이깊이 묻어 둔 이야기를 꺼내려 정리를 하고 계시는 듯했다. 칠흑 같은 어둠으로부터 대명천지로 솟아오르는 할머니의 내밀한 이야기가 마침내 빛을 보는 순간이었다. 깊은 샘에서 길어 올리는 샘물과 같이 청량하고 신선한 이야기였다. 당시의 절박했던 기억을 자아내는 할머니는 물레에서 실을 뽑아내듯 무념무상의 경지를 느꼈지만 의외로 이야기를 담담하게 이어 가셨다. 밀려오는 옛날의 감정을 힘들게 억누르고 계셨으리라. 그만큼 상처가 컸을 것이고, 그 상처가 아물어 만들어진 굳은살도 크고 단단했을 테니까….

해방이 되고 20년이 가깝지만 이야기를 꺼내시기가 쉽지 않았으리라. 밤이 깊어 감과 함께 할머니의 이야기도 깊어 갔다.

할아버지께서는 1919년 4월 4일 남원 북시장 만세시위를 주도하다가 현장에서 피체되어 남원경찰서, 광주지방법원 남원지청을 거쳐 대구복심법원(공소 취하)에서 2년형이 확정되어 경성감옥(전 경성형무소 전신)에서 옥고를 겪으시고, 1921년 6월 27일 출소하셨다.

할머니는 할아버지가 징역살이를 할 때보다 출옥하고 나서 참으로 고생하셨다고 했다. 왜냐하면, 하나뿐인 동생이셨던 작은할아버지가 광주감옥 전주분감에서 매를 많이 맞아, 병이 들어 나와 형기(刑期)보다 일찍 출소하였다. 그러나 젊은 나이인데 일을 할 수 없는 지경으로 불구자가 되어 있었다. …

할아버지 동생네 식구는 작은할머니, 당고모 셋에 당숙이 한 분이 있었다. 그리고 우리 식구가 할아버지, 할머니, 고모 둘에 너희 아버지 이렇게 열 식구였다. 그래도 논마지기라도 지었으니까 입에 풀칠이야 하겠지만, 이렇게 된 상황을 할아버지는 받아들일 수가 없었던 것이다. 가슴 저 밑으로부터 치밀어 오르는 분노와 울분을 못 견뎌 하셨던 것이다. 며칠에 한 번씩 불쑥 순사가 찾아와서 인사를 하고 가는 식의 감시를 당하는 것이었다. 할아버지는 매일 논밭으로 돌아다녔지만 항상 기운이 없는 모습으로 생활하시다 한 번 누우면 며칠씩 일어나지 못하는 등 점점 기력을 잃어가고 있었다.

'이러다가 이 양반이 죽는 것 아니여?'

하는 생각이 들자 할아버지를 살릴 수 있는 방법이 뭐가 없을까 혼자서 궁리에 궁리를 하셨다고 한다.

왜놈한테 당한 울분으로 생긴 화병이니까 아무도 없는 데 가서 '대한독립만세'를 외치면 병이 나을 것 같다는 생각이 문득 들었다고 한다. 그래서 어느 날 밤에 할머니는 할아버지와 둘이 앉았다.

"당신 병이 화병잉개 화를 풀어야 허겄시요. 내가 이걸 드릴 테니 화가 나고 분이 나서 못 견디겄으면 이걸 들고 계룡산에 올라가 아무도 없는 곳에서 만세라도 실컷 부르고 내려오시오. 그러면 속이 풀릴지 누가 아요?"

할머니는 꼭꼭 숨겨둔 3·1독립만세의거 때의 태극기를 할아버지에게 건네셨다. 할아버지는 다음 날부터 할머니에게서 받은 태극기를 품에 안고 매안(전북 남원군 사매면 대신리 상신) 마을을 나서서 바로 '웃골'로 향했다. 따라오는 사람이 있나 없나 주위를 살피고, 품 안에 숨겨온 태극기를 손으로 더듬으며 가슴을 두근거렸다. 자그마한 저수지를 오른쪽으로 두고, '통시밭골'을 지나서 '사모바위숲'을 벗어나면 '범데미고개'에 이르렀다. 고개를 넘어 바로 가면 보절면으로 가는 길이고, 왼쪽을 따라 조금 오르면 계룡산의 정상이다. 4, 50분 걸려 계룡산에 오르면 전주이씨가 400여 년 살아온 매안 마을이 손에 잡힐 듯 보인다. 기미년 4월 4일 남원 장날의 만세를 위해서 태극기를 만들고, 격문을 썼던 사랑방이 소리지르면 들릴 듯 가깝다. 뒤쪽으로는 보절면과 팔공산이 보이고, 남원 시내는 보이지 않아도 교룡산성은 손을 뻗으면 잡힐 듯하다. 사매면 소재지와 오수, 산서까지도 보인다. 해발 391.2m의 높지 않은 산이지만 목청껏 만세를 부른다 해도 누구 한 사람 들을 수 없는 한적한 숲이다.

첫날 산에 오르시어 품 안의 태극기를 꺼내어 바람에 펼쳐보았다. 두 손에 쥐어진 태극기는 계룡산의 정기를 받으며 파란 하늘을 배경으로 펄럭였다. 태극기를 제작해서도 안 되고, 소지해서도 안 되는 세상에 살고 있던 젊은 청년의 감회는 어떠했을까? 독립만세를 부르고 감옥살이를 했기에 2년이 넘는 동안 함께하지 못했던 태극기를 손에 들고 바라보는 독립운동가 할아버지의 심정이 어땠을까? 두 손을 높이 들어 태극기를 우러렀다. 파란 하늘에 펄럭이는 태극기를 향한 채로 오랫동안 서 있었다. 뜨거운 눈물이 끊임없이 흘렀다. 결국에 참지 못하고 소리를 질렀다.

"대한독립만세! 대한독립만세!"

목이 터져라 소리를 지른 후,

"내 동생을 살려내라! 내 동생을 살려 내!"

소리라기보다 악을 썼다. 분노와 울분을 토해냈다. 할아버지 얼굴은 눈물과 콧물로 범벅이 되었고, 목은 쉬어 지쳤다.

처음 한 열흘은 아침에 일찍 올라 점심 전에 내려오셨다. 그리고는 이틀에 한 번, 사흘에 한 번, 그렇게 반년쯤 다니니 건강이 좋아져 일을 할 수 있게까지 되었다고 하셨다.

할머니의 할아버지에 대한 깊은 사랑과 할아버지의 독립만세의거에 대한 마음으로부터의 따듯한 이해를 짐작하게 하는 이야기였다. 할아버지가 만세를 불렀지만, 할머니도 함께 만세를 불렀음을 알게 해주는 대목이었다.

할머니는 먼 하늘을 바라보며 가벼이 한숨을 쉬셨다. 할머니를 위로하는 별똥별 하나가 어두운 밤하늘을 가로질러 사라졌다.

"할머니 그 태극기는 지금 어디 있어?"

"저기 어디 있을 거이다."

그리고는 나도 태극기 찾는 것을 잊고 있었다. 서울로 이사를 올 적에 집안 살림 정리를 하면서 놋그릇 담긴 궤를 열어 보니, 좀이 슬고 오래 된 태극기가 할아버지가 쓰셨던 볼록렌즈 함에 담겨 있었다. 할머니 할아버지께서 돌아가신 후라서 확인을 받은 것은 아니지만, 계룡산에서 만세를 불렀던 그 태극기가 아닐까 상상을 해 보았다.

2021년 봄

노은(魯隱) 이성기(李成器) 손자 광석(光錫)

4. 노은·성당 형제 할아버지에 대한 기억

나의 고향은 전라북도 남원시 사매면 매안방 여의터로 계룡산의 정기가 서린 곳이다. 동남쪽으로 보절면과 경계를 이루며 전주이씨 영해군파(寧海君派)가 집성촌을 형성하여 예전에는 120여 가구가 살았는데, 지금은 50여 가구만 살고 있는 마을이다.

큰할아버지 휘(諱)는 성기(成器, 1890~1978), 호 노은(魯隱)으로 수염을 길게 기르고 생활하셨으며, 술을 많이많이 좋아하셨다. 가을 묘사철이 되면 집안의 어른으로서 묘사에 참반하고 집에 오실 때면 거나하게 취하셔서 아주 즐거운 모습으로 집으로 돌아오시곤 하셨다. 옛날에는 포장지가 없어서 지푸라기로 계란꾸러미와 같이 만들어 사과 반쪽, 배 반쪽, 전 조각. 떡 1~2개, 계란 반쪽, 그리고 유자 1~2개를 얹으면 웃어른의 이바지 묘사 음식이었다. 이러한 묘사 이바지를 한 손에 들고 거나하게 취해 오시곤 했다.

서울에서 생활하던 내가 고향을 찾아 큰할아버지를 뵐 때 드리는 선물은 대두병(大斗甁) 정종이 최고였다. 대두병 정종 1병을 가지고 가면, 큰할아버지께서는 손자 큰절을 받기가 무섭게, “얘야, 한잔 따라라.” 하셨다. 한잔을 따라 드리면, “저 윗목으로 갖다 놔라.” 하셨으나 얼마 지나지 않아, “얘, 석문아! 네가 가지고 온 술, 한잔 더 따라라.” 하셨고, 한꺼번에 드시기는 아까워서 딱 한잔만 드시고는 윗목에 두었다가 얼마 후 다시 찾기를 몇 번 하시고 나면, 그 정종 대두병은 사흘도 가기 전에 다 비워졌다.

우리 집은 대신리 아랫마을 입구 길옆에 있었는데, 큰할아버지는 마루에 앉아 계시면서 지나가면 사람이 보이면, 으레 말씀을 하셨다.

"게 누군가?"

"예! 저 ○○입니다."

"석문이가 서울에서 술을 사가지고 왔는데, 한잔 하고 올라감세."

라고, 하셨다. 지나가던 사람은 거의 우리 집안사람이었기에 들어와서 한잔을 하면서 집안일, 동네일, 세상사는 이야기를 들려드리곤 했다. 이처럼 큰할아버지는 정이 많으셨고, 술을 매우 좋아하셨다.

어머니가 일찍 돌아가시고, 전주북중학교 2학년 때부터 군 입대를 위한 신체검사를 받을 때까지 5, 6년 동안 큰할아버지를 모시고 시골집에서 동생 4명(남동생 2명과 그 아래로 여동생 2명)과 함께 살았다.

"석문아, 너는 네 밑의 동생들이 어리고 어머니가 안 계시니 동생들을 자립하도록 가르치고 각자가 스스로 챙겨 먹을 수 있도록 해야 한다. 인간의 입으로 들어가는 음식은 가장 귀하고 신성한 것이므로 네가 판단하여 직접 챙겨서 골고루 먹고, 동생들에게 잘 가르쳐야 한다."

큰할아버지께서는 동생들을 잘 가르쳐야 한다고 당부도 하셨고, 사람이 올바르게 살아가야 한다는 이야기를 많이 해 주셨다.

어느 날 수도꼭지에서 수돗물이 조금씩 졸졸 흐르고 있었다. 할아버지께서 나에게 "저 수도꼭지를 꼭 잠그라."

하시면서,

"생각은 항상 나라를 먼저 생각하는 마음으로 출발해야 한다."

라고 하시었다.

"수도꼭지를 잠그면서 수도요금을 아낀다고 생각하면서 잠그지 말고, 물이 부족한 나라의 살림살이를 먼저 생각하면서 그 수도꼭지를 잠그라."라고 하셨다.

큰할아버지께서는 모든 생활은 가장 먼저 나라를 생각하면서 살아가야 하고, 나라 사랑하는 마음은 '항상 물 흐르듯이 자연스럽게 행동해야 한다.'라고 가르쳐 주셨다.

내가 전주에서 학교 수업을 마치고 오수에서 막차 버스를 타고 오리정에 도착을 할 무렵이면 큰할아버지께서는 으레 마중을 나와 기다리셨다. 중학생인 내가 여시발재를 넘어오기가 무서울 것으로 염려하는 마음에서 마중을 나오신 것이었다. 또한 월요일 새벽 서도역까지 걸어서 전주를 갈 때면 깜깜한 새벽녘에 걸어서 가야 했는데, 큰할아버지께서는 손자와 함께 오리정까지 오신 적도 있었다. 큰할아버지께서 손자 사랑하는 마음은 하늘같이 높고, 바다같이 깊은 것이었다.

큰할아버지와 함께 전북 전주시 인후동에서 살 때의 일이다. 내가 아침 일찍 학교를 가기 전에 큰할아버지께서 뒤뜰에서 도끼를 들어 힘껏 내리칠 때 장작의 작은 파편이 왼쪽의 눈에 박혀 피가 줄줄 흘러 집안사람 모두 놀라서 허둥댔는데, 큰할아버지께서는 "괜찮다."라고 하셨는데, 병원에 가서 치료를 받은 후 아무 문제가 생기지 않고 완치되었던 기억이 아직도 생생하다.

나는 군 입대 전 아랫마을 근수 서당골 부잣집에 머슴을 살았는데, 신체검사를 받고 나니 도저히 집으로 들어가고 싶지 않아서 세골 우성을 찾아 함께 무작정 상경을 하였다. 이때 나는 만 20세로 1969년이었다.

작은할아버지 휘는 용기(龍器, 1897~1933, 일명 두기斗器), 호는 성당(省堂)으로 내가 태어나기 10여 전에 돌아가셨기 때문에 모습을 알 수 없다. 그러나 큰할아버지, 큰할머니 안동권씨(1889~1977, 택호 옥천)와 작은할머니 남원윤씨(1898~1967, 택호 소천)께서 생존해 계실 때에 많은 이야기를 하셔서 대체로 알고 있다.

작은할아버지와 작은할머니는 아들 하나와 딸 셋을 두셨다. 맨 위 아들 택수(당숙)를 두셨는데, 6・25 때 행방불명이 되어 생사를 알지 못해 실종신고 후 한참 뒤에 사망신고를 하였다. 그러나 아직 제사를 지내지 않고 있다. 얼마 전에 6・25전쟁 납북자에 대한 신고를 받는다고 했는데, 어떻게 해야 할지 고민이 된다. 또한 당숙이 생존해 계실 가능성은 희박하기에 기일을 정하여 제사를 지내야 하지 않나 생각해 본다. 맏딸 직남은 전북 순창군 동계면 장동리 원씨 집안(원성록 고숙)으로 시집가서 귀재 형님 등 2남 3녀, 둘째 딸 정남은 전북 남원군 보절면 진기리 소씨 집안(소종호 고숙)으로 시집가서 나와 동갑내기 순권 등 5남 1녀, 셋째 딸 운랑은 전북 임실군 삼계면 삼계리 김씨 집안(김학윤 고숙)으로 시집가서 창기 · 철수 두 형제를 두셨다.

작은할아버지는 큰할아버지에 비해 왜소하셨으나 학문은 매안방(사매면)에서 매우 출중해서 마을 서당의 훈장을 지내셨다고 큰할아버지는 자주 말씀을 하셨다.

큰할아버지는 작은할아버지에 대한 애정이 남달랐기에 공부를 많이 시켰다고 말씀하셨다. 큰할아버지는 책만 잡으면 졸음으로 공부를 하지 못하고, 학문에 취미가 없었는데, 작은할아버지는 졸지도 않을 뿐만 아니라 학문이 날로 높아지는 것을 보고는 공부를 많이 하도록 배려했다고 하셨다.

큰할아버지는 작은할아버지가 왜놈으로부터 그토록 고문을 당하면서도

"독립운동은 내 나라를 찾겠다는 것인데, 그것이 무슨 잘못이냐?"

하면서 잘못을 시인하지 않아 많은 구타와 고문을 당하신 후, 징역 2년형이 선고되어 고초를 겪었는데, 그로 인하여 거의 꼽추가 되다시피 하여 출옥을 하였다고 하셨다. 왜소한 체구에 꼽추가 다된 동생을 보고 큰할아버지는,

"앉은뱅이가 다 되었구나!"

하시고는 큰할아버지는 동생을 위하여 보약 지어 달여 주고, 논밭을 팔아 세상에 가장 좋다는 약을 구해서 동생의 건강을 회복시키고자 노력했으나 광복을 보지 못한 채 향년 36세로 돌아가셨다.

큰할아버지는 집안을 책임져야 하는 장남이었기에 왜놈에게 다시는 독립운동을 하지 않겠다고 각서를 쓰고, 독립운동을 한 것은 잘못이었다고 시인하는 바람에 작은할아버지와 마찬가지로 징역 2년형이 선고되어 옥고를 겪었으나 많은 구타와 고문을 받지 않아 비교적 건강하게 출옥했다고 하셨다.

작은할아버지는 전주이씨 영해군파 시산군, 용성정, 도, 덕일, 용산지 등의 행적에 관한 책(전)을 저술하셨으나 작은할아버지가 돌아가신 후 큰할아버지의 그늘에서 살아가던 작은할머니는 아들(당숙)도 행방불명이 되어 무척 힘들게 사셨다.

윗마을 문간방에서 얹혀 사셨던 작은할머니는 무척 고된 삶을 사셨는데, 집의

벽이 허물어져 흙과 볏짚을 버무려 벽을 고친 벽에 그 책을 찢어서 벽지로 사용하였고, 여름철 장마에는 많은 책이 유실되었다고 하셨다. 큰할아버지는 작은할아버지 책을 소중히 여기지 아니한 작은할머니의 행동을 매우 못마땅하게 여기셨고, 이를 당신이 챙기지 못했음을 두고두고 후회하셨다.

작은할머니는 시집간 딸의 집을 전전하면서 사셨다. 막냇사위의 집이 가장 편안하셨던지 그 집에서 가장 오래 지내셨다. 막냇사위집은 방앗간을 하여 항상 일손이 부족하였다. 겨울철이면 나도 일손을 도우러 삼계리에서 지낸 일이 많았다.

정작 작은할머니가 돌아가신 곳은 둘째 사위 집이다. 나는 해질 무렵 마을 뒷산에서 나무를 한 짐을 해 와서 집 마당에 부리고 저녁밥을 지을 준비를 하고 있는데, 보절면 진기리에서 사람이 왔다. 작은할머니가 돌아가셨다고 알려 준 것이다. 나는 큰할아버지께 말씀드리고, 그 길로 바로 윗골을 거쳐 보절로 갔다. 재를 넘으려니 등골이 오싹해졌다. 그 재는 늑대가 나온다는 무서운 재였지만 나도 모르게 단숨에 재를 넘어 진기리까지 가니까 마을에 불이 훤하게 켜져 있었다.

당시 둘째 사위가 면사무소의 부면장으로 있었기에 많은 사람이 도움을 주려 모였고, 또 진주소씨 집성촌이기에 더욱 협동심이 많았던 것으로 생각이 들었고, 그 사람들이 분주하게 장례 준비를 하고 있었다.

작은할머니는 3일장 꽃상여로 그 먼 길을 재를 넘어 윗골 선산(선산에서 가장 가까운 곳)에 묻히셨다. 지금은 고빠골 선산에 작은할아버지와 함께 계신다.

그로부터 10년 뒤인 1977년 큰할머니께서 돌아가셨고, 다시 1년 뒤 큰할아버지께서 저세상으로 떠나셨다.

집안 웃어른들은 나더러 "너는 어쩌면 나이가 들수록 큰할아버지 모습을 꼭 닮아 가느냐."라고 하신다. 나는 나이가 들어갈수록 큰할아버지를 많이 닮아가고 있다는 것을 느낀다. 큰할아버지께서 나라 사랑하는 자세에 대한 가르침을 가슴에 새기면서 할아버지 형제분의 기억을 적어보았다.

노은 · 성당 형제 할아버지!

김경기라는 제 친구가 저한테 호를 '중산(中山)'이라 지어 주고는 제게 잘 어울리는, 딱 맞는 호라 하며, 중산처럼 살아가라고 하였습니다.

할아버지, 중산이라는 호가 손자 석문한테 과분한 것은 아니옵니까?

형제 할아버지께 고하고, 오늘부터 삼가 사용해 볼까 한다.

2021년 여름

손자 석문

5. 전주이씨 영해군파(寧海君派)

▲ 영해군의 묘 - 전주이씨 영해군파 묘역(서울 도봉구 도봉동 산81-1)

영해군(寧海君) 이당(李瑭, 1435~1477)

세종대왕과 신빈(愼嬪) 청주김씨(淸州金氏) 사이 6남 중 5남으로 태어나니 세종의 17번째(서자 9번째) 왕자이다. 초명은 이장(李璋), 뒤에 이당(李瑭)으로 바꾸었고, 1442년(세종 24) 소덕대부(昭德大夫: 종1품) 영해군에 봉해졌다.

어렸을 때부터 너그러웠고, 자라면서 덕의와 절의가 있어 스승과 공부할 때는 화려함을 기뻐하지 않았다. 후손들에게 관인대도(寬仁大道)와 검소질박(儉素質朴)의 본을 보여 주었다.

영해군은 평산신씨(平山申氏)를 부인으로 맞아 영춘군(永春君) · 길안도정(吉安都正) 두 아들과 딸 하나를 두었다. 43세에 세상을 떠나자 성종은 부음을 듣고 매우 슬퍼하여 3일간 조정의 일을 거두었으며, 전례에 따라 부의(賻儀) · 조제(弔祭) · 예장(禮葬)을 내려주었다. 시호를 안도(安悼)라 했는데, 화합을 좋아하여 다투지 않는 것이 '안'이요, 중년에 일찍 죽는 것이 '도'이기 때문이었다.

묘소는 서울 도봉산 영해군파 묘역에 있고, 위패는 전북 남원시 사매면 대신리 소덕사(昭德祠)에 모셨다. 이곳에는 음력 5월 5일 영해군, 음력 8월 3일 군부인(君夫人) 평산신씨 기신제를 지내고 있으며, 사당명은 안도공의 관계(官階)가 소덕대부였기 때문에 소덕사라고 일컫게 되었다.

영춘군(永春君) 이인(李仁, 1465~1507)

▲ 목성공신도비 - 전주이씨 영해군파 묘역

영해군의 장남으로 자는 자정(子靜). 1474년 정의대부(正議大夫: 종2품) 영춘군(永春君)에 봉해졌다.

영춘군은 부친의 인덕을 바탕으로 효행이 지극해 왕실의 은총을 받았다. 영춘군의 차남 강녕군(江寧君)은 알뜰하게 가꿔진 꽃밭과 정결한 집을 가졌었는데, 연산군의 내폐(內嬖)가 이 집을 탐내어 빼앗고자 했다. 그러나 강녕군은 불응하자 내폐의 고자질로 연산군은 크게 노해 주인과 가노를 붙잡아 가두고 문초했다. 이런 연유로 강녕군 부자와 여러 형제는 남해(南海)로 귀양살이를 갔다.

그 후 중종반정으로 관직이 회복되었고, 중종은 특별히 정국원종공신(靖國原從功臣)으로 공훈록과 비문에 그 사적을 표기케 하고, 『삼강행실록(三綱行實錄)』에도 기록토록 지시했다.

영춘군은 완천군(完川君)·강녕군·순성부정(蓴城副正)·덕녕부정(德寧副正)의 네 아들과 딸 둘을 두었고, 품계는 승헌대부(承憲大夫, 정2품 하계)이고, 시호는 화목을 이루었다는 뜻으로 목성(穆成)이다.

영해군파 묘역 오른쪽 산기슭에는 남곤(南袞)이 글을 짓고 김희수(金希壽)가 글씨를 쓴 '목성공신도비'(통칭 이인신도비, 영춘군신도비. 碑題는 '有明朝鮮國崇憲大夫永春君神道碑銘幷書', 서울특별시 문화재 제106호)가 서 있다.

길안도정(吉安都正) 이의(李義)

▲ 길안도정 이의의 묘 - 전주이씨 영해군파 묘역

영해군 차남 길안도정 이의는 시산군(詩山君)·청화수(淸化守)·송계군(松溪君)·은계군(銀溪君)·벽계도정(碧溪都正)·옥계군(玉溪君) 등 6남을 두었으나 옥계군은 외아들 운천군(雲川君)을 둔 뒤 후사가 없었다.

영해군의 장손 완천군의 동생인 강녕군과 종형제간 되는 시산군은 정암(靜菴) 조광조(趙光祖)와 도학(道學)으로써 의리를 맺어 친히 사귀었다.

송나라 때 정자(程子)·주자(朱子)가 왕에게 올렸던 글을 간행하여 중종에게 봉사하였으며, 또 숭선정(嵩善正)·장성수(長城守) 등과 연명으로 상소해 억울하게 수감된 문신 박상(朴祥)·김정(金淨)을 석방시켰다. 그리고 문란한 여악(女

樂)을 고쳐 주도록 극간도 했다.

시산군은 기묘사화로 두 번째 수난을 겪으면서 신사무옥(辛巳誣獄)에 휘말려 살신성인하였다. 이렇게 영해군으로부터 3대손까지 큰 피해로 말미암아 생몰연대를 알 수 없고, 묘소까지 실전되었다.

지파로는 영춘군파와 길안도정파로 나뉘고, 분파로는 9개 파가 있다.

직계 종손의 세계(世系)는 1994년 현재 19대손 민구(敏九)까지 이르렀고, 방계 중 가장 빠른 후손으로 덕녕부정파의 23대손 한진(漢鎭)까지 이어져 내려왔다.

영해군파 문중에서 학문에 전념하여 문명이 드러난 이는 37명이다. 그중에서 시산군파의 4대손인 경여(景輿)는 시산군과 강녕군의 학통을 이어받아 조광조의 후학인 활계(活溪) 이대병(李大甹)과 친히 사귀어 도학에 전념하였고, 7대손인 도(燾)도 대곡(大谷) 최상문(崔象文)의 문하에서 수학한 뒤 부사(府使) 이구징(李耉徵)의 추천으로 임금의 하명을 받아 『여지승람』을 수찬하여 올렸다. 또 선조의 행적이 실린 『용성지(龍城誌)』 3권을 남기는 등 성리학에 조예가 깊었다.

영해군파로 문관을 지낸 107명 중, 정3품 이상이 29명, 무관은 68명 중, 정3품 이상이 21명이다.

특히 4대 종손인 덕일(德一)은 학덕이 뛰어난 숨은 선비로 인정받아 과거시험 없이 사헌부 장령(掌令)으로 발탁되어 공적을 쌓은 뒤 예조판서까지 이르렀다.

벼슬길에서 과거 출신만도 26명인데, 영해군파에서는 4대째 또는 3형제 모두 내리 등과하였다. 그 선조는 8대손 정린(廷麟), 9대손 언경(彦經), 10대손 춘제(春濟), 11대손 창유(昌儒), 창급(昌伋), 창임(昌任)이고 친형제와 부자가 등과한 선조는 11대손 창의(昌誼), 창수(昌壽), 12대손 병정(秉鼎) 등이다.

효행한 선조는 32명인데 손가락을 베어 아버지에게 수혈해 드려 시호를 받은 선조는 영해군파 9대손 언강(彦綱)이다. 언강은 증강문과 을과 1등으로 과거급제 후 예조판서, 형조판서를 역임하고 한성판윤을 11회(543회, 549대, 553대,

556대, 562대, 598대, 600대, 607대, 614대, 625대, 632대) 역임하였다. 손자는 좌의정 창의(昌誼), 이조판서 창수(昌壽), 증손자 이조판서 병정(秉鼎)이다.

열행(烈行)으로 정려(旌閭)를 표창받은 선조에는 시산군파의 5대손 부인 합천 이씨, 영해군파의 9대손 부인 안동권씨, 11대손 부인 파평윤씨, 시산군파의 12대손 부인 성산이씨 등이 있다.

형우제공(兄友弟恭)으로는 시산군파 14대손 교항(敎恒)·교상(敎爽) 형제로 아침저녁 떨어지지 않고 50년간 동고동락한 일은 초등 교과서에 나오는 실화 '의좋은 형제' 이야기나 다름없다.

영해군파 11대손 문헌공(文獻公) 창수(昌壽)는 알성문과 갑과에 장원급제하고, 육조(六曹)의 판서(判書)를 24회 순환 역임하였으며, 입조 40여 년 동안 문무를 섭렵하는 50여 가지 직책을 역임하였다.

영해군파 12대 손녀 빙허각 이씨(憑虛閣李氏)는 이조판서 이창수의 딸로 조선시대 최고의 여성 실학자이며, 우리나라 역사상 최초로 한글로 된 『규합총서(閨閤叢書)』라는 백과사전을 저술하였다.

영해군파 13대손 조묵(祖默)은 이조판서 창수의 손자이고, 이조판서 병정의 아들이며, 시서화 삼절(三絶)로 이름났다.

3·1독립만세의거 때 공을 세운 시산군파 후손으로는 15대손 석기(奭器)·형기(炯器)·용기(龍器)·성기(成器), 16대손 명수(明壽)·광수(光壽)·범수(範壽) 등 7명이다.

6·25전쟁 때 18대손 용철(容澈)·동철(東澈), 21대손 길녕(佶寧)은 순국하여 모두 국립현충원에 안장되었다.

현대에 와서 박사 출신은 17명, 사법고시 출신은 2명이다.

6. 영해군파 현조 약기(賢祖 略記)

가철(可哲, 1757~1815)

자는 익보(益甫), 호는 사물재(思勿齋). 존양당(存養堂) 유시(惟時)의 차남이다. 사헌부 감찰에 증직되었다. 이단과 사학이 횡행하던 당시에 훈장을 하면서 향약의 준수와 실행에 힘쓰는 동시에 조정에서 조언을 구하면 음양 변화와 풍속 퇴폐와 민정의 득실, 언로의 막힘과 용인불신(用人不愼)과 사치풍조를 지적하는 등 소신 있고 거침없는 주장을 펼쳐 관리들의 주목을 받기도 하였다.

어느 날 밤에 한 노인이 '勿'자를 써 보이므로 사물재(思勿齋)라고 호를 정했다. 워낙 효자라 조카 행권(行權)과 시권(時權)의 효행과 더불어 일문삼효(一門三孝)의 정려문을 받았다. 『사물재집(思勿齋集)』 3권이 있다.

묘소는 전북 남원시 덕과면 신양리 산40번지에 있다.

가춘(可春, 1735~1809)

자는 경지(慶之), 호는 소검당(疏儉堂). 시산군의 8대손이며, 사복시정 유강(惟綱)의 차남이다. 좌승지에 증직되었다. 현조 시산군이 설원되고 증직되었지만 시호의 은전이 내려지지 않는 것에 통분하여 상언(上言)하자 시산군에게 시호 문민(文愍)이 내려졌으며, 남원 매계서원에 문민공을 봉안하게 된 것이 모두 공의 심역이 경주된 결과이다.

묘소는 전북 남원시 대산면 좌사촌 임좌원에 있다.

광수(光壽, 1896~1948)

자는 인옥(仁玉), 호는 설산(雪山). 시산군의 14대손이며, 참봉 현기의 4남이다.

공은 임실군 오수보통학교 교사로 재직 중, 마을을 돌며 청년회와 농민회를 조직하여 독립정신을 고취하는 데에 힘써 왔다. 3 · 1독립만세의거 소식을 듣고

숙부 매호공과 상의하여 상경하여 손병희(孫秉熙) 선생의 지령을 받고, 수십 장의 「독립선언서」를 간직하고 내려와서 문중 어른을 비롯하여 임실군 지도 인물과 청년회·농민회 등을 돌며 「독립선언서」를 전달하고 3·1독립만세의거 상황을 설명하였다. 이에 3월 11일, 3월 15일, 3월 23일, 4월 3일, 4월 4일의 크고 작은 거사가 일어나게 되었는데, 이는 공이 자신의 임무를 착실하게 수행하고, 모든 정보를 신속히 알려줌으로써 얻어진 성과라고 할 수 있다.

그 후 공의 비밀활동이 드러나 상해로 망명하여 임시정부에 가담하다가 일본에 건너가 일본대학교 법과를 졸업하고 학생운동을 계속하다가 탄로되어 동경에서 옥살이를 하였다. 귀국 후 이왕직(李王職) 예식과 전사(典事)를 역임하였다.

제자들과 뜻있는 인사들이 힘을 모아 현 오수초등학교 교정에 추모비를 세워 공을 기렸다.

묘소는 전북 남원시 사매면 방축상 자좌에 있다.

교영(教英, 1786~1850)

자는 자유(子有), 호는 곡양(穀?). 참판공 원묵(元默)의 장남이며, 어머니는 정부인 경주김씨이다.

1844년(헌종 10) 증광문과 을과에 급제, 주서·이조좌랑·이조정랑·사간원 대사간을 역임하였다.

묘소는 강원도 철원군 묘장면 목관리에 있다.

덕일(德一, 1536~1599)

자는 여함(汝咸), 호는 지암(止菴). 평성수(平城守) 질(耋)의 아들로 영해군의 현손이다.

선조의 지조를 굳게 지켜 벼슬의 영달을 물리치고 과거를 보지 않았으나 학덕과 덕망이 뛰어나 마침내 44세 때 1579년(선조 12) 사헌부 장령으로부터 시작하여 이조참의, 가선대부 오위도총부 도총관을 역임하였다. 임진왜란 중에 직책이 없었음에도 임금에 대한 충정을 지키고자 한 점이 인정되어 이항복(李恒福)의

주청으로 1599년(선조 32) 숭헌대부 예조판서에 올랐다. 그러나 임직 9일 만에 몸져 앓고, 다시 7일 만에 향년 64세로 별세했다.

배위는 정경부인 청주한씨와 정경부인 남양홍씨이다. 슬하에 자녀가 없어 순성부정(蓴城副正)의 증손 수종(壽宗)을 입후(入後)하였다.

묘소는 서울시 도봉구 도봉동 산81번지의 1 영해군파 종중 선영이다.

도(燾, 1639~1713)

자는 재경(載卿), 호는 용산(龍山). 영해군의 7대손이며, 충의위(忠義衛) 동영(東英)의 아들이다.

천품이 영특하고 학식이 온중하고 심오하여 존주대의(尊周大義)에 밝아 「존양록(尊攘錄)」에 기록되었고 계룡산 밑에 있는 그의 서재 용산정사에서 많은 선비들과 의론하면서 비록 초야의 포의한사(布衣寒士)이지만 나라의 공족으로서 우국의 정성이 간절하였다. 1699년(숙종 25) 왕명에 의하여 최여천(崔與天)과 함께 『여지승람』을 편수하여 조정에 바쳤으며 『용성지(龍城誌)』 2권을 편집 출간하였다.

1781년(정조 5) 서재터에 사우를 중건하고 향사하다가 매계(梅溪) 하류 덕계(德溪)로 이건하고, 서원명 매계를 덕계로 개칭하였다. 1898년(광무 2)에 훼철되고, 1993년 다시 전북 남원시 사매면 관풍리에 중건하였다.

『용산집(龍山集)』 3권이 있다.

묘소는 전북 남원시 보절면 서치리 산54의 1번지에 있다.

돈기(敦器, 1851~1925)

자는 윤경(允卿), 호는 삼재(三齋). 기와공(起窩公) 교남(敎南)의 외아들이며, 어머니는 한양조씨이다.

1885년(고종 22) 진사시에 급제하였으나 벼슬길은 사양하고, 충남 예산군 봉산면에 낙향하여 교화와 윤리로써 향토의 풍속을 순화시켜 오로지 시문 창작에만 힘썼다. 경기 광주·수원 등지에 흩어져 사는 일가를 불러 줄바위[息岩里]에 집성촌을 이루어 화목하게 살도록 이끌어 주었다.

묘소는 충남 예산군 봉산면 화전리이다.

민제(敏躋, 1686~1742)

자는 사구(士求), 목사 언유(彦維)의 외아들이며, 어머니는 증 정경부인 파평 윤씨이다.

1717년(숙종 43) 33세 때 사마시에 급제하여 능주목사(綾州牧使)를 역임하였다. 좌찬성에 추증되었으며, 배위는 증 정경부인 양주조씨로 2녀만 두었기 때문에, 참봉 태제(泰躋)의 차남을 계자로 삼았다.

묘소는 충남 보령시 주산면 창암리 남전 서쪽 기슭이다.

백린(伯麟, 1621~1667)

자는 성서(聖瑞), 시만(時萬)의 장남이며, 어머니는 정경부인 안동권씨이다.

어렸을 때부터 총명하여 글자를 보기만 하면 이내 외워, 성장하면 이름을 떨치리라고 어른들이 칭찬하였다. 그리하여 1646년(인조 24) 26세 때 사마시에 뽑혀 승문원 추천으로 세자익위사(世子翊衛司) 세마(洗馬)로 첫 벼슬한 뒤 1655년(효종 6) 30세 때 춘당시(春塘試) 문과에 급제하여 승정원 주서 · 성균관 전적 · 예조좌랑 · 병조좌랑을 역임하였다. 황해도 도사로 나아갔다가 다시 사헌부 지평으로 승진, 얼마 뒤 고산 찰방으로 보직, 47세 때 개성부 경력으로 전직되어 이해 가을 임지에서 향년 47세로 별세하였다. 이조판서로 증직되었다.

배위는 정경부인 청송심씨와 정경부인 상주박씨이며 3남 1녀를 두었다.

묘소는 강원도 철원군 동송읍 관우리, 묵전당공 산소 다른 산기슭에 3위 쌍폄으로 있고, 묘비와 석물이 있다.

범수(範壽, 1893~1945)

자는 인석(仁錫), 시산군의 14대손이며, 참봉 현기(玄器)의 3남이다.

숙부 석기(奭器)와 뜻을 같이 하여 1919년 4월 4일 남원 읍내에서의 거사에 참여하였으나 피체망을 피해 피신한 후, 서울에서 조선독립대동단(朝鮮獨立大同團)을 찾아가 가입하고 전라북도지부 조직의 직책을 맡고 내려와 한태현(韓泰鉉) · 형갑수(邢甲洙) · 강경진(姜景鎭) 등과 지부를 조직하여 군자금 헌납의 임무를 수행하다 피체되어 오랜 구류 끝에 징역 1년 집행유예 3년이 선고되었다. 출옥 후 영춘계에 가입하여 항일운동을 계속하고 조경참봉(肇慶參奉)을 역임하였다.

국가에서는 1990년 건국훈장 애족장을 추서하였다.

묘소는 대전현충원 독립유공자 제1묘역 314호에 있다.

병정(秉鼎, 1742~1804)

초휘는 병정(秉正), 자는 이중(耳仲), 호는 이암(彝菴). 문헌공 창수(昌壽)의 외아들이며 어머니는 정경부인 달성서씨이고, 친어머니는 정경부인 진주류씨이며, 영해군 12대손이다.

1762년(영조 38) 생원시에 급제하고, 1766년(영조 42) 정시문과 병과에 급제하여 홍문관 제학 · 이조판서 · 오위도총부 도총관 등을 지내면서 문무 양면으로 두루 치적을 쌓았다. 『이암집(彝菴集)』 3권이 있다.

묘소는 충남 보령시 주산면 창암리 남전 산31의 6에 있다.

빙허각 이씨(憑虛閣李氏)

영해군파 12대 손녀 빙허각 이씨는 조선시대 최고의 여성 실학자이며, 우리나라 역사상 최초로 한글로 된 『규합총서(閨閤叢書)』라는 백과사전을 저술하였다.

빙허각 이씨는 이조판서 문헌공 창수(昌壽)의 딸로서 어머니 류씨는 언문지(諺文誌) 저자 류희(柳僖)의 고모이다. 시재(詩才)가 있었으며, 친가와 시가의 학문적인 환경 속에서 영향을 받아 많은 한시를 남겼고, 1809년 당시의 부인들의 식생활에 관련된 서적을 한글로 편찬하였다. 저서는 『빙허각전서(憑虛閣全書)』로 1부 규합총서(閨閤叢書), 2부 청규박물지(淸閨博物誌), 3부 빙허각고략(憑虛閣稿略)로 구성돼 있는데, 한글 연구에도 공헌이 막대했다고 한다.

출생지는 서울이며, 남편은 문집 『좌소산인집(左蘇山人集)』 등을 저술한 서유본(徐有本)이다.

석기(奭器, 1879~1932)

자는 양오(陽五), 호는 매호(梅湖). 시산군의 13대손이며, 교협(敎協)의 3남이다.

성품이 곧고 몸가짐이 올바르며 항상 나라와 민족을 위하여 처신하였다. 남원군 덕과면장 재직 시 선정을 베풀어 면민이 힘을 모아 송덕비를 세워 기린 바 있다.

1919년 3월, 서울 탑골공원에서 3·1독립만세의거에 온 겨레가 궐기하였다는 보도를 접하고 조카 광수(光壽)를 서울에 보내 오세창(吳世昌)·송팔용(宋八傭) 등과 연락하여 전국 상황을 판단하고 호남의 독립운동 선봉이 되기로 다짐하였다. 군내 17개 면은 물론 가까운 둔남(屯南)·지사(只沙)·산서(山西) 각 면장에게 편지 형식의 격문을 인편으로 전하고, 대중 앞에 살포할 격문·태극기 등을 20여 명의 동지들과 같이 며칠 동안 만들며 치밀한 거사 계획을 세웠다.

드디어 4월 3일 덕과면 도화동에서는 사방사업을 위장하고 사매 말달리기에서는 도로 보수로 가장하여 작업하다가 갑자기 만세 함성은 터지고, 1천여 군중의 대행진이 삽시간에 사매 헌병 주재소를 점령하였다. 여세로 읍내 진출을 꾀하였으나 기마 헌병대의 총부리 앞에 공과 주도 인물들이 피체되고 군중은 해산되었다.

이튿날 4월 4일 남원읍내에서 온 군민이 일어나 남원골을 뒤흔든 만세운동이 있었다. 이는 공이 사력을 다한 결과라고 할 수 있다. (이 내용은 남원시 남원역전 3·1기념탑, 한국역사편찬위원회 사료, 판결문 등에 기록되어 있다.)

1년 6월 옥살이에도 한사코 굴하지 않고, 출옥 후 출옥 동지들의 비밀조직인 영춘계를 만들어 평생 항일운동으로 일관하였다.

국가에서는 공의 공적을 기리어 1991년 건국훈장 애족장을 추서하고 묘앞에 공적비를 세웠다.

묘소는 전북 남원시 사매면 관풍리 방축내 선영에서 대전현충원 독립유공자 제3묘역 63호에 안장되었다.

석팔(錫八, 1900~1997)

호는 오당(五堂), 영해군의 17대손이며, 승수(承壽)의 차남이다. 봉산 초대 민선 면장을 역임했으며 영해군파 기해보 편찬 고문을 지냈다. 「이가세고(李家世

稿)」, 「오당만필(五堂漫筆)」을 편찬하였다.

묘소는 김포 장릉공원묘원에 있다.

성기(成器, 1890~1978)

자는 중옥(重玉), 호는 노은(魯隱), 일명 난기(蘭器). 시산군의 13대손이며, 교성(敎性)의 장남이다. 나라를 위하여 충절로써 살피고 의를 위하여 생을 아끼지 않았다.

1919년 재종형 석기(奭器)와 뜻을 같이 하여 4월 3일 일제 헌병 사매면 주재소를 점령하였으나 피체되어 2년간 경성감옥(전 경성형무소 전신) 옥살이를 겪고, 출옥 후에는 출옥 동지 39인과 영춘계(迎春稧)란 비밀 단체를 만들어 평생을 항일운동으로 일관하였다.

국가에서는 형제의 공을 기려 1990년 건국훈장 애족장을 추서하고, 묘소에 애국지사 형제로 기념비를 세웠다.

묘소는 전북 남원시 사매면 오신리 선영하 해좌이다.

성린(聖麟, 1631~1691)

자는 문징(文徵), 호는 만계와(晩計窩). 비연재공의 차남이며, 어머니는 정부인 경주정씨이다.

미촌(美村) 윤선거(尹宣擧)와 시남(市南) 유계(兪棨)의 문하에서 수학하고, 1648년(인조 26) 18세 때 사마시에 급제한 뒤 1661년(현종 2)에는 의금부 도사·호조정랑·호조좌랑을 거쳐 그 뒤에 여산군수에 이르렀다. 만년에 관직에서 퇴임하고 귀향하여 폐문하고 만계(晩計)라고 자칭하며 독서로서 수양하였다. 사후에 좌승지에 추증되었다.

배위는 숙부인 안동김씨이며 3남 4녀를 두었다.

묘소는 충북 청주시 석곡동 산6의 1에 양위 합폄으로 있고, 묘비와 석물이 있다.

성제(誠躋, 1672~1736)

자는 군실(君實), 유수 언기(彦紀)의 차남이며, 어머니는 정부인 해평윤씨이다.

49세 때 사산감역(四山監役)으로 음직(蔭職)에 오른 뒤 상의원 별제・장례원 사평・돈녕부 판관을 역임하였으며 창녕현감으로 외직에 나아갔다가 돈녕부 판관으로 복직되었다. 선혜청 선혜랑・광주목사・사재감 주부・제용감 판관・사옹원 첨정・인천부사를 거쳐 성주목사로 나아갔다가 별세하였다.

묘소는 충남 예산군 봉산면 구암리 신통골에 배위와 함께 양위 합폄으로 있고, 묘비와 석물이 있다.

시만(時萬, 1601~1672)

자는 석여(錫汝), 호는 묵전당(默全堂). 사어공(司禦公) 양휴(揚休)의 장남이며, 어머니는 정경부인 여흥민씨이다.

1624년(인조 2) 24세 때 사마시에, 1630년(인조 8) 30세 때에는 별시문과에 급제한 뒤 사국 겸 세자시강원 설서를 비롯하여 승정원 주서로 전직되고, 1646년(인조 24)에는 병조・예조좌랑으로 승진한 뒤 다시 홍문관에 들어갔고 삼사(三司)를 두루 거쳤다.

47세 때 의정부 사인이 된 뒤 서장관으로 청나라 연경에 다녀온 뒤 통정대부로 승계되고 병조참지・부승지 등을 지내다가 1650년(효종 1) 50세 때 전라도 관찰사를 지냈다.

천품이 중후하고 외유내강하여 올바른 주견을 가지고 삼사 재임 10여 년간 모든 일을 공정히 처사하였다. 문장이 뛰어났으며 특히 성리학에 전심하였고 효우(孝友)가 극진하여서 세칭 국보라 했다. 잠시 철원부사를 지내다가 향년 72세로 별세하였다. 이조판서로 증직되었다.

문집 『묵전당집(默全堂集)』 6권이 있다.

배위는 정경부인 안동권씨이고, 3남 1녀를 두었다.

묘소는 강원도 철원군 동송읍 관우리에 양위 합폄으로 있고, 묘비와 석물이 있다.

양정(養鼎, 1739~1784)

자는 치화(稚和), 익헌공 창의(昌誼)의 외아들이다.

6세 때 어머니를 여의고 아버지의 관심 속에서 학문에 힘써 1762년(영조 38) 사마시에 급제하고, 1770년(영조 46) 정시문과에 급제하였다. 이조정랑 · 사간원 대사간 등의 직책을 역임하였으며 이조참판에 추증되었다.

묘소는 강원도 철원군 동송읍 관우리, 익헌공 묘소 아래이다.

언강(彦綱, 1648~1716)

자는 계심(季心), 호는 노호(鷺湖), 시호는 정효(貞孝). 백린의 차남이며, 어머니는 정경부인 청송심씨이다.

사마시에 합격하고, 1678년(숙종 4) 증광문과 을과에 급제, 또 다시 1679년(숙종 5) 중시(重試)에 급제하였다. 오위도총부 도총관 겸 예조판서를 역임하였으며, 좌찬성에 추증되고 시호가 내려졌다.

묘소는 강원도 철원군 동송읍 관우리 부친 묘하 왼쪽 산기슭이며, 묘비와 석물이 있다.

언경(彦經, 1653~1710)

자는 사상(士常), 호는 천유재(天遊齋). 죽와공 정린(廷麟)의 장남이며, 어머니는 정부인 광주김씨이다.

진사시에 합격하고, 1691년(숙종 17) 알성문과 병과에 급제하여 20여 년간 여러 관직을 역임하였다. 성균관 학유 · 시강원 설서 · 사헌부 지평 · 함평현감 · 지제교 · 암행어사 · 검전관 · 서장관 · 병조정랑 · 승지 · 사간원 대사간 · 충청도 관찰사 · 황해도 관찰사를 지냈다. 특히 황해도 관찰사 재임 시에 납세의 공평을 위해 상정법(詳定法)을 만들어 반포하기도 하였다. 이조판서에 추증되었다.

묘소는 충남 예산군 봉산면 구암리 식암산이고, 묘비와 석물이 있다.

언기(彦紀, 1640~1702)

자는 선경(善卿), 지평공 백린(伯麟)의 장남이며, 어머니는 정경부인 청송심씨이다.

사마시에 급제하고, 1687년(숙종 13) 식년문과 을과에 급제, 동몽교관·현령·승정원 주서·이조참판을 역임하고 외직인 개성유수를 지냈다.

묘소는 경기도 성남시 하대원동 통례의 묘 아래에 배위와 함께 양위 합폄으로 있고, 묘비와 석물이 있다.

여재(如梓, 1685~1763)

자는 계직(季直), 호는 낙재(樂齋). 첨추(僉樞) 후(煦)의 아들이다.

1759년(영조 35)에 진사에 오르고 영릉참봉으로 제수되었다. 판서 유최기(兪最基)·좌랑 류일상(柳一相)·지평 한상기(韓尙箕)와 도의교(道義交)를 맺고 교유하였다. 학자들은 남주(南州)의 부자(夫子) 낙재 선생이라 불렀다고 한다.

문집으로 『낙재집(樂齋集)』이 있다.

묘소는 전북 남원시 사매면 관풍리 산15의 1번지에 있다.

용기(龍器, 1897~1932)

자는 중빈(重彬), 호는 성당(省堂), 일명 두기(斗器). 시산군의 13대손이며, 교성(敎性)의 차남이다.

1919년 4월 4일 재종형 석기(奭器)와 뜻을 같이 하여 남원읍내에서 거사에 참여하였으나 피체되어 광주감옥 전주분감에서 2년의 옥고를 치렀다. 출옥 후 사숙을 열어 후손에게 민족혼을 심어 뒷날을 기하려 힘썼으나 모진 고문에 병들어 향년 36세로 별세하였다.

국가에서는 건국훈장 애족장으로 추서하고, 묘 앞에 애국지사 형제로 지칭하여 기념비를 세웠다.

묘소는 전북 남원시 사매면 오신리에 있는 노은공 산소 왼편에 있다.

원묵(元默, 1767~1831)

자는 이성(而成), 양정(養鼎)의 외아들이며, 어머니는 정부인 대구서씨이다.

18세 때 아버지를 여의고 홀어머니를 모시면서 학문과 덕행에 힘써 1798년(정조 22) 사마시에 급제하고, 1816년(순조 16) 50세 때 정시문과에 급제하였다. 여러 관직을 거친 뒤 병조참판을 지냈다.

묘소는 강원도 철원군 동송읍 관우리 익헌공 산소 아래이다.

원팔(元八, 1765~1838)

자는 순거(舜擧), 지정(趾鼎)의 계자이며, 생부는 진사 이정(耳鼎)이고, 생모는 한양조씨이다.

1790년(정조 14) 26세 때 증광문과 병과에 급제, 이조참판을 지냈다.

배위는 정부인 안동김씨로 진사 득추의 딸이다.

묘소는 광주 사기막동 유좌에 있다.

응주(應疇, 1878~1957)

영해군파 16대손이며, 자는 우경(禹卿). 이조판서 창수(昌壽) · 병정(秉鼎)의 후손으로 조선 후기의 문인 조묵(祖默)의 증손자이며, 완기(完器)의 장남으로 어머니는 김해김씨이며, 한말의 무신이다. 1900년 육군무관학교 졸업생(제1회)으로 그 해 6월에 대한제국 육군 참위에 취임하여 시위대(侍衛隊) · 강계진위대(江界鎭衛隊)에서 근무하고, 1902년 부위가 되면서 정3품으로 오른 후 통정대부로 승진하였다.

묘소는 충남 보령시 주산면 창암리 남전 산31의 6에 있다.

일제(日躋, 1683~1757)

자는 군경(君敬), 호는 화강(華岡). 현감 언순(彦純)의 장남이며, 어머니는 정부인 해평윤씨이다.

1708년(숙종 34) 생원시에 급제하고, 1722년(경종 2) 알성문과에 급제한 뒤 여러 관직을 두루 거쳐 호조참판과 오위도총부 도총관에 이르렀고, 1728년(영조 4) 기복종사(起服從事)로 46세 때 유공자로 표창코자 하였으나 이를 굳이 사양하였다.

배위는 정부인 문화류씨와 양주윤씨이며 2남을 두었다.

묘소는 충북 청주시 석곡동 산6의 1이고 묘비와 석물이 있다.

정기(珵器, 1925~1970)

매촌공 교항(敎恒)의 차남이며, 어머니는 양천허씨이다.

보성전문학교 법과를 졸업한 뒤 6·25전쟁 중 민족청년을 규합하여 단장으로서 34세에 족청(族靑) 소속으로 활동하였다. 광복 후 제헌의원에 당선되고 재무위원의 중책을 맡기도 하였다. 또 영해군 위패를 모신 소덕사(昭德祠)의 강당을 봉건 헌납하였다.

묘소는 매촌공 선영 아래인 전북 남원시 사매면 관촌리 가족묘지에 있고 묘비와 석물이 있다.

정린(廷麟, 1625~1682)

자는 서징(瑞徵), 호는 죽와(竹窩). 비연재공 시필(時苾)의 장남이며, 어머니는 정부인 경주정씨이다.

초서와 예서를 잘 썼고, 시와 부를 잘 지었으나 과수(科數) 부족으로 과장에 불리하던 중 모친상·부친상·조모상을 겪는 동안에도 과문 공부에 전념하여 1680년(숙종 6) 56세의 나이로 정시문과에 급제하여 성균관에 출사하였다. 1681년(숙종 7)에는 내직으로 성균관 전적·예조좌랑·병조좌랑·춘추관 기사관을, 외직으로 옥구현감을 지냈다. 향년 58세로 별세하자 이조참판에 증직되었다.

배위는 정부인 삭녕최씨와 정부인 광주김씨이며 2남을 두었다.

묘소는 경기도 성남시 성남동 산10번지에 3위 각폄이고, 묘지명은 약천(藥泉) 남구만(南九萬)이 지었다.

조묵(祖默, 1792~1840)

자는 사수(士守), 호는 육교(六橋). 이암공 병정(秉鼎)의 장남이며, 어머니는 정경부인 풍양조씨로 영해군파 13대손이다.

학문이 깊어 시는 당나라 옥계(玉溪) 이상은(李商隱)을, 글씨는 진나라 산음(山陰) 왕희지(王羲之)를, 그림은 원나라 대치(大痴) 황공망(黃公望)을 배웠고, 금석학의 고증에도 조예가 깊었다. 청나라 담계(潭溪) 옹방강(翁方綱)을 만났을 때 시서화가 모두 뛰어나 삼절(三絶)이란 평가를 받았다. 소동파(蘇東坡)의 「천제오운도(天際五雲圖)」 그림을 선사받았기 때문에 서재 이름을 보소재(寶蘇齋)라 일컬었으며, 당나라 한간(韓幹)의 「단림노옥도(丹林老屋圖)」 비롯하여 여러 가지 귀한 고서화 수집에서도 당대에 으뜸이었다. 평생 고사전(高士傳)의 모범이 되어 벼슬길에 나아가지 않았다. 『육교고략(六橋稿略)』 6권이 있다.

묘소는 충남 보령시 주산면 창암리 남전 산31의 6에 있다.

창급(昌伋, 1727~1803)

자는 성용(聖庸), 호는 일와옹(一臥翁). 판서공 춘제(春躋)의 3남이며, 어머니는 정부인 풍양조씨이다.

1735년(영조 11) 9세 때 외조부 조원명(趙遠命)의 가르침을 받고, 경(經) · 사(史) · 시(詩)에 두루 통달했다. 약관에 시문으로 명성을 날렸고, 1759년(영조 35) 진사시에 급제, 1761년(영조 37) 왕세손(정조)의 입학집사(入學執事)로 뽑혔으며, 1771년(영조 47) 별시문과 병과에 급제, 승정원 부승지 · 평안도 정주목사를 역임하다가 퇴임하고, 학문 탐구에 주력하였다. 『와옹유고(臥翁遺稿)』 42권이 전한다.

묘소는 충남 예산군 봉산면 구암리 식암산 천유재공 묘하에 양위 합폄으로 있고, 비문과 석물이 있다.

창수(昌壽, 1710~1777)

자는 덕옹(德翁), 시호는 문헌(文獻). 목사 민제(敏躋)의 계자이며, 생부는 눌은공 태제(泰躋)이고, 생모는 정경부인 여산송씨이며, 영해군 11대손이다.

형 창의(昌誼)가 등과하던 해인 1735년(영조 11)에 생원시에 급제하고, 5년 뒤 31세 때인 1740년(영조 16) 알성문과 갑과에 장원하여 성균관 전적·예문관 검열·의금부 판사·홍문관 제학·예문관 제학, 오위도총부 도총관·이조판서 등을 역임했다. 1746년(영조 22)에 통정대부가 되고 1759년(영조 35)에 숭정대부에 올랐다. 유고집 2권, 간찰집 3권이 있다.

배위는 정경부인 달성서씨와 정경부인 진주류씨이다.

묘소는 충남 보령시 주산면 창암리 산31의 4이다.

창유(昌儒, 1713~1779)

자는 이진(爾珍), 호는 눌옹(訥翁). 판서 춘제(春躋)의 장남이며, 어머니는 정부인 풍양조씨이다.

1735년(영조 11) 증광 문과에 급제하였으며, 가선대부 병조참판 겸 오위도총부 부총관 등 문무의 고관을 역임하였다.

배위는 정부인 해주오씨이다.

묘소는 충남 예산군 봉산면 구암리 식암산 천유재 언경의 산소 아래이다.

창의(昌誼, 1704~1772)

자는 성방(聖方), 호는 만취헌(晩翠軒), 시호는 익헌(翼獻). 눌은공 태제(泰躋)의 장남이며, 어머니는 정경부인 여산송씨이다.

1726년(영조 2) 사마시에 급제하였고, 1735년(영조 11) 증광문과에 급제, 처음 승문원에 들어간 뒤 찰방·옥당·병조정랑·의금부 사인·지제교 등을 역임했고, 41세 때 통정대부 대사간·충청도 관찰사로 나아갔다가 45세 때 가선대부 병조참판·예조참판·도승지에 올랐다. 46세 때 한성부우윤, 청나라에 사은사로 다녀왔고, 49세 때 자헌대부 형조판서·호조판서, 50세 때 정헌·승헌대부, 병조판서·한성부 판윤·의정부 좌참찬·의금부 판사·남한부유수로 나아갔다. 54세 때 돈녕부 판사·이조판서·예조판서·시강원 빈객·함경도 관찰사를 거친 뒤, 66세 우의정, 69세 때 좌의정을 지냈다.

배위는 정경부인 연일정씨와 칠원윤씨이다.

묘소는 강원도 철원군 동송읍 관우리이다.

창임(昌任, 1730~1775)

자는 성윤(聖尹), 호는 신천옹(信天翁). 판서 춘제(春躋)의 4남이며, 어머니는 정부인 풍양조씨이다.

4대가 연속 문과에 급제하고, 3형제가 모두 문과 출신의 환경에서 1753년(영조 29) 식년문과 병과에 급제, 사헌부 지평 · 이조정랑 · 강령현감, 통정대부로 승계, 승정원 부승지 · 사간원 대사간 · 영광군수 · 안주목사를 역임했다.

묘소는 충남 예산군 봉산면 구암리 식암산 천유재공 산소 아래이다.

창현(昌顯, 1723~1792)

자는 회부(晦夫), 참봉 태제(泰躋)의 3남이며, 어머니는 정경부인 여산송씨이다.

1750년(영조 26) 사마시에 급제하여 세자익위사 세마와 돈녕부 도정을 역임한 뒤, 도에 심취한 평소의 깊은 뜻에 따라 관직을 사양하고, 학문연마와 저서로 생을 마쳤다.

저서로는 『경설(經說)』 15권, 『고도(古圖)』 3권, 『춘추전(春秋傳)』 4권, 『유문(遺文)』 3권이 있다.

묘소는 강원도 철원군 동송읍 관우리 정효공 묘소 아래 왼쪽 기슭이다.

춘제(春躋, 1692~1761)

자는 중희(仲熙), 호는 중은재(中隱齋). 천유재 언경(彦經)의 장남이며, 어머니는 안동권씨이다.

1717년(숙종 43) 14세 때 아버지를 여의고 홀어머니 밑에서 자라나 과거에 급제하고자 5년간 두문불출 공부한 결과 식년문과에 급제하였다. 29세 때 율봉찰방으로 나아갔다가 30세 때 모친상을 당하여 3년상을 치르고, 32세 때 사헌부 감찰 · 형조좌랑 겸 춘추관 기사관 · 경기도사를 거쳐 33세 용강현감, 38세 통정대부, 39세 대사간, 40세 때 진향부사(進香副使)로 청나라에 다녀오고, 41세 때 가선대부 도승지, 58세 때 형조 · 공조판서를 거쳐 70세 때 기로소에 들어갔다. 유고집 6권이 있다.

배위는 정부인 풍양조씨이다.

묘소는 충남 예산군 봉산면 구암리 식암산 천유재 언경의 산소 아래에 양위 합폄으로 묘비와 석물이 있다.

형기(炯器, 1884~1936)

자는 명언(明彦), 호는 매은(梅隱). 시산군의 13대손이며, 교두(教斗)의 외아들이다.

성품이 강직하고 올곧아 의롭지 못한 것을 보면 비분강개하여 몸을 아끼지 않았다. 1919년 삼종형 석기(奭器)와 뜻을 같이 하여, 4월 3일 독립만세운동을 일으켜 선봉에서 주도하여 일제 헌병 사매면 주재소를 점령하는 데 성공하였으나 기마헌병대에 매호공과 함께 피체되어 1년 6개월 동안 옥살이를 하였다.

국가에서는 1990년 건국훈장 애족장을 추서하였다.

묘소는 대전현충원 독립유공자 제1묘역 239호로 부인과 합폄되었다.

형렬(亨烈, 1819~1839)

시산군의 10대손이며, 사인 맹권(孟權)의 차남이다.

효성이 지극하여 동몽교관 조봉대부로 증직되었으며, 정려의 명이 내렸다. 배위 성주이씨도 효부 · 열녀라 함께 중례를 받았다. 공이 20세로 요절하자 유복자 의금부도사 원옥(元玉)이 후사를 이었다.

묘소는 전북 남원시 보절면 시묘동 어강 묘좌원이다.

7. 소덕사와 영해군 파종회 연혁

- 호남종친회장 이인기(李仁器)

소덕사(昭德祠)

소덕사는 세종의 왕자 영해군(寧海君) 이당(李瑭)과 임천군부인(林川郡夫人) 평산신씨(平山申氏)를 모시고 향사(享祀)하는 부조묘(不祧廟)이니, 처음에는 충청남도 공주에 거주한 예조판서 덕일(德一) 종손가에서 봉건(奉建)하여 봉사(奉祀)한 지 수백 년이 경과하였다.

영조 연간에 11대손 우의정 창의(昌誼)가 호서관찰사 때 사우(祠宇)를 중건하고, 창의의 동생 문헌공(文獻公) 창수(昌壽)가 제전(祭田)을 설치하고, 녹봉 300냥을 종손가에 희사하였다.

고종 갑오년(1894)에 동학농민봉기로 인하여 사우가 소실되고, 기본 자산도 탕진하여 신주를 다른 곳에 봉안하여 근근이 봉사해 오다 경술년(1910)에 나라가 멸망하니, 15대 종손 중기(重器)가 신주를 모시고 충남 논산을 거쳐 전북 남원시 사매면 대신리에 정착하였다.

이곳은 영해군의 차자(次子) 길안도정(吉安都正) 의(義)의 장남 시산군(詩山君) 문민공(文愍公) 자손의 전거지(奠居地)라 신주를 종각(宗閣)에 권봉(權奉)하고, 자손이 항렬(行列)과 연령순으로 봉사해 왔으며, 15대손 용기(龍器)가 제토(祭土)로 6두락을 헌납하고, 또한 제헌의원 정기(珵器)는 3간 1동을 건립하여 사우(祠宇)로 삼고, 중간대청에 신주를 봉안하여 양위(兩位) 기신제(忌晨祭)와 설날과 추석 차례를 봉향하게 되었다.

그 후 서기 1958년에 전체 자손 합의하에 사우를 신축하여 신주를 사당(祠堂)에 봉안하고 제답(祭畓) 25두락을 사들여서 그 수입으로 종손이 1년에 4차례 향사를 봉행하게 되었다.

* 기신제일 : 영해군 음력 5월 5일, 군부인 음력 8월 3일

영해군 파종회

1. 과거 묘역관리 체제

고래로부터 선영하에 묘역 관리체제가 부실했다. 그 예로 영해군 11대손 휘 창급(昌伋)이 안도공(安悼公: 寧海君 시호) 묘하에 문경공위를 설단(設壇)하고, 예방상묘 세유일전 하시었음이 「세헌록(世獻錄)」 제4면에 등재되어 있는데, 그 단지마저 실전되었던 사실로 미루어 보거나 또한 군부인 묘 우측에 현존 두 기의 묘가 누구의 묘인지 전해지지 않으므로 과거 선영하에 확실한 관리 체제가 이루어지지 않았음을 입증한다. (사복시정, 2남묘로 추후 확인)

2. 과거 봉향 실태

자고로 우리 전주이씨 세종대왕의 왕자 영해군위 묘역 봉향 재원을 묘하 소종중에서는 종산에서 생산하는 산림 수입으로 충당하여 왔다. 그런데 1923년 종산

이 보안림으로 책정된 이래 산림 수입이 단절되었다.

그 후 종중 소유 천수답 3두락(황폐하여 생산비 미달)과 약간의 생률(生栗) 수입으로 송구하게도 주과포로 근근 시향행례를 이어 오던 중, 8 · 15 해방 직후부터 이 지역 일대에 율충(栗蟲)이 번성하여 율수입이 전무하였고, 종중 기금 또한 전무 상태 하에서 소종중이 독자 자담하여 시향봉행 20여 년간이었다.

3. 파종회 조직 및 운영

1959년(기해보 수보시) 故 석영 회장이 종친회를 처음으로 조직하고 회비를 거두어 봉향재원을 조성하는 제도를 만들었으나 그 회비 징수 실적이 부진하여 궁여지책으로 시향 참반원으로부터 성금을 거출하였으나 그것 역시 실적이 미흡하여 실로 난처한 지경에 처해 묘하 문중에서 보충하여 왔다.

초대 회장 석영 씨는 고령으로 퇴임하시고, 제2대 광수 씨가 무일푼. 무경리 상태에서 승계하시어 봉향 사정이 개선될 수도 없었고, 더욱이 묘역 관리 보수에 있어서는 언감생심 생각조차 못하였다.

4. 파종회의 정상적인 현존 체제 구축

1967년 제3대 경철(慶澈) 회장이 취임하면서 성신학원 건을 신속 과감히 처결하여 종산 하천 성부분 452평을 480평 값으로 평당 3,000원(당시 대지 최고시세 3,000원)씩에 매도하여 1,440,000원 종중 기금조성에 성공하였다.

1971년 남원 사우 봉향 위답 5두락을 당시 447,400원에 매입하였다.

1976년 선영 7위 전면 개사초를 당시 467,600원에 일제히 단행하였다. 경리 방법을 체계화하여 향후 100년 후라도 그 경리 상태를 일목요연하게 알 수 있도록 체계를 갖추기 위하여 금전출납부, 내역부, 수입결의서, 지출증빙서, 결산보고서, 회의록, 임원 명부, 부동산 목록, 일반서류철, 성묘도기 같은 장부와 서류를 비치하도록 하였으며, 매년 종묘대제를 위시하여 관계 능묘 기신제에 영해군 파 대표로 공식 참반원을 보내 성금을 헌성하였고, 또한 누차 6군파 분담금을 협찬하여 24년간의 그 공로를 이루 헤아릴 수 없다.

5. 기금의 조성

기해보 등재 당시 영해군파 총가구 수 약 1,400가구이니 1가구당 평균 2만 원씩 거출하면 당시 절대 필요한 기금 3,000만 원은 될 것으로 보았는데, 그게 그렇게 안 되었다.

대종중 기금사업을 회고하면, 개인 자격으로 일금 100만 원 자진 헌성하신 분은 3대 이후 24년간 회장을 역임하신 경철 씨와 덕령부정파 양주 희철(熙澈) 씨이다.

묘하문중은 1가구당 20만 원씩 출연하였으며, 이것은 평균치의 10배이고, 은계군 문중이 5.6배이고, 청주 문중이 3.8배, 예산 문중이 3.7배, 고양 문중이 2.1배 출연하였다. 이렇게 열성으로 협찬한 종현과 문중이 있는 반면, 다만 명목상으로만 호도하는 종현이 대다수이고 보니 이는 천부적으로 부하된 의무의 당위성을 망각한 처사로서 깊이 자성해야 할 것이다.

1990년 12월 5일 예산 문중이 대종중 기금으로 2,000만 원을 보탰다.

1990년 제11대 회장 영철 씨 임기인(1992년) 임신년 수보는 남원 호남종친회에서 주간하였으므로 종현 여러분의 노고에 감사드리고, 일금 3,000만 원을 대종중 기금으로 보탰다. 호남종친회는 소덕사를 봉안하였고, 종손도 남원에 거주하고 있으며, 별도 경리를 하고 있다.

6. 영춘군(永春君) 신도비 유형문화재 지정

영해군 장남이신 영춘군(휘: 仁) 목성공(穆成公)의 신도비와 그 주변 보호구역 1,138㎡가 문화재 보호법 제55조 및 서울특별시 문화재보호조례 제7조의 규정에 의하여 1997년 12월 31일 서울특별시 유형문화재 제106호로 지정되었다.

7. 영해군(寧海君) 묘역 유형문화재 확대 지정

종래의 영춘군 목성공 신도비와 그 주변 보호구역에서 영해군 묘역 전체로 서울시 유형문화재 제106호로 확대 지정(2009. 12, 31) 되었다.

제2부

남원 3·1독립만세의거

1. 남원·임실 3·1독립만세의거

남원군

1. 덕과면

덕과면(德果面)은 남원군의 서북쪽에 위치하며 3·1독립만세의거 초기부터 항일운동이 치열하게 전개되던 임실군 둔남면(屯南面)의 오수리(獒樹里)와 인접하여 있다. 따라서 남원군 만세시위에 관한 연락이나 선언서가 이 임실군의 오수리를 통하여 전달되었으며, 또 남원군 3·1독립만세의거에서 크게 기세를 올린 곳이 이 덕과면이었던 것은 그 지리적 관계에도 있었던 것으로 볼 수 있을 것이다.

서울에서 보내온 「독립선언서」가 남원군에 처음 전파된 것은 3·1독립선언 이튿날인 3월 2일이었는데, 임실군 오수리에 거주하는 천도교 전도사 이기동(李起東)에 의하여 그날 새벽 4시경 덕과면 사율리(沙栗里)에 있는 천도교인 이기원(李起元)·황석현(黃錫顯)·황동주(黃東周)에게 전달되었다.

따라서 이기원은 이기동으로부터 선언서 약 40장을 받고, 3·1독립선언에 대한 취지 설명을 들은 다음, 아침 8시경에 남원읍 금리(錦里)에 있는 천도교 교구실(教區室)로 찾아가서, 교구장 유태홍(柳泰洪)에게 선언서를 전달하였으며, 유태홍은 이어 교인 유석(柳錫)·김성재(金性在) 등 8명을 모아 3·1독립만세의거에 관한 취지를 설명한 다음, 선언서를 나누어 주어서 군내 각지에 배포하고 긴밀한 연락을 취하게 하였던 것이다.

이에 이기원과 유태홍은 선언서 일부를 읍내 및 운봉면(雲峰面)·동면(東面)에 배포하였으며, 황석현은 이기동에게서 받은 선언서 2매를 가지고 보절면(寶

節面)으로 가서 천도교인 김덕인(金德仁)에게 주어 그날 밤에 보절면 면사무소 및 헌병주재소 앞 게시판에 붙이게 하고, 황동주는 사매면(巳梅面)의 천도교인 문경록(文璟祿)을 찾아가서 그로 하여금 그날 밤에 면내 계수리(桂壽里)와 인화리(仁化里)의 요소에 붙이게 하니, 여기서 선언서를 통하여 또는 구두 전달을 통하여 3·1만세선언의 취지와 내용이 대개 군내 전반에 알려지게 되었으며, 주민들은 각처의 만세활동 상황에도 깊은 관심을 가지고 주시하게 되었던 것이다.

그러나 이때 남원읍에는 헌병분견소·주재소가 각처에 배치되어 있어 경계가 삼엄하였기 때문에 이러한 일제의 무력에 대한 항쟁하기란 그리 용이한 것이 아니었으며, 따라서 이렇다 할 큰 활동이 일어나지 못하였던 것이니, 당시 뜻있는 지방 인사들은 이를 개탄하고, 수치스럽게도 생각하였다.

덕과면장 이석기(李奭器)는 전주이씨 집안으로서 평소부터 항일 애국정신을 품고 있던 인물이었는데, 재종제 이성기(李成器), 면직원 조동선(趙東先) 등 몇몇 유지들과 의사를 통하여 오던 중, 4월 3일의 소위 식수기념일(植樹紀念日)을 기하여 독립만세를 크게 외칠 것을 계획하였다. 식수행사는 일제하 관청에서 연례적으로 하는 일이니 저들의 의심을 사지 않고 많은 사람을 집합할 수 있기 때문이었다.

이석기 등은 우선 3월 31일에 있은 구장회의를 통하여 각호로부터 반드시 1명씩 신양리(新陽里) 뒷산 도화곡(桃花谷)에 집합할 것을 지시하였다. 그리고 그는 집에서 비밀리 각 면장에게 보내는 독립만세 참가 취지서와 「경고아동포제군(警告我同胞諸君)」이란 격문을 작성하여 20여 장씩 복사 준비하였다.

4월 3일, 도화곡에는 면민 약 8백 명이 집합하여 유례없는 식수행사는 대성황을 이루었다. 이날은 헌병 분견소의 소장과 보조원들을 초청하여 점심을 같이하기도 하였다. 오후에 식수가 끝난 다음 이석기는 다시 면민들의 수고를 위로한다고 하여 탁주를 가져다 일동이 기분 좋게 마시기도 하였다. 이에 앞서 이석기는 각 면사무소에 보내는 공문이라고 하면서 아래와 같은 독립만세 참가 취지서를 공문에 넣어 보내는 봉대(封袋)에 넣어서 면의 사환 김광삼(金光三)을 시켜 각 면장에게로 보내기도 하였다.

시유 기미(己未), 오월(吳越)이 동주(同舟)하고 만국이 악수하여 세계 평화의 서광이 조(照)한지라 근유첨위(謹惟僉位) 귀체 익익 청목(淸穆) 경하이외다.

각설, 우생이 십수년간 면장 재직 중 공사 다양 애호하심은 진심난망자야(眞甚難忘者也)라. 연이 현금 20세기 차시대는 문명의 보무(步武)가 정지치 아니한지라 무(無)로써 유(有)하고 허(虛)로서 실하여 작일의 패자(敗者)는 금일의 흥자(興者)요, 석시(昔時)의 약자는 현시의 강자라. 역사가 없는 저 몽고(蒙古) 독립을 선언하고, 미약한 저 파란(波蘭)도 민족자결주의를 주창하거든, 신성 자손 아 조선민족이랴!

자에 우생(愚生)이 면장의 직을 사(辭)하고 만강진성(滿腔眞城)을 다하여 조선 독립을 고창(高唱)하옵니다. 청컨대 첨군자는 불아하기(不我遐棄)하고 배가 혜호(惠護)하십을 무망.

조선 개국 4252년 4월 3일

구(舊) 남원군 덕과면장 이석기

각 면사무소 어중(御中)

그러지 않아도 강개 불평을 품어 오던 면민들 중에는 주기(酒氣)가 오름과 함께 새삼 비분한 기분을 가지게 되었다. 이런 분위기를 간파한 면장 이석기는 앞에 나서서 큰 소리로,

"우리 조선 국민도 독립을 하여야 하지 않느냐?"

라고 말하니, 모두들 손을 들고 희망한다고 하였다. 여기서 조동선·이풍기(李豊基)·이승순(李承珣) 및 이석화(李石和)·복봉순(卜鳳淳)·복경화(卜京化)·강응화(姜應化)·김택두(金澤斗) 등이 이석기와 함께 대한 독립만세를 소리 높여 외치니 8백 명 군중이 함께 호응하여 만세 소리가 산곡 간을 진동하였다. 돌발적인 일이기 때문에 헌병 분견소장 등도 어찌할 줄을 몰랐다. 제지하여 보려고도 하였지만 다수의 함성에 기가 질려 도리어 몸 둘 곳을 몰라 했다. 이석기

는 다시 조동선·이풍기·이승순 등과 함께 앞장서서 남원-전주 간의 큰길로 나서 연도 주민들의 환호를 받으면서 시위대열을 지어 사매면(巳梅面) 오신리(梧新里)의 헌병 분견소 쪽을 향하여 전진하였다. 그리고 도중 사율리(沙栗里)에서 이석기는 길가 오백룡(吳伯龍)의 집 지붕 위에 올라가서 「경고아동포제군」이라는 제목으로 된 아래와 같은 내용의 격문을 소리 높여 낭독하였다.

"신성한 단군의 자손으로서 반만 년 동방에 웅비(雄飛)하던 아 조선 민족은 경술년이 원수되어 금수강산은 식민지도(植民地圖)에 출판되고, 신성 자손은 노예 민적에 입(入)하였다. 여사한 수욕을 수(受)하고 하면목으로 지하의 성조(聖祖)를 견(見)하겠느냐? 여하히 하여 열강인을 대하겠는가? 몽고는 독립을 선언하고 파란도 민족자결을 주장하였다. 자에 발분흥기(發奮興氣)하며 만강 열성을 다하여 조선 독립을 고창(高唱)하자! 만세, 만세, 독립만세, 만만세!"

군중들은 다시 크게 환호성을 올렸다. 20여 장의 격문이 살포되기도 하였다. 대열은 다시 전진하였다. 만세 소리, 함성 소리도 요란하게 전진 또 전진하였다. 오신 헌병 주재소 앞 큰길에 당도하였다. 일동은 다시 함성을 올리며 대한 독립 만세를 일제히 고창하였다.

그런데, 이때 남원읍에서 헌병 분대장 및 군대 다수가 무장을 갖추고 자동차로 출동하니 형세가 험악하게 되었다. 여기서 이석기, 조동선 등은 모든 것은 자신들의 책임이라고 하며 주재소에 남고, 면민들은 일단 해산하게 하여 집으로 돌아가게 되었다.

이석기·조동선·이풍기·이승순 4인은 그 후 광주지방법원 남원지청에서 징역형이 선고되자 공소, 대구복심에서는 괘씸죄가 적용되어 원심 형량보다 6개월씩을 더한 2년, 1년반, 1년형이 선고되었다. 4인은 다시 서울고등법원에 상고하여 이석기는,

> "보안법은 광무 11년에 제정한 법률이다. 그런데 조선 인민은 본시 광무황제의 백성이다. 광무황제의 백성이 조선독립만세를 부르는 것을 광무 11년에 제정한 보안법 위반죄에 처함은 부당하다. 그 임금을 위하여 한 것을 죄라 칭하고 징역에 처한다면 천하의 백성은 다 죄를 받아야 할 것이다. 조선독립만세를 조선인민인 자 한 사람도 부르지 않은 사람이 없다. 그러면 조선인민 전부를 처벌할 것이냐?…."

고 따지면서 만세운동의 무죄를 주장하기도 하였다. 이것이 침략자 일제 법관에 통할 리 없었다. 이석기 등 4인은 결국 1년 내지 2년간의 옥고를 치르지 않을 수 없게 되었다. 그리고 이석기 등과 함께 이 운동에 앞장섰던 이석화·신봉순·신경화·강응화·김민두 등도 모두 6개월씩의 옥고를 치렀다.

2. 읍내

4월 3일 덕과면의 독립만세시위는 남원군민들에게 자극을 주었다. 면장 이석기 명의의 독립만세 취지서는 각 면에 전달되었다. 또 기다리고 기다리던 만세소리가 현직 면장의 선도로 크게 울려 퍼지게 되었다는 사실은 일반 군민들의 분발을 촉구하였다.

이튿날인 4월 4일(음력 3월 4일)은 마침 남원읍 장날이다. 남원읍 장은 남원군은 물론 서쪽의 순창군·임실군과 남쪽으로 전라남도 구례·곡성 일부 지역의 물화까지도 거래되던 곳으로서 전라남북도 중에서도 가장 거래가 많기로 유명하던 큰 장이다.

덕과면의 만세시위가 있은 후 읍내 및 각면의 지사들은 사람이 많이 모이는 남원읍 장날을 기회로 하여 일대 독립만세를 외치기로 계획하였다.

물론 그간에도 읍내에서 혹은 부락이나 산상에서 산발적인 만세 함성이 없는 것은 아니었다. 그러나 남원군의 큰 만세 함성이라고 내세울 만한 것은 없었던 것이다.

천도교인과 예수교인들이 중심이 되어 긴급 연락이 각 면, 각 마을로 전달되었다. 인심이 천심이라고 모두들 호응하였다. 이날 아침에는 또 어제 덕과면 만세시위를 주도한 인물로 헌병 주재소에 감금되었던 이석기(李奭器) 등이 남원읍으로 호송되었기 때문에 군중들은 한층 더 흥분에 쌓이기도 하였다.

정오가 지나서 군중들은 광한루(廣寒樓) 앞 광장으로 집합하기 시작하였다. 어느 사이 주위의 군중은 1천 명을 헤아리게 되었다. 길이 3칸이 넘는 푸른 대에 게양한 태극기를 선두로 일동은 만세를 부르며, 남문 쪽을 향하여 행진을 개시하였다. 기다리고 있기라도 한 듯이 시장 안의 수천 명 민중들이 호응하며 만세를 부르고 환호성을 올렸다. 사매면 사람들이 작은 태극기와 격문 등을 예수교인들이 나누어 주고, 천도교인들은 등사한 「독립선언서」를 배포하니 시장뿐만 아니라 온 읍내는 어느 사이에 독립만세의 함성으로 진동하고, 태극기 물결을 이루었다.

일제는 이날 장날에 대비하여 미리부터 헌병과 수비대의 병력을 증가해서 경계하고 있었다. 그러나 넘쳐나는 독립만세의 인파를 막아낼 자신은 없었다. 방극용(房極鏞)·형갑수(邢甲洙) 등을 선두로 하는 만세 대열이 헌병분대 앞에 당도하자 일본 헌병은 조국 독립을 외치는 애국의 대열을 향하여 야만적인 무차별 사격을 퍼부었다. 많은 애국지사들이 이 총탄에 맞아 쓰러졌다. 피가 흘러 길바닥을 물들였다. 손에 촌철(寸鐵)이 없는 민중의 대열은 해산하지 않을 수 없었다. 함성은 한순간에 비명으로 바뀌어 아수라장으로 변하였다.

주생면의 방진형(房鎭炯), 남원면의 방명숙(房明淑)·방극용(房極鏞)·김공록(金公祿) 등 8명은 현장에서 순절하고, 사매면의 정한익(丁漢翼) 등 10여 명이 중상을 입었으며, 황일환(黃日煥)·이성기(李性器)·이용기(李龍器)·이형기(李炯器)·형갑수(邢甲洙)·형광욱(邢光旭) 등 20여 명의 검속자를 내었다.

그중에도 방극용은 당시 26세의 청년으로 과감하게 앞장서서 활약하다가 총탄에 맞아 순절하였는데, 이 소식을 들은 그의 아내는 빨래방망이를 가지고 달려 나와서 일본 군경들을 난타하다가 중과부적으로 결국 적도들에게 살해당했으며, 함께 나왔던 그의 어머니는 앙천통곡하며,

“하느님 맙소서! 이것이 웬일이오니까? 우리 동포 제군은 충용(忠勇)을 다해서 더욱 분발하여 독립을 회복하고 우리 아들, 우리 며느리의 원혼을 위로하여 달라.”

고 하며 기절하는 비장하고도 참혹한 사실을 빚어내기까지 하였다고 한다. 남원 군민들의 애국 충정의 일단을 말하여 주는 장면이라고도 할 것이다.

이러한 남원군민들의 충성심·애국심은 일제의 무력 만행 앞에서도 끊임없이 나타났다. 그날 저녁 8시경에는 남원 서쪽 교룡산(蛟龍山)에서 봉화가 올라가고, 여기에 응하여 동남쪽 산마루에서도 봉화가 오르며, 그 봉화를 신호로 해서 각 마을에서 만세 소리가 울려 나왔다. 이러한 야간을 이용한 봉화 신호와 산발적인 만세 소리는 그 후에도 계속되어 일본 군경의 신경을 더욱 날카롭게 하였지만, 무력 만행을 자랑하는 저들로서도 머리를 내젓지 않을 수 없는 일이었다.

또 만세시위에 순절한 사람들에 대하여는 일반이 모두 독립운동의 희생적 대표자로 받들고 동정하며, 각리에서 장례비를 모아 성대한 장례식을 준비하고, 명정(銘旌)에는 ‘의용지구(義勇之柩)’라고 크게 쓰며 의연금을 모아 유족을 구호하니 야만적인 저들로도 이러한 인간적인 동정에마저 손이 내키기는 어려운 일이었던 것이다. 또 5월 중에는 군내에서 6명의 면장과 7명의 면서기가 사직원을 제출하기도 하였다.

가열해지는 일제의 무력탄압 아래서도 남원군민들의 이러한 평화적인 애국운동과 끈기 있는 구국활동은 계속되어 두고두고 민중의 생활 속에 파고들었다.

이듬해 여름에는 어린 아이들이 수십 명씩 무리를 지어 읍내 천거리(川渠里) 남시장과 동충리(東忠里) 동문 밖 냇가 등 넓은 곳에 모여 놀면서 ‘이풍진 세상…’을 허두로 하는 「풍진가」와 ‘만나면 이별한다’는 내용의 「이별가」를 부르다가 일본 경찰의 검속을 당하곤 하였다.

이 두 노래는 독립의 쟁취 또는 독립의 필연성을 우의(寓意)한 것이었는데, 처음 남원공립보통학교의 부훈도(副訓導) 정홍모(鄭鴻謨)(원적 순창)가 생도 이영철(李永哲) 등에게 가르쳐 주어서 아이들에게 부르게 하였던 것이 나중에 탄로되어 정홍모는 1년간의 감옥살이를 하게 되었다.

또 산내면의 청년 박정석(朴正錫)·박권영(朴權永) 등은 만세의거 후 피신하여 남원·전주 등지를 왕래하면서 친일 행동의 중지와 독립운동의 지원을 요청하는 「경시문(警示文)」을 작성하여 유지들에게 발송하고, 또 군자금을 모집하여 상해에 있는 임시정부에 보내는 일을 계속하다가 1921년 일본 경찰에게 검속되어 각 7년, 5년의 징역형이 선고되어 고초를 겪었다.

임실군

1. 읍내

서울에서 보낸 「독립선언서」와 3·1독립만세의거에 관한 연락이 천도교 전주 교구실을 통하여 임실군 천도교 교구실에 도착한 것은 3월 2일이었는데, 교구장 한영태(韓榮泰)는 동교 교인 강계대(姜啓大)·박판덕(朴判德)·한준석(韓俊錫)·최양옥(崔養玉)·우성오(禹成五)·황성진(黃成瑱) 및 김영원(金榮遠)·박성근(朴成根) 등을 통하여 그날로 임실면은 물론 둔남면·운암면·청웅면·오천면·성수면 등 각지에 배포케 하였다. 따라서 강계대는 그날 밤으로 읍내의 시장·학교·경찰서·면사무소 앞 게시판 등에 이를 붙이고, 한준석은 운암면의 입석리(立石里)·선거리(仙居里)·학산리(鶴山里) 등 여러 곳에 붙이며, 박판덕 등 여러 사람도 모두 자기의 거주 면내 및 가까운 이웃 면내에 혹은 붙이고 혹은 전포하게 되니, 서울에서의 독립선언의 소식은 이어 군내 일반에게 알려지게 되었으며, 또 만세의거의 움직임도 진행되었다.

특히 임실군에는 천도교인의 전파가 많았고, 또 본군 청웅면이 원적인 천도교 도사(道師) 박준승(朴準承)은 벌써부터 천도교 중앙총부의 손병희(孫秉熙) 등과 독립운동에 대하여 긴밀한 모의를 가져 왔으며, 독립선언 33인 대표 중의 1인이기도 하였던 만큼, 독립선언의 발표가 임실군민에게 미친 영향은 다른 곳보다도

특히 컸던 것이다

그뿐만 아니라 광무황제의 승하 후에는 또 일부의 인사가 조곡(吊哭) 또는 인산(因山) 참여차로 서울을 왕복하기도 하였는데, 이러한 왕복편을 통하여 일부에서는 서울의 움직임도 미리부터 짐작하고 여기에 대한 대비책도 구상하게 되었던 것이다. 그중에도 임실군청에 소사로 있던 16세의 소년 문명근(文明根)은 다년간 군청에 있으면서 일본인들의 우리 민족에 대한 차별대우에 대하여 불쾌감을 가지고 있던 중, 인산에 참례하기 위하여 서울에 갔다가 3월 1일 서울에서 시민·학생들의 만세시위를 보고는 깊이 깨달은 바 있게 되었다. 고향에 돌아오는 즉시로 조선 사람 관공리(官公吏)는 동맹 퇴직하고 조선 독립운동에 결연 진력하라는 내용의 문서를 작성하여, 일일이 모필로 써서 당시 일인이 군수이던 전주·익산·옥구군을 제외한 11개군 군수에게 3월 5일 우편으로 발송하였다. 그런데, 부안·진안·순창군 군수에게서 문서가 회송되어 옴과 함께 사실이 알려져서 결국 일본 경찰에 구속, 6개월의 형을 강요당하게도 되었다. 군청의 일개 소사로서 각국 군수에게 동맹 사직하고 독립운동에 나설 것을 권고한다는 것은 독립운동에 대한 염원이 얼마나 컸던가를 말하여 주는 일로써 후세에도 경각을 줄 만한 사실이라고 할 수 있을 것이다.

이러한 분위기 속에서 3월 12일에는 읍내에서 만세시위가 크게 일어났다. 이날은 마침 임실읍 장날이었는데, 오전 10시경 시장 한복판에서 대한 독립만세의 함성이 들려오자 모여든 장꾼이 모두 합세하여 만세를 부르니, 온 시장 온 읍내는 만세의 물결, 만세의 함성으로 넘치고 진동하였다. 태극기가 나부끼고 「독립선언서」와 「독립신문」이 배포되며 약 2천의 민중이 만세대열에 참가였는데, 결국은 헌병과 경찰의 출동으로 하여 군중은 흩어지고 시중은 일시 조용해졌다.

그러나 밤이 들자 다시 독립만세의 함성은 터져 나왔다. 9시경에는 태극기를 선두로 여기저기서 모여든 군중이 1천여 명에 이르렀다. 읍내는 다시 만세의 대열로 누벼지고 저지 해산시키려는 헌병대와의 승강이로 부산하였다. 그런데, 이때 읍 뒷산에서는 봉화(烽火)가 높이 오르고 함께 독립만세의 우렁찬 소리가 산곡 간을 울리며 퍼져 나갔다. 높이 오르는 봉화와 우렁차게 울리는 만세 소리는 일제 치하의 암흑천지를 환하게 비추고, 혼미해졌던 이 겨레의 정신을 깨우치는 것 같기도 하였다.

당황한 헌병대가 횃불이 오르고 만세 소리가 울려 나오는 산상을 향하여 치달리면 시가지에서 만세 소리가 크게 울려 나오고, 헌병대가 읍내로 내려오면 산상에서 다시 봉화가 오르고 만세 소리가 진동하니, 무력 폭력을 뽐내는 일본 헌병·경찰로도 어찌할 길이 없었다. 갈팡질팡 헤매는 동안 한밤은 다 가고 평화를 상징하는 아침 해가 동녘 산마루에 나타나게 되었던 것이다.

2. 오수리

둔남면 오수리(獒樹里)[1]는 임실군의 동남부에 위치하여 남원군과 인접하여 있으며, 철도 전라선(全羅線)의 오수역이 있는 곳이다. 지명 오수의 오(獒)는 큰 개를 의미하는 말로서 이 오수의 지명은 유명한 의견(義犬)의 사실에서 기인한 것이라 한다.

임실군내에서 제일 먼저 만세의 함성이 울려나온 곳이 오수리아고, 또 그것도 10대의 보통학교 생도들이 주도하였다는 점에서 다시금 감명을 준다. 즉 3월 10일 오전 10시경에 오수공립보통학교의 1·2학년 생도와 3·4학년 생도의 약 반수가 운동장의 전라선 철도 쪽으로 모여서 일제히 '대한독립만세'를 불렀다. 어린 생도들이지만 인편을 통하여 서울에서 많은 학생들이 이 나라의 독립을 찾기 위하여 만세를 부르고 나섰다는 말을 듣고는 같이 참여하는 의미에서 독립만세를 불렀던 것이다. 이야말로 이 나라의 어린 국민으로서의 자연 발생적인 함성이었던 것이다. 가슴속 깊이 느껴지는 의무감에서의 행동이었던 것이다.

따라서 그들은 쉬는 시간을 통하여 기차가 지나가고 많은 사람이 보는 곳에 모여 만세를 부르고는 다시 들어가서 전과 다름없이 수업하였다. 그러나 이 사실을 안 일본인 교장은 당황하여 교사들과 함께 전교생도들에게 훈계와 당부를 하고, 한편으로는 학부형들에게도 다시 그런 일이 없도록 주의와 요망을 하였기

1) 1914년 4월 1일 남원군 덕과면 오수리와 대명리 일부를 편입하여 임실군 둔남면으로 하였다. 그렇기에 오수독립만세의거 당시 상당수 남원 사람들이 참여하였다. 1992년 8월 10일 면의 명칭을 오수면으로 변경하면서 둔남면은 사용하지 않게 되었다.

때문에 본교 생도들만의 만세운동은 다시 일어나지 않았다.

그런데, 그로부터 10여 일이 지난 그달 23일(음력 2월 22일)에는 이 오수리에서 일반 민중의 대규모 만세시위가 벌어졌다. 이날은 마침 오수 장날인데, 임실군의 군수·경찰서장과 면내 유지들이 일반 민중을 설유하기 위하여 오수에 오기도 하였다.

이 지방의 유지 이기송(李起松)·오병용(吳秉鎔)·이만의(李萬儀) 등은 일찍부터 독립운동에 뜻을 두고 있던 중, 서울을 위시하여 각지에서 만세운동이 크게 일어나자, 긴밀한 연락을 취해가며 거사 준비를 하다가 이날 오후 2시를 기하여 드디어 '대한독립만세'의 함성을 울리게 된 것이다. 사전에 천도교 및 예수교 측과도 연락이 있었던 만큼, 이기송이 시장 앞에 나서서 항일 독립에 관한 일장연설을 하고 소리 높여 만세를 부르자 주위의 많은 사람이 모두 호응하고 앞을 다투어 나섰다. 7~8명이 20~30명으로 되고, 시장을 순회함과 함께 만세의 대열은 점점 커졌다. 당황한 일본 경찰주재소 순사는 이기송을 끌고 주재소로 갔다. 그러나 대열은 해산되지 않았다. 오병용·이병렬(李秉烈)·이만의·김일봉(金一奉) 등의 뒤를 따라 만세 부르는 군중은 점점 증가되어 8백여 명의 대열이 주재소를 향하여 만세를 부르며 나아가고, 약 80명이 주재소 안으로 밀려들어가며 애국자를 내놓으라고 고함치니 당황한 일본인 순사 촌상(村上)은 그만 이기송을 풀어주게 되었다. 여기서 시위대열은 다시 이기송을 얼싸안고 환호성을 올리며 시장으로 돌아와서 만세를 부르니 군중들은 점점 증가하여 그 수가 2천여 명에 이르렀다. 시장은 완전히 철거되고 일본인 상점은 파괴되었다. 만세의 대열은 다시 면사무소로 향하였다.

일부는 면사무소를 포위하고,

"너희들도 조선 사람인데 어찌하여 독립만세를 부르지 않느냐?"

라고 호령하였다. 그러나 반응이 없자 군중은 면사무소로 밀려들어 가서, 면장·면서기들과 함께 만세를 부르며 환성을 올렸다.

그리고는 다시 돌아서 주재소를 향하였다. 이만의 등 일부 지사들은 문을 밀치고 주재소로 들어가서 '대한독립만세'를 목청껏 외쳤다. 주재소 유치장을 부수고 구금된 사람들을 석방하였다. 한 옆에 있던 순사보 고택기(高宅基)가 무지하게도 총을 겨누며 위협하였는데, 이만의 등 수명은 달려들어 총을 빼앗고 경종대(警鍾臺) 아래로 끌고 나와서 훈계하며 함께 만세대열에 참가하라고 하니 일제의 주구(走狗) 노릇을 하던 그로서도 감히 따르지 않을 수 없었다. 이리하여 오수 시가는 완전히 만세 대열에 의하여 지배되었으며, 순사의 무리는 어디론가 쥐구멍을 찾게 되었던 것이다. 그러나 그날 저녁에는 남원헌병분대와 임실경찰서의 무장대가 대거 출동하여 서로 대치, 승강이하다가 결국은 발포에 의하여 사상자를 내고, 군중은 해산되었다. 그리고 그날 밤에도 3, 4백 명이 여기저기로 이동하며 만세시위를 하였기 때문에 일본 군경 측은 철야 경계에 임하였으며, 이튿날 아침에야 거의 진정되었다.

한편, 오수시장의 만세시위가 지나간 다음 일제는 무력을 행사하여, 둔남면의 이기송·이윤의(李倫儀)·이주의(李注儀)·이회열(李會烈)·오병용·이병렬(李秉烈)·이용의(李容儀)·이만의·이기우(李起嵎)·김용식(金容湜)·하용봉(河容鳳), 삼계면(三溪面)의 허섭(許燮), 영광군 법성면(法聖面)의 양태환(梁太煥) 등은 검속되었으며, 그중 이기송·오병용·이윤의·이주의·이만의 등은 광주지방법원 전주지청에서 2년 내지 7년형이 선고되자 대구복심·고등법원에까지 상고하여 만세운동의 무죄를 주장하였다. 특히 전주이씨의 명망가로서 일찍부터 배일가로 지목되던 이기송은 고등법원에서도,

"조선은 고래로 예의지방(禮儀之邦)이다. 한일병합이 있은 후 조선인으로서는 누구나 독립에 뜻을 두고 있다. 조선 독립을 위하여 만세를 부른 것이 무슨 범죄냐? 무엇 때문에 창검과 총포를 가지고 수백 명 동포를 잡아 죽이는 것이냐? 조선민족에 대하여 강포한 행동을 하는 것이냐? … 우리 2천만 동포를 감옥에서 고생시키는 것은 우리 동포의 결심을 더욱 강고하게 하는 것인 줄을 모르느냐? 이 내 몸이 죽으면 우리 자손이 있다. 자손의 독립정신은 날로 진보할 것이니 천만년이 가더라도 없게 하지 못할 것이다."

라고 강경하게 대들었고, 유림계의 중진이던 오병용은,

"우리 조선은 원래 예의를 존중히 하여 왔다. 그러므로 애국사상이 유일한 신조(信條)이고 경장애유(敬長愛幼)로 예의에 벗어나는 일을 하지 않는다. 일본이 우리나라를 침략하여 소위 합병이란 굴욕을 당하게 된 우리 국민은 국권 회복을

주야로 염원하여 왔다. 그런데 천운이 다시 돌아와서 3월 1일의 독립선언으로 독립을 선포하게 된 것이요, 이것을 성취하기 위하여 우리는 일어났다. 우리가 우리나라를 위하여 만세를 부르는 것이 무슨 죄이냐?"

라고 항변하였다. 그러나 이유와 변론이 침략자의 무력 앞에 무슨 소용이 있으랴! 이들 애국지사들은 1년 내지 7년의 옥고를 치르게 되었다.

3. 청웅면·기타

둔남면과 동·서로 위치하고 있는 청웅면에서는 3월 15일경부터 만세운동이 각 마을에서 계속 일어났다. 즉 3월 15일 오후 9시경에는 구고리(九皐里)에서 이미 100여 명이 모여 약 15분간에 걸쳐 대한독립만세를 부르고 해산하였는데, 뒤이어 16, 17일 및 11일에는 이강세(李康世)·박용식(朴庸植)·한도수(韓道洙)·한기수(韓淇洙)·이성의(李聖儀)·최종수(崔宗洙)·이기섭(李起燮) 등이 다시 주동이 되어, 구고리 중앙에 있는 큰 나무 아래 모여서 대열을 지어 만세를 부르며 순회하고, 독립선포를 경축하였다. 그리고 때를 같이 하여 16일 오후 9시경에는 남산리(南山里)에서 유지 정필조(鄭弼朝)·박준창(朴準昌) 등의 지도로 주민 약 150명이 남산리 뒷벌에 모여서 '대한독립만세'를 부르고 이튿날도 계속하였다. 또, 한일봉(韓一鳳)·최세철(崔世哲)·최영섭(崔永燮)·최병태(崔炳泰)·성준섭(成俊燮)·최응삼(崔應三)·문성술(文聖述)·황성학(黃聖學) 등은 옥전리(玉田里)·석두리(石頭里) 일대를 왕래하며 만세운동을 지도하였는데, 16일 오후 9시경에는 옥전리에서 100여 명의 주민과 함께 '대한독립만세'를 부르고 독립운동의 성취를 다짐하였으며, 17일 오후 10시경에는 다시 석두리에서 약 100명의 주민들과 함께 30분간에 걸쳐 '대한독립만세'를 부르고 해산하였다. 그리고 이들은 다시 독립운동 관계로 일본 군경에 검속된 동지들을 도중에서 구축할 것을 기도하였지만 성공하지 못하고 청웅면 면사무소와 일본인 주택을 파괴하여 울분을 풀기도 하였다.

그런데, 21일에는 다시 구고리·남산리 주민 15명이 임실경찰서에 쇄도하여 검속된 사람들의 석방을 강경히 요구하였다. 그리고 만일 검속된 사람들을 석방하지 아니한다면 자기들도 행동을 같이 하였으니 함께 유치장에 들어가겠다고 하면서, 11명은 귀가 요구도 불구하고 자진 유치장에 들어가서 고생을 같이 하였는데, 이들은 모두 지방의 유지들로서 그 언행이 정중하였기 때문에 일본 경찰들도 감히 무리하게 대하지 못하였다.

또 지사면 방계리(芳溪里)에서는 3월 20일 오후 10시경에 청년 최완호(崔沅鎬)·이영곤(李永坤) 등은 70여 명의 주민들과 함께 방계리 북방 산마루에서 독립만세를 부르고, 최상학(崔相鶴)·김영필(金泳弼)·한인석(韓麟錫) 및 최영렬(崔永烈)·최기현(崔基鉉) 등은 방계리 언덕에서 주민 약 50명을 모아 독립정신을 고취하고 '대한독립만세'를 소리 높여 부르면서 이내를 1바퀴 돌고, 21일 오후 9시경에도 김영필·한인석은 역시 같은 장소에서 많은 주민들과 함께 만세를 불렀다. 그리고 둔남면 오수리에서 만세시위가 크게 전개되던 3월 23일에는 강진면 갈담리(葛潭里)에서도 갈담 장날에 군중들이 집합하는 기회를 이용하여 청년 이중혁(李重赫)·엄길영(嚴吉永) 등이 수백 명 군중과 함께 '대한독립만세'를 부르며 시위운동을 전개했다.

한편 4월 중에는 6일 밤에 신덕면의 한정교(韓正教)·나학용(羅學用) 등이 신흥리(新興里) 및 삼길리(三吉里) 노상에서 '대한독립만세'를 소리 높여 불러서 주민들의 분기를 촉구하였으며, 7일에는 송귀남(宋貴男)·김제룡(金濟龍)·최극삼(崔極三)·송성학(宋性學)·문성술(文成述) 등이 성수면 오봉리(五峰里) 후방 산림 중에서 다수 주민들과 함께 '대한독립만세'를 부르며 독립선언을 경축하였다.

이상과 같이 임실군내에서는 읍내와 오수리의 대규모 만세시위 외에도 청웅·지사·강진·신덕·성수 등 각면에서 계속 만세를 부르되, 그 시간을 대개 산간지대에서 활동이 곤란한 야간을 이용하여 충돌을 피하고 운동을 자유롭게 하였던 것도 특색이다.

그러나 군내에서 운동의 회수와 참가 인원이 원래 많았기 때문에 일본 경찰 측에 검속당하여 강제 징역을 당한 인원수도 다른 고을보다 많았던 것으로서 6개월 내지 5개년의 옥고를 치른 인사가 80여 명에 달하며, 그중에도 김영원(金榮遠), 한영태(韓榮泰) 등은 일제의 야만적인 고문의 병독으로 옥중에서 순국하였다.

2. 남원 항일운동사

- 윤영근 · 최원식 편저
- 남원시군애향운동본부 발행

제5장 남원의 3 · 1독립만세의거

제1절 개요

서울에서 온 「독립선언서」가 처음 남원군에서 전파된 것은 3 · 1독립선언 다음날인 3월 2일이었는데, 임실군 오수리에 거주하는 천도교 전도사 이기동에 의하여 그날 새벽 4시경 덕과면 사율리에 있는 천도교인 이기원, 황석현, 황동주에게 전달되었다. 따라서 이기원은 선언서 약 40장을 받아 아침 8시경에 남원읍 금리에 있는 천도교 교구실로 찾아가서 교구장 유태홍에게 전달하였다. 유태홍은 바로 교인 유석(유태홍의 아들), 김성재, 최병현 등 8명을 불러 3 · 1독립만세의거에 관한 취지와 현재의 상황을 설명한 다음, 선언서를 나누어 주고 군내 각지에 배포하여 연락을 취하도록 하였다.

또한 이기동으로부터 「독립선언서」 2장을 받은 황석현은 곧장 보절면으로 가서 천도교인 김덕인에게 주어 당일 밤으로 보절면 면사무소 및 주재소 앞 게시판에 붙이게 하였으며, 황동주는 사매면의 천도교인 문경록을 찾아가서 그날 밤으로 계수리와 인화리의 요소에 「독립선언서」를 붙이도록 하였다.

위에서 살펴본 바와 같이 남원에서의 3·1독립만세의거는 천도교 측에서 처음 시작되었음을 알 수 있다. 즉 군내의 여러 곳에 선언서를 붙이기도 하고, 구두에 의하여 3·1독립만세의거의 취지와 내용이 암암리에 군내의 곳곳으로 퍼져나가, 군민들은 전국 각처의 3·1독립만세의거 전개 상황을 알고 예의 주시하면서 남원에서의 운동을 기대하고 있었다.

그러나 당시 남원에는 헌병 분견소와 주재소가 각처에 배치되어 있어 적의 감시가 철저하여 대대적인 만세운동이 쉬운 것만은 아니었다. 아무리 그렇다고는 하더라도 앞장서서 만세운동을 주동할 지도자가 선뜻 나서지 않았다는 것은 뜻있는 지방 인사들에 개탄스러움을 안겨주었으며 수치감까지 느끼게 하였다.

제2절 동해골의 함성

다른 지방에서 3·1독립만세의거가 대개 천주교인이나 기독교인 또는 학생들이 주동이 되어 일어났던 데 비하여 남원에서의 3·1독립만세의거는 그 성격을 달리하는 데에 특색이 있다. 물론 앞에서도 얘기했다시피 천도교 측이 중심이 되어 「독립선언서」를 요소에 배포하는 등 미약한 활동이 없었던 것은 아니지만 군중들은 어렴풋이 짐작만 할 뿐 3·1독립만세의거의 확실한 윤곽은 모르고 있었다. 또한 선언서를 공공기관의 게시판에 부착하였다고는 하나 일반 민중이 선언서를 읽고 이해하기도 힘들었다. 게시판에 붙인 선언서를 일제 헌병·경찰 기관에서 발견 즉시 떼어 버렸기 때문이었다.

아무튼 열기에 가득 찬 3월이 다 지나가는 데도 남원은 조용하기만 하였는데, 3·1독립만세의거의 거센 물결이 남원을 비껴 지나가는 듯하였다. 따라서 뜻있는 인사들은 개탄을 하고 수치스럽게 여기기까지 하였다.

그러나 남원의 민족정신이 그대로 잠만 자고 있었던 것은 결코 아니었다. 남원에서도 대대적인 독립만세운동을 전개할 것을 은밀히 추진하고 있었던 인사가 있었으니, 그가 바로 당시 덕과면장으로 재직하고 있던 이석기(李奭器)였다. 남원군 사매면 대신리에서 이교협의 3형제 중 3남으로 태어난 이석기는 학력은 비록 몇 년간의 서당 공부밖에 한 일이 없지만 평소부터 항일 애국정신을 가슴에 품고 있던 인물이었다.

따라서 그는 일제 치하에서의 면장직을 부끄럽게 여기고 있었으며 언제든지 기회가 닿는 대로 면장직을 내팽개칠 작정까지 하고 있었다. 그런 이석기의 귀에도 3·1독립만세의거의 소식은 속속들이 들어오고 있었다. 공직에 있었기 때문에 오히려 일반인보다 더 정확한 소식을 빨리 들을 수도 있었다. 그때마다 그의 가슴은 애국의 열기로 끓어올랐으며, 한편 남원 지방이 조용하기만 한 것이 불만스러웠다. 바로 이웃 군인 임실군에서도 3·1독립만세의거를 벌였고, 순창군에서도 3·1독립만세의거를 벌였다지 않은가? 더구나 오수리에서는 나이 어린 보통학교 학생들이 오수역 앞에서 대한독립만세를 불렀다는 소식을 들었을 때 이석기는 진정 부끄러웠다.

이 땅의 백성치고 그 누가 조선의 독립을 원치 않을 사람이 있겠는가.

이석기는 자신의 한 몸을 나라의 독립에 바치기로 결심하고 결연히 일어섰다. 그는 남원에서도 독립만세운동을 벌일 것을 결심하고 은밀히 그 준비에 착수했다. 허울 좋은 면장직도 가장 중요한 순간에 사직하기로 작정했다.

일단 결심을 한 이석기는 전국적으로 벌어지고 있는 3·1독립만세의거의 현황을 좀 더 자세히 알아볼 요량으로 현시의 정세에 밝은 친조카 이광수를 불러들였다.

이광수는 그때 오수보통학교의 교사로 재직하고 있었는데, 오수보통학교 학생들의 만세운동은 그가 학급 반장들에게 은밀히 지시하여 이루어진 일이었다.

3월 중순의 어느 날 밤, 이석기의 사랑방에는 숙부 이석기와 조카 이광수가 마주 앉았다. 두 사람의 가운데에서 등잔불이 말없이 타고 있었다.

한참 만에 이석기가 입을 열었다.

"부끄럽구나, 내가."

"무슨 말씀입니까? 숙부님."

"삼천리 방방곡곡이 만세의 함성소리로 가득 찼는데, 오수에서는 더구나 나이 어린 학생들까지도 만세를 불렀는데, 이곳 남원은 너무 조용하구나. 그래서 부끄럽다는 얘기다."

"숙부님, 아직 3·1독립만세의거는 끝나지 않았습니다. 지금도 전국 곳곳으로 만세운동의 물결이 힘차게 번져가고 있습니다."

조카 이광수의 말에 이석기가 번쩍 고개를 들었다. 그의 눈빛이 반짝하고 빛났다.

"그렇지? 아직 끝나지는 않았지?"

"그럼요. 만세운동은 오히려 이제부터 시작인걸요. 우리 민족이 그야말로 일제의 사슬에서 벗어나 완전한 독립을 이룰 때까지 계속되어야 할 운동인걸요. 지금도 결코 늦지는 않았습니다."

숙부 이석기의 속마음을 짐작한 이광수가 은근히 말했다.

이석기가 고개를 끄덕였다.

"그래서 말이다, 우선은 덕과면과 사매면에서라도 만세운동을 벌일 계획이다. 네 도움이 필요하구나."

"잘 생각하셨습니다, 숙부님. 진즉 하셨어야 할 일입니다. 작은 불씨가 큰 불길이 되듯이 사매·덕과면에서의 시위가 동기가 되어 남원군 전체의 운동으로 번져갈 것입니다."

"이번 참에 아예 면장직도 그만둘 예정이다."

"그러셔야지요. 별 실권이 없는 직책일지라도 공직에 있다 보면 큰일을 하시기가 힘이 드실 겁니다. 또한 면장은 숙부님이 아니셔도 다른 사람이 할 수 있지만 만세운동은 꼭 숙부님이 하셔야 할 일입니다. 다만 사표를 내시더라도 지금 당장은 내지 마십시오. 우선은 그 직을 가지고 계셔야 구장 등을 통하여 면민들을 동원하기가 수월할 테니까 말입니다."

"옳은 얘기다. 나도 그럴 예정으로 있다."

다음날 이석기는 조카 이광수를 은밀히 서울로 파견하였다.

물론 서울에서의 활동 상황을 보다 자세히 알고, 남원에서의 만세운동에 대한 구체적인 지시를 받기 위해서였다.

그러는 한편 이석기는 나름대로 만세운동을 벌일 준비를 서둘렀다. 그날 낭독할 격문의 초안을 작성하고, 군내 각 면의 면장들에게 보낼 호소문을 구상했다.

사매·덕과면에서 만세운동을 위하여 이석기가 착착 준비를 하고 있던 3월 25일, 바로 이웃인 오수에서 대대적인 만세운동이 일어났다는 소식이 들려왔다. 어린 학생들의 만세운동에 자극을 받고 부끄럽게 여기던 일반 대중이 그동안 준비를 하여 오수 장날인 3월 25일을 기하여 각지에서 모인 장꾼들과 크게 만세운동을 벌였다는 것이었다. 이 소식을 들은 이석기의 가슴은 더욱 세차게 뛰었다.

3월 하순의 어느 날, 서울에 갔던 이광수가 돌아왔다.

숙부와 조카는 등잔불 아래에서 다시 마주 앉았다.

"그래, 경성의 형편이 어떻더냐?"

"요즘은 경성은 오히려 조용합니다. 3·1독립만세의거의 물결이 지방으로 확산된 것 때문이지요. 눈 돌리는 곳, 발길 닿는 곳마다 만세의 함성이 들리지 않는 곳이 없을 정도였습니다."

"그래, 이번 경성에서는 누구를 만났느냐?"

"처음 제 계획으로는 손병희, 권동진, 오세창 등 민족대표들을 뵈려고 했습니다만, 그분들은 당일 체포 구금되어 있는 상태라서 만나 뵈지 못하고, 최팔용 등 동경 유학생 몇 명을 만나고 왔습니다."

이광수는 최팔용으로부터 교부받은 「독립선언서」를 이석기에게 넘겨준 다음, 이번 경성 길에서 보고 들은 상황을 자세히 보고하였다. 또한 3·1독립만세의거의 배경과 동기, 그리고 행동 지침을 일일이 설명하여 주었다.

이광수의 보고를 다 들은 이석기가 물었다.

"비폭력이라 함은 폭력을 휘두르지 말라는 얘기인데, 그대로 시행되고 있더냐?"

"예, 그것이 처음에는 공약 3장에서 지시한 대로 실행이 되었습니다만, 만세운동이 지방으로 번져가면서 약간의 폭력도 동원되는 모양이었습니다. 3·1독립만세의거에 대처하는 일제 헌병·경찰의 태도가 워낙 잔혹했으니까요. 몇 군데에서 헌병주재소를 습격하는 등 폭력 사태가 있었던 모양입니다."

"네 생각에는 이번 사매·덕과면에서의 운동은 어떤 방향으로 진행되었으면 좋겠느냐?"

"그야 물론 비폭력적인 단결된 만세운동이 되어야겠지요. 그러나 일제 헌병·경찰들이 가만히 있지는 않을 테니까, 작은 폭력 사태는 예상할 수 있을 것입니다."

"역시 그렇겠지? 무작정 당하고 있을 수만은 없을 테니까 말이다."

여기서 이석기는 조카인 이광수에게 자기 혼자서 구상하고 있던 만세운동의 계획을 털어놓았다.

3월 31일, 이석기는 면사무소에서 면내 각 부락의 구장회의를 소집하였다. 때마침 군청으로부터 오는 4월 3일, 식수기념일(植樹紀念日)에는 대대적으로 나무 심기 운동을 벌이라는 공문이 와 있었다.

면장 이석기는 그 공문을 내놓고 구장회의를 주재하였다.

"이번 식수기념일의 행사는 그 어느 때보다도 중요합니다. 따라서 각 가정에서는 그 집에서 가장 힘이 센 장정들로 하여금 기념식수에 참여할 수 있도록 구장님께서 힘써 주십시오. 노약자나 부녀자, 어린이들은 절대로 안 됩니다."

평소와 달리 강경하게 지시를 내리는 면장 이석기의 태도에서도 구장들은 별다른 낌새를 눈치채지는 못했다.

구장회의를 마친 이석기는 다른 구장들은 다 돌아가게 한 다음, 특별히 신양리 구장 이병규와 사율리 구장 이풍기, 고정리 구장 이명원을 남게 하고, 면서기인 조동선을 합석시켰다.

웬일인가 하여 궁금하게 여기는 네 사람에게 이석기가 입을 열었다.

"신문지상으로나 인편에 들으면 경성에서 일어난 3·1독립만세의거가 전국 각지로 퍼져나가 가까운 곳에서는 전주, 임실, 순창, 장수, 오수 등에서까지 시위운동이 일어나고 있는데, 이곳 남원에서만은 잠잠하니 웬일인지 모르겠소."

이석기의 말을 들은 네 사람은 아무 말 없이 그냥 앉아 있기만 하였다. 물론 이석기의 뜻을 짐작하지 못한 바는 아니지만 선불리 입을 열 수도 없었다.

이석기가 말을 이었다.

"더구나 우리 남원이 어떤 고장이오? 구한말에는 어느 곳보다 의병이 많이 일어난 곳이며, 임진·정유년의 왜란 때에는 모두들 목숨을 걸고 왜적과 싸운 충의 고장이 아니오? 요즘 나는 애국선열들이 부끄러워 고개를 들어 하늘을 볼 수가 없을 지경이오. 그리고 우리 남원 사람들이 이렇게 조용하게만 있는 걸 보고 이웃 군의 사람들이 뭐라고들 하겠소? 손가락질을 하면서 비웃을 것이 틀림없는 일 아니냔 말이오?"

모두들 고개를 숙이고 있는 중에 조동선이 번쩍 고개를 들고 말했다.

"모든 일을 면장님의 뜻에 따르겠습니다. 말씀만 하십시오."

이에 이병규와 이명원도 번쩍 고개를 들었다.

"저희들도 마찬가지입니다. 면장님의 뒤를 따르겠습니다."

네 사람의 뜻이 한 곳으로 모아진 것을 안 이석기가 말했다.

"좋습니다. 여러분을 믿고 말씀드리겠습니다. 오는 4월 3일 식수기념일을 맞이하여 독립만세를 부릅시다. 여러분들이 적극 협력하여 주시오."

네 사람은 거사의 그날까지 비밀을 지킬 것을 굳게 약속하고 비밀 활동에 들어갔다.

4월 3일의 식수기념일에 덕과면민의 만세운동을 벌일 것을 치밀하게 계획하여 추진하면서도 이석기는 다른 한편으로는 사매면에서의 만세운동도 계획 추진하여 나갔다. 그리하여 3월 31일 밤, 사매면 대신리 자기 집 사랑방에서 친족이면서 대신리 구장으로 있는 이형기를 비롯하여 이성기, 이두기, 그리고 친조카인 이범수와 이광수를 불러 덕과면에서의 만세운동의 계획을 설명하고, 사매면에서도 만세운동을 벌일 것을 의논하였다.

이석기의 의견에 모두들 숙연한 표정으로 찬동하였다. 그래서 이들은 역시 식수기념일인 4월 3일, 지금 서도역으로 가는 계명당고개 도로를 보수한다는 명목으로 군중을 동원할 것을 결의하고, 대신리, 관풍리, 오신리의 3개 부락민을 당일 사매면 오신리에서 서도역으로 가는 계명당고개로 집결시키기로 하였다. 그리하여 덕과면 도회동(桃花洞, 속칭 동해골)의 군중과 합세하여 대대적으로 조선독립만세를 부르기로 약속을 한 것이었다.

이들 주동자들은 이틀 낮밤을 꼬박 소비하여 군중들에게 나누어 줄 태극기를 만들었다. 이석기는 만세운동의 준비를 지휘 독려하면서, 자신은 남원군내의 각 면장에게 보내는 「만세운동 참가 취지서」와 「경고아동포제군(警告我同胞諸君)」이라는 격문을 20여 장씩 작성하여 대비하였다.

당시 이석기가 작성한 문서의 내용은 다음과 같다.

「萬歲運動 參加趣旨書」

時惟 己未 吳越이 同舟하고 萬國이 握手하여 世界平和의 曙光이 照한지라, 謹惟 僉位 貴體 益益 清穆序賀이외다.

却說, 愚生이 十數年間 面長 在職中 公私多様 愛護하십은 眞心難忘也라.

然而, 現今 20世紀 此時代는 文明의 步武가 停止치 아니한지라, 無로써 有하고, 虛로써 實하여 昨日의 敗者는 今日의 興者요, 昔時의 弱者는 現時의 强者라.

歷史가 없는 저 蒙古도 獨立을 宣言하고, 微弱한 波蘭도 民族自決을 主唱하거늘, 神聖子孫 我 朝鮮民族이랴.

玆에 愚生이 面長의 職을 辭하고 滿腔 眞誠을 다하여 朝鮮獨立을 高唱합니다. 請컨대 僉君子는 不我遐棄하고 倍加 惠護하십을 務望.

朝鮮開國 4252年 4月 3日

舊南原郡 德果面長 李奭器

各 面事務所 御中

「檄文」

我 同胞諸君이여!

神聖한 檀君의 子孫으로서 半萬年 동안 東方에 雄飛하는 我 朝鮮民族은 庚戌年이 怨讐이다.

錦繡江山이 植民地圖에 出版되고 神聖子孫은 奴隷民籍에 들어갔다.

如斯한 羞辱을 受하고 何面目으로 地下의 聖祖를 보겠느냐? 如何히 하여 列强을 對할고.

蒙古도 獨立을 宣言하고 波蘭도 民族自決을 主張한다.

玆에 發憤 興起하여 滿腔의 熱誠을 다하여 朝鮮獨立을 高唱하자.

萬歲! 萬歲! 朝鮮獨立 萬歲! 大韓獨立 萬萬歲!

드디어 거사의 날 4월 3일, 덕과면민은 나무를 심기 위하여 동해골로 모였고, 사매면민들은 도로를 보수한다는 명목으로 오신리 계명당고개로 모였다. 그때까지는 물론 몇몇 주동자들 외에는 모두 나무를 심고 도로를 보수하기 위하여 모인 거로만 알고 있었다.

일본인 헌병이나 보조원들조차도 전연 눈치를 채지 못하였다.

오전에는 아무 일도 없었고 그냥 열심히 나무를 심고 도로를 보수하였다. 또한 헌병주재소의 소장과 보조원들을 초청하여 점심을 같이 하기도 하였는데, 이는 물론 그날의 행사가 연례적인 것이라는 걸로 위장하기 위한 방법이었다. 따라서 주재소장이나 보조원들은 점심 대접을 융숭하게 받고 좋은 기분으로 돌아갔다.

오후에 나무 심기가 끝난 다음이었다.

이석기는 나무를 심느라 애썼다면서 양조장에서 여러 통의 막걸리를 가져다가 면민들로 하여금 기분 좋게 마시도록 하였다. 그러는 한편 이석기는 면사환인 김광삼을 시켜 「만세운동 참가 취지서」를 봉함 봉투에 넣어 군내의 각 면장에게 배달하도록 하였다. 물론 자신의 면장직을 사임한다는 사직서라고 속이고서였다.

김광삼을 떠나보낸 다음 이석기는 군중들을 둘러보았다. 몇 통의 막걸리에 군중들은 도도하게 취해 있었다. 몇몇 비분강개파들은 새삼스럽게 큰소리로 일제에 대하여 불평을 터뜨리기도 했다. 이런 분위기를 간파한 이석기가 군중들의 앞으로 나섰다. 그리고 큰소리로 외쳤다.

"여러분, 지금 삼천리 방방곡곡에서는 독립만세의 함성소리가 날로 드높아져 가고 있소. 우리도 만세를 불러야 하지 않겠소?"

5백여 명의 시선이 일제히 이석기에게 쏠렸다. 처음에는 무슨 소리인가 하여 어리둥절하던 군중들이 일제히 손을 높이 치켜들고는 큰소리로 외쳤다.

"우리도 독립만세를 부릅시다."

"이대로 살 수는 없소. 만세를 부릅시다."

이때 이석기 등 주모자들은 미리 준비하였던 격문과 태극기를 군중에게 나누어 주었다.

이석기가 대한독립 만세를 선창하였다.

"여러분, 큰소리로 대한독립만세를 부릅시다. 대한독립만세!"

"대한독립만세!"

"대한독립만세!"

일제의 사슬에서 풀려나기 위한 백의민족의 함성소리, 독립을 갈망하는 만세소리가 동해골에 울려 퍼졌다.

대한독립 만세를 목이 터져라 외친 5백여 군중들은 그들 앞에 우뚝 선 이석기의 지휘에 따라 질서정연하면서도 성난 파도와 같은 대열로 사매면 헌병주재소를 향하여 행진했다.

그 도중에서였다. 앞장을 서던 이석기가 갑자기 율촌에 있는 오백룡의 집 지붕으로 올라갔다. 군중들 모두가 이석기를 주시하였다.

이석기가 낭낭한 목소리로 격문을 다시 낭독하였다.

"신성한 단군의 자손으로서 반만년 동안 동방에 웅비하던 아 조선민족은 경술년이 원수로다. 금수강산은 식민지도에 들어가고 신성자손은 노예민적에 입(入)하였도다…."

이석기가 격문 낭독을 마치자 군중들은 다시 환호하고, 만세, 만세, 대한독립만세를 외치면서 헌병주재소를 향하여 행진했다.

한편 도로보수를 하고 있던 사매면민들도 도화동에서와 거의 같은 시간에 독립만세를 불렀다. 격문을 낭독하고 태극기를 나누어 가진 사매면의 3백여 군중들도 이형기, 이성기, 이두기, 이범수, 이광수 등을 선두로 노도처럼 헌병주재소를 향하여 나아갔다. 잠시 후에는 8백여 명의 대군중이 헌병주재소 앞에 집결하여 너희들 일제들은 이 땅에서 물러가라고 외치면서 시위운동을 벌였다. 10년 동안을 왜놈의 굴욕에서 참아온 8백여 군중의 분노가 폭발한 것이다.

아닌 밤중에 홍두깨를 맞은 격이 된 헌병소장과 보조원들은 갈팡질팡 어찌할 줄을 몰랐다. 군중을 제지 해산을 시키려고 시도하여 보았지만 중과부적이라 속수무책이었다.

크게 당황한 사매면 헌병주재소에서는 남원 헌병청에 연락을 취하였다. 오후 6시경, 남원 헌병대에서 십수 명의 헌병들이 완전무장을 하고, 기마대와 자동차로 출동하여 왔다. 형세가 더욱 험악해진 가운데 일본인 헌병들이 총을 쏘아대면서, "해산하라. 해산하라." 외쳤다.

이에 잘못하면 무자비하게 휘두르는 일본 헌병의 총칼에 선량한 백성이 크게 다칠 것을 염려한 주도자 이석기를 비롯하여 조동선, 이재화, 김선량, 이풍기, 이승순 등 주요 주동자들은 주재소에 남고 일반 군중들은 해산하여 집으로 돌아갔다.

4월 3일 밤 9시경, 사매면 대신리 이성기의 사랑방에는 이형기를 비롯하여 이성기, 이두기, 이범수와 장경서 등 5명이 은밀히 모였다.

방안의 분위기는 침통하였다. 비록 속이 후련하도록 대한독립만세를 불렀다고는 하나, 이석기 등의 주동자가 체포 구금되어 있다는 사실이 그들을 우울하게 만들었다.

이성기가 한참 만에 입을 열었다.

"같은 뜻을 가진 사람들만 다시 만났으니 기탄없이 얘기를 나누어 보도록 합시다."

이형기가 말했다.

"만세운동은 이제 시작되었소. 여기서 그만둘 수는 없는 일이오. 언제까지나 이렇게 억울하게 왜놈들한테 당할 수만은 없지 않습니까? 더구나 덕과면장 이석기가 면민을 지휘 독립만세를 부르다가 지금 오신 헌병주재소에 구금되어 있는데, 우리가 이를 방관할 수 없는 일이 아니오? 독립만세를 계속하여 부릅시다. 내일 면민을 총동원하여 만세를 부르면서 오신 헌병주재소를 습격, 면장 이석기 등을 구해내야 합니다."

"옳은 말씀입니다. 내일도 대대적인 만세운동을 벌입시다."

모두들 이형기의 뜻에 적극 찬성하고 나섰다. 4월 4일의 거사를 결의한 다섯 사람은 각각 담당 마을을 돌면서 내일의 계획을 전달하고 밤을 새워 태극기를 만드는 등 준비를 하였다.

그다음 날 새벽이었다. 이형기에게 새로운 소식이 하나 들려왔다. 그것은 밤사이에 이석기 등 덕과·사매면의 만세운동이 주도자들이 남원으로 호송되어 갔다는 것이었다. 이에 이형기 등 주동자들은 여기서 계획의 일부를 바꾸었다. 마침 4일은 남원 장날이니, 남원시장으로 가서 장을 보러 모여든 군중들과 합세하여 독립만세를 부를 것을 계획하고 먼저 이두기를 남원으로 출발시켰다. 그리고 우선 덕과·사매 면민들을 남원 북(北)시장으로 모이도록 은밀히 전달했다.

먼저 남원에 도착한 이두기는 평소 친분이 있는 이봉춘(李奉春)을 만났다. 이봉춘은 당시 북시장(현 남원의료원 근처) 내에서 객줏집(여인숙)을 경영하고 있었다. 이봉춘의 객줏집을 연락처로 하고, 또한 이봉춘의 객줏집에서 당시 「경성매일신보(京城每日新報)」 지방외교부장으로 있던 천연도(千年挑) 등 몇몇 평소 항일정신이 굳혀 있는 동지들을 만나 사매·덕과면에서의 독립만세운동에 대한 시종을 자세히 설명하고, 오늘 장날을 기하여 대대적인 만세운동을 벌일 것을 계획했다.

한편 사매면에서는 이두기를 남원으로 출발시켜 놓고 그곳에 남은 이형기, 이성기, 이범수, 김해근(金海根) 등이 매안방(梅岸坊, 지금의 오신·관풍·대신리) 일대를 순회하면서 4월 4일의 거사 계획을 설명하여 주고 이날 독립만세운동을 위해서 남원 북시장으로 모이도록 암암리에 독려하였다. 그들은 남원으로 출발하기 직전 또다시 대신리는 이형기가 마을 책임자가 되고, 관풍리는 이교준(李敎準)·김해근이 분담하고, 오신리는 유창근(柳昌根)이 각각 동원의 책임을 맡아서 행동에 들어갔다. 이들의 설명을 들은 모든 마을 사람은 한 사람의 반대도 없었다. 이렇게 하여 자연스럽게 장꾼을 가장한 매안방 사람들이 일본 헌병의 눈을 피해 4~5명씩 짝을 지어 속속 북시장으로 모여들기 시작하니 그 수는 수백 명에 이르렀다. 이들 군중들과 함께 이형기, 이성기, 김해근도 오후 1시경 북시장에 도착하여 미리 남원에 와있던 이두기를 만났다.

"남원의 형편은 어떠한가?"

"예, 만세운동을 벌일 준비는 완료되어 있습니다. 어제의 덕과·사매에서의 만세운동이 자극이 되어 밤사이 천도교와 예수교인들이 중심이 되어 각 면 각 마을로 오늘의 거사 계획이 은밀히 전달되었습니다. 지금 광한루 앞 광장에는 천여 명의 군중들이 모여 있습니다. 잠시 후 2시경이면 모두들 힘차게 만세를 부를 것입니다. 여기 북시장에서는 제가 이 깃발을 흔드는 것을 시작으로 만세운동을 부르면 됩니다."

이두기는 이형기에게 자신이 지난밤에 만든 기를 보여 주었다. 그 기는 사방 2척 정도의 무명베로 만들었는데, 태극기를 그린 바탕에 「大韓獨立巳梅面」이라고 쓰여 있었다.

그러는 중에도 군중들은 계속 모여들었다. 군중들 중에는 순수한 장꾼도 있었고, 오늘의 계획을 알고 만세운동에 참가하기 위하여 모인 사람도 있었다. 또한 사방 성문(城門)과 장터로 들어오는 길목 요소요소에서는 이화기, 장동엽, 태판서, 이석기(李碩器), 정나구 등이 지켜 서서 장꾼들에게 암암리에 이날의 계획을 설명하여 주면서 북시장터로 모이도록 했다.

오후 2시가 가까워질 무렵에는 북시장 안은 수천 명의 군중들로 초만원을 이루었다. 더구나 남원 장날에는 남원군민은 물론 서쪽의 순창・임실군과 남쪽으로 구례・곡성군의 군민들까지 장을 보러 몰려드는 큰 장이었다.

아침부터 심상치 않은 표정으로 모여드는 나라 잃은 백성, 일본의 총칼에 억눌리고 말발굽에 밟힌 지 10년, 그동안 온갖 서러움과 고생을 겪으며 참아왔던 백의민족의 행진이 그날 북시장 장터로 광한루 광장으로 모여들었던 것이다. 일본군에 끌려가기 위함이 아니요, 징용이나 징발에 응해서가 아니다. 잃었던 나라를 찾기 위함이요, 이 나라에 이리떼처럼 침입하여 행패를 부리는 일본 제국주의의 왜놈들을 몰아내기 위해서였다.

초조한 시간은 일각일각 흐르고 있었다. 장터 이곳저곳 술집에서는 돈이 아까우랴 술을 사서 너도 주고 나도 마시며 군중들은 초조한 심정을 달래고 있었다.

이렇게 하여 만세운동 분위기는 익어 갔고 일부 덕과・사매면에서 늦게 출발한 군중들이 속속들이 입성하여 북시장으로 도착한 순간이었다.

정각 오후 2시, 이두기가 태극기를 높이 치켜들고 군중들 앞에 우뚝이 섰다. 이형기가 군중을 향해 외쳤다.

"여러분, 우리는 일본제국주의로부터 독립을 하여야 합니다. 우리 만세를 부릅시다. 모두 함께 대한독립만세를 부릅시다."

이형기의 선창에 따라 수천 군중이 일제히 독립만세를 제창하였다. 그러면서 군중들은 그 기세를 몰아 혹은 죽창을 치켜들고 혹은 돌멩이를 움켜쥐고 남원 헌병청 쪽으로 열을 지어 나갔다.

군중 속에서는 "우리의 애국자 이석기 등을 석방하고 일본놈들은 이 땅에서 물러가라."라고 하는 고함도 터져 나왔다.

한편 북시장에서와 같은 시간에 광한루 앞 광장에서도 만세의 함성은 터져 나왔다. 남원 시내는 어느 사이 독립만세의 환호성으로 진동하고, 태극기의 물결이 넘실거렸다.

일경 측에서는 이날 장날에 많은 장꾼이 모일 것에 대비하여 미리부터 헌병과 수비대의 병력을 증가시켜 경계를 하고 있었다. 그러나 넘쳐흐르는 독립만세의 인파를 제지할 수는 없었다. 당황한 일본 헌병들은 공포를 쏘며 위협했으나, 10년 동안의 분노와 울분을 터뜨린 만세시위운동의 행렬은 멈추지 않았다.

잔악무도한 일본 헌병들은 드디어 군중을 향하여 야만적인 무차별 사격을 실시하였다. 많은 애국지사들이 적의 총탄에 맞아 쓰러졌고, 붉은 피가 길바닥을 물들였다. 환호성은 비명으로 바뀌었고, 만세의 현장은 수라장으로 변했다.

주생면의 방진형, 방양규, 방극용, 방제환, 남원의 김공록, 박재길 등 8명은 현장에서 순절하고, 사매면의 정한익, 왕정리 황찬서(黃贊西), 동충리 이일남(李一南) 등 수십 명이 중상을 입었으며, 이성기, 이형기, 이두기, 유창근, 김해근, 천연도 등 수십 명이 체포되었다.

이날의 순절자 중에서 방극용은 당시 26세의 청년으로 과감하게 앞장서서 만세를 부르다가 적의 총탄을 맞고 첫 번째의 희생자가 되었다. 그런데 이 소식을 들은 그의 아내가 빨래방망이를 가지고 달려 나와 일본 헌병들을 난타하다가 결국은 놈들에게 살해당하였다. 또한 함께 나왔던 방극용의 어머니가 앙천통곡을 하며

"하느님 맙소사! 이것이 웬일이오니까? 우리 동료들은 충용들 다해서 더욱 분발하여 독립을 회복하고, 우리 아들, 우리 며느리의 원혼을 위로하여 주시오."

부르짖은 후 자결을 하니 이들 세 사람의 장렬한 죽음은 남원 군민들의 애국충정의 귀감이 되었으며, 현장에 있던 수천 군중들에게 용기를 불어넣어 주기도 하였던 것이다.

또한 일부 광한루 광장에 모인 1천여 군중들도 역시 오후 2시를 기하여 소리 높이 독립만세를 외치며 헌병청를 향하여 성난 파도처럼 질주하였다. 군중들의 행렬이 광한루 오작교(당시는 오작교가 시장으로 통하는 교량이었음)를 건너 식산은행(현 제일은행) 4가에 이르렀을 때 일본 헌병들은 시위 군중을 향하여 발포를 하였다. 군중은 헌병의 잔인무도한 발포로 인해서 다시 오작교를 건너 광한

루 서편(구시장 오성상회 앞) 시장통에 이르렀을 때 협잡한 시장통 도로에 몰려 있는 군중을 향하여 일본 헌병들은 다시 무차별 난사를 했다. 그때도 많은 사망자와 부상자가 발생하였다고 전하고 있으나 일본 헌병의 감시의 눈초리가 무서워 숨겨 버렸기 때문에 자세한 기록이 남아 있지 않아 아쉬울 뿐이다. 다만 주천면 신촌리에 사는 김한옥(金漢玉, 당시 44세)이 군중들 앞에서 의기충천하여 만세를 부르다가 오른쪽 대퇴부와 흉부에 관통상을 입어 현장에서 피를 흘리고 쓰러져 있는 것을 만세 군중의 누군가가 지혈을 시켜 업고 집으로 데리고 와서 겨우 생명은 건졌으나 총상으로 인한 심한 출혈로 그 후 신병이 되어 고생하다가 1950년에 별세하였다.

한편 4월 4일의 만세운동에 대한 남원 헌병청에서 상부로 보고한 보고문을 보면 현장의 즉사자를 방극용, 정한익(사실은 중상자였음), 김공록 외 신원미상의 2명이라고 하였다. 또한 보고문에서는 헌병 및 수비병 측에서는 사상자가 없다고 했으니 이날의 만세운동이 비폭력적인 시위운동이었음을 알 수 있다. 그런데도 일본 헌병들은 총을 난사하였으니 그들의 잔학성을 짐작할 수 있는 것이다. 그리고 당시의 보고서나 신문조서 등을 보면, 군중들과 주동자들이 상점을 파괴하고, 선민(鮮民)을 구타하여 강제로 만세로 부르도록 했다는 기록이 나오는데, 이것은 순전히 일제의 날조가 아닐 수 없다. 즉 만세를 독려하기 위한 주동자들의 행동을 일본인들이 과장해서 기록한 것이며, 비폭력적인 만세운동을 폭력이 동원된 걸로 위장하여 놓아야 총을 난사한 자신들의 무자비성에 정당성을 부여할 수 있었기 때문이다.

한번 불붙은 남원에서의 만세운동은 좀처럼 꺼질 줄을 몰랐다. 남원군민들의 충성심, 애국심은 적의 무력 만행 앞에서도 끊임없이 나타났는데, 4월 4일 저녁 8시에는 남원 서쪽 교룡산에서 봉화가 올라갔고, 여기에 응하여 동남쪽 산마루에서도 봉화가 오르며, 그 봉화를 신호로 해서 각 마을에서는 만세의 함성이 울려 퍼졌다. 이러한 야간을 이용한 봉화 신호와 산발적인 만세소리는 그 후에도 계속되어 일제의 신경을 더욱 날카롭게 하였지만, 무력 만행을 자랑하는 그들로서도 어쩔 수 없는 일이었다.

또 만세운동에서 순절한 애국지사에 대하여는 일반이 모두 독립운동의 희생적 대표자로 받들고, 각 리에서 장례비를 모아 성대한 장례식을 준비하고 명정(銘旌)에는 '의용지구(義勇之柩)'라고 크게 써서 고인들의 높은 뜻을 기렸다.

아무튼 만세운동 이후 더욱 가열되어가는 일제의 무력 탄압 아래에서도 남원 군민들의 평화적인 애국운동과 끈기 있는 구국활동은 계속되어 명실상부한 충의 고장으로서의 사명을 다한 것이다.

제3절 만세운동 그 후

도화동을 온통 만세의 함성으로 뒤흔들게 만들었던 이석기는 조동선, 이풍기, 이승순 등과 함께 체포되어 광주지방법원 남원지청에서 1년 6개월의 징역형을 언도받았다. 그러나 그들 4인은 형이 부당하다 하여 상고를 하였는데, 대구 복심에서는 오히려 6개월씩을 더한 2년, 1년 반, 1년의 형을 언도받았다. 이석기 외 3인은 다시 서울 고등법원에 상고를 하였는데 공판정에서 이석기는

"보안법은 광무 11년에 제정된 법률이다. 그런데 조선인민은 본시 광무 황제의 백성이다. 광무 황제의 백성이 조선독립만세를 부르는 것을 광무 11년에 제정한 보안법 위반죄에 처형함은 부당하다. 그 임금을 위하여 한 것을 죄라 칭하고 징역에 처한다면 천하의 백성은 다 죄를 받아야 할 것이다. 조선독립만세를 조선인민인 자 한 사람도 부르지 않은 사람이 없다. 그러면 조선인민 전부를 처벌할 것이냐?"

하고 당당히 따지면서 만세운동의 무죄를 주장하였다. 그러나 이것이 침략자 일본 제국주의의 법관에게 통할 리가 없었다. 이석기 등 4인은 결국 2년 내지 1년의 옥고를 치렀다.

그 후 이석기는 출옥을 하여 병약한 몸으로 5~6년을 살다가 1932년 7월 6일 작고를 하니, 아직은 나라를 위하여 많은 일을 할 40대 초반이다. 비록 그가 이 세상에서 살다간 세월은 짧았으나 그가 한 몸을 바쳐 도화동에 만세의 함성을 터뜨린 높은 뜻은 언제까지나 남은 이의 가슴에서 살아있을 것이다.

숙부 이석기를 도와 만세운동의 뒷바라지를 한 이광수는 거사 후 학교에 사직

원을 내고 일본 헌병의 마수를 피해 상해로 망명하였다. 상해에서 여러 독립지사들과 독립운동을 하던 이광수는 임무를 띠고 일본으로 건너갔다.

일본으로 건너간 그는 일본 유학생들을 대상으로 지하운동을 벌였는데, 일본 경찰이 냄새를 맡고 체포를 하려고 뒤를 밟았다. 그때 일본 경찰들은 혐의가 있으나 없으나 조선인이라면 무조건 체포하여 구금을 하던 중이었다. 그런데 이광수는 말투나 행동거지가 일본인과 조금도 다름이 없는, 그야말로 일본인 그대로였다. 일본 경찰이 이광수를 불심검문하면 그는, "아, 나는 일본 사람입니다." 하는데, 그가 일본인이 아니라는 증거를 잡아낼 수는 없었다. 따라서 일본 경찰로는 심증은 가는데 확증이 없어 이광수를 체포할 수가 없었다.

그러던 어느 날이었다. 계속 이광수의 뒤를 따르던 일본 경찰이 잘 달구어진 부젓가락으로 잠을 자고 있는 이광수의 발가락을 지졌다.

그러자 이광수가

"아랏!"

하면서 벌떡 일어나 앉았다.

그걸 본 일본 형사가

"실례했습니다."

하고는 돌아갔다.

그러니까 일본 형사의 생각으로는 부젓가락으로 발을 지지면 이광수가 '앗, 뜨거워라' 하고 한국말을 할 걸로 예상했었는데, 이광수는 그 다급한 순간에도 '아랏!' 하는 일본말을 내질러 위기의 순간을 모면한 것이었다. 간단한 일화에 지나지 않은 것이지만 이광수가 평소에 얼마나 단단히 정신무장을 하고 있었는가를 알 수 있는 얘기이다.

한편 일본 헌병 경찰의 마수에서 간신히 벗어난 이범수는 향리인 대신리에 은밀히 피신하여 있으면서도 다시 뜻을 같이할 수 있는 대신리의 형갑수, 한태현, 오신리의 강경진을 비밀리에 만나 독립을 위하여 최후의 일각까지 투쟁할 것을 결의하였다. 일단 뜻을 모은 그들은 각자의 사재를 털어 3백 원을 마련하여 이범수가 대표로 상경, 조선독립 대동단을 찾아가 단장 전협보와 부단장 윤용주를 만나 군자금으로 3백 원을 헌금하였다.

이범수는 대동단장 전협보로부터 대동단 전라북도지부 조직책의 임명을 받고 내려와 바로 '조선독립 대동단 전라북도지부'의 조직을 하였다. 그 내용을 보면, 대동단 전라북도 지부장에 한태현, 부지부장에 이범수, 법무담당에 형갑수, 재무담당에 강경진을 임명하였다. 이렇게 대동단 지부조직을 갖게 된 그들은 단원들을 확보하는 한편, 항일운동에 동조하는 지방의 유지들로부터 암암리에 독립운동자금을 모금하여 본부에 계속 헌금을 하였다. 그러던 중 일본경찰에게 그들의 활동 상황이 발각되어 제주도에까지 피신을 하였으나 끝내 체포되어 이범수와 형갑수가 똑같이 9개월의 실형을 언도받아 옥고를 치렀다.

남원 3·1독립만세의거 후, 전라북도 장관이 조선총독부 정무총감 앞으로 보낸 보고서에는 정한익도 현장에서 순절한 걸로 되어 있다. 그러나 그는 죽지 않았었다. 시위 군중의 앞장을 섰던 정한익은 일본 헌병이 쏜 총알로 오른쪽 갈비뼈에 관통상을 입고 지금의 법원 네거리에 쓰러졌다. 6척 장신의 기골이 장대한 정한익이었으나 많은 피를 흘리고 나자 의식을 잃어버렸다.

삶과 죽음의 갈림길을 헤매고 있는 그에게 한 행인이 다가와 옷깃을 찢어 상처를 묶어 출혈을 막고 쑥을 찧어 붙여 응급처치를 해주고 가마니를 덮어 주고는 돌아갔다.

일본인 검사가 현장을 검시한 후 사망으로 진단하고 유족에게 인도하였는데, 집으로 돌아온 후, 기적적으로 의식을 회복한 것이었다. 일인 검사가 정한익을 사망으로 진단한 것은 정한익이 워낙 많은 피를 흘려 의식이 전연 없는 데다 가마니까지 덮어쓰고 있었기 때문이다.

정한익이 약간의 의식을 되찾았을 때였다.

"남원에 있는 큰 병원으로 가서 상처를 치료합시다."

하고 친족들이 권하였다. 그러나 그는 고개를 내저었다.

"왜놈은 우리의 원수인데, 왜놈한테 입은 상처를 왜놈한테 치료해? 차라리 내가 죽지, 왜놈의 병원에는 안 가."

당시 남원에는 일본인이 경영하는 병원이 있었다. 중상이라고는 하여도 단순한 관통상이었기에 큰 병원에 가서 좋은 약으로 치료하면 쉽게 나을 수도 있었는데, 정한익은 그것이 일본인이 경영하는 병원이라고 하여 한사코 마다하고 단

방약과 한방약으로만 치료했다. 그러니 상처가 더디 나을 수밖에 없었다.

정한익이 아직 완쾌되기 전, 오른쪽 손을 무명베 폭으로 어깨를 맨 채 겨우 움직일 수 있을 때였다. 하루는 남원군수와 일본인 서장이 사매면 앞 국도를 통과한다는 정보를 들었다.

그는 불편한 몸이었으나 군수와 서장을 암살할 계획을 세우고 준비를 하였다. 그리하여 대창과 칼을 들고 도로변 길가에 숨어 기다리고 있었다. 얼마 동안 기다리고 있자 과연 군수와 서장이 탄 차가 왔다.

"이 원수들!"

정한익은 죽창을 휘두르면서 도로로 뛰어 올라갔다. 정한익의 수상한 동태를 눈치챈 차가 쏜살같이 지나가 뜻을 이루지는 못했다.

그 사건으로 하여 정한익은 다시 일본 경찰에 체포 구금되었다. 그러나 생명이 위독한 지경이라 가석방되어 집에서 기거하면서 총상을 치료하였다. 5년여의 치료 끝에 총상은 아물었으나 어깨뼈는 불구가 되었으며, 해방이 되는 그날까지 왜경의 감시와 천대를 받았다.

해방이 되자 정한익은 불편한 몸으로도 초지일관 나라 사랑의 마음으로 살다가 1976년 2월 13일, 86세를 일기로 세상을 떠났다.

3. 남원과 인근 지역 독립선언

– 출전 : 『한국독립운동사략』(상)[2)]

「群山·南原 兩郡 獨立宣言」

群山人民은 大擧 示威하엿스나 首先의 時임으로 死傷은 頗少하엿고, 公立學校生徒 中 一人이 該校는 日人의 所立이라 하야 放火하려다가 被捉하니라.

南原은 獨立을 宣言할새 時는 敵의 法定 한 紀念植樹日이라. 德古面(德果面:필자주) 面長 李奭器는 趙東先, 李起松으로 더부러 協謀하고, 植樹 人夫 募集하는 名義로 獨立運動團 召集令을 發하며, 十九面 面長의게 總辭職 勸告文을 傳하고, 男女數萬을 山上에 召集하야 萬歲를 和唱하며, 獨立祝賀式을 行하니, 四面 各村이 雀躍相應할새 駐在所 憲兵이 大懼하야 分隊에 請援하니, 數十 日兵이 來到하거늘, 首領等은 同胞의 死傷을 慮하야 解散을 宣하고 被捉하엿스나 群衆은 自家로 不歸하고, 其後를 隨하며 萬歲를 熱呼하니 男女 相追相加하야 三十里에 亘한지라 郡中에 入하니 市日에 雲集한 人民이 一齊 歡迎하야 大戰을 開하매, 敵은 初次 畏避하더니後는 援兵을 請하야 發砲 揮鎗하매, 中丸致命한 者 十一人이요, 落耳失目하며, 傷口裂鼻하며, 刺胸破腸하며, 折手斷足한 者는 不可勝數라. 殉國 一人은 方某니 偏母와 遺妻가 在家하다가 此報를 聞하고, 其妻 小棒을 持하고 分隊를 往襲하다가 衆寡不敵으로 被捉하매, 卽時 懷中에서 食刀를 出하야 自決하니, 母 亦此를 見하고 天을 仰하야 平和主義의 不公을 自歎하고 同胞는 勇進無退하라 하고 遂自靖하니라.

2) 「全州獨立宣言」 뒤에 후술하였다. 원문을 싣고, 띄어쓰기를 하였다.

「任實獨立宣言」

任實郡人 李起松은 愛國의 士라. 既往에 奇山度와 同히 賣國賊을 盡滅코져 하다가 雄志를 未遂하고, 一年 役刑을 經한 後 十個 星霜에 光復事業을 暗中飛躍하더니 是에 至하야 李倫儀로 더부러 同志를 連絡하야 獨立戰을 開할새, 獒樹市에 數千人衆을 合하야 石과 木棒으로 敵의 駐在所와 商店과 面役所를 擊破하니, 日兵이 敗走하야 頃刻에 該地一帶를 占領하엿더니 未幾에 敵兵이 任實・南原 兩郡에서 竝集하나 我民은 義氣益烈하야 決死勇進하매, 惡敵도 敢히 拔劍치 못하니 此, 仁者無敵임을 可知이더라. 萬歲聲은 山鳴谷應하고 白衣光은 暗夜如晝하더라. 夜十二時붓터 敵이 發砲하야 一人은 殉國하고, 被捉한 者 百六十餘 人이더라.

「全州獨立宣言」

全州는 人民 五萬名이 會集하야 獨立을 宣言할새, 敵兵의게 被傷者 十五人이오, 被捕者 四百三十四人이라. 就中에 女學生 林永信, 鄭福壽, 金功順, 崔愛敬 等 十四人이 同時 被囚하야 敵이 四日間 絶不飮食하고日官이 訊問을 行하매, 學生等은 尙히 和平한 氣像과 膽大한 言辭로 答하기를,

"吾儕는 爾의 判決을 不服하노니 爾等은 我의 彊土를 全奪하며 我의 父兄을 虐殺한 强賊이어늘, 反히 三千里의 主人되는 吾人을 判決하는 것이 亦是 不法이라."

한대, 日官이 拔劍하야 學生의 左耳를 傳割하고, 諸生의 衣를 脫하야 裸體 嘲弄하거늘, 林永信이 手로써 日官의 頰을 打하야 曰,

"爾는 野蠻이라."

하니, 日官이 怒罵 曰,

"爾朝鮮에 軍艦과 兵丁과 大砲 及 鐵道가 無하니 完全 獨立은 決不可能이 아니냐?"

學生이 答 曰,

"自今 以後론 軍艦과 兵器가 無할 건을 問하니 眞實로 愚蠢한 것을 可知로다."

日官이 曰,

"誰가 汝等을 敎囑하더뇨?"

學生이 答 曰,

"上帝의 感動으로 擧國이 義起하야 萬歲를 呼하거늘, 敎囑이라 함은 何言이뇨, 爾等은 正義 人道가 無하고, 世界的 眼光이 暗昧한 島夷라."

하니, 彼等이 大慚하엿더라.

『한국독립운동사략(韓國獨立運動史略)』(상)

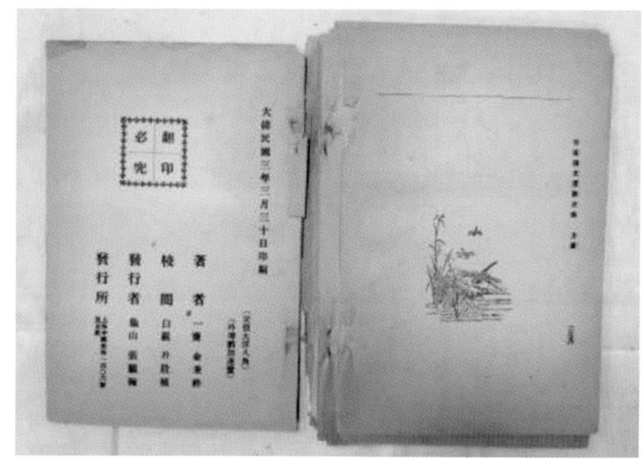
▲『한국독립운동사략』(상) - 저자 김병조, 교열 박은식

이 책은 3·1독립선언 33인 중의 한 사람인 김병조(金秉祚, 1877~1948) 목사가 저술한 역사서이다. 그는 3·1독립만세의거 직후 상하이(上海)로 망명, 대한민국 임시정부에 참여하여 국제연맹독립청원안건 작성 특별위원, 임시의정원 외교위원회 위원장, 임시사료편찬회 위원으로 활약하였다.

이 책은 시기적으로 1894년 갑오동학농민혁명부터 1920년 독립선언 기념 축하식까지를 다루었다. 그리고 일제의 침략상과 한민족 독립운동에 관한 사실(史實)을 날짜별로 분장(分章), 편찬하였다.

내용은 3·1독립만세의거와 임시정부에 관한 것이 중심을 이루고 있다. 3·1만세선언 거사 배경, 각 지방에서 발표된 「독립선언서」와 국내외 운동의 전개 상황, 일제의 잔혹한 탄압 실태 등을 비롯하여, 한성(漢城)·해삼위(海蔘威: 블라디보스토크)·상해에서의 임시정부 조직 및 통합 과정, 임시정부의 활동 등을 자료 중심으로 서술하였다.

이 책은 박은식(朴殷植)의 『한국독립운동지혈사(韓國獨立運動之血史)』와 더불어 독립운동에 직접 참여한 인사가 지은 독립운동사라는 점, 임시정부에서 주도한 『한일관계사료집』 편찬을 위해 수집된 방대한 자료를 기초로 하여 저술되었다는 점 등에서 박은식의 『한국독립운동지혈사』와 함께 3·1독립만세의거 연구의 중요한 문헌이다.

4. 전라북도장관 이진호 보고서

〈전보〉

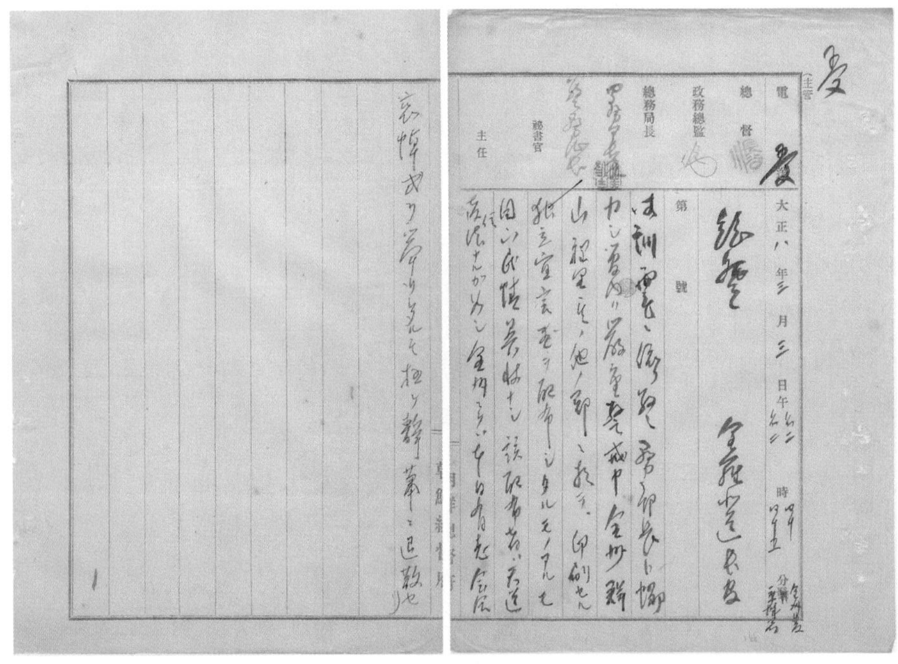

발신자 李軫鎬(전라북도장관)
수신자 長谷川好道(조선총독)
발신일 1919년 3월 3일

전보로 받은 훈령에 의해서 경무부장과 협력하여 관내는 엄중 경계 중으로 전주, 군산, 이리 그 외의 군에 있어서, 인쇄된 「독립선언서」를 배포한 자가 있기는 하나, 목하 민정 이상 없음. 해배포자는 천도교 신도인 것 같음. 전주에서는 본일 유지(有志) 회합 애도식(哀悼式)을 거행했으나 지극히 정숙하게 퇴산(退散)했다.

〈전보〉

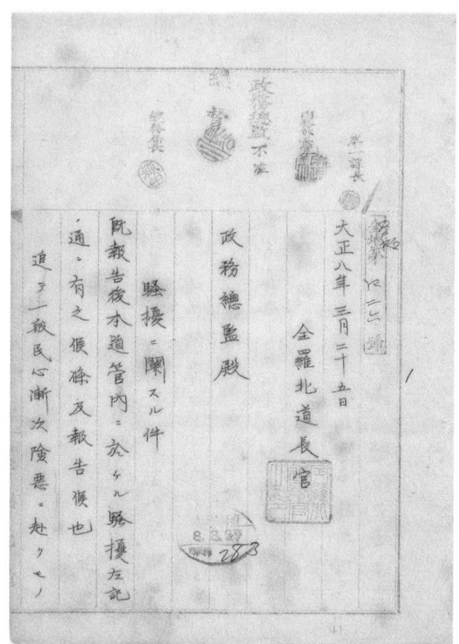

大正八年三月二十五日
全羅北道長官
政務總監殿
騷擾ニ關スル件
既報告後本道管內ニ於ケル騷擾左記
ノ通ニ有之候條及報告候也
追テ一般民心漸次險惡ニ赴クモノ

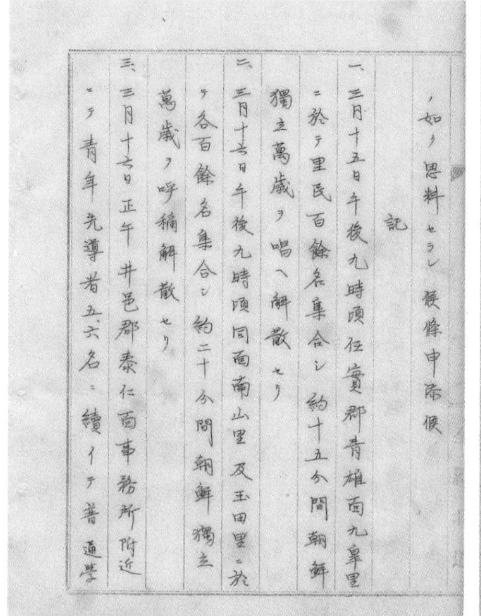

ノ如ク思料セラレ候條申添候
記
一、三月十五日午後九時頃任實郡青雄面九皐里
ニ於テ里民百餘名集合シ約十五分間朝鮮
獨立萬歲ヲ唱ヘ解散セリ
二、三月十六日午後九時頃同面南山里及玉田里ニ於
テ各百餘名集合シ約二十分間朝鮮獨立
萬歲ヲ呼稱解散セリ
三、三月十六日正午井邑郡泰仁面事務所附近
ニテ青年先導者五、六名ニ續イテ普通學

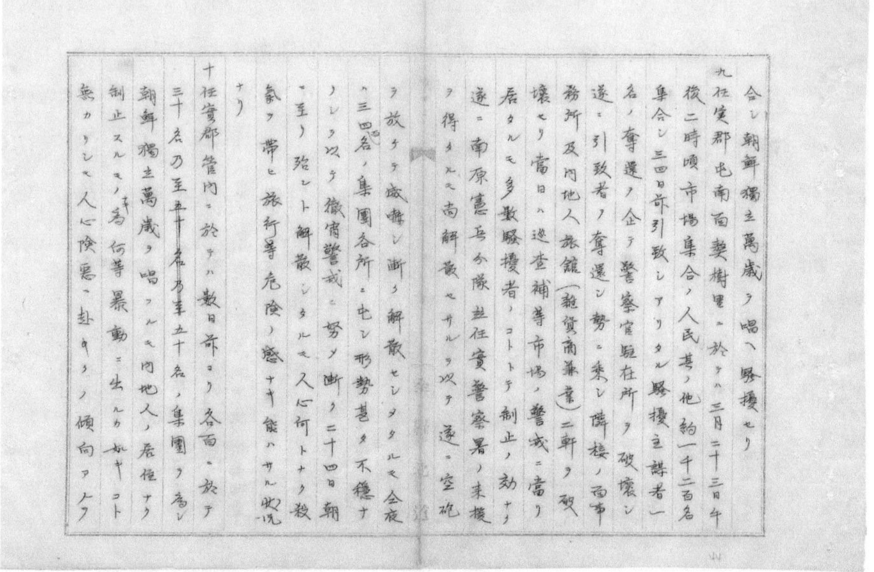

合シ朝鮮獨立萬歲ヲ唱ヘ騷擾セリ
九、任實郡屯南面獒樹里ニ於テハ三月二十三日午
後二時頃市場集合ノ人民其ノ他約一千二百名
集合シ三四日前引致シアリタル騷擾主謀者一
名ノ奪還ヲ企テ警察官駐在所ヲ破壞シ
遂ニ引致者ヲ奪還シ勢ニ乘シ隣接ノ面事
務所及內地人旅館（雜貨商兼業）二軒ヲ破
壞セリ當日ハ巡查補等市場ノ警戒ニ當リ
居タルモ多數騷擾者ノコトトテ制止ノ効ナク
遂ニ南原憲兵分隊並任實警察署ノ來援
ヲ得タルモ尚解散セサルヲ以テ遂ニ空砲
ヲ放ナテ威嚇シ漸ク解散セシメタルモ全夜
ハ三四名ノ集團各所ニ屯シ形勢甚タ不穩ナ
リシヲ以テ徹宵警戒ニ努メ漸ク二十四日朝
ニ至リ殆ト解散シタルモ人心何トナク殺
氣ヲ帶ヒ旅行等危險ノ感ナキ能ハサル狀況
ナリ
十、任實郡管內ニ於テハ數日前ヨリ各面ニ於テ
三十名乃至五十名ノ集團ヲ為シ
朝鮮獨立萬歲ヲ唱フルモ內地人ノ居住ナク
制止スルモノナキ為メ何等暴動ニ出ルカ如キコト
無カリシモ人心險惡ニ赴クノ傾向アルヲ

발신자 李軫鎬(전라북도장관)

수신자 山県伊三郎(조선총독부 정무총감)

발신일 1919년 3월 25일

소요에 관한 건

기 보고 후 본도 관내에서의 소요는 좌기와 같으므로 이에 보고드립니다.

추신 : 일반 민심이 점차 험악해지는 것으로 사료되어 첨부해 드리는 바입니다.

(전략)

9, 임실군 둔남면 오수리(獒樹里)에서는 3월 23일 오후 2시경 시장에 집합한 인민과 그 외의 약 1,200명이 집합하여, 3, 4일 전에 연행해 놓은 소요 주모자 1명의 탈환을 꾀하고자 경찰관 주재소를 파괴하고 마침내 연행자를 탈환하고, 기세를 몰아 린접한 면사무소 및 내지인 려관(잡화상겸업) 2헌(軒)을 파괴했다. 당일은 순사보 등이 시장의 경계를 맡고 있었으나 소요자가 다수였기 때문에 제지한 효과가 없었다. 결국 남원 헌병분대 및 임실경찰서의 내원(來援)을 받았으나 역시 해산하지 않아서 마침내 공포를 쏘아 위혁(威嚇)해서 겨우 해산시켰으나, 그날 밤에는 3, 4백 명의 집단이 각소에 모여서 정세가 매우 불온했기 때문에 철야로 경계하여, 간신히 24일 아침에 이르러 대부분 해산했으나 인심은 왠지 모르게 살기(殺氣)를 띠고 있어서 여행 등은 위험한 상황이다.

10, 임실군 관내에서는 수일 전부터 각 면에서 30명 내지 50명의 집단을 만들어 조선독립만세를 불렀지만, 내지인이 거주하지 않고 제지하는 사람이 없어서 이렇다 할 폭동을 일으키는 일은 없었으나 인심이 점점 험악해지는 경향이 있어서 군수가 경찰서장과 함께 각 면을 순회하면서 타이르던 중에 22일은 전기 지사면에 들렀고, 23일에는 공교롭게도 둔남면에서 면내 중요 인물을 설득하기 위해서 동일 오수에 도착했을 때, 폭동이 발발한 것을 목격하게 되었다.

(후략)

〈전보〉

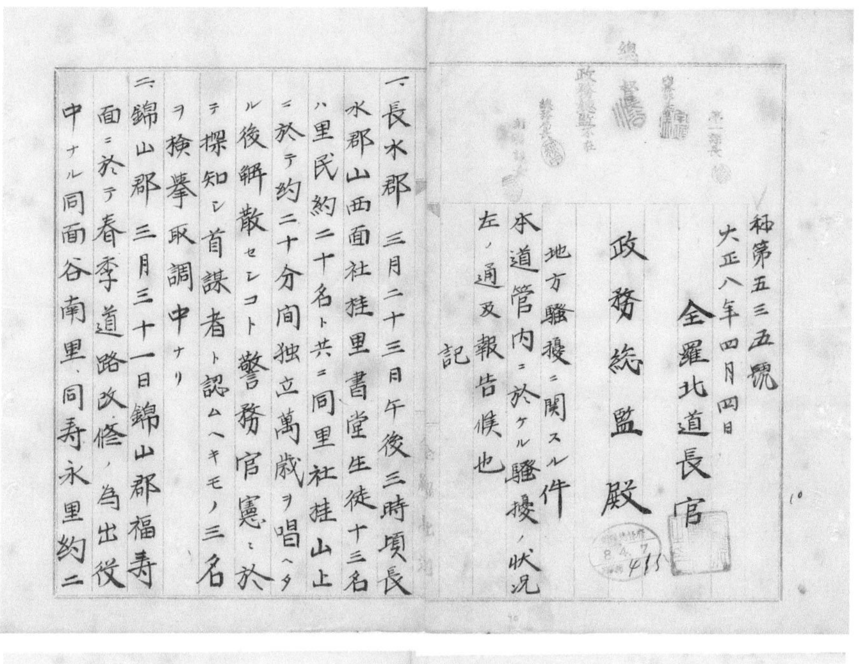

秘第五三五號
大正八年四月四日
全羅北道長官

政務総監 殿

地方騷擾ニ関スル件

本道管内ニ於ケル騷擾ノ状況左ノ通及報告候也

記

一、長水郡 三月二十三日午後三時頃長水郡山西面社桂里書堂生徒十三名ハ里民約二十名ト共ニ同里社桂山上ニ於テ約二十分間独立萬歳ヲ唱ヘタル後解散セシコト警務官憲ニ於テ探知シ首謀者ト認ムヘキモノ三名ヲ検挙取調中ナリ

二、錦山郡 三月三十一日錦山郡福寿面ニ於テ春季道路改修ノ為出役中ナル同面谷南里、同寿永里約二

四、五十名韓國旗ヲ翳シ独立運動ヲ開始シタルヲ以テ茂朱憲兵分遣所員出動首謀者四名(内普通学校生徒三、耶蘇教徒一)ヲ逮捕他ヲ解散セシメタルカ尚不穩ノ徴アルヲ以テ警戒中ナリ

五、南原郡 四月三日南原郡德果面ニ於テ紀念植樹後面長面書記首唱ノ下ニ午後五時頃数百名集團シ韓國独立萬歳ヲ高唱シ憲兵上等兵出張制止シタルモ命ヲ用ヒサル為南原憲兵分隊長及軍隊自動車ニテ應援制止シ首謀者四名ヲ逮捕取調中ナリ 尚面長ハ三月三十一日辞表ヲ提出シ居リタルモノナリ

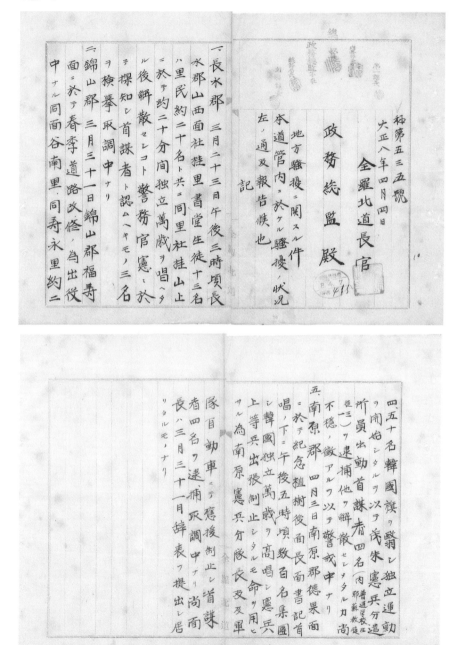

발신자 李軫鎬(전라북도장관)

수신자 山県伊三郎(조선총독부 정무총감)

발신일 1919년 4월 4일

지방 소요에 관한 건

본도 관내에서의 소요 상황을 좌와 같이 보고드립니다.

(전략)

5, 남원군

4월 3일 남원군 덕과면(德果面)에서 기념식수 후 면장과 면서기의 주창하에 오후 5시경 수백 명이 집단해 한국독립만세를 고창하여, 헌병 상등병이 출장하여 제지했지만 명령에 따르지 않았기 때문에 남원 헌병분대장 및 군대자동차가 응원해서 제지하고, 수모자(首謀者) 4명을 체포하여 조사 중이다. 또한 면장은 3월 31일 사표를 제출한 상태이다

「소요에 관한 건」

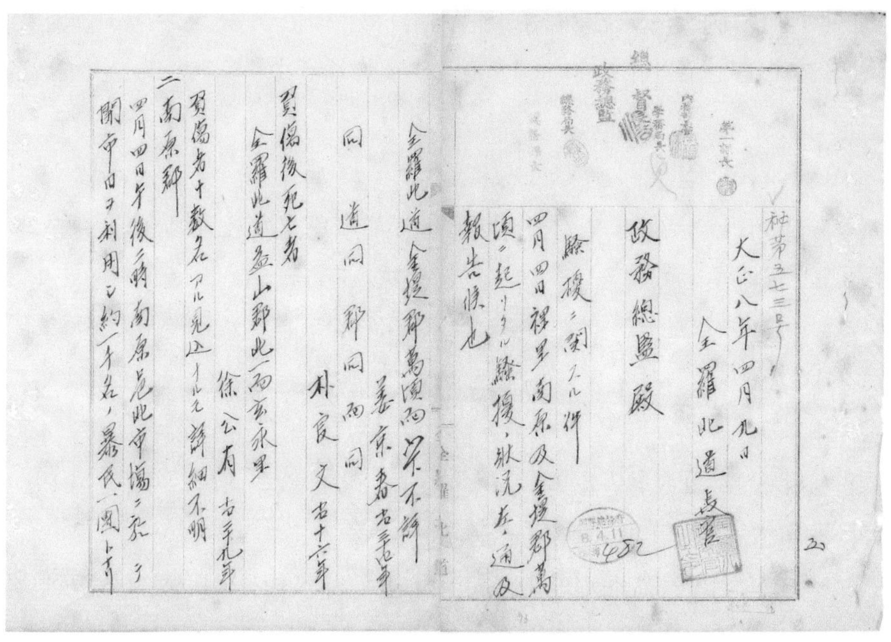

秘第五七三号

大正八年四月九日

全羅北道長官

政務總監殿

騷擾ニ關スル件

四月四日裡里、南原及金堤郡萬頃ニ起リタル騷擾ノ狀況左ノ通及報告候也

全羅北道金堤郡萬頃面〔?〕不詳 姜京春 當二十七年

同 道同 郡同 面同 朴良文 當十六年

負傷後死亡者

全羅北道益山郡北一面五永里 徐公有 當二十九年

負傷者十數名アル見込ナルモ詳細不明

二 南原郡

四月四日午後二時南原邑北市場ニ於テ開市日ヲ利用シ約一千名ノ暴民一團トナリ

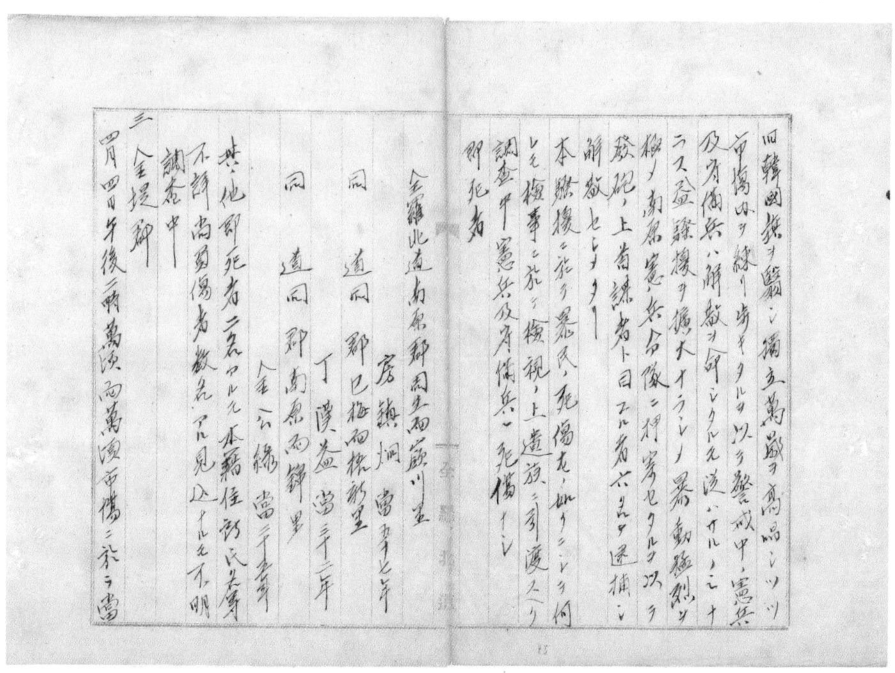

旧韓國旗ヲ翳シ獨立萬歲ヲ高唱シツツ市場内ヲ練リ歩キタルヲ以テ警戒中ノ憲兵及守備兵ハ解散ヲ命シタルモ從ハサルノミナラス益々騷擾ヲ擴大セラレ暴動猛烈ニシテ南原憲兵分隊ニ押寄セタルヲ以テ發砲シ主謀者ト目スル者六名ヲ逮捕シ解散セシメタリ

本騷擾ニ於テ暴民ノ死傷者ハ左ノ如シ而シテ何レモ檢事ニ於テ檢視ノ上遺族ニ引渡セリ

調査中憲兵及守備兵ハ死傷ナシ

即死者

全羅北道南原郡周生面嶺川里 房鎭炯 當五十七年

同 道同 郡巳梅面梧新里 丁漢益 當三十二年

同 道同 郡南原面錦里 金公綠 當二十五年

其他郡死者二名アルモ本籍住所氏名等不詳尚負傷者數名アル見込ナルモ不明

調査中

三 金堤郡

四月四日午後二時萬頃面萬頃市場ニ於テ當

발신자 李軫鎬(전라북도장관)

수신자 山県伊三郎(조선총독부 정무총감)

발신일 1919년 4월 9일

소요에 관한 건

4월 4일 이리, 남원 및 김제군 만경(萬頃)에서 발생한 소요의 상황을 좌와 같이 보고드립니다.

(전략)

2, 남원군

4월 4일 오후 2시 남원읍 북(北) 시장에서 장이 서는 날을 이용하여 약 1천 명의 폭민(暴民)이 일단(一團)을 이룸.

구한국기를 치켜들고 독립만세를 고창하면서 시장 내를 행렬했기 때문에 경계 중이던 헌병 및 수비병은 해산을 명령했지만 불복했을 뿐만 아니라 점차 소요를 확대시켜 폭동이 극심하게 맹렬해져서 남원 헌병분대에 달려들었기 때문에 발포한 후, 수모자(首謀者)로 보이는 자 6명을 체포하고 해산시켰다.

본 소요에서 폭민의 사상(死傷)은 좌와 같으며, 모두 검사 참관 하에 검시(檢視)한 후, 유족에게 인도하기 위해 조사 중임. 헌병 및 수비병의 사상은 없음.

즉사자

전라북도 남원군 주생면 영천리(嶺川里) 방진형(房鎭炯) 당 57세

동도 동군 사매면 오신리(梧新里) 정한익(丁漢益) 당 32세

동도 동군 남원면 금리(錦里) 김공록(金公綠) 당 25세

그 외 즉사자가 2명 있으나 본적 주소 씨명 등이 미상이고, 또한 부상자가 수 명 있는 것으로 예상되나 명확치 않아 조사 중임.

(후략)

「면직원 징계처분에 관한 건」

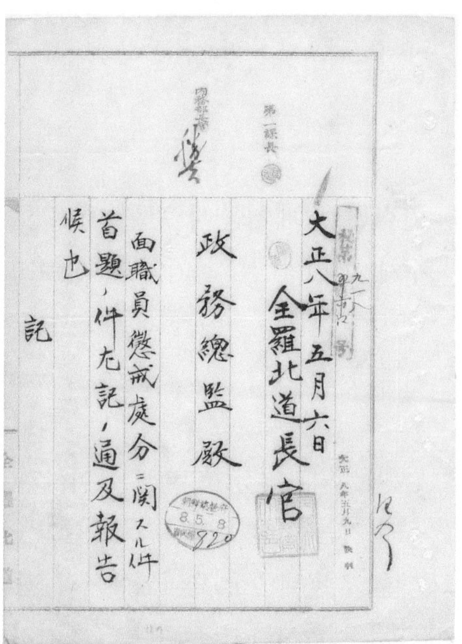

大正八年五月六日
全羅北道長官

政務總監殿

面職員懲戒處分ニ関スル件

首題ノ件左記ノ通及報告候也

記

南原郡德果面長 李奭器

右ノ者既報ノ如ク（四月四日秘第五三五号 四月十日秘第六〇六号報告）四月三日南原郡德果面ニ於ケル紀念植樹日ヲ利用シ面民約二百名ヲ集合シテ自ラ之カ主唱者トナリ独立運動ヲ煽動スル不穏文書ヲ配付シ韓国獨立萬歳ヲ高唱シテ治安ヲ妨害シ其ノ筋ニ検挙セラレタリ

右ノ行為ハ面長トシテ職務上ノ義務

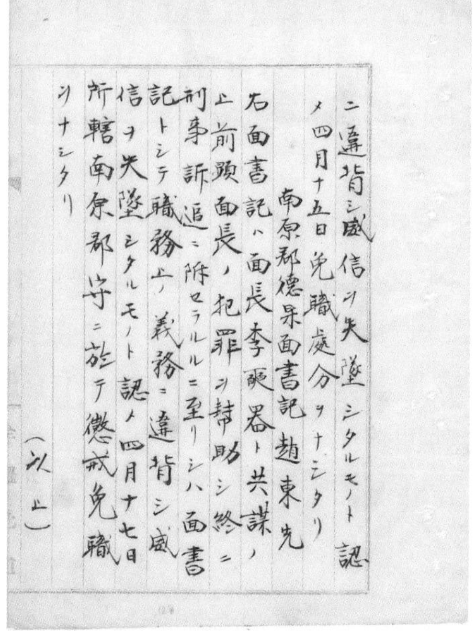

ニ違背シ威信ヲ失墜シタルモノト認メ四月十五日免職處分ヲナシタリ

南原郡德果面書記 趙東先

右面書記ハ面長李奭器ト共謀ノ上前顕面長ノ犯罪ヲ幇助シ終ニ刑事訴追ニ附セラルルニ至リシハ面書記トシテ職務上ノ義務ニ違背シ威信ヲ失墜シタルモノト認メ四月十七日所轄南原郡守ニ於テ懲戒免職ヲナシタリ

（以上）

발신자 李軫鎬(전라북도장관)
수신자 山県伊三郎(조선총독부 정무총감)
발신일 1919년 5월 6일

면직원 징계처분에 관한 건
수제(首題)의 건, 좌기와 같이 보고드립니다.

기(記)

남원군 덕과면장(德果面長) 이석기(李奭器)
우의 자는 이미 보고한 바와 같이 (4월 4일 秘제535호 4월 10일 秘제606호 보고) 4월 3일 남원군 덕과면에서의 기념식수일(紀念植樹日)을 이용해서 면민 약 200명을 집합시켜 스스로 그 주창자가 되어 독립운동을 선동하는 불온문서를 배부하고 한국독립만세를 고창하여 치안을 방해하여 경찰에 검거되었다.
우의 행위는 면장으로서 직무상의 의무에 위배되며 위신을 실추한 것으로 판단하여 4월 15일 면직처분을 내렸다.

남원군 덕과면서기 조동선(趙東先)
우 면서기는 면장 이석기와 공모하여, 앞서 언급한 면장의 범죄를 방조하여 결국 형사소추에 처하기에 이르렀는데, 면서기로서 직무상의 의무에 위배되며 위신을 실추한 것으로 판단하여 4월 17일 관할 남원군수가 징계하고 면직을 감행했다.
(이상)

5. 남원 출신 독립유공자

2021년 3월 1일 현재

순번	성명	한자명	생존기간	계열	포상	훈격
1	강경진	姜景鎭	1893~1940	국내 항일	1990	애족장
2	강관수	姜寬洙	미상~1908	의병	2012	애국장
3	고광덕	高光德	1874~1945	의병	1990	애족장
4	기원필	奇元必	1860~미상	국내 항일	2003	대통령표창
5	김기중	金祺重	1870~1910	의병	1991	애국장
6	김낙필	金洛必	1885~미상	의병	1995	애국장
7	김맹도리	金孟道里	1876~1959	의병	1990	애국장
8	김민두	金泯斗	1893~1939	3·1운동	2014	대통령표창
9	김성재	金性在	1874~1928	3·1운동	1993	대통령표창
10	김용식	金容湜	1892~1967	3·1운동	1990	애족장
11	김재선	金在善	1874~미상	의병	2015	건국포장
12	김찬오	金贊五	1874~1975	3·1운동	2010	애족장
13	김창한	金昌漢	1905~1950	국내 항일	2005	건국포장
14	김해근	金海根	1860~1946	3·1운동	1990	애족장
15	김행즙	金幸楫	1879~1954	3·1운동	1990	애족장
16	김홍록	金洪祿	1895~1919	3·1운동	1992	애국장
17	문경록	文璟錄	1884~1919	3·1운동	1993	애국장
18	문정덕	文正德	1928~1947	국내 항일	1998	애족장
19	박권영	朴權永	1898~1967	국내 항일	1990	애국장
20	박기영	朴琪永	1893~1938	국내 항일	1990	애국장
21	박봉택	朴鳳澤	1912~미상	국내 항일	2020	애족장
22	박성환	朴成煥	1915~1976	국내 항일	1990	애족장
23	박순영	朴舜永	1912~1990	국내 항일	2008	건국포장

24	박재홍	朴在洪	1845~1910	의병	1990	애족장
25	박정석	朴正錫	1897~1933	임시정부	1992	애국장
26	박종암	朴鍾岩	1909~1948	국내 항일	1990	애족장
27	박준상	朴準祥	1914~1943	국내 항일	2008	대통령표창
28	박현석	朴顯錫	1911~미상	국내 항일	2020	애족장
29	방극용	房極鏞	미상~1919	3·1운동	1991	애국장
30	방명숙	房明淑	1879~1919	3·1운동	1995	애국장
31	방양규	房亮圭	1879~1919	3·1운동	1991	애국장
32	방진형	房鎭馨	미상~1919	3·1운동	1991	애국장
33	백문기	白文基	1924~1953	국외 방면	2012	건국포장
34	소갑호	蘇甲浩	1883~1945	국내 항일	2019	애국장
35	소팔백	蘇八伯	1882~1968	의병	2002	대통령표창
36	신경화	申京化	1882~1940	3·1운동	2005	대통령표창
37	신봉순	申鳳淳	1887~1959	3·1운동	2005	대통령표창
38	안내성	安乃成	미상~1909	의병	2014	애국장
39	안희탁	安禧鐸	1912~1935	국내 항일	1995	애족장
40	양문순	梁文淳	1862~1927	의병	1999	애족장
41	양영만	梁永萬	1875~1909	의병	1996	애국장
42	양한규	梁漢奎	1844~미상	의병	1968	독립장
43	오종옥	吳種玉	1925~1944	국내 항일	2006	애족장
44	유석	柳錫	1890~1960	3·1운동	1996	대통령표창
45	유선장	柳先長	1877~1937	의병	1990	애국장
46	유창근	柳昌根	1874~1938	3·1운동	1990	애족장
47	유태홍	柳泰洪	1867~1950	3·1운동	1990	애족장
48	윤우현	尹禹鉉	1922~2009	광복군	1990	애족장
49	이기원	李起元	1884~1952	3·1운동	1992	대통령표창
50	이대수	李大壽	1911~1952	국내 항일	2018	대통령표창
51	이두석	李斗碩	1921~1947	국외 방면	1990	애족장
52	이범수	李範壽	1893~1945	국내 항일	1990	애족장
53	이석기	李奭器	1880~1938	3·1운동	1991	애족장
54	이석화	李石和	1868~1931	3·1운동	2005	대통령표창

55	이성기	李成器	1890~1978	3·1운동	1990	애족장
56	이승순	李承珣	1868~1936	3·1운동	1990	애족장
57	이용기	李龍器	1897~1933	3·1운동	1990	애족장
58	이용식	李容式	1923~1946	국내 항일	2007	건국포장
59	이태현	李太鉉	1907~1942	국내 항일	1991	애국장
60	이풍기	李豊基	1891~1932	3·1운동	1990	애족장
61	이형기	李炯器	1884~1936	3·1운동	1990	애족장
62	임기서	林基西	1872~미상	의병	1995	애족장
63	임기숙	林基淑	1868~미상	의병	1995	애족장
64	임철호	林喆鎬	1912~1948	국내 항일	1993	애족장
65	장경일	張京日	1886~1960	3·1운동	2006	대통령표창
66	전규문	田圭文	1881~1928	의병	1990	애국장
67	정일국	鄭日國	1882~1909	의병	1991	애국장
68	정한익	丁漢翼	1890~1977	3·1운동	1990	애족장
69	정현수	鄭鉉壽	1909~1952	국내 항일	1995	건국포장
70	조동선	趙東先	1871~1930	3·1운동	1990	애족장
71	진강욱	晋岡旭	1927~1966	학생운동	2020	대통령표창
72	진만조	陳萬祚	1894~1929	3·1운동	1993	대통령표창
73	진문겸	陳文謙	1874~1943	의병	1990	애국장
74	최경오	崔敬五	1859~미상	의병	2009	애족장
75	최병현	崔炳鉉	1888~1957	3·1운동	2016	대통령표창
76	최육득	崔六得	1909~미상	국내 항일	2020	애족장
77	한태현	韓泰鉉	1878~1951	국내 항일	1990	애족장
78	형갑수	邢甲洙	1892~1973	국내 항일	1990	애족장
79	황동주	黃東周	1891~1963	3·1운동	1992	대통령표창
80	황석	黃奭	1848~1919	의병	2002	애국장
81	황석현	黃錫顯	1853~1943	3·1운동	1992	대통령표창
82	황의춘	黃義春	1906~1986	임시정부	1990	애족장
83	황일환	黃日煥	1895~1921	3·1운동	1999	애족장
84	황찬서	黃贊西	1873~1919	3·1운동	1991	애국장

남원읍

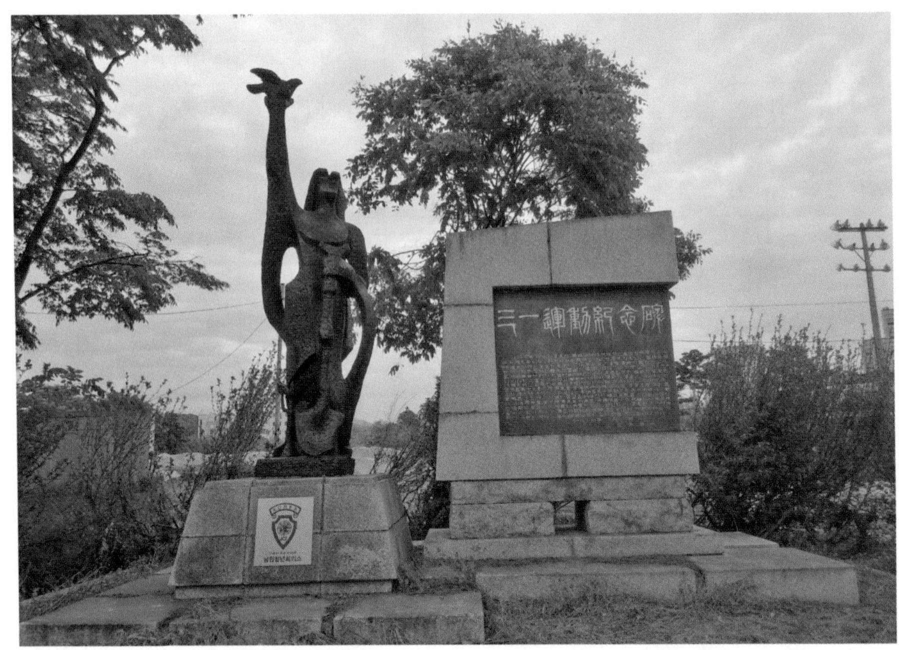

▲ 3·1독립만세의거 기념비 - 남원시 남원읍 구 남원역 앞

연번	유공자	생존기간	본적	계열	포상
1	김창한(金昌漢)	1905~1950	죽항리 212	국내 항일	건국포장
2	김홍록(金洪祿)	1895~1919	금리 35	3·1운동	애국장
3	문정덕(文正德)	1928~1947	왕정리	국내 항일	애족장
4	백문기(白文基)	1924~1953	왕정리 298	해외	건국포장
5	안내성(安乃成)	미상~1909	재동	의병	애국장
6	양한규(梁漢奎)	1844~미상	천거리 113	의병	독립장
7	윤우현(尹禹鉉)	1922~2009	금리	광복군	애족장
8	정일국(鄭日國)	1882~1909	금리	의병	애국장
9	최경오(崔敬五)	1859~미상	죽곡동	의병	애족장
10	황의춘(黃義春)	1906~1986	신정리 113	임시정부	애족장
11	황찬서(黃贊西)	1873~1919	왕정리	3·1운동	애국장

정일국 의병장은 1906년 7월부터 1908년 3월까지 40~500여 명의 의병을 인솔하고 전남 구례·담양, 전북 순창·태인, 경남 거창·하동 등지에서 활약하다 피체되어 그해 10월 8일 광주지방재판소 전주지부에서 소위 강도·모살(謀殺)·방화죄로 교수형을 언도받아 순국하였고, 양한규 의병장은 초계군사(草溪郡事) 겸 내금위장(內禁衛將) 출신으로 1905년 을사늑약으로 통감부가 설치되는 것을 보고 의병을 일으키니, 영호남 지방에서 호응하는 의병이 1천여 명을 헤아리게 되었는데, 1907년 2월 13일 정예병 100여 명을 이끌고 남원성 점령하였으나 그날 순국하였다.

안내성 의병장은 1908년 겨울 의병을 일으켜서 1909년 1월 16일 오수역 부근의 재동(在洞)에서 일본군 수비대와 교전하다 5명이 전사하고 2명이 피체되고, 그는 교전 중 전사, 순국하였으며, 최경오 지사는 1909년 5월부터 김영택(金永澤) 의진에 참여하여 남원 일대에서 활동하다가 피체, 징역 10년이 선고되어 옥고를 겪었다.

김홍록 의사는 1919년 4월 4일 남원군 남원읍 독립만세 시위에 참가하여 수천 명의 시위 군중과 함께 태극기를 흔들면서 독립만세를 고창하고 시위행진을 벌이다가 일본 군경의 무차별 총격으로 순국하였고, 황찬서는 이날 독립만세 시위 현장에서 일본 군경의 총탄을 맞고 중상을 입어 응급치료를 받았으나 순국하였다.

김창한 지사는 1927년 신간회 남원지회 설립에 앞장섰으며, 남원청년동맹 부위원장, 1928년 남원노동조합 쟁의부장 등을 역임하면서 대중운동을 통한 반일투쟁을 전개했다. 1931년 2월 신수암(申守岩) 등과 함께 적색농민조합을 조직하였고, 1932년에는 고용계(雇傭契)를 조직하여 반일활동을 전개하다 1933년 일경에 피체되어 소위 치안유지법 위반으로 1934년 10월과 11월 전주지방법원과 대구복심법원에서 각 징역 2년이 선고되었으며, 1935년 10월 고등법원에서 면소가 선고되었으나 1년여 고초를 겪었다.

문정덕 의사는 일제의 민족 차별에 대하여 내선일체의 허구성을 지적하고, 민족의식을 고취하다 피체되어 징역 1년이 선고되어 고초를 겪었고, 황의춘 의사는 1927년 3월 임시정부의 약헌기초위원(約憲起草委員)으로 선임되고, 한인학우회 동지들과 활동하다 피체되어 본국으로 압송되었으며, 동년 12월 21일 신의주지방법원에서 징역 2년이 선고되어 옥고를 겪었다.

운봉읍

▲ 운봉 황산대첩비지(荒山大捷碑址) - 전북 남원시 운봉읍 가산화수길 84

연번	유공자	생존기간	본적	계열	포상
1	박봉택(朴鳳澤)	1912~미상	동천리 714	국내 항일	애족장
2	박성환(朴成煥)	1915~1976	북천리 206	국내 항일	애족장
3	박순영(朴舜永)	1912~1990	동천리 505	국내 항일	건국포장
4	박종암(朴鍾岩)	1909~1948	동천리 504	국내 항일	애족장
5	박준상(朴準祥)	1914~1943	동천리 480	국내 항일	대통령표창
6	박현석(朴顯錫)	1911~미상	서천리 150	국내 항일	애족장
7	안희탁(安禧鐸)	1912~1935	동천리 484	국내 항일	애족장
8	임철호(林喆鎬)	1912~1948	동천리 503	국내 항일	애족장
9	정현수(鄭鉉壽)	1909~1952	권포리 663	국내 항일	건국포장
10	최육득(崔六得)	1909~미상	산덕리 90	국내 항일	애족장

운봉읍 출신으로 의병이나 3·1독립만세의거와 관련하여 포상을 받은 사람은 없으나 반일활동으로 포상을 받은 이가 10여 명이나 된다.

최육득 지사는 1928년 7월 전북 전주공립농업학교 재학 중 동맹휴교를 주도하다 피체되어 징역 6월 집행유예 2년이 선고되었으며, 1933년 6월 반일투쟁을 전개하기 위해 전북 조선공산당 재건운동에 참여하다 피체되어 징역 10월이 선고되어 옥고를 겪었다.

박봉택 지사는 1932년 8월경 전북 순창공립보통학교 교사 재직 중 전북지역 교원을 중심으로 조직된 비밀결사 교육자협회에 가입하여 활동하다 피체되어 1935년 10월 25일 무죄가 선고되어 풀려났으나 2년여 옥고를 겪었다.

박성환 지사는 함북 성진에 있던 군수품 창고와 대형 수송선을 습격하려다 사전에 발각되어 피체, 서울로 압송되어 미결수로 3년 6월 만에 치안유지법 위반, 육해군형법 위반으로 1932년 11월 24일 징역 3년에 집행유예 5년이 선고되어 고초를 겪었다.

1927년 8월 12일 한국독립과 신사회 건설을 목적으로 남원청년동맹이 결성되었다가 일제의 압박으로 해산되었는데, 박순영·박종암·박준상·안희탁 지사는 1931년 11월 25일 남원청년동맹을 재결성하여 활동하다가 피체되어 옥고를 겪었다.

임철호·정현수 지사는 청소년 야학을 통하여 반일 활동을 전개하다 오고를 겪었고, 박현석 지사는 1933년 산내면 산내보통학교 교사로 있으면서 교육자협회에 가입하여 활동하다 피체되어 2년여 심문 끝에 1935년 10월 25일 전주지방법원에서 무죄가 선고되었으나 교사직을 그만두고 10여 년 동안 불령선인으로 살아야 했다.

금지면

연번	유공자	생존기간	본적	계열	포상
1	방극용(房極鏞)	미상~1919	입암리	3·1운동	애국장
2	유선장(柳先長)	1877~1937	상귀리 82	의병	애국장
3	전규문(田圭文)	1881~1928	택촌리	의병	애국장
4	진문겸(陳文謙)	1874~1943	상귀리 123	의병	애국장

유선장·진문겸 지사는 양한규 의진에서 의병투쟁에 나서 1907년 2월 13일 남원성을 점령했다가 피체되어 징역 7년의 옥고를 겪었고, 전규문 지사는 구례, 곡성 등지에서 의병장으로 활동하다 피체되어 징역 10년이 선고되어 고초를 겪었다. 방극용 의사는 1919년 4월 4일 남원읍 만세시위 현장에서 순국하였다.

보절면

▲ 장경일 지사 본적지 - 남원시 보절면 성시리 206번지 일대

유공자	생존기간	본적	계열	포상
장경일(張京日)	1886~1960	성시리 206	3·1운동	대통령표창

장경일 지사는 1919년 3월 2일 전북 임실군 천도교도 이기동(李起東)으로부터 「독립선언서」 12통을 전달받아 그날 오후 6시경 장수면 장수리(長水里) 천도교 장수교구장 박영춘(朴永春)에게 전하였는데, 그날 밤 박영춘은 교인들로 하여금 「독립선언서」를 장수면 용계리(龍溪里) 게시판과 계내면(溪內面)·천천면(天川面) 면사무소 게시판 등에 붙이게 하였는데, 이로 인해 피체되어 징역 6월의 옥고를 겪었다.

사매면

▲ 김해근 지사의 본적지 - 사매면 관풍리

▲ 7명의 독립유공자를 배출한 전주이씨 영해군파 집성촌 - 사매면 대신리

▲ 강경진 · 유창근 지사의 본적지 - 사매면 오신리

▲ 문경록 의사의 본적지 - 사매면 인화리

▲ 김행즙 지사, 황석 의사 본적지 - 사매면 월평리

▣ 사매면 출신 독립유공자 현황

연번	유공자	생존기간	본적	계열	포상
1	강경진(姜景鎭)	1893~1940	오신리 528	국내 항일	애족장
2	김해근(金海根)	1860~1946	관풍리 341	3·1운동	애족장
3	김행즙(金幸楫)	1879~1954	월평리 152	3·1운동	애족장
4	문경록(文璟錄)	1884~1919	인화리 200	3·1운동	애국장
5	유창근(柳昌根)	1874~1938	오신리 348	3·1운동	애족장
6	이대수(李大壽)	1911~1952	대신리 149	국내 항일	대통령표창
7	이범수(李範壽)	1893~1945	대신리 139	국내 항일	애족장
8	이석기(李奭器)	1880~1938	대신리 149	3·1운동	애족장
9	이성기(李成器)	1890~1978	대신리	3·1운동	애족장
10	이용기(李龍器)	1897~1933	대신리	3·1운동	애족장
11	이용식(李容式)	1923~1946	대율리 611	국내 항일	건국포장
12	이형기(李炯器)	1884~1936	대신리	3·1운동	애족장
13	정한익(丁漢翼)	1890~1977	오촌리 626	3·1운동	애족장
14	한태현(韓泰鉉)	1878~1951	대율리 460	국내 항일	애족장
15	형갑수(邢甲洙)	1892~1973	대신리 463	국내 항일	애족장
16	황석(黃奭)	1848~1919	월평리	의병	애국장

황석 의사는 전후기 의병투쟁에 참여하고, 1919년 광무황제의 붕어(崩御) 소식에 자결 순국하였다.

문경록 의사는 임실군 둔남면 오수리의 천도교 전도사 이기동(李起東)으로부터 「독립선언서」를 받아 사매면 계수리와 인화리에 이를 붙였다가 피체되어 6개월 옥고를 겪었으나 극심한 고문 후유증으로 출옥 직후 순국하였고, 김행즙 지사는 1919년 3월 23일 임실군 둔남면 오수리 만세시위에 참여한 후 피체되어 1년 동안 옥고를 겪었다.

이석기 지사는 덕과면장으로 재직하면서 재종 동생 이성기, 면직원 조동선 및 면내 유지들과의 비밀회의를 열어 4월 3일의 식수기념일(植樹紀念日)을 이용하여 만세시위를 주도하다 피체되어 징역 1년 6월의 옥고를 겪었다.

김해근, 유창근, 이성기, 이용기, 이형기, 정한익 지사는 1919년 4월 4일 남원읍 만세시위를 주도한 혐의로 피체되어 이성기·이용기 형제는 징역 2년, 김해근·유창근·이형기 3인은 징역 1년 6월이 선고되어 옥고를 겪었다. 이형기 지사의 재판 과정은 특이하다. 그는 1919년 5월 9일 광주지방법원 전주지청에서 징역 2년이 선고되자 공소하였으나 고문 후유증으로 그해 8월 18일 대구복심법원의 공판에 불참했는데, 징역 3년이 선고되었다. 이형기 지사는 병보석 상태로 약 6년 동안 치료한 후 1925년 6월 30일 대구복심법원에서 최종 징역 1년 6월이 선고되었다.

특히 김해근·유창근·이성기 3인은 경성감옥(전 경성형무소 전신)에서 옥고를 치렀는데, 김해근·유창근 지사는 특사로 감형되었으나 이성기 지사는 만기 출옥하였다.

정한익 지사는 4월 4일 남원읍 만세시위 현장에서 관통상을 입고 구사일생으로 살아났으나 오랜 병고를 겪었고, 강경진·이범수·한태현·형갑수 지사는 4월 4일 남원읍 만세시위에 참여한 후 의친왕 상하이 망명계획인 대동단(大同團) 사건에 연루되어 옥고를 겪었다.

이대수 지사는 1933년 노동야학회를 조직하여 반일투쟁을 벌이다 피체되어 1년여 구류 생활을 하는 동안 모진 고문을 받았고, 이용식 지사는 1940년 민족교육을 하다 용성보통학교 교사에서 해직되고, 일본 유학 중 1944년 귀국하여 민족 교육을 강의하다 피체되어 징역 1년 옥고를 겪다 광복으로 풀려났으나 고문 후유증으로 요절하였다.

산내면

▲ 김성재 지사 본적지 - 남원시 산내면 대정리 180 (=다음지도)

연번	유공자	생존기간	본적	계열	포상
1	기원필(奇元必)	1860~미상	부운리 240	국내 항일	대통령표창
2	김성재(金性在)	1874~1928	대정리 180	3·1운동	대통령표창
3	박정석(朴正錫)	1897~1933	대정리 432	임시정부	애국장

기원필 지사는 1920년 11월 임시정부 발행의 공채증권(公債證券)을 교부하여 모금활동을 하다 징역 6개월의 고초를 겪었다.

김성재 지사는 1919년 3월 2일 광주지방법원 남원지청 게시판 등 8곳에 「독립선언서」를 부착한 혐의로 징역 6개월의 고초를 겪었다.

박정석 지사는 1919년 4월 4일 남원읍 만세시위 참여 후 1920년 11월부터 1921년 2월까지 임시정부 군자금 모금활동으로 피체되어 그해 5월 9일 광주지방법원 전주지청에서 징역 7년이 선고되어 공소하였으나 7월 20일 대구복심법원에서 기각되어 옥고를 겪었고, 그 후유증으로 37세에 타계하였다.

산동면

▲ 소갑호 의사의 본적지 - 남원시 산동면 부절리 1053 (=다음지도)

유공자	생존기간	본적	계열	포상
소갑호(蘇甲浩)	1883~1945	부절리 1053	국내 항일	애국장

소갑호 의사는 1945년 5월 16일 마을 앞 노상에서 주민으로부터 군산비행장이 공습(空襲)을 받았다는 이야기를 듣고, 마을 주민에게 군산비행장이 전부 없어졌으니, 이제 마음 편히 안심하고 농작물을 생산하자는 말을 하여 이른바 조언비어(造言飛語)를 유포한 혐의로 피체, 그해 6월 13일 전주지방법원 남원지청에서 이른바 '조선임시보안령 위반'으로 징역 8월이 선고되어 전주형무소에서 옥고를 치르던 중, 극심한 고문으로 그해 7월 23일 옥사 순국하였다.

대강면

▲ 진강욱 지사 본적지 - 남원시 대강면 방동리 948 (=다음지도)

연번	유공자	생존기간	본적	계열	포상
1	김기중(金祺重)	1870~1910	생조벌면 방동	의병	애국장
2	임기숙(林基淑)	1868~미상	초랑방 사촌	의병	애족장
3	진강욱(晋岡旭)	1927~1966	방동리 948	학생운동	대통령표창

김기중 의사는 1907년 9월부터 1909년 10월까지 양인숙(楊仁淑) 의진에서 의병활동을 벌이다가 피체, 1910년 3월 18일 대구감옥에서 교수형으로 순국하였고, 임기숙 지사는 1909년 3월 임세묵(林世默) 의진에 참여했다가 피체되어 그해 5월 7일 광주지방재판소 전주지부에서 징역 15년이 선고되어 옥고를 겪었다.

진강욱 지사는 1945년 2월 전북 순창공립농림중학교 3학년 재학 중 비밀결사 독서회 '화령회(和寧會)'를 조직하여 동료 학생들에게 반일사상을 전파하다 피체되어 퇴학을 당하고 옥고를 겪었다.

대산면

▲ 박기영 · 권영 형제 지사 본적지 - 남원시 대산면 옥율리 606 (=다음지도)

연번	유공자	생존기간	본적	계열	포상
1	박기영(朴琪永)	1893~1938	옥율리 606	국내 항일	애국장
2	박권영(朴權永)	1898~1967	옥율리 606	국내 항일	애국장

박기영 지사는 장수에서 독립만세 시위에 참여하고, 대한국민회(大韓國民會)를 조직하여 군자금 모집 등의 활동을 하였고, 이듬해 3 · 1독립만세의거 1주년 기념행사로 격문 2만 장을 인쇄하여 대구, 대전, 마산, 목포 등지에 살포한 혐의로 피체되어 징역 3년의 옥고를 겪었다.

박기영 지사의 아우 박권영은 장수군 산서면에서 만세시위를 주도한 후 부일배(附日輩)에게 경고문을 발송하여 민족적 각성을 촉구하였다. 1920년에는 박정석(朴正錫)과 함께 독립운동의 지원을 요청하는 경고문을 작성하여 각 유지들에게 발송하고, 군자금을 모집하여 임시정부에 보내는 활동을 계속하다 피체되어 징역 5년의 옥고를 겪었다.

덕과면

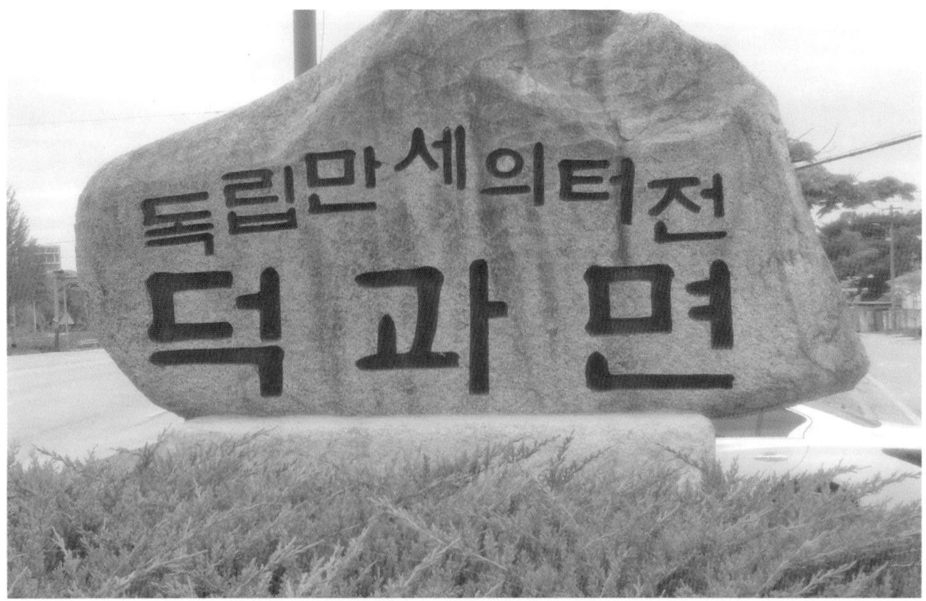

▲ 독립유공자를 많이 배출한 남원시 덕과면 표지석

▲ 덕과면 고정리 마을 입구에 서 있는 김해김씨 삼현파 표지석

▲ 독립유공자 5명을 배출한 남원시 덕과면 사율리

▲ 신경화 · 신봉순 지사 본적지 - 덕과면 덕촌리 마을 입구

▲ 조동선 지사 현창비 앞에서 바라본 덕과면 신양리 마을 전경

■ 덕과면 출신 독립유공자 현황

연번	유공자	생존기간	본적	계열	포상
1	김민두(金泯斗)	1893~1939	고정리 104	3·1운동	대통령표창
2	김용식(金容湜)	1892~1967	고정리 76	3·1운동	애족장
3	소팔백(蘇八伯)	1882~1968	만적리	의병	대통령표창
4	신경화(申京化)	1882~1940	덕촌리 160	3·1운동	대통령표창
5	신봉순(申鳳淳)	1887~1959	덕촌리 255	3·1운동	대통령표창
6	이기원(李起元)	1884~1952	사율리 510	3·1운동	대통령표창
7	이석화(李石和)	1868~1931	사율리 242	3·1운동	대통령표창
8	이승순(李承珣)	1868~1936	고정리 532	3·1운동	애족장
9	이풍기(李豊基)	1891~1932	사율리	3·1운동	애족장
10	조동선(趙東先)	1871~1930	신양리	3·1운동	애족장
11	진만조(陳萬祚)	1894~1929	고정리 722	3·1운동	대통령표창
12	황동주(黃東周)	1891~1963	사율리 533	3·1운동	대통령표창
13	황석현(黃錫顯)	1853~1943	사율리 533	3·1운동	대통령표창

소팔백 지사는 일명 소사윤(蘇士允)으로 1907년 10월 이석용(李錫庸) 의진에 참여하여 활동하다 피체되어 1910년 광주지방재판소 전주지부에서 태 100대가 선고되어 고초를 겪었다.

이기원·황석현·황동주(황석현의 아들) 지사는 1919년 3월 2일 남원군에서 천도교 전도사인 이기동(李起東)으로부터 40여 통의 「독립선언서」를 받아 천도교구장 유태홍(柳泰洪)에게 전달하였다. 또한 3·1독립만세선언의 취지와 내용이 전 군내에 알려질 수 있도록 각지 요소에 붙이게 하였다. 이렇게 독립만세에 대한 군민들의 관심을 끌도록 활동하다가 일경에 피체되어 4월 8일 광주지방법원 남원지청에서 보안법 위반으로 황석현 지사는 징역 1년, 이기원·황동주 지사는 징역 6월리 선고되어 옥고를 겪었다.

1919년 3월 23일 임실군 둔남면 오수리(獒樹里)에서 이기송(李起松)의 주도 아래 장터에 모인 군중을 규합하여 경찰주재소, 면사무소, 일인 가옥 등을 습격하는 등 독립만세를 고창하며 시위행진을 전개하다가 일경에 붙잡혀 7월 31일 광주지방법원 전주지청에서 소요 및 보안법 위반으로 김용식 지사는 징역 1년, 진만조 지사는 징역 6월이 선고되어 옥고를 겪었다.

1919년 4월 3일 전북 남원군 덕과면 신양리(新陽里)에서는 덕과면장 이석기(李奭器)의 주도로 독립만세운동이 일어났다. 군중 800여 명과 함께 독립만세를 부르며, 남원-전주 간 도로를 행진하였다. 시위 군중은 덕과면 오신리 소재 헌병주재소 부근에서 다시 독립만세를 외치다가 남원 헌병분견대에서 파견한 헌병들의 탄압으로 해산하였으나 만세시위 주도자는 피체되어 1919년 6월 12일 광주지방법원 남원지청에서 보안법 위반으로 김민두·신경화·신봉순·이석화 지사는 징역 6월이 선고되어 고초를 겪었고, 그해 7월 4일 대구복심법원과 10월 4일 고등법원을 거쳐 조동선 지사는 1년 6월, 이승순·이풍기 지사는 징역 1년이 선고되어 고초를 겪었다.

송동면

▲ 김맹도리(일명 김찬두) 지사 본적지-남원시 송동면 신평리 830 (=다음지도)

유공자	생존기간	본적	계열	포상
김맹도리(金孟道里)	1876~1959	신평리 830	의병	애국장

김맹도리 지사는 1907년 2월 12일(음력 12월 30일) 의병장 양한규(梁漢奎)의 휘하 의병 120여 명과 함께 총과 탄약 등을 구하기 위하여 각자 화승총과 죽창으로 무장하고, 양한규의 지휘하에 남원진위대를 습격하여 보관 중인 총기와 탄약을 탈취, 무장하여 남원성을 점령했으나 양한규 의병장이 순국하자 의병들은 뿔뿔이 흩어졌다.

그 후 일본 경찰에 피체되어 1909년 10월 8일 광주지방재판소 전주지부에서 징역 7년이 선고되어 옥고를 치르던 중, 1912년 9월 13일 소위 특사로 석방되었다.

아영면

▲ 이두석 지사 본적지 - 남원시 아영면 아곡리 660 (=다음지도)

연번	유공자	생존기간	본적	계열	포상
1	김낙필(金洛必)	1885~미상	유도리	의병	애국장
2	이두석(李斗碩)	1921~1947	아곡리 660	반일활동	애족장

김낙필 지사는 정성현(鄭聖玄) 의진에 가담하여 남원·임실 지역에서 활동하다 피체되어 1909년 11월 10일 광주지방재판소 전주지부에서 징역 15년이 선고되어 옥고를 치르던 중, 1912년 9월 12일 5년으로 감형되었다.

이두석 지사는 1931년 일본으로 건너가서 생고무 공장의 직공으로 일하며 일본노동조합전국협의회에 가입하여 고베(神戶) 지구 노조재건운동에 힘을 쏟았고, 일본공산청년동맹에서 활동하다 피체되어 1939년 11월 28일 일본 고베 지방재판소에서 치안유지법 위반으로 징역 2년 6월이 선고되어 옥고를 치렀다.

이백면

▲ 유태홍 · 유석 부자 지사 본적지 - 남원시 이백면 남계리 354

▲ 동학 남원대접주로 더욱 유명한 유태홍 지사 묘소 안내석

연번	유공자	생존기간	본적	계열	포상
1	유태홍(柳泰洪)	1867~1950	남계리 354	3·1운동	애족장
2	유석(柳錫)	1890~1960	남계리 354	3·1운동	대통령표창

유태홍 지사는 동학농민혁명 때 남원대접주 출신으로서 민중에 대한 그 영향력이 지대했다. 1919년 3월 2일 당시 남원읍 천도교 교구장이었는데, 임실군 둔남면 오수리(獒樹里)에 사는 천도교 전도사 이기동(李起東)으로부터 「독립선언서」를 받은 남원군 덕과면 사율리(沙栗里)의 이기원(李起元)으로부터 이날 오전 9시경 서울의 「독립선언서」를 전해 받았다.

그는 즉시 장남인 유석(柳錫), 천도교인 김성재(金性在) 등 8명을 불러놓고 서울의 정황을 설명한 후, 이들에게 9장의 「독립선언서」를 건네주어 군내에 배포하게 한 혐의로 피체되어 4월 8일 광주지방법원 남원지청에서 이른바 보안법 위반 혐의로 징역 1년, 유석은 징역 6월이 선고되어 부자가 함께 옥고를 겪었다.

인월면

▲ 황일환 지사의 본적지 - 남원시 인월면 인월리 547 (=다음지도)

연번	유공자	생존기간	본적	계열	포상
1	황일환(黃日煥)	1895~1921	인월리 547	3·1운동	애족장
2	오종옥(吳種玉)	1925~1944	서무리 860	국내 항일	애족장

황일환 지사는 1919년 4월 4일 남원군 남원읍 독립만세 시위에 참가하여 1천 명의 시위군중과 함께 시위행진을 벌이다가 피체되어 5월 6일 광주지방법원 남원지청에서 징역 1년이 선고되어 옥고를 치렀는데, 출옥 후 고문 후유증으로 1년여 만에 순국했다

오종옥 의사는 1942년 9월 가네보(鐘紡) 전남공장 직기과 직공이 되었는데, 한국인에 대한 학대·차별에 반발하여 공동변소의 벽에 흑연필로 '우리는 일본인을 죽이자'라고 낙서하였다가 피체되어 1943년 2월 25일 광주지방법원에서 징역 1년 6월이 선고되어 옥고를 치르던 중, 형기를 6개월 남기고 순국하였다.

주생면

▲ 방명숙 · 방양규 의사의 본적지 - 남원시 주생면 지당리

연번	유공자	생존기간	본적	계열	포상
1	김재선(金在善)	1874~미상	사동리	의병	건국포장
2	박재홍(朴在洪)	1845~1910	상동리 616	의병	애족장
3	방명숙(房明淑)	1879~1919	지당리	3 · 1운동	애국장
4	방양규(房亮圭)	1879~1919	지당리 143	3 · 1운동	애국장
5	방진형(房鎭馨)	미상~1919	주생면	3 · 1운동	애국장
6	양문순(梁文淳)	1862~1927	상동리 481	의병	애족장
7	이태현(李太鉉)	1907~1942	상동리 486	국내 항일	애국장
8	임기서(林基西)	1872~미상	광대동	의병	애족장

박재홍·양문순 지사는 1907년 2월 12일(음력 12월 30일) 의병장 양한규(梁漢奎)와 함께 거의하여 의병 120여 명과 함께 총과 탄약 등을 구하기 위하여 각자 화승총과 죽창으로 무장하고, 양한규의 지휘하에 남원진위대를 습격하여 보관중인 총기와 탄약을 탈취, 무장하여 남원성을 점령했으나 양한규 의병장이 순국하자 의진은 뿔뿔이 흩어졌다. 그 후 피체되어 진도로 유배되었다가 그 해 11월 광무황제의 사면으로 풀려났다.

임기서 지사는 1909년 3월 임세묵(林世默) 의진에 가담하여 전북 남원 일대에서 활약하다 피체되어 1909년 5월 7일 광주지방재판소 전주지부에서 징역 15년을 받아 옥고를 치르던 중, 1912년 9월 12일 징역 5년으로 감형되었다.

김재선 지사는 1909년 6월 26일부터 보름 동안 전규문(田奎文) 의진의 의병 김성오(金成五)와 그 처자를 자신의 집에 피신시켰다가 피체되어 1909년 10월 8일 광주지방재판소 전주지부에서 징역 10월이 선고되어 옥고를 겪었다.

1919년 4월 4일 남원군 남원읍 독립만세 시위에 참가하여 수천 명의 시위군중과 함께 방극용(房極鏞)·형갑수(邢甲洙)의 주도로 태극기를 흔들면서 독립만세를 고창하고 시위행진을 벌이다가 일본 군경의 무차별 사격에 방명숙·방양규·방진형 의사는 순국하였다.

이태현 의사는 흠재(欽齋) 최병심(崔秉心)의 문하생으로 한학과 유학에 정통하고 우국충절의 기개가 높은 유학자로서 1932년 흠재의 문인들과 함께 경앙계(景仰契)를 조직하여 창씨개명 반대, 신사참배 거부, 일장기 게양 거부 운동을 주도하며 반일 민족의식을 고취하였다. 이 같은 반일활동에 대해 일본 경찰의 감시자 심해지자 이를 피하는 것을 부끄럽게 생각하여 1942년 5월 23일 남원군 주생면 순사주재소에 자진 출두하여 일제의 침략상과 죄악을 폭로, 규탄하였다. 이에 일본 경찰이 그를 체포하려 하자 그는 독립만세를 고창한 후 그 자리에서 자결 순국하였다.

주천면

▲ 김찬오 지사 본적지 ~ 송치리 웅치

▲ 최병현 지사 기념비 ~ 주천리

연번	유공자	생존기간	본적	계열	포상
1	김찬오(金贊五)	1874~1975	송치리 12	3·1운동	애족장
2	최병현(崔炳鉉)	1888~1957	주천리 188	3·1운동	대통령표창

김찬오 지사는 1919년 3월 23일 임실군 둔남면 오수리(獒樹里)에서 이기송(李起松)의 주도 아래 장터에 모인 군중을 규합하여 경찰주재소, 면사무소, 일인 가옥 등을 습격하는 등 독립만세를 고창하며 시위행진을 전개하다가 일경에 붙잡혀 7월 31일 광주지방법원 전주지청에서 소요 및 보안법 위반으로 징역 1년 6월이 선고되어 옥고를 겪었다.

최병현 지사는 1919년 3월 2일 전북 남원군에서 「독립선언서」를 배포하였고, 1927~1929년 신간회 남원지회 간부로 활동하였다.

6. 남원 출신 3·1독립만세의거 독립유공자 공훈록

김민두(金泯斗)

이　　명 : 김민두(金珉斗)
생존기간 : 1893.10.15 ~ 1939.07.05
본　　적 : 전라북도 남원군 덕과면(德果面) 고정리(高亭里) 104

1919년 4월 전북 남원군 덕과면에서 독립만세시위에 참여하였다가 피체되어 옥고를 치렀다.

1919년 4월 3일 전북 남원군 덕과면 신양리(新陽里)에서는 덕과면장 이석기(李奭器)의 주도로 독립만세시위가 일어났다. 군중 800여 명과 함께 독립만세를 부르며, 남원-전주 간 도로를 행진하였다. 시위 군중은 오신헌병주재소(梧新憲兵駐在所) 부근에서 다시 독립만세를 외치다가, 남원헌병분견대(南原憲兵分遣隊)에서 파견한 헌병들의 탄압으로 해산하였다.

1919년 6월 12일 광주지방법원 남원지청에서 이른바 보안법 위반으로 징역 6월이 선고되어 옥고를 치렀다.

정부는 고인의 공훈을 기려 2014년에 대통령표창을 추서하였다.

〈참고문헌〉

* 판결문(광주지방법원 남원지청. 1919. 06. 12)
* 「수형인명부」
* 「형사사건부」
* 「집행원부」

김성재(金性在)

생존기간 : 1874.10.16 ~ 1928.12.09
본　　적 : 전라북도 남원군 산내면(山內面) 대정리(大井里) 180

1919년 3월 2일 남원군 남원면(南原面)에서 당시 남원군 천도교(天道教) 교구장(教區長)인 유태홍(柳泰洪)으로부터 독립선언서 9매를 전해 받고 이를 주민들에게 알릴 목적으로 유석(柳錫)·최병현(崔炳鉉) 등과 함께 광주지방법원 남원지청 게시판을 비롯하여 인근 지역 8군데에 붙이는 등 활동하다가 일경에 붙잡혔다.

그리하여 같은 해 4월 8일 광주지방법원 남원지청에서 소위 보안법 위반으로 징역 6월을 받고 옥고를 치렀다.

정부에서는 고인의 공훈을 기리어 1993년에 대통령표창을 추서하였다.

〈참고문헌〉

* 판결문(광주지방법원 남원지청. 1919. 04. 08)
* 『독립운동사자료집』(독립운동사편찬위원회) 제5집 1507~1508쪽

김용식(金容湜)

이　　명 : 김용구(金容九)
생존기간 : 1892.01.16 ~ 1967.10.25
본　　적 : 전라북도 남원군 덕과면(德果面) 고정리(高亭里) 76

1919년 3월 23일, 임실군 둔남면(屯南面) 오수리(獒樹里) 장날을 이용하여, 이기송(李起松)·오병용(吳秉鎔)·이만의(李萬儀) 등이 주도하여 전개한 독립만세시위에 참여하였다. 그는 이날 오후 2시, 천도교인·기독교인들이 중심이 된 시위 군중과 함께 독립만세를 외치며 장터에서 시위를 전개하였는데, 이때 주재소에서 출동한 일본 경찰에 의해 이기송이 강제로 체포·연행되었다. 그러자 그는 오병용·이만의·이병렬(李秉烈)·김일봉(金一奉) 등 8백여 명의 시위 군중과 함께 주재소로 달려가 이기송의 석방을 강력히 요구하며 시위하였다. 이때 겁에 질린 일본 경찰 촌정(村井)이 이기송을 석방하였다. 이에 더욱 사기가 오른 그는 2천여 명으로 늘어난 시위 군중과 함께 장터로 돌아와서 일본인이 경영하는 상점을 파괴하고 면사무소로 시위하였다. 면사무소에 도착하여 면장·면서기들을 끌어내어 함께 독립만세를 외치게 한 후, 다시 주재소로 행진하였다. 그는 주재소의 유치장을 부수고 구금되어 있던 사람들을 석방하였다. 이때 한국인 순사보 고택기(高宅基)가 총을 겨누고 위협하자, 그의 총을 빼앗고 주재소 밖으로 끌어내어 독립만세를 외치게 했다. 그러나 이날 저녁 남원헌병분대와 임실경찰서에서 급보를 받고 응원 출동한 일본군의 무차별 발포로 많은 사상자를 낸 채 해산하였다.

그 후 일제의 검속 때 체포되어, 이해 7월 31일 광주지방법원 전주지청에서 소위 소요 혐의로 징역 1년이 선고되어 옥고를 치렀다.

정부에서는 고인의 공훈을 기리어 1990년에 건국훈장 애족장(1983년 대통령 표창)을 추서하였다.

〈참고문헌〉

＊ 판결문(광주지방법원 전주지청. 1919. 07. 31)

▲ 김용식 지사와 배위 안동권씨 묘 - 대전현충원 독립유공자 제4묘역

김찬오(金贊五)

생존기간 : 1874.12.19 ~ 1975.09.10
본　　적 : 전라북도 남원군 주천면(朱川面) 송치리(松峙里) 12

전북 임실군 둔남면(屯南面) 오수리(獒樹里) 장터에서 전개된 만세시위에 참가하였다.

1919년 3월 오수리 유지 이기송(李起松), 오병용(吳秉鎔), 이만의(李萬儀) 등은 천도교와 기독교 측과 긴밀한 연락을 취하며 만세시위를 추진하였다. 거사일은 23일 오수리 장날이었다. 오후 2시 이기송이 시장에서 연설과 함께 만세를 선창하는 것을 신호로 시위는 전개되었다. 이에 놀란 주재소에서는 이기송을 잡아 주재소로 끌고 갔다. 그러나 오병용, 이만의, 이병렬(李秉烈), 김일봉(金一奉) 등의 주도로 시위 군중들은 주재소를 습격하여 이기송을 구출하였다. 이어 시위대는 시장과 면사무소를 거쳐 다시 주재소를 습격하여 유치장을 부수고 감금된 사람들을 석방하였다. 이에 저녁 무렵 남원헌병분대와 임실경찰서에서 병력이 대거 출동하였다. 시위대는 일본 군경과 대치하였으나, 일본 군경의 발포로 사상자를 내고 군중은 해산되었다.

이때 김찬오도 독립만세를 외치는 등 만세시위에 가담하였다. 이로 인해 체포된 김찬오는 1919년 7월 31일 광주지방법원 전주지청에서 소위 소요죄로 징역 1년 6월이 선고되어 고초를 겪었다.

정부는 고인의 공훈을 기려 2010년에 건국훈장 애족장을 추서하였다.

〈참고문헌〉

* 판결문(광주지방법원 전주지청. 1919. 07. 31)

김해근(金海根)

생존기간 : 1860.07.01 ~ 1946.02.16
본　　적 : 전라북도 남원군 사매면(巳梅面) 관풍리(官豊里) 341

▲ 김해근 지사 투옥 사진
- 경성감옥(전 경성형무소 전신)

1919년 4월 4일의 남원읍 장날을 이용하여 방극용(房極鏞), 형갑수(邢甲洙) 등이 주도하여 전개한 독립만세시위에 참여하였다.

그는 이날 정오경 광한루(廣寒樓) 광장에 모인 1천여 명의 시위 군중과 함께 독립만세를 외치며 남문(南門)을 거쳐 시장으로 시위행진을 전개하였다.

이때, 일제는 장날에 대비하여 헌병과 수비대의 병력을 응원받아 삼엄한 경비를 하고 있었다. 그러나 시위 군중이 헌병분견소에 도착하여 만세시위를 벌이자, 일제는 무차별 사격을 감행하여 시위대는 많은 사상자를 낸 채 해산하였다.

그는 이후 일제의 검속 때 체포되어, 이해 5월 9일 광주지방법원 남원지청에서 소위 보안법 위반 혐의로 징역 1년 6월형이 선고되어 경성감옥(전 경성형무소 전신)[3]에서 옥고를 치렀다.

정부에서는 고인의 공훈을 기리어 1990년에 건국훈장 애족장(1982년 대통령표창)을 추서하였다.

3) 필자가 국사편찬위원회가 소장하고 있는 '일제감시대상인물카드' 속에 김해근 지사가 경성감옥(전 경성형무소 전신)에 투옥되어 고초를 겪은 사실을 찾아 기웠다.

〈참고문헌〉

* 판결문(광주지방법원 전주지청. 1919. 05. 09)
* 독립운동사(독립운동사편찬위원회) 3권 541~542쪽

김해근 지사의 경성감옥(전 경성형무소 전신) 투옥카드

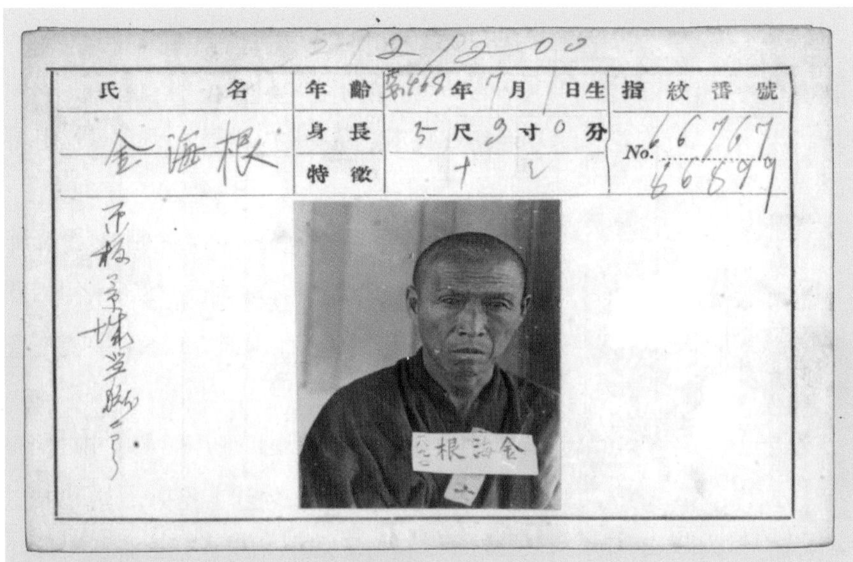

氏名	年齡	年 7月 1日生	指紋番號
金海根	身長	5尺 2寸 0分	No. 66767 / 66897
	特徵		

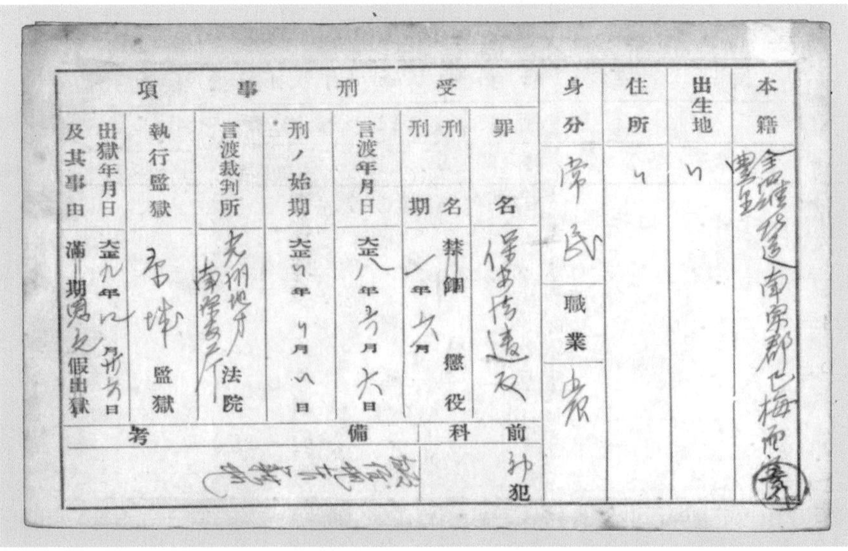

受刑事項								身分	住所	出生地	本籍
出獄年月日及其事由	執行監獄	言渡裁判所	刑ノ始期	言渡年月日	刑期	刑名	罪名	常民	〃	〃	全羅北道南原郡巳梅面
大正九年 月 日 滿期 假出獄	京城監獄	光州地方法院南原支廳	大正 年 月 日	大正八年五月六日	一年六月	禁錮 懲役	保安法違反	職業			
								農			

備考	前科
	初犯

김행즙(金幸楫)

생존기간 : 1879.04.15 ~ 1954.08.15
본　　적 : 전라북도 남원군 사매면(巳梅面) 월평리(月坪里) 152

1919년 3월 23일 임실군 둔남면(屯南面) 오수리(獒樹里) 장날을 이용하여, 이기송(李起松)·오병용(吳秉鎔)·이만의(李萬儀) 등이 주도하여 전개한 독립만세 시위에 참여하였다.

그는 이날 오후 2시 천도교도·기독교도들이 중심이 된 시위 군중과 함께 독립만세를 외치며 장터에서 시위행진을 전개하였는데, 이때 경찰주재소에서 출동한 일본 경찰에 의해 이기송이 강제로 체포·연행되었다. 그러자 그는 오병용·이만의·이병렬(李秉烈)·김일봉(金一奉) 등 8백여 명의 시위 군중과 함께 주재소로 달려가, 이기송의 석방을 강력히 요구하며 시위하였다. 이때 겁에 질린 일본 경찰 촌정(村井)이 이기송을 석방하였다. 이에 더욱 사기가 오른 그는 2천여 명으로 늘어난 시위 군중과 함께 장터로 돌아와서, 일본인이 경영하는 상점을 파괴하고 면사무소로 행진하였다. 면사무소에 도착하여 면장·면서기들을 끌어내어 함께 독립만세를 외치게 한 후, 다시 주재소로 시위하였다. 그는 주재소의 유치장을 부수고 구금되어 있던 사람들을 석방하였다. 이때 한국인 순사보 고택기(高宅基)가 총을 겨누고 위협하자, 그의 총을 빼앗고 주재소 밖으로 끌어내어 독립만세를 외치게 했다. 그러나 이날 저녁 남원헌병분대와 임실경찰서에서 급보를 받고 응원 출동한 일본군의 무차별 발포로 많은 사상자를 낸 채 해산하였다.

그 후 일제의 검속 때 체포되어, 이해 7월 31일 광주지방법원 전주지청에서 소위 보안법 위반 혐의로 징역 1년형이 선고되어 옥고를 치렀다.

정부에서는 고인의 공훈을 기리어 1990년에 건국훈장 애족장(1983년 대통령 표창)을 추서하였다.

〈참고문헌〉

* 판결문(광주지방법원 전주지청. 1919. 7. 31)

김홍록(金洪祿)

이 명 : 김공록(金公祿)
생존기간 : 1895.08.28 ~ 1919.04.04
본 적 : 전라북도 남원군 남원면 금리(錦里) 35

1919년 4월 4일 남원군 남원읍에서 천도교인과 기독교인이 중심이 된 독립만세시위에 참가하여 남원읍 장날 광한루(廣寒樓) 앞 광장에 모인 수천명의 시위군중과 함께 방극용(房極鏞), 형갑수(邢甲洙)의 주도로 태극기를 흔들면서 독립만세를 고창하고 시위행진을 벌이다가 일경과 헌병의 무차별 총격에 맞아 순국하였다.

정부에서는 고인의 공훈을 기리어 1992년에 건국훈장 애국장을 추서하였다.

〈참고문헌〉

* 「전라북도장관보고문」(1919. 04. 09). 104쪽
* 「증인신문조서」(谷口彌一郎). 163쪽
* 한국독립운동사(국사편찬위원회) 제2권. 824~825쪽
* 독립운동사(독립운동사편찬위원회) 제3권. 542쪽
* 「감정인신문조서」(森茂寬一, 公醫). 163쪽
* 『남원지』(남원향교, 1949. 10. 10). 513쪽

문경록(文璟錄)

생존기간 : 1884.07.27 ~ 1919.11.01
본　　적 : 전라북도 남원군 사매면(巳梅面) 인화리(仁化里) 200

1919년 3월 2일 같은 천도교도이며 남원군 덕과면(德果面) 사율리(沙栗里)에 사는 황동주(黃東周)가 임실군 둔남면(屯南面) 오수리(獒樹里)의 천도교 전도사 이기동(李起東)으로부터 손병희(孫秉熙)외 32인이 연명한 「독립선언서」 2통을 전달받아 사람이 많이 모이는 곳에 붙여 취지를 알려 달라는 요청을 하자 이에 동의하고, 그날 밤에 사매면(巳梅面) 계수리(桂壽里) 장귀연(張貴然)과 인화리(仁化里) 박봉석(朴鳳錫)의 집 등에 붙여 3·1독립만세의거의 취지와 내용이 곳곳에 전해지도록 활동하다가 일경에 붙잡혔다.

그리하여 그해 4월 24일 광주지방법원 남원지청에서 소위 보안법 위반으로 징역 6월이 선고되어 전주형무소[4]에서 옥고를 치렀으며, 출옥 후 옥고 여독으로 1919년 11월 1일 순국하였다.

정부에서는 고인의 공훈을 기리어 1993년에 건국훈장 애국장을 추서하였다.

〈참고문헌〉

* 판결문(광주지방법원 남원지청. 1919. 04. 24)
* 「신분장지문조회회보서」
* 호적등본
* 『독립운동사』(독립운동사편찬위원회) 제3권 537면

4) '형무소(刑務所)'라는 용어는 종전 '감옥(監獄)' 대신 사용한 것으로 1923년 5월 5일부터이다. 따라서 당시는 광주감옥 전주분감이 올바르다.

방극용(房極鏞)

생존기간 : 미상 ~ 1919.04.04
본　　적 : 전라북도 남원군 금지면(金池面) 임암리(笠岩里)

1919년 4월 4일 남원읍 장날을 이용하여 형갑수(邢甲洙) 등과 독립만세시위를 주도하였다.

그는 이날 정오경, 광한루(廣寒樓) 광장에 모인 1천여 명의 시위 군중과 함께 독립만세를 외치며 남문(南門)을 거쳐 시장으로 행진을 전개하였다.

이날 그는 시위 군중을 이끌고 헌병분견소로 행진하여 만세시위를 벌였다. 이에 미리 장날에 대비하여 헌병과 수비대의 병력을 증원받아 삼엄한 경계를 펴고 있던 일군경은 무차별 사격을 가하였으며, 그는 현장에서 순국하였다.

정부에서는 고인의 공훈을 기리어 1991년에 건국훈장 애국장(1968년 대통령표창)을 추서하였다

▲ 방극용 의사의 묘
- 대전현충원 독립유공자 제5묘역

〈참고문헌〉
* 한국독립사(김승학) 하권. 157쪽
* 독립운동사(독립운동사편찬위원회) 3권. 542쪽

방명숙(房明淑)

생존기간 : 1879 ~ 1919.04.04
본　　적 : 전라북도 남원군 주생면(周生面) 지당리(池塘里)

1919년 4월 4일 전북 남원군 남원읍 장날을 이용한 만세시위에 참가하였다. 남원의 읍내장은 남원군은 물론 서쪽의 순창(淳昌)・임실(任實)을 비롯하여 전남의 구례(求禮)・곡성(谷城)에서까지 물화가 집중되던 호남의 유수한 장이었다. 그리하여 서울에서 3・1독립만세의거 소식을 접한 남원의 천도교와 기독교 측에서는 남원 읍내 장날을 기해 만세시위를 일으키기 위해 준비를 진행해 갔다. 남원 읍내의 만세시위는 4월 4일 정오를 기해 광한루(廣寒樓)에서 1천여 명의 군중이 모인 가운데 시작되었고, 이어 장터에 모였던 수천 명의 군중이 합세하면서 불같이 확대되어 갔다. 이때 기독교 측에서는 태극기를 나누어주며, 천도교 측은 등사한 「독립선언서」를 배포하며 만세시위의 분위기를 고조시켜 갔다.

일제는 남원 읍내에서의 만세시위 분위기를 탐지하고 미리 헌병과 수비대의 병력을 배치하였으나, 노도와 같은 수천의 군중 앞에서는 중과부적이었다. 그러자 일군경은 무차별 사격을 가하면서 시위 군중을 탄압하였고, 이로 인하여 수십 명의 사상자가 발생하였다. 이때 방명숙은 시위 행렬의 선두에서 만세를 고창하다가 일본 군경의 무차별 총격에 의해 현장에서 피살 순국하였다.

정부에서는 고인의 공훈을 기리어 1995년에 건국훈장 애국장을 추서하였다.

〈참고문헌〉

* 『독립운동사자료집』(독립운동사편찬위원회) 제13권. 73쪽
* 『독립운동사』(독립운동사편찬위원회) 제3권. 542쪽
* 『3·1운동비사』(이병헌) 905~906쪽

방양규(房亮圭)

생존기간 : 1879.03.28 ~ 1919.04.04
본 적 : 전라북도 남원군 주생면(周生面) 대지당리(大池塘里) 143

1919년 4월 4일 남원읍 장날을 이용하여 방극용(房極鏞), 형갑수(邢甲洙) 등이 주도하여 전개한 독립만세시위에 참여하였다.

그는 이날 정오경, 광한루(廣寒樓) 광장에 모인 1천여 명의 시위 군중과 함께 독립만세를 외치며 남문(南門)을 거쳐 시장으로 시위행진을 전개하였다.

이날, 그는 시위 군중을 이끌고 헌병분견소로 행진하여 만세시위를 벌였다. 이에 미리 장날에 대비하여 헌병과 수비대의 병력을 증원 받아 삼엄한 경계를 펴고 있던 일본 군경은 무차별 사격을 가하였으며, 그는 현장에서 순국하였다.

정부에서는 고인의 공훈을 기리어 1991년에 건국훈장 애국장(1968년 대통령 표창)을 추서하였다.

<참고문헌>

* 『한국독립사』(김승학) 하권. 157쪽
* 『독립운동사』(독립운동사편찬위원회) 3권. 541~542쪽

방진형(房鎭馨)

생존기간 : 미상 ~ 1919.04.04
본 적 : 전라북도 남원군(이하 미상)

▲ 방진형 의사 묘 - 대전현충원 독립유공자 제2묘역

1919년 4월 4일 남원읍 장날을 이용하여 방극용(房極鏞), 형갑수(邢甲洙) 등이 주도하여 전개한 독립만세시위에 참여하였다.

그는 이날 정오경, 광한루(廣寒樓) 광장에 모인 1천여 명의 시위 군중과 함께 독립만세를 외치며 남문(南門)을 거쳐 시장으로 시위행진을 전개하였다. 이날 그가 시위 군중을 이끌고 헌병분견소로 행진하여 만세시위를 벌이자, 장날에 대비하여 헌병과 수비대 병력을 증원 받아 삼엄한 경계를 펴고 있던 일본 군경은 무차별 사격을 감행하였으며, 그는 이때 현장에서 순국하였다.

정부에서는 고인의 공훈을 기리어 1991년에 건국훈장 애국장(1968년 대통령 표창)을 추서하였다.

〈참고문헌〉

* 『한국독립사』(김승학) 하권. 157쪽
* 『독립운동사』(독립운동사편찬위원회) 3권. 541~542쪽

신경화(申京化)

이　　명 : 신경화(申景化)
생존기간 : 1882.07.25 ~ 1940.10.21
본　　적 : 전라북도 남원군 덕과면(德果面) 덕촌리(德村里) 160

1919년 4월 전북 남원군 덕과면 신양리(新陽里)의 만세의거는 덕과면장 이석기(李奭器)가 재종 이성기(李成器), 면직원 조동선(趙東先) 등과 4월 3일 기념식수일을 이용하여 전개하기로 결의한 것에서 시작되었다. 이석기는 관청에서 연례적으로 시행하는 식수행사이니 만큼 일제의 의심을 받지 않고 많은 사람을 동원할 수 있는 기회를 이용하고자 하였다.

이석기는 3월 31일 열린 구장회의 때 각 호에서 반드시 1명씩 신양리 뒷산의 도화곡(桃花谷)으로 모일 것을 지시하는 한편, 인근 지역의 면장들에게 독립만세시위 참가 취지서를 공문에 넣어 보내고, 「경고아동포제군(警告我同胞諸君)」이라는 격문 20여 장을 작성하였다.

4월 3일, 도화곡에는 800여 명의 주민이 집결하였다. 이들은 나무를 심은 뒤 점심 식사를 하였는데, 식사 자리에는 헌병주재소장과 보조원들도 초대되었다. 식사가 끝날 무렵 이석기는 군중들에게 "우리 조선도 독립을 하여야 하지 않겠는가?"라고 말하여 일동의 동의를 구하고 독립만세를 선창하였다.

당시 덕촌리(德村里)에 거주하고 있던 신경화는 동리 사람들을 인솔하여 시위대에 합류한 뒤 조동선·이풍기(李豊基)·이승순(李承珣)·복봉순(卜鳳淳)·강응화(姜應化)·김택두(金澤斗) 등과 함께 시위 군중의 선두에 서서 독립만세를 불렀다. 현장에 있던 헌병들이 제지하려 하였으나, 군중의 기세에 눌려 어찌할 바를 몰랐다.

이어 그는 이석기 등 시위 군중과 함께 남원-전주 간 큰 도로에서 행진을 시작하여 사매면(巳梅面) 오신리(梧新里)에 있는 헌병주재소에 당도한 후, 만세시위를 벌였다. 이때 남원에서 일본군이 출동하였는데 시위 군중은 이들과 대치하다가 해산하였다.

이후 그는 일경에 체포되어 1919년 6월 12일 광주지방법원 남원지청에서 소위 보안법 위반으로 징역 6월이 선고되어 옥고를 치렀다.

정부에서는 고인의 공훈을 기려 2005년에 대통령 표창을 추서하였다.

〈참고문헌〉

* 판결문(광주지방법원 남원지청, 1919.06.12)
* 『독립운동사』(독립운동사편찬위원회) 제3권. 537~540쪽
* 윤영근 등, 『남원항일운동사』(남원시군애향운동본부. 1985) 279쪽

▲ 신경화 지사와 배위 김성녀 묘 - 대전현충원 독립유공자 제4묘역

신봉순(申鳳淳)

이　　명 : 신자선(申子善)
생존기간 : 1887.09.14 ~ 1959.07.20
본　　적 : 전라북도 남원군 덕과면(德果面) 덕촌리(德村里) 255

1919년 4월 전북 남원군 덕과면 신양리(新陽里)의 만세의거는 덕과면장 이석기(李奭器)가 재종인 이성기(李成器), 면직원 조동선(趙東先) 등과 4월 3일 기념식수일을 이용하여 전개하기로 결의한 것에서 시작되었다. 이석기는 관청에서 연례적으로 시행하는 식수행사이니 만큼 일제의 의심을 받지 않고 많은 사람을 동원할 수 있는 기회를 이용하고자 하였다.

이석기는 3월 31일 열린 구장회의 때 각 호에서 반드시 1명씩 신양리 뒷산의 도화곡(桃花谷)으로 모일 것을 지시하는 한편, 인근 지역의 면장들에게 독립만세 시위 참가 취지서를 공문에 넣어 보내고, 「경고아동포제군(警告我同胞諸君)」이라는 격문 20여 장을 작성하였다.

4월 3일, 도화곡에는 800여 명의 주민이 집결하였다. 이들은 나무를 심은 뒤 점심 식사를 하였는데, 식사 자리에는 헌병주재소장과 보조원들도 초대되었다. 식사가 끝날 무렵 이석기는 군중들에게 "우리 조선도 독립을 하여야 하지 않겠는가?"라고 말하여 일동의 동의를 구하고, 독립만세를 선창하였다.

당시 덕촌리 이장이던 신봉순은 동리 사람들을 인솔하여 시위대에 합류한뒤조동선·이풍기(李豊基)·이승순(李承珣)·이석화(李石和)·강응화(姜應化)·김택두(金澤斗) 등과 함께 시위 군중의 선두에 서서 독립만세를 외쳤다. 현장에 있던 헌병들이 제지하려 하였으나, 군중의 기세에 눌려 어찌할 바를 몰랐다.

이어 그는 이석기 등 시위 군중과 함께 남원-전주 간 큰 도로로 행진을 시작하여 사매면(巳梅面) 오신리(梧新里)에 있는 헌병주재소에 당도하여 만세시위를 벌였다. 이때 남원에서 일본군이 출동하였는데, 시위 군중은 이들과 대치하다가 해산하였다.

이후 그는 일경에 체포되어 1919년 6월 12일 광주지방법원 남원지청에서 소위 보안법 위반으로 징역 6월이 선고되어 옥고를 치렀다.

정부에서는 고인의 공훈을 기려 2005년에 대통령 표창을 추서하였다.

<참고문헌>

* 판결문(광주지방법원 남원지청, 1919.06.12)
* 『독립운동사』(독립운동사편찬위원회) 제3권. 537~540쪽
* 윤영근 등, 『남원항일운동사』(남원시군애향운동본부. 1985) 279쪽

유석(柳錫)

생존기간 : 1890.06.06 ~ 1960.03.17
본　　적 : 전라북도 남원군 이백면(二百面) 남계리(藍鷄里) 354

그는 유태홍(柳泰洪, 건국훈장 애족장)의 아들로 1919년 3월 3일 남원 각지에 「독립선언서」를 붙이는 등 독립만세의거에 참가하였다.

독립선언서가 남원에 처음으로 전파된 것은 3월 2일이다. 임실군 오수리에 거주하는 천도교 전도사 이기동(李起東)에 의해 그날 새벽 4시경 덕과면(德果面) 사율리(沙栗里)에 있는 천도교인 이기원(李起元)·황석현(黃錫顯)·황동주(黃東周) 등에게 전달되었다.

3월 3일 아침 8시경, 이기원은 선언서 40여 장을 들고 남원읍 금리(錦里)에 있는 천도교 교구실(教區室)로 찾아가 교구장 유태홍(柳泰洪)에게 전달하였다. 유태홍은 다시 유석, 김성재(金性在) 등 8명을 모아 독립만세의 취지를 설명하고 선언서를 나눠주며 군내 각지에 배포하게 하였다.

유석은 최병현(崔炳鉉) 등과 함께 광주지방법원 남원지청 게시판 등 8개 지역에 「독립선언서」를 붙였다. 「독립선언서」 혹은 구두로 3·1만세선언의 취지와 내용이 군내 전 지역에 알려졌으며, 주민들은 각처에서 일어나고 있는 독립만세의거에 적극적인 관심을 보이기 시작하였다.

그는 이 일로 붙잡혀 이해 4월 8일 광주지방법원 남원지청에서 소위 보안법으로 징역 6월이 선고되어 옥고를 치렀다.

정부에서는 고인의 공훈을 기리어 1996년에 대통령 표창을 추서하였다.

〈참고문헌〉

* 판결문(광주지방법원 남원지청. 1919.04.08)
* 「신분장지문원지」(경찰청)
* 『독립운동사자료집』(독립운동사편찬위원회) 제5집. 1507~1508쪽

유창근(柳昌根)

생존기간 : 1874.06.18 ~ 1938.09.29
본　　적 : 전라북도 남원군 사매면(巳梅面) 오신리(梧新里) 348

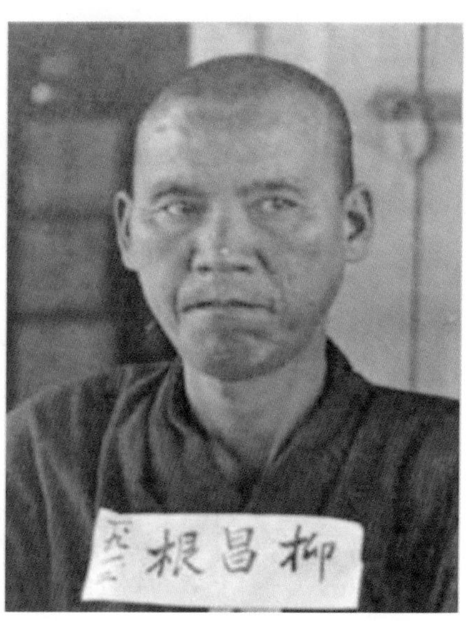

▲ 유창근 지사 투옥 사진
-경성감옥(전 경성형무소 전신)

1919년 4월 4일 남원읍 장날을 이용하여 방극용(房極鏞), 형갑수(邢甲洙) 등이 주도하여 전개한 독립만세시위에 참여하였다.

그는 이날 정오경, 광한루(廣寒樓) 광장에 모인 1천여 명의 시위 군중과 함께 독립만세를 외치며 남문(南門)을 거쳐 시장으로 시위행진을 전개하였다.

이때 일제는 장날에 대비하여 헌병과 수비대의 병력을 응원받아 삼엄한 경비를 하고 있었다. 그러나 시위 군중이 헌병분견소에 도착하여 만세시위를 벌이자, 일제는 무차별 사격을 감행하여 시위대는 많은 사상자를 낸 채 해산하였다. 그는 이후 일제 검속 때 체포되었으며, 이해 5월 9일 광주지방법원 남원지청에서 보안법 위반 혐의로 징역 1년 6월이 선고되어 경성감옥(전 경성형무소 전신)[5]에서 옥고를 치렀다.

정부에서는 고인의 공훈을 기리어 1990년에 건국훈장 애족장(1982년 대통령 표창)을 추서하였다.

---

5) 국사편찬위원회가 소장하고 있는 '일제감시대상인물카드' 속에 유창근 지사가 경성감옥(전 경성형무소 전신)에 투옥되어 고초를 겪은 사실을 필자가 찾아 기웠다.

〈참고문헌〉

* 판결문(광주지방법원 남원지청. 1919.05.09)
* 「형사사건부」(부산지방검찰정발행)
* 『독립운동사』(독립운동사편찬위원회) 3권. 540쪽

▲ 유창근 지사와 배위 강씨 묘 - 대전현충원 독립유공자 제2묘역

유창근 지사의 경성감옥(전 경성형무소 전신) 투옥카드

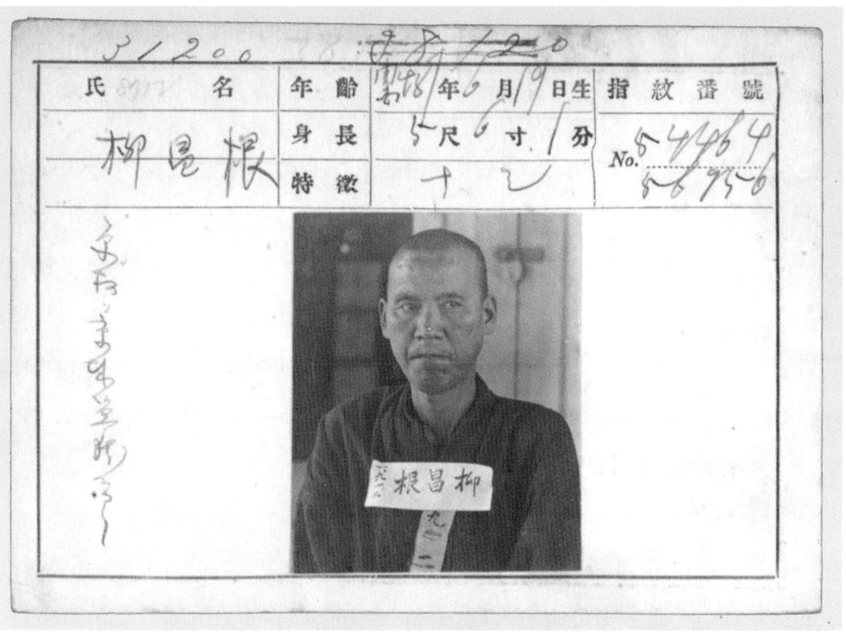

氏名	年齡	年 6 月 19 日生	指紋番號
柳昌根	身長	5 尺 6 寸 1 分	No.
	特徵		

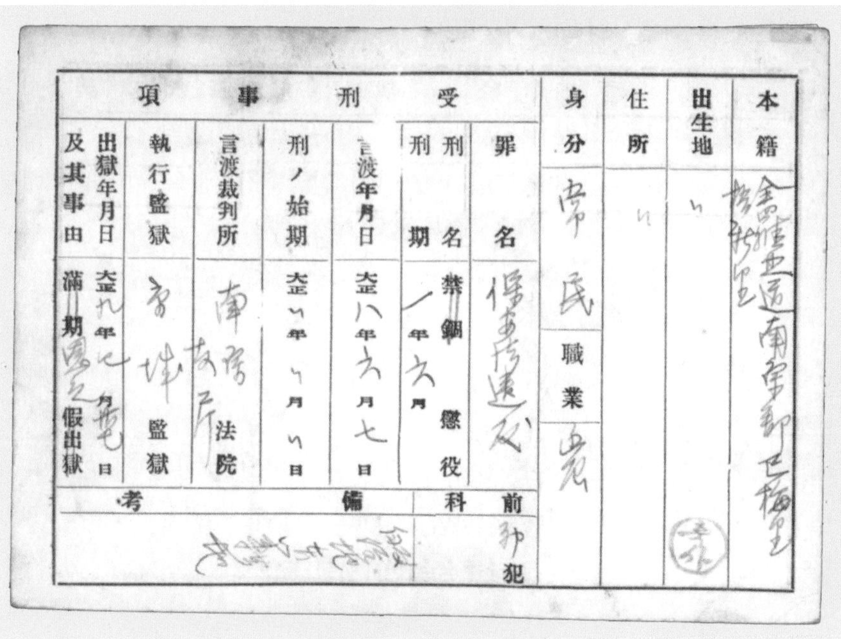

本籍	出生地	住所	身分
全羅北道南原郡	〃	〃	常民
			職業 農

受刑事項	
罪名	保安法違反
刑名	禁錮 懲役
刑期	一年六月
言渡年月日	大正八年六月七日
刑ノ始期	大正〃年〃月〃日
言渡裁判所	南原支廳 法院
執行監獄	京城 監獄
出獄年月日及其事由	大正九年七月廿七日 滿期 假出獄

前科	備考
初犯	

유태홍(柳泰洪)

생존기간 : 1867.09.02 ~ 1950.10.16
본 적 : 전라북도 남원군 이백면(二百면) 남계리(藍鷄里) 354

천도교인으로서 1919년 3월 2일 남원군 일대에 「독립선언서」를 배포하였다. 그는 당시 남원읍 천도교 교구장으로서, 임실군 둔남면(屯南面) 오수리(獒樹里)에 사는 천도교 전도사 이기동(李起東)에게서 「독립선언서」를 전해 받은 덕과면(德果面) 사율리(沙栗里)의 이기원(李起元)으로부터 이날 오전 9시경 서울의 「독립선언서」를 전해 받았다.

그는 즉시 장남인 유석(柳錫), 천도교인 김성재(金性在) 등 8명을 불러 놓고 서울의 정황을 설명한 후 이들에게 9매의 독립선언서를 건네주어 군내에 배포하게 하였다. 그들은 광주지방법원 남원지청 등 관공서 게시판에 「독립선언서」를 붙여 군민들에게 독립사상을 고취시켰다.

그는 이후 일제의 검속 때 피체되어, 이해 4월 8일 광주지방법원 남원지청에서 보안법 위반 혐의로 징역 1년형이 선고되어 옥고를 치렀다.

정부에서는 고인의 공훈을 기리어 1990년에 건국훈장 애족장(1983년 대통령 표창)을 추서하였다.

〈참고문헌〉

* 판결문(광주지방법원 남원지청. 1919.04.08)
* 『독립운동사』(독립운동사편찬위원회) 3권. 537쪽
* 『독립운동사자료집』(독립운동사편찬위원회) 5권. 1507~1508쪽
* 『독립운동사자료집』(독립운동사편찬위원회) 14권. 313쪽

이기원(李起元)

생존기간 : 1884.02.23 ~ 1952.10.01
본　　적 : 전라북도 남원군 덕과면(德果面) 사율리(沙栗里) 510

그는 1919년 3월 2일 남원군에서 천도교 전도사인 이기동(李起東)으로부터 40여 장의 「독립선언서」를 받아 천도교구장 유태홍(柳泰洪)에게 「독립선언서」를 전달하였다. 또한 독립만세선언의 취지와 내용이 군내에 알려질 수 있도록 각지 요소에 붙이게 하였다. 이렇게 독립만세의거에 대한 군민들의 관심을 끌도록 활동하다가 일경에 발각되어 붙잡혔다.

이해 4월 8일 광주지방법원 남원지청에서 소위 보안법 위반으로 징역 6월형이 선고되어 옥고를 치렀다.

정부에서는 고인의 공훈을 기리어 1992년에 대통령 표창을 추서하였다.

〈참고문헌〉

* 판결문(광주지방법원 남원지청. 1919.04.08)
* 『독립운동사』(독립운동사편찬위원회) 제3권. 537쪽

이석기(李奭器)

생존기간 : 1880.06.03 ~ 1932.07.06)(공훈록 1938.12.07)
본　　적 : 전라북도 남원군 사매면(巳梅面) 대신리(大新里) 149

▲ 이석기 지사

1919년 4월 3일 조동선(趙東先) 등과 함께 덕과면(德果面) 일대의 독립만세시위를 주도하였다.

그는 당시 덕과면장으로 재직하면서 평소 일제의 식민통치에 불만을 품고, 재종 동생 이성기, 면직원 조동선 및 면내 유지들과의 비밀회의를 통하여 4월 3일의 식수기념일(植樹紀念日)을 이용하여 독립만세시위를 전개하기로 결의하였다.

이날의 식수행사는 각 관청에서 연례적으로 행하던 연중행사였기 때문에 일제의 의심을 받지 않고 사전준비가 가능했다. 이에 그는 3월 31일 회의석상에서 각 가정에서 반드시 1명씩 당일 신양리(新陽里) 뒷산의 도화곡(桃花谷)으로 모이도록 지시하였다. 그리고 자기의 집에서 각 면장에게 보내는 독립만세의 참가 취지서와 「경고아동포제군(警告我同胞諸君)」이란 격문을 작성하여 각각 20여 장씩 등사한 후 면사무소 사환인 김광삼(金光三)으로 하여금 각 면장들에게 전하도록 하였다.

4월 3일, 도화곡에는 유례없는 식수기념일 행사에 8백여 명이 참여하였고, 헌병주재소 소장과 보조원들도 점심 식사에 초청되었다. 오후의 식수가 끝난 다음, 그는 여기에 참가한 면민들에게 탁주를 대접하고, 이들의 앞에 나아가 독립만세시위의 필요성을 역설하고 독립만세를 선창하였다. 너무나 돌발적인 일이었기 때문에 헌병주재소 소장도 어찌할 바를 몰랐다. 이에 그는 시위 군중으로 변한 행사 참여자를 지휘하여 사매면 오신리(梧新里)에 있는 헌병분견소로 행진하였다.

사율리(沙栗里)를 지날 무렵, 그는 길가에 있던 오백룡(吳伯龍)의 지붕위에 올라가서 격문을 낭독하고 20여 장의 격문을 살포하였다. 계속 시위행진을 전개하여 헌병주재소 앞 큰길에 당도하여서는 독립만세를 외치며 시위를 벌였다.

그러나 남원읍에서 헌병분견대의 무장군인이 자동차로 증원 출동하여 사태가 긴박하게 되었다. 이에 그는 조동선과 함께 스스로 책임을 지기로 하고 시위 군중을 무사히 귀가시킨 후, 자진해서 피체되었다.

▲ 이석기 지사와 배위 허씨 묘
- 대전현충원 독립유공자 제3묘역

그는 결국 이해 10월 4일 고등법원에서 소위 보안법 위반 혐의로 징역 1년 6월형이 선고되어 서대문감옥에서 옥고를 치렀다.

정부에서는 고인의 공훈을 기리어 1991년에 건국훈장 애족장(1963년 대통령 표창)을 추서하였다.

〈참고문헌〉

* 판결문(고등법원. 1919.10.04)
* 『한국독립사』(김승학) 하권. 238쪽
* 『독립운동사』(독립운동사편찬위원회) 3권. 538~539쪽
* 『한국독립운동사』(문일민). 159쪽
* 『騷擾事件ニ關スル道長官報告綴』(조선총독부) 7책. 이석기 편

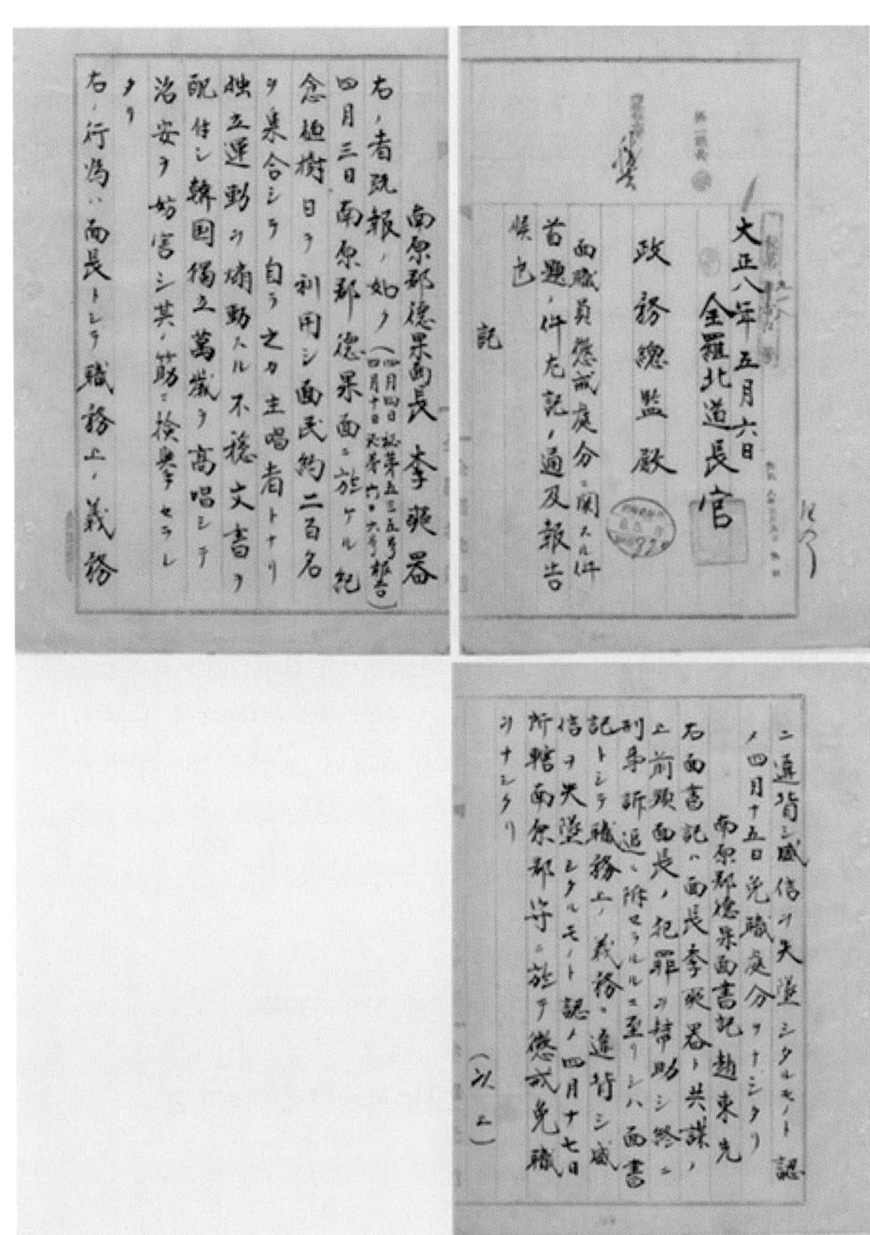

大正八年五月六日
全羅北道長官
政務総監殿
面職員懲戒処分ニ関スル件
首題ノ件左記ノ通及報告候也
記
南原郡徳果面長 李奭器
右ノ者既報ノ如ク（四月四日秘第五三五号・四月十日秘第六〇六号報告）四月三日南原郡徳果面ニ於ケル紀念植樹日ヲ利用シ面民約二百名ヲ集合シテ自ラ之カ主唱者トナリ独立運動ヲ煽動スル不穏文書ヲ配付シ韓国独立萬歳ヲ高唱シテ治安ヲ妨害シ其ノ筋ニ検挙セラレタリ
右ノ行為ハ面長トシテ職務上ノ義務ニ違背シ職信ヲ失墜シタルモノト認メ四月十五日免職処分ニ付シタリ
南原郡徳果面書記 趙東先
右面書記ハ面長李奭器ト共謀ノ上前顕面長ノ犯罪ヲ幇助シ終ニ刑事訴追セラルルニ至リシハ面書記トシテ職務上ノ義務ニ違背シ職信ヲ失墜シタルモノト認メ四月十七日所轄南原郡守ニ於テ懲戒免職ヲナシタリ
（以上）

이석기·조동선 지사에 대한 징계처분 사항을 조선총독부 정무총감에게 보고한 전라북도장관(도지사) 문서

이석화(李石和)

생존기간 : 1868.06.18 ~ 1931.12.04
본　　적 : 전라북도 남원군 덕과면(德果面) 사율리(沙栗里) 242

1919년 4월 3일 전북 남원군 덕과면 신양리(新陽里)에서 전개된 만세시위를 주도하였다. 이곳의 만세시위는 덕과면장 이석기(李奭器)가 재종 동생 이성기(李成器)·이용기(李龍器), 면직원 조동선(趙東先) 등과 4월 3일 기념식수일을 이용하여 시위를 전개하기로 결의하며 추진되었다. 이석기는 관청에서 연례적으로 시행하는 식수행사이니만큼 일제의 의심을 받지 않고 많은 사람을 동원할 수 있는 기회를 이용하고자 하였다.

이석기는 3월 31일 열린 구장회의 때 각 호에서 반드시 1명씩 신양리 뒷산의 도화곡(桃花谷)으로 모일 것을 지시하는 한편, 인근 지역의 면장들에게 독립만세 참가 취지서를 공문에 넣어 보내고, 「경고아동포제군(警告我同胞諸君)」이라는 격문 20여 장을 작성하였다.

4월 3일, 도화곡에는 800여 명의 주민이 집결하였다. 이들은 나무를 심은 뒤 점심 식사를 하였는데, 식사 자리에는 헌병주재소장과 보조원들도 초대되었다. 식사가 끝날 무렵 이석기는 군중들에게 "우리 조선도 독립을 하여야 하지 않겠는가?"라고 말하여 일동의 동의를 구하고 독립만세를 선창하였다.

이때 이석화는 조동선·이풍기(李豊基)·이승순(李承珣)·복봉순(卜鳳淳)·강응화(姜應化)·김택두(金澤斗) 등과 함께 시위 군중의 선두에 서서 독립만세를 불렀다. 현장에 있던 헌병들이 제지하려 하였으나, 군중의 기세에 눌려 어찌할 바를 몰랐다.

이어 그는 이석기 등과 함께 시위 군중을 인솔하여 남원-전주 간 큰 도로로 행진하였으며, 사매면(巳梅面) 오신리(梧新里)에 있는 헌병주재소에 당도하여 만세시위를 벌였다. 이때 남원에서 일본군이 출동하여 시위 군중과 대치하여 형세가 험악해지자, 그는 자신이 주동자라며 스스로 주재소에 남고 나머지 주민들은 귀가하도록 하였다.

그는 1919년 6월 12일 광주지방법원 남원지청에서 소위 보안법 위반으로 징역 6월이 선고되어 옥고를 치렀다.

정부에서는 고인의 공훈을 기려 2005년에 대통령 표창을 추서하였다.

〈참고문헌〉

* 판결문(광주지방법원 남원지청, 1919.06.12)
* 독립운동사(독립운동사편찬위원회) 제3권. 539~540쪽

이성기(李成器)

생존기간 : 1890.03.07 ~ 1978.03.26
본　　적 : 전라북도 남원군 사매면(巳梅面) 대신리(大新里)

1919년 4월 4일의 남원읍 장날을 이용하여 방극용(房極鏞), 형갑수(邢甲洙) 등과 함께 독립만세시위를 주도하였다.

이날은 전날의 식수기념일(植樹紀念日)을 이용하여 독립만세시위를 주도했다가 피체된 덕과면(德果面) 면장이자, 그의 재종형인 이석기(李奭器)가 남원읍으로 호송되는 날이었기 때문에 군민의 분노가 더욱 컸다.

▲ 이성기 지사 투옥 사진
- 경성감옥(전 경성형무소 전신)

4월 4일 정오경, 그는 광한루(廣寒樓)에 모인 1천여 명의 시위 군중과 함께 독립만세를 외치며 남문(南門)과 시장을 거쳐 헌병분견소로 시위행진하였다. 이때 미리 장날에 대비하여 헌병과 수비대의 병력을 증원받아서 삼엄한 경계를 펴고 있던 일본 군경은 무차별 사격을 가하였으며, 시위군중은 많은 사상자를 낸 채 해산하였다. 그는 이후 일제 검속 때 피체되어 이해 5월 9일 광주지방법원 남원지청에서 소위 보안법 위반 혐의로 징역 2년이 선고되어 경성감옥(전 경성형무소 전신)에서 옥고를 치렀다.

정부에서는 고인의 공훈을 기리어 1990년에 건국훈장 애족장(1977년 대통령 표창)을 수여하였다.

〈참고문헌〉

* 판결문(광주지방법원 남원지청. 1919.05.09)
* 『독립운동사』(독립운동사편찬위원회) 3권. 538·542쪽

이성기 지사의 경성감옥(전 경성형무소 전신) 투옥카드

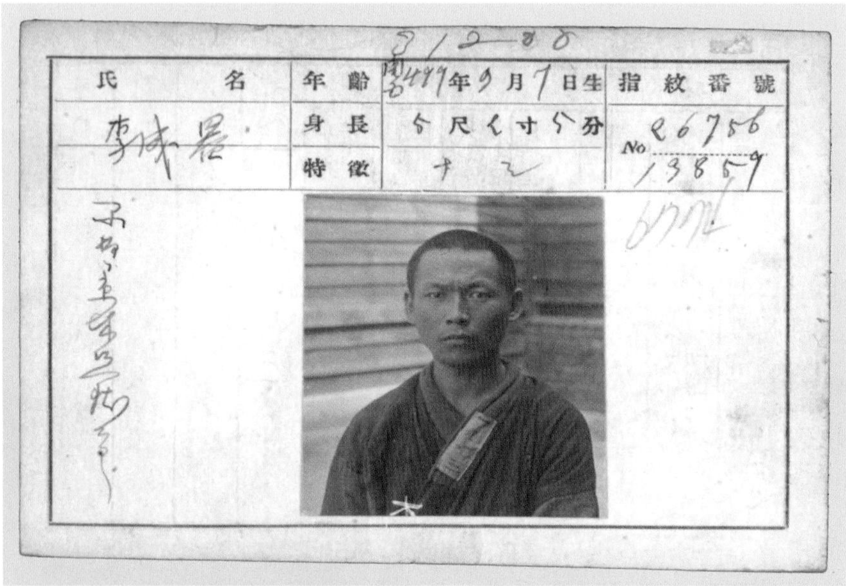

氏名	年齡	年 月 日生	指紋番號
	身長	尺 寸 分	No.
	特徵		

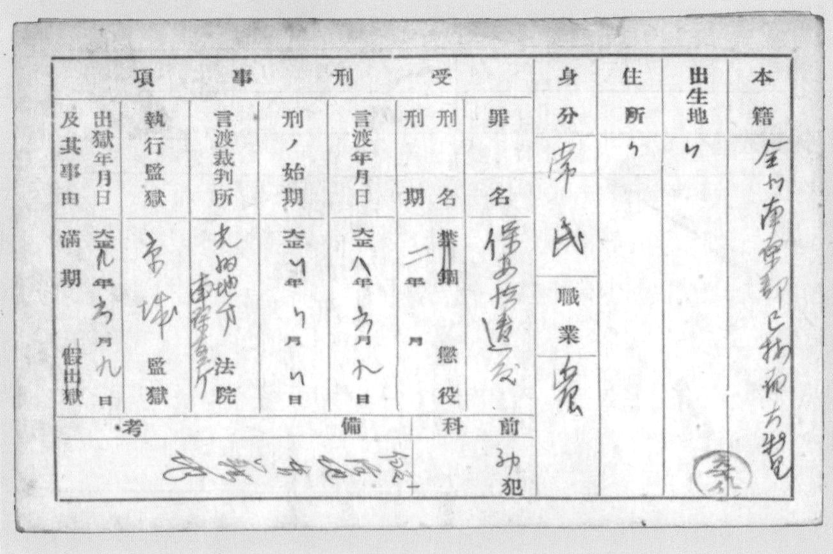

本籍	出生地	住所	身分	罪名	刑名	刑期	言渡年月日	刑ノ始期	言渡裁判所	執行監獄	出獄年月日及其事由
					禁錮 懲役	年 月	大正 年 月 日	大正 年 月 日	法院	監獄	大正 年 月 日 滿期 假出獄
			職業	前科							
				犯							備考

이승순(李承珣)

생존기간 : 1868.08.17 ~ 1936.12.31
본 적 : 전라북도 남원군 덕과면(德果面) 고정리(高亭里) 532

1919년 4월 3일 이석기(李奭器)·조동선(趙東先) 등이 주도하여 전개한 덕과면(德果面) 일대의 독립만세시위에 참여하였다.

이날의 식수기념일(植樹紀念日) 행사는 일제 치하에서 매년 행해지던 연례적인 것이었다. 당시 덕과면장인 이석기는 일제의 식민통치에 불만을 갖고 면직원 조동선 및 면내 유지들과 비밀회의를 통하여 이날을 이용하여 독립만세시위를 전개하기로 결의하였다.

이에 이석기는 그의 집에서 각 면장에게 보내는 만세시위의 참가 취지서와 「경고아동포제군(警告我同胞諸君)」이란 격문을 작성하여 각각 20여 장씩 등사한 후, 면사무소 사환인 김광삼(金光三)으로 하여금 각 면장들에게 전하도록 하였다.

4월 3일, 신양리(新陽里) 뒷산의 도화곡(桃花谷)에는 당시 이장이던 그를 비롯하여 전례 없이 많은 8백여 명이 식수기념일 행사에 참여하였고, 헌병주재소 소장과 보조원들도 점심 식사에 초청되었다. 오후의 식수가 끝나자 이석기는 여기에 참가한 면민들에게 탁주를 대접한 후, 독립만세선언의 필요성을 역설하고 독립만세를 선창하였다. 이에 그를 비롯하여 조동선·이풍기(李豊基)·이석화(李石和)·복봉순(卜鳳淳) 등이 호응하여 식수기념일 행사장은 삽시간에 독립만세 시위 장소로 변하였다.

너무나 돌발적인 일이었기 때문에 이 행사에 함께 참여했던 헌병주재소 소장도 어쩔 바를 몰랐다. 이에 그는 시위 군중과 함께 남원-전주 간의 도로를 따라 사매면(巳梅面) 오신리(梧新里)에 있는 헌병분견소로 행진하였다. 그는 사율리(沙栗里)를 지날 무렵, 이석기의 격문낭독으로 더욱 사기가 충천한 시위 군중과 함께 헌병주재소 앞 큰길가에 도착하여 독립만세를 외치며 시위를 벌였다.

이때 남원읍에서 응원 출동한 헌병분대장 무장군인이 자동차로 도착하자, 사태가 긴박하게 되었다. 그러나 이석기와 조동선의 자진 체포로 시위 군중과 함께 무사히 귀가하였다.

그러나 일제의 검속 때 피체되어 이해 10월 4일 고등법원에서 소위 보안법 위반 혐의로 징역 1년이 선고되어 옥고를 치렀다.

정부에서는 고인의 공훈을 기리어 1990년에 건국훈장 애족장(1983년 대통령 표창)을 추서하였다.

〈참고문헌〉

* 판결문(고등법원. 1919.10.04)
* 『한국독립운동사』(독립운동사편찬위원회) 2권. 1146·1147·1150쪽

이용기(李龍器)

일　　명 : 이두기(李斗器)
생존기간 : 1897.04.26 ~ 1933.09.03
본　　적 : 전라북도 남원군 사매면(巳梅面) 대신리(大新里)

이성기(李成器, 건국훈장 애족장)의 아우로 1919년 4월 3일 이석기(李奭器)·조동선(趙東先) 등이 주도하여 전개한 덕과면(德果面) 일대의 독립만세시위에 형과 함께 참여하였다.

이날의 식수기념일(植樹紀念日) 행사는 일제 치하에서 매년 행해지던 연례적인 것이었다. 당시 덕과면장인 이석기는 일제의 식민통치에 불만을 갖고 면직원 조동선 및 면내 유지들과 비밀회의를 통하여 이날을 이용하여 독립만세시위를 전개하기로 결의하였다.

이에 이석기는 그의 집에서 각 면장에게 보내는 독립만세 선언의 참가 취지서와 「경고아동포제군(警告我同胞諸君)」이란 격문을 작성하여 각각 20여 장씩 등사한 후, 면사무소 사환인 김광삼(金光三)으로 하여금 각 면장들에게 전하도록 하였다.

4월 3일 신양리(新陽里) 뒷산의 도화곡(桃花谷)에는 그를 비롯하여 전례 없이 많은 8백여 명이 식수기념일 행사에 참여하였고, 헌병주재소 소장과 보조원들도 점심 식사에 초청되었다. 오후의 식수가 끝나자, 이석기는 여기에 참가한 면민들에게 탁주를 대접한 후, 독립만세시위의 필요성을 역설하고 독립만세를 선창하였다. 이에 그를 비롯하여 조동선·이풍기(李豊基)·이석화(李石和)·복봉순(卜鳳淳) 등이 호응하여 식수기념일 행사장은 삽시간에 독립만세시위 장소로 변하였다.

너무나 돌발적인 일이었기 때문에 이 행사에 함께 참여했던 헌병주재소 소장도 어쩔 바를 몰랐다. 이에 그는 시위 군중과 함께 남원-전주 간의 도로를 따라 사매면(巳梅面) 오신리(梧新里)에 있는 헌병분견소로 행진하였다. 그는 사율리

(沙栗里)를 지날 무렵, 이석기의 격문 낭독으로 더욱 사기가 충천한 시위 군중과 함께 헌병주재소 앞 큰길가에 도착하여 독립만세를 외치며 시위를 벌였다.

이때 남원읍에서 응원 출동한 헌병분대 무장군인이 자동차로 도착하자 사태가 긴박하게 되었다. 그러나 이석기와 조동선은 자진 피체되고, 시위 군중과 함께 무사히 귀가하였다.

이후 일제의 검속 때 피체되어 이해 5월 9일 광주지방법원 남원지청에서 소위 보안법 위반 혐의로 징역 2년이 선고되어 옥고를 치렀다.

정부에서는 고인의 공훈을 기리어 1990년에 건국훈장 애족장(1977년 대통령 표창)을 추서하였다.

〈참고문헌〉

* 판결문(광주지방법원 남원지청. 1919.05.09)
* 『독립운동사』(독립운동사편찬위원회) 3권. 538~540쪽

▲ 이성기·용기 형제 지사 산소 성묘 후 손자 이석문과 외손자 소순권

이풍기(李豊基)

생존기간 : 1891.11.06 ~ 1932.05.21
본　　적 : 전라북도 남원군 덕과면(德果面) 사율리(沙栗里)

1919년 4월 3일 전북 남원군 덕과면(德果面) 면사무소 앞에 모여 면장 이석기(李奭器) 등과 같이 식수기념일에 동원된 다수 군중과 함께 독립만세시위를 주도하고 이어서 오촌 헌병주재소(梧村憲兵駐在所) 앞까지 진출하여 시위를 계속하다가 붙잡혔다.

동년 5월 19일 광주지방법원 남원지청에서 징역 6월형이 선고되었다.

동년 7월 4일 대구복심법원에 공소하여 징역 1년형으로 변경되었다.

동년 10월 7일[6]에는 고등법원에서 상고하였으나 기각되어 1920년 4월 28일까지 옥고를 치렀다.

정부에서는 고인의 공훈을 기리어 1990년에 건국훈장 애족장(1986년 대통령 표창)을 추서하였다.

〈참고문헌〉

* 판결문(고등법원. 1919.10.04)
* 「신분장지문조회회보서」
* 『독립운동사』(독립운동사편찬위원회) 3권. 539쪽

6) 이풍기 지사는 1919년 10월 4일 고등법원에서 이석기, 조동선, 이승순 지사와 함께 상고가 기각되었다.

이형기(李炯器)

생존기간 : 1884.07.08 ~ 1936.03.03
본 적 : 전라북도 남원군 사매면(已梅面) 대신리(大新里)

1919년 4월 4일의 남원읍 장날을 이용하여 방극용(房極鏞), 형갑수(邢甲洙) 등과 함께 독립만세시위를 주도하였다.

그는 당시 사매면(已梅面) 대신리(大新里) 구장으로서 이날 정오경, 광한루(廣寒樓) 광장에 모인 1천여 명의 시위 군중의 선두에 서서 독립만세를 외치며 남문(南門)을 거쳐 장터로 시위행진을 벌였다.

이날 그가 시위 군중을 이끌고 헌병분견소로 행진하여 만세시위를 벌이자 장날에 대비하여 미리 헌병과 수비군 병력을 증원받아 삼엄한 경계를 펴고 있던 일제는 무차별 사격을 감행하였다. 이 같은 일제의 만행으로 말미암아 수많은 사상자가 발생하였으며, 20여 명의 시위 주도자들이 현장에서 피체되었다.

결국 그도 피체되어 징역 2년형[7]이 선고되어 옥고를 치렀다.

정부에서는 고인의 공훈을 기리어 1990년에 건국훈장 애족장(1968년 대통령 표창)을 추서하였다.

〈참고문헌〉
* 판결문(광주지방법원 남원지청. 1919.05.09)
* 판결문(대구복심법원. 1925. 06. 30)

7) 1919년 5월 9일 광주지방법원 남원지청에서 징역 2년, 그해 8월 18일 대구복심법원결석재판(고문으로 참석할 수 없었던 상황으로 추정됨)에서 원판결 취소, 징역 3년이 선고됨. 6년 뒤에 공소 제기, 1925년 6월 30일 대구복심법원 형사2부에서 징역 1년 6월이 선고되어 이 지사에게 내린 최종 판결은 징역 1년 6월임.

* 『독립운동사』(독립운동사편찬위원회) 3권 542면
* 『한국독립사』(김승학) 하권 238면

▲ 이형기 지사와 배위 장덕기 여사 묘 - 대전현충원 독립유공자 제1묘역

장경일(張京日)

이　　명 : 장경일(張京一)
생존기간 : 1886.10.12 ~ 1960.12.10
본　　적 : 전라북도 남원군 보절면(寶節面) 성시리(城侍里) 206

전북 장수군에서 독립만세시위 준비를 위해 활동을 주도하였다가 체포되어 옥고를 치렀다.

1919년 3월 2일 오전 10시경 장경일은 전북 임실군 천도교 전도사 이기동(李起東)으로부터 「독립선언서」 12통을 전달받아 같은 날 오후 6시 경 장수면(長水面) 장수리 천도교 교구실에 전해 주었다. 장수교구장 박영춘(朴永春)은 그 즉시 「독립선언서」를 교인들에게 나누어 주고, 그날 밤으로 장수면 용계리(龍溪里) 게시판과 계내면(溪內面)·천천면(天川面) 면사무소 게시판 등에 붙이게 하여 독립만세 소식을 군민에게 알렸다.

이로 인해 장경일은 피체되어 1919년 4월 8일 광주지방법원 남원지청에서 소위 보안법 위반으로 징역 6월형이 선고되어 고초를 겪었다.

정부는 고인의 공훈을 기려 2006년에 대통령 표창을 추서하였다.

〈참고문헌〉
* 판결문(광주지방법원 남원지청. 1919.04.08)
* 「신분장지문원지」(경찰청)
* 『독립운동사』(독립운동사편찬위원회) 제3권. 544쪽
* 『독립운동사자료집』(독립운동사편찬위원회) 제5집. 1508~1509쪽

정한익(丁漢翼)

생존기간 : 1890.06.15 ~ 1977.03.05
본　　적 : 전라북도 남원군 사매면(巳梅面) 오촌리(梧村里) 626

1919년 4월 4일의 남원읍 장날을 이용하여 방극용(房極鏞), 형갑수(邢甲洙) 등이 주도하여 전개한 독립만세 시위에 참여하였다.

▲ 정한익 지사

그는 이날 정오경, 광한루(廣寒樓) 광장에 모인 1천여 명의 시위 군중과 함께 독립만세를 외치며 남문(南門)을 거쳐 시장으로 시위행진을 전개하였다.

이때 일제는 장날에 대비하여 헌병과 수비대의 병력을 응원받아 삼엄한 경비를 하고 있었다. 그러나 시위 군중과 함께 헌병분견소에 도착하여 만세시위를 벌일 때, 사태의 위급함을 느낀 일제의 무차별 사격으로 인해 가슴에 관통상을 입고 실신하였다가 구사일생으로 소생하였으나 평생을 고생하였다.

정부에서는 고인의 공훈을 기리어 1990년에 건국훈장 애족장(1977년 대통령 표창)을 추서하였다.

〈참고문헌〉

* 독립운동사(독립운동사편찬위원회) 3권. 542쪽

▲ 정한익 지사와 배위 김정순 여사의 묘 - 대전현충원 독립유공자 제3묘역

조동선(趙東先)

생존기간 : 1871.02.18 ~ 1930.10.13
본　　적 : 전라북도 남원군 덕과면(德果面) 신양리(新陽里)

1919년 4월 3일 이석기(李奭器)와 함께 덕과면 일대의 독립만세시위를 주도하였다.

▲ 조동선 지사 현창비 - 남원시 덕과면 신양리

이날은 식수기념일(植樹紀念日)로서 일제치하에서 매년 행해지던 연례행사일이었다. 그는 당시 면직원으로서 일제의 식민통치에 불만을 가지고 면장 이석기 및 면내 유지들과 비밀회의를 통하여 이날을 이용하여 독립만세시위를 전개하기로 결의하였다.

이에 이석기는 그의 집에서 각 면장에게 보내는 독립만세의 참가 취지서와 「경고아동포제군(警告我同胞諸君)」이란 격문을 작성하여 각각 20여 장씩 등사한 후, 면사무소 사환인 김광삼(金光三)으로 하여금 각 면장들에게 전하도록 하였다.

4월 3일 신양리(新陽里) 뒷산의 도화곡(桃花谷)에는 그를 비롯하여 유례없이 많은 8백여 명이 식수기념일 행사에 참여하였고, 헌병주재소 소장과 보조원들도 점심 식사에 초청되었다. 오후의 식수가 끝나자, 이석기는 여기에 참가한 면민들에게 탁주를 대접한 후, 독립만세시위의 필요성을 역설하고 독립만세를 선창하였다. 이에 그를 비롯하여 이승순(李承珣)·이풍기(李豊基)·이석화(李石和)·복봉순(卜鳳淳) 등이 호응하여 식수기념일 행사장은 삽시간에 독립만세시위 장소로 변하였다.

너무나 돌발적인 일이었기 때문에 이 행사에 함께 참여했던 헌병주재소 소장도 어쩔 바를 몰랐다. 이에 그는 시위 군중과 함께 남원-전주 간의 도로를 따라 사매면(巳梅面) 오신리(梧新里)에 있는 헌병분견소로 시위행진하였다. 그는 사율리(沙栗里)를 지날 무렵, 이석기의 격문낭독으로 더욱 사기가 충천한 시위 군중과 함께 헌병주재소 앞 큰길가에 도착하여 독립만세를 외치며 시위를 벌였다.

이때 남원읍에서 응원 출동한 헌병분대 무장군인이 자동차로 도착하자 사태가 긴박하게 되었다. 그러나 이석기와 함께 스스로 책임을 지고 자진 피체됨으로써 시위 군중은 무사히 귀가할 수 있었다. 그는 결국 이해 7월 24일[8] 대구복심법원에서 소위 보안법 위반 혐의로 징역 1년 6월형이 선고되어 옥고를 치렀다.

정부에서는 고인의 공훈을 기리어 1990년에 건국훈장 애족장(1982년 대통령 표창)을 추서하였다.

〈참고문헌〉

* 판결문(광주지방법원 남원지청. 1919.05.19)
* 판결문(대구복심법원. 1919.07.04)
* 판결문(고등법원. 1919.10.04)
* 『한국독립사』(김승학) 하권 274면
* 『독립운동사』(독립운동사편찬위원회) 3권 538·540면

8) 조동선 지사는 1919년 5월 19일 광주지방법원 남원지청에서 징역 1년, 공소하여 그해 7월 4일 대구복심법원에서 징역 1년 6월, 상고하였으나 10월 4일 고등법원에서 기각되었기에 언도일은 7월 4일이다.

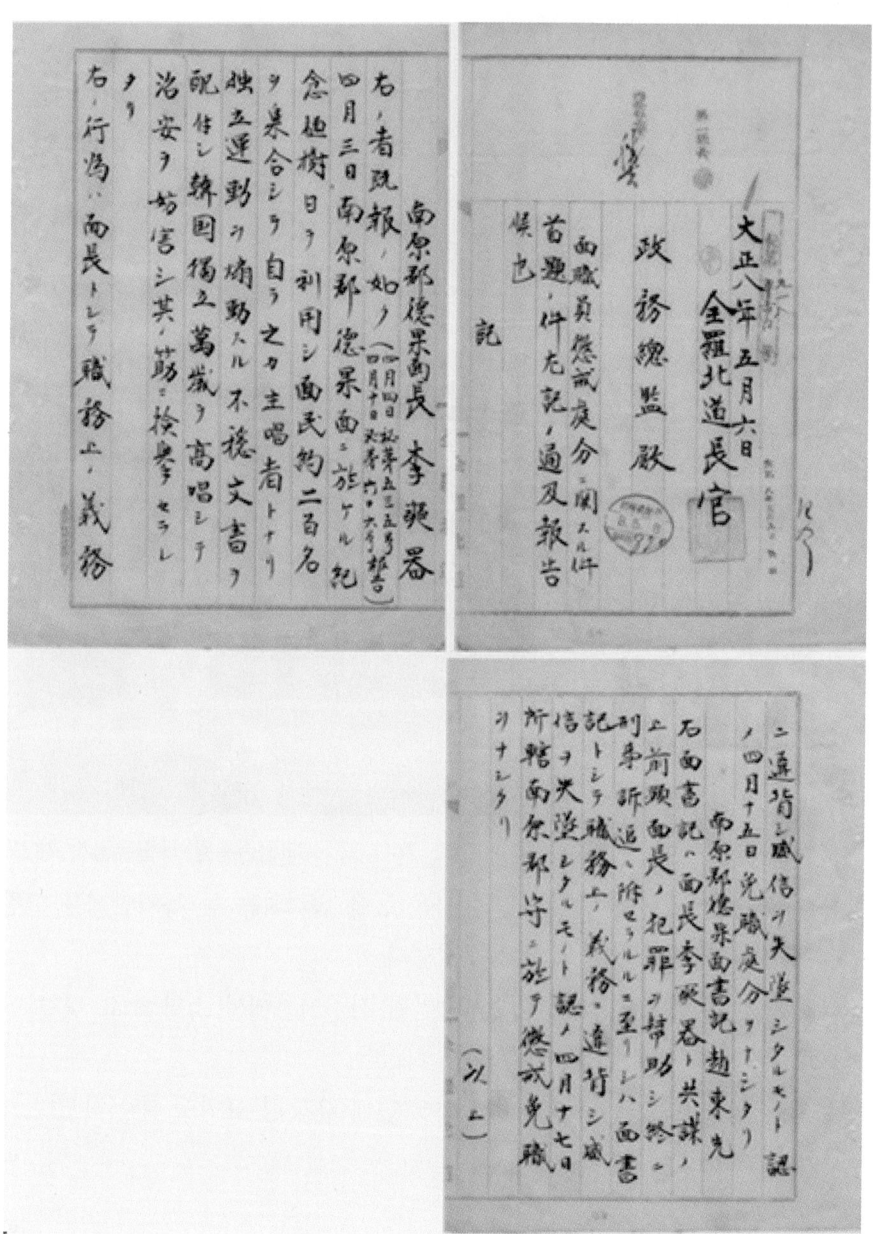

大正八年五月六日
全羅北道長官

政務總監 殿

面職員懲戒處分ニ關スル件

首題ノ件左記ノ通及報告候也

記

南原郡德果面長 李奭器

右ノ者既報ノ如ク（四月四日秘第五三五号 四月十日秘第六〇六号報告）四月三日南原郡德果面ニ於ケル紀念植樹日ヲ利用シ面民約二百名ヲ集合シテ自ラ之カ主唱者トナリ独立運動ヲ煽動スル不穏文書ヲ配付シ韓国獨立萬歳ヲ高唱シテ治安ヲ妨害シ其ノ筋ニ検挙セラレタリ

右ノ行為ハ面長トシテ職務上ノ義務ニ違背シ職信ヲ失墜シタルモノト認メ四月十五日免職處分ナシタリ

南原郡德果面書記 趙東先

右面書記ハ面長李奭器ト共謀ノ上前顕面長ノ犯罪ヲ幇助シ終ニ刑事訴追ノ所セラルルニ至リシハ面書記トシテ職務上ノ義務ニ違背シ職信ヲ失墜シタルモノト認メ四月十七日所轄南原郡守ニ於テ懲戒免職ナシタリ

（以上）

이석기·조동선 지사에 대한 징계처분 사항을 조선총독부 정무총감에게 보고한 전라북도장관(도지사) 문서

진만조(陳萬祚)

이　　명 : 진만조(陳萬兆)
생존기간 : 1894.02.07 ~ 1929.12.05
본　　적 : 전라북도 남원군 덕과면(德果面) 고정리(高亭里) 722

▲ 진만조 지사 묘 - 대전현충원 독립유공자 제3묘역

1919년 3월 임실군 둔남면(屯南面) 오수리(獒樹里)에서 장날을 이용하여 독립만세시위를 벌이기로 계획하고, 3월 23일 이기송(李起松)의 주도 아래 이기우(李起偶)·이윤의(李倫儀)·이주의(李注儀)·심상룡(沈尙龍)·이회열(李會烈)·오병용(吳秉鎔) 등과 함께 장터에 모인 군중을 규합하여 경찰주재소, 면사무소, 일인 가옥 등을 습격하는 등 독립만세를 고창하며 시위행진을 전개하다가 일경에 붙잡혔다.

그리하여 같은 해 7월 31일 광주지방법원 전주지청에서 소위 소요 및 보안법 위반으로 징역 6월이 선고되어 옥고를 치렀다.

정부에서는 고인의 공훈을 기리어 1993년에 대통령 표창을 추서하였다.

〈참고문헌〉

* 판결문(광주지방법원 전주지청. 1919.07.31)
* 신분장지문조회회보서

최병현(崔炳鉉)

생존기간 : 1888.10.10 ~ 1957.07.08
본　　적 : 전라북도 남원군 주천면(朱川面) 주천리 188

1919년 3월 전북 남원군에서 「독립선언서」를 배포하였고, 1927~1929년 신간회(新幹會) 남원지회 간부로 활동하였다.

▲ 최병현 지사

1919년 3월 2일 아침 8시경 남원읍 금리(錦里)에 있는 천도교 교구실로 「독립선언서」가 전달되자, 교구장 유태홍(柳泰洪)은 교인 유석(柳錫: 유태홍의 아들)・김성재(金性在) 등 8명에게 이를 배포하도록 하였다. 「독립선언서」 9장을 수령한 유석과 김성재는 그날 밤 최병현과 함께 광주지방법원 남원지청 게시판에 1장을 붙이고, 나머지 8장은 운봉면・동면(東面) 등지에 배포하였다.

1919년 4월 15일에는 천도교도로부터 기도미(祈禱米)를 징수하여 천도교 중앙총부로 송금하였다. 그의 이러한 활동은 남원 지역 만세시위를 촉발시키는 계기가 되었다.

그 뒤 1927년부터 1929년까지 신간회 남원지회 간부로 활동하였다.

정부는 고인의 공훈을 기려 2016년에 대통령 표창을 추서하였다.

〈참고문헌〉

* 판결문(광주지방법원 남원지청 : 1919.04.08)
* 동아일보(1926.06.12, 1927.12.14, 1929.02.19, 10.25)
* 『독립운동사자료집』(독립운동사편찬위원회, 1971) 제5집. 1508쪽

황동주(黃東周)

생존기간 : 1891.04.11 ~ 1963.08.20 (묘비에는 1961년)
본　　적 : 전라북도 남원군 덕과면(德果面) 사율리(沙栗里) 533

1919년 3월 2일 남원군에서 천도교 전도사 이기동(李起東)으로부터 이기원(李起元)·황석현(黃錫顯: 황동주 아버지)과 같이 「독립선언서」 40여 장을 전달받아 교구장 유태홍(柳泰洪)에게 전하여 주었으며, 「독립선언서」의 취지와 내용을 널리 전파하기 위하여 사매면의 문경록(文璟祿)과 같이 면사무소와 주재소의 게시판 등에 붙이는 등 활동하다가 일경에 붙잡혔다.

▲ 황동주 지사와 배위 김판순 여사 묘
- 대전현충원 독립유공자 제3묘역

같은 해 4월 24일 광주지방법원 남원지청에서 소위 보안법 위반으로 징역 6월형이 선고되어 광주형무소(光州刑務所)[9]에서 옥고를 치렀다.

정부에서는 고인의 공훈을 기리어 1992년에 대통령 표창을 추서하였다.

〈참고문헌〉

* 판결문(광주지방법원 남원지청. 1919.04.24)
* 독립운동사(독립운동사편찬위원회) 제3권. 537쪽

9) '형무소(刑務所)'라는 용어는 종전 '감옥(監獄)' 대신 사용한 것으로 1923년 5월 5일부터이다. 따라서 당시는 '광주감옥'이 올바르다.

황석현(黃錫顯)

생존기간 : 1853.06.08 ~ 1943.06.16 (묘비에는 1945.06.26)
본　　적 : 전라북도 남원군 덕과면(德果面) 사율리(沙栗里) 533

1919년 3월 2일 남원군에서 천도교 전도사인 이기동(李起東)으로부터 이기원(李起元)·황동주(黃東周: 황석현의 아들)와 같이 「독립선언서」 40여 장을 전달받아 교구장 유태홍(柳泰洪)에게 전하여 주고, 「독립선언서」의 취지와 내용을 널리 전파하기 위하여 보절면(寶節面)으로 가서 천도교인 김덕인(金德仁)에게 전달하고 면사무소와 주재소 게시판 등에 붙이게 하며 활동하다가 붙잡혀 그해 4월 24일 광주지방법원 남원지청에서 소위 보안법 위반으로 징역 6월형이 선고되어 옥고를 치렀다.

▲ 황석현 지사와 배위 전주이씨 묘
- 대전현충원 독립유공자 제3묘역

정부에서는 고인의 공훈을 기리어 1992년에 대통령 표창을 추서하였다.

〈참고문헌〉

* 판결문(광주지방법원 남원지청. 1919.04.24)
* 『독립운동사』(독립운동사편찬위원회) 제3권. 537쪽

황일환(黃日煥)

생존기간 : 1895.06.29 ~ 1921.10.27
본　　적 : 전라북도 남원군 동면(東面) 인월리(引月里) 547

1919년 4월 4일 남원읍 장날의 독립만세시위에 참여하였다.

이곳의 만세시위는 4월 3일 덕과면(德果面)에서 전개된 만세시위에 고무된 유지인사들에 의해 추진되었다. 그들은 4월 4일 남원읍 장날을 이용하여 거사일로 결정하고, 천도교인과 기독교인들이 중심으로 동지들 규합에 나섰다.

거사 당일인 4월 4일 정오경, 광한루 광장에 1,000여 명의 시위 군중이 몰려들었다. 이때 기독교 측에서는 미리 준비한 태극기를 군중들에게 나눠주었고, 천도교 측에서는 전날 등사한 선언서를 배포하였다.

황일환을 비롯한 주도자들이 독립만세를 선창하자, 시위 군중들도 이에 호응하여 태극기를 흔들며, 독립만세를 고창하였다. 그리고 시위 군중은 큰 태극기를 선두로, 독립만세를 고창하며 남문(南門)을 거쳐 헌병주재소로 가서 시위를 벌였다. 그러나 일제는 무차별 사격을 감행하고 시위대는 많은 사상자를 낸 채 해산하고 말았다.

그는 이 일로 붙잡혀 이해 5월 6일 광주지방법원 남원지청에서 소위 보안법 위반으로 징역 1년이 선고되어 옥고를 치렀다.

정부에서는 고인의 공훈을 기리어 1999년에 건국훈장 애족장을 추서하였다.

〈참고문헌〉

* 판결문(광주지방법원 남원지청. 1919.05.06)
* 『독립운동사』(독립운동사편찬위원회) 제3권. 541~542쪽
* 『3·1운동비사』(이병헌, 1962) 905~906쪽

황찬서(黃贊西)

이　　명 : 황찬서(黃贊瑞)

생존기간 : 1873.03.30 ~ 1919.04.19

본　　적 : 전라북도 남원군 남원면(南原面) 왕정리(王亭里) 532

1919년 4월 4일의 남원읍 장날을 이용하여 방극용(房極鏞), 형갑수(邢甲洙) 등이 주도하여 전개한 독립만세시위에 참여하였다.

그는 이날 정오경, 광한루(廣寒樓) 광장에 모인 1천여 명의 시위 군중과 함께 독립만세를 외치며 남문(南門)을 거쳐 시장으로 시위행진을 전개하였다. 이때, 일제는 장날에 대비하여 헌병과 수비대의 병력을 응원받아 삼엄한 경비를 하고 있었다.

그러나 시위 군중과 함께 헌병분견소에 도착하여 만세시위를 벌일 때, 사태의 위급함을 느낀 일본 군경의 무차별 사격으로 인하여 방극용 등 8명이 현장에서 순국하고, 10여 명의 중상자를 낸 채 해산하였다.

그는 이때 현장에서 총탄을 맞고 중상을 입었으며, 전주의 자혜병원(慈惠病院)에서 응급치료를 받았으나 순국하였다.

정부에서는 고인의 공훈을 기리어 1977년에 대통령 표창을 추서하였다.

〈참고문헌〉

* 「증인신문조서」(광주지방법원 남원지청 검사분국. 1919.04.05)

* 『독립운동사』(독립운동사편찬위원회) 3권. 541~542쪽

제3부

판결문

연번	판결일자	대상자	판결기관
1	1919. 04. 08	이기원	광주지법남원지청
2	1919. 04. 08	유태홍, 유석, 김성재	〃
3	1919. 04. 08	장경일	〃
4	1919. 04. 24	김덕인, 황석현	〃
5	1919. 04. 24	문경록, 황동주	〃
6	1919. 05. 06	황일환	〃
7	1919. 05. 09	이형기, 이성기, 이용기 유창근, 김해근, 천연도	〃
8	1919. 05. 19	이석기, 조동선, 이풍기 이승순, 김선양, 이재화	〃
9	1919. 06. 12	이석화, 신봉순, 신경화 강응화, 김민두	〃
10	1919. 07. 04	이석기, 조동선, 이풍기 이승순	대구복심법원
11	1919. 08. 18	이형기	〃
12	1925. 06. 30	이형기	〃
13	1919. 10. 04	이석기, 조동선, 이풍기 이승순	고등법원
14	1919. 07. 31	이기송 등 23인	광주지법전주지청
15	1919. 09. 30	이기송 등 14인	대구복심법원
16	1919. 10. 30	이기송 등 8인	고등법원

1. 판결문 - 1919년 4월 8일

1. 판결일자 : 1919년 4월 8일

2. 판결기관 : 광주지방법원 남원지청

3. 독립유공자
   이기원(李起元)

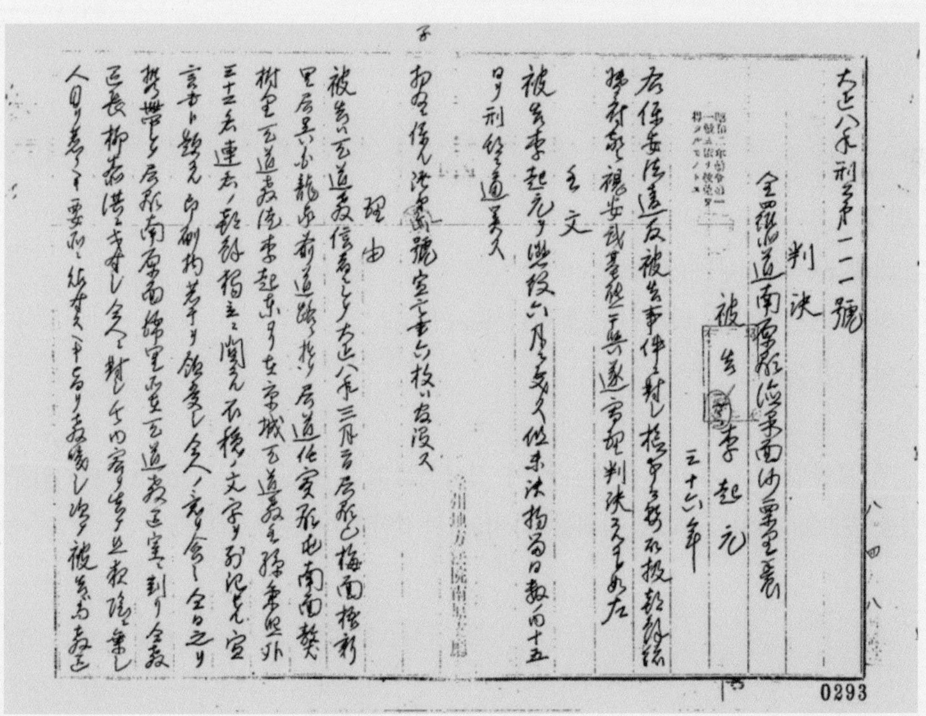

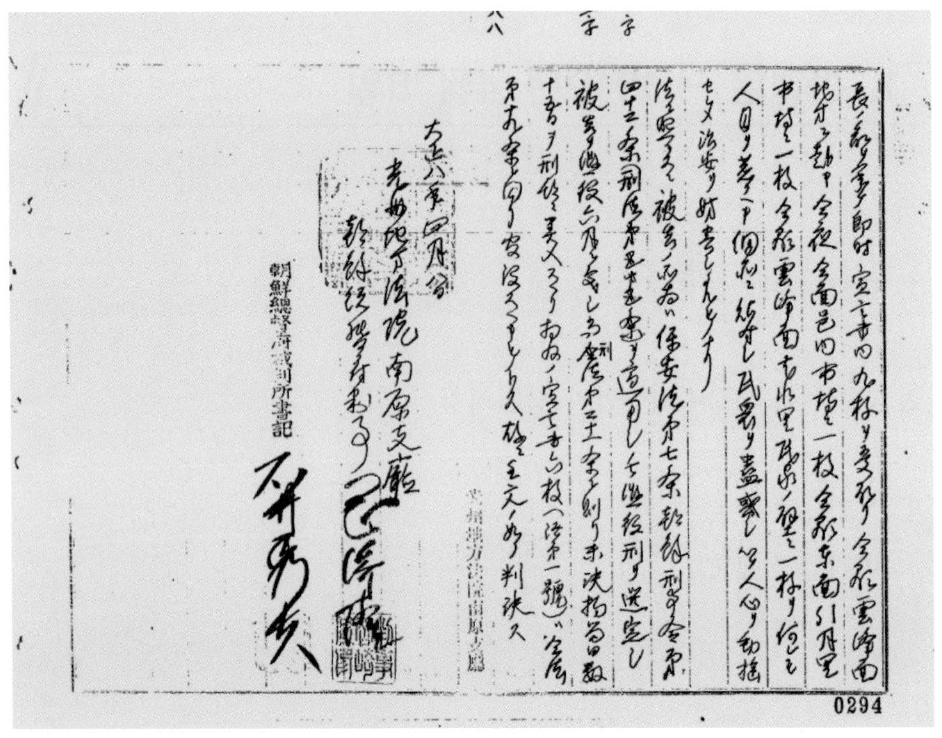
大正八年四月 日
光州地方法院南原支廳
朝鮮總督府裁判所書記
0294

판결

대정 8년 형 제111호

전라북도 남원군 덕과면(德果面) 사율리(沙栗里)

이기원(李起元) 36세

위 보안법위반 피고사건에 대하여 검사사무취급 조선총독부 경시(警視) 안무기웅(安武基熊)의 간여로 심리를 마치고 판결함이 다음과 같다.

주문

피고 이기원(李起元)을 징역 6월에 처한다, 단 미결구류일수 중 15일을 형기에 통산한다.

압수된 증 제1호 선언서 6장은 몰수한다.

이유

피고는 천도교(天道教) 신자로 대정 8년 3월 2일 남원군 사매면(巳梅面) 오신리(梧新里)에 사는 오국용(吳國龍)의 집 앞 도로에서 전라북도 임실군 둔남면(屯南面) 오수리(獒樹里) 천도교도 이기동(李起東)에게서 경성(京城)에 있는 천도교 교주 손병희(孫秉熙) 외 32명이 연명(連名)한 조선독립에 관한 불온한 문구를 적은 선언서라는 제목의 인쇄물 약간을 받아 동인의 뜻에 따라 그날 이를 가지고 동군(同郡) 남원면(南原面) 금리(錦里)에 있는 천도교구실에 가서 천도교구장 유태홍(柳泰洪)에게 교부하였다. 그리고 동인에게 그 내용을 말하고 밤을 틈타 사람의 눈에 잘 보이는 요소에 붙이라고 교사(教唆)하였다. 이어서 피고는 천도교구장에게서 즉시 선언서 중 9장을 받아 동군(同郡) 운봉면(雲峯面) 지역으로 가서 그날 밤 동면(同面) 읍내의 시장에 1장을, 동군 동면(東面) 인월리(引月里) 시장에 1장을, 동군 운봉면 화수리(花水里) 민가의 벽에 1장을 모두 사람의 눈에 잘 보이는 장소에 붙임으로써 민중을 고혹(蠱惑)하여 인심을 동요시켜 치안을 방해한 것이다.

법에 비추어 보건대, 피고의 소위는 보안법 제7조, 조선형사령 제42조에 해당하므로 징역형을 선택하여 피고를 징역 6월에 처한다. 그리고 형법 제21조에 따라 미결구류일수 15일을 형기에 산입한다.

압수한 선언서 6장(증 제1호)는 동법 제19조에 따라 관에서 몰수한다.

이에 주문과 같이 판결한다.

2. 판결문 - 1919년 4월 8일

1. 판결일자 : 1919년 4월 8일

2. 판결기관 : 광주지방법원 남원지청

3. 독립유공자

   유태홍(柳泰洪) 유석(柳錫) 김성재(金性在)

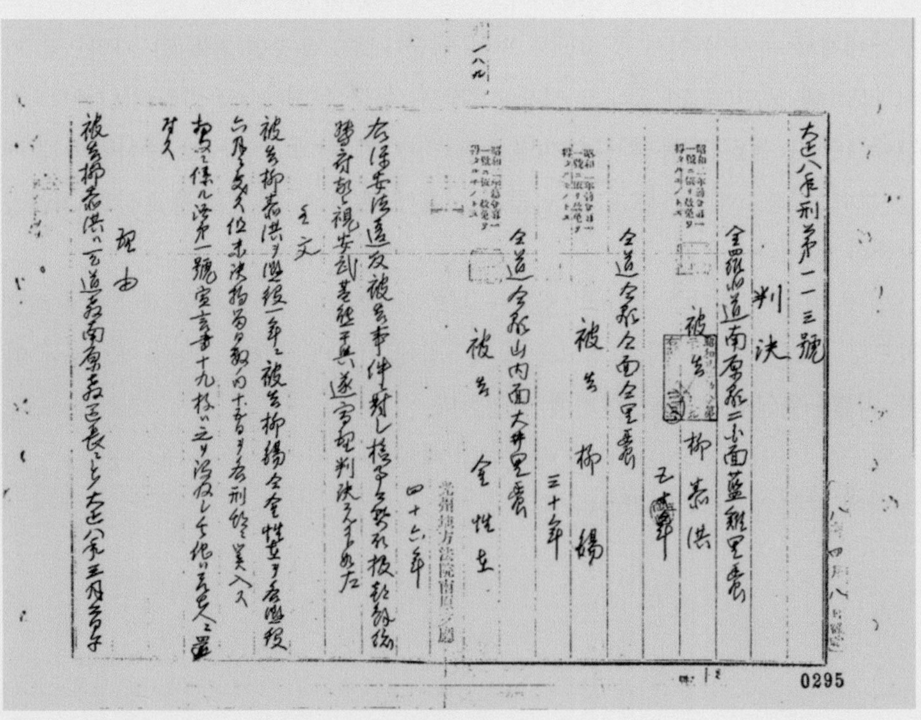

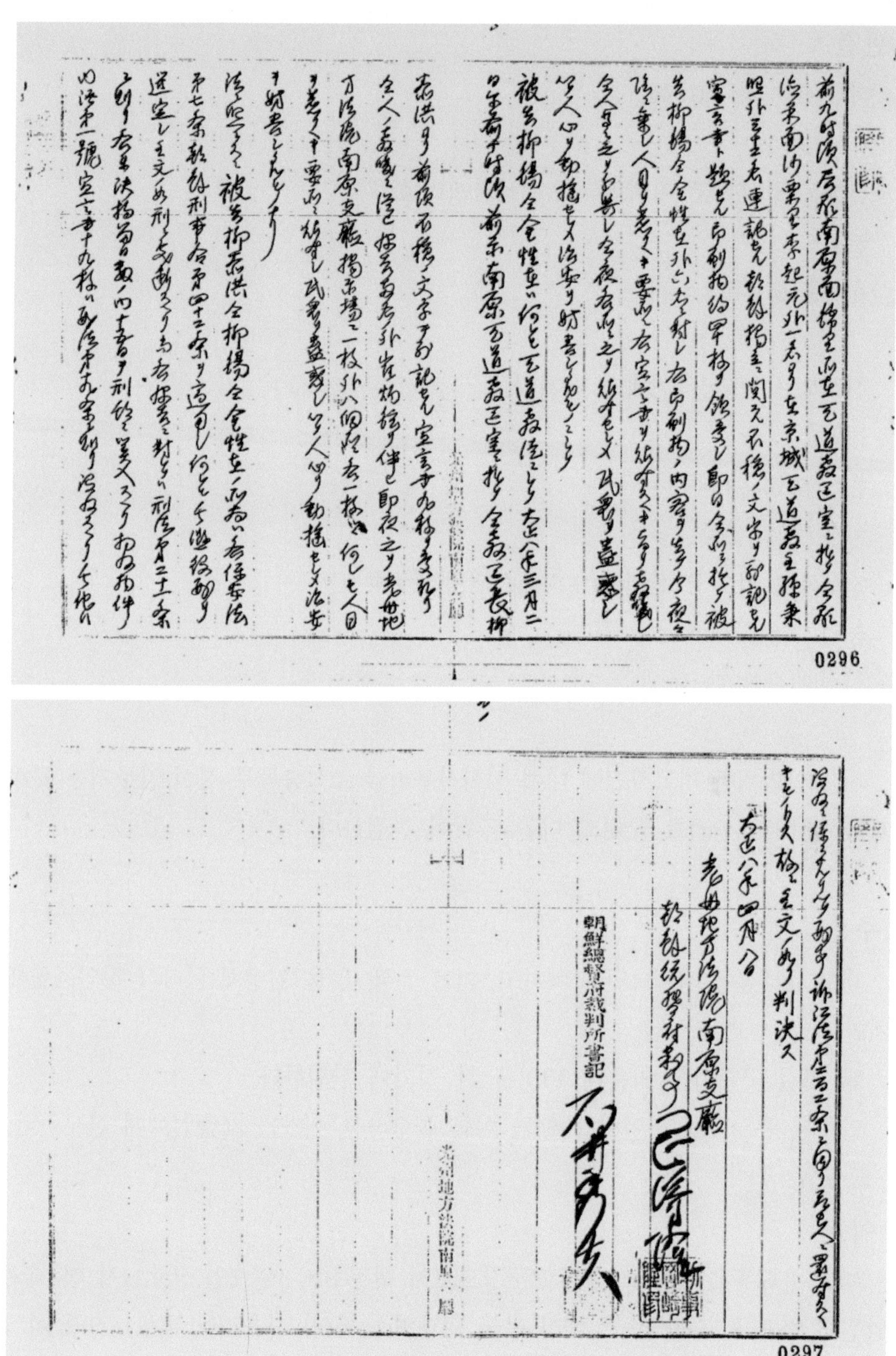
前九時頃居所南原南門外天道教区室ニ於テ全郡
[illegible]京城天道教主孫秉
熙外三十二名連記セル独立檄ニ関スル不穏ノ文字ヲ記セル
宣言書ト題セル印刷物約四十枚ヲ領受シ即日同所ニ於テ被
告柳錫金金性在外六名ニ対シ右印刷物ノ内容ヲ告ケ今夜
隠密ニ人目ニ着キ易キ要所ニ右宣言書ヲ貼付スヘキ旨ヲ示達シ
同人等ト共ニ之ヲ承諾シ同夜右印刷物ヲ貼付シテ民衆ヲ蠱惑シ
以テ人心ヲ動揺セシメ治安ヲ妨害シタルモノナリ
被告柳錫金金性在ハ何レモ天道教徒ニシテ大正八年三月二
日午前十時頃前示南原天道教区室ニ於テ同教区長柳
泰洪ヨリ前項不穏ノ文字ヲ記セル宣言書ナル旨ヲ告ケラレ
同人ノ嘱ニ従ヒ被告両名外六名協議ヲ遂ケ即夜之ヲ光州地
方法院南原支廳掲示場ニ一枚外八個所ニ各一枚宛何レモ人目
ニ着キ易キ要所ニ貼付シ民衆ヲ蠱惑シ以テ人心ヲ動揺セシメ治安
ヲ妨害シタルモノナリ
法律ニ照スニ被告柳泰洪同柳錫金同金性在ノ所為ハ各保安法
第七条朝鮮刑事令第四十二条ヲ適用シ何レモ懲役刑ヲ
選定シ主文ノ刑ヲ量定スヘク尚押収ニ係ル[illegible]刑法第二十条
ニ則リ右判決掲記ノ[illegible]ヲ刑[illegible]
同法第一號宣言書十九枚ハ[illegible]没収スヘク其他ハ

0296

刑事訴訟法第二百二条ニ則リ差出人ニ還付スヘ
キモノトス仍テ主文ノ如ク判決ス

大正八年四月八日

光州地方法院南原支廳
朝鮮總督府判事 [signature]
朝鮮總督府裁判所書記 [signature]

光州地方法院南原支廳

0297

판결

대정 8년 형 제113호

전라북도 남원군 이백면(二白面) 남계리(藍溪里)
농업
유태홍(柳泰洪) 53세

전라북도 남원군 이백면 남계리
농업
유석(柳錫) 30세

전라북도 남원군 산내면(山內面) 대정리(大井里)
농업
김성재(金性在) 46세

위 보안법위반 피고사건에 대해 검사사무취급 조선총독부 경시 안무기웅(安武基熊) 관여로 심리를 끝내고 다음과 같이 판결한다.

주문

피고 유태홍을 징역 1년에 처하고, 피고 유석 및 동 김성재를 각각 징역 6월에 처한다.

단 미결 구류일수 가운데 15일을 각 형기에 산입한다.

압수된 증 제1호 선언서 19매는 이를 몰수하고 여타는 제출인에게 환부한다.

이유

피고 유태홍은 천도교 남원 교구장으로서 대정 8년 3월 2일 상오 9시 경 거군 남원면 소재 천도교 교구실에서 동군 덕과면(德果面) 사율리(沙栗里) 거주 이기원(李起元) 외 1명으로부터 경성천도교주 손병희(孫秉熙) 외 32명이 연서한 조선 독립에 관한 불온한 내용의 선언서 약 40매를 수령하고, 즉일로 피고 유석, 동 김성재 외 6명에 대해 동 선언서 내용을 알리고, 밤을 틈타 사람의 눈에 띄기 좋은 요소요소에 붙이도록 교사함으로써 이들로 하여금 동 선언서를 첨부케 하여 민심을 현혹 동요시켜 치안을 방해하였다.

피고 유석, 동 김성재는 역시 천도교도인 바, 대정 8년 3월 2일 상오, 전시 남원교구실에서 동 교구장 유태홍으로부터 전시 독립선언서 9매를 수령하여 동인의 교사에 따라 소외(訴外) 최병현(崔炳鉉)을 동반하고 이를 광주지방법원 남원지청 게시판 및 8개소에 각각 1매를 내어 붙여 민심을 현혹 동요케 함으로써 치안을 방해하였다.

법률에 비추어 피고 유태홍, 동 유석, 동 김성재의 소위는 각각 보안법 제7조, 조선형사령 제42조를 적용하고 징역형을 선택, 주문과 같이 처단한다. 단 각 피고에 대해 형법 제21조에 따라 미결구류일수 가운데 15일을 형기에 산입한다.

압수물건 가운데 중 제1호인 독립선언서 19매는 형법 제19조에 따라 이를 몰수하고 여타는 몰수 대상이 아니므로 형사소송법 제202조에 따라 제출인에게 환부한다.

그러므로 주문과 같이 판결한다.

3. 판결문 - 1919년 4월 8일

1. 판결일자 : 1919년 4월 8일

2. 판결기관 : 광주지방법원 남원지청

3. 독립유공자

   장경일(張京日)

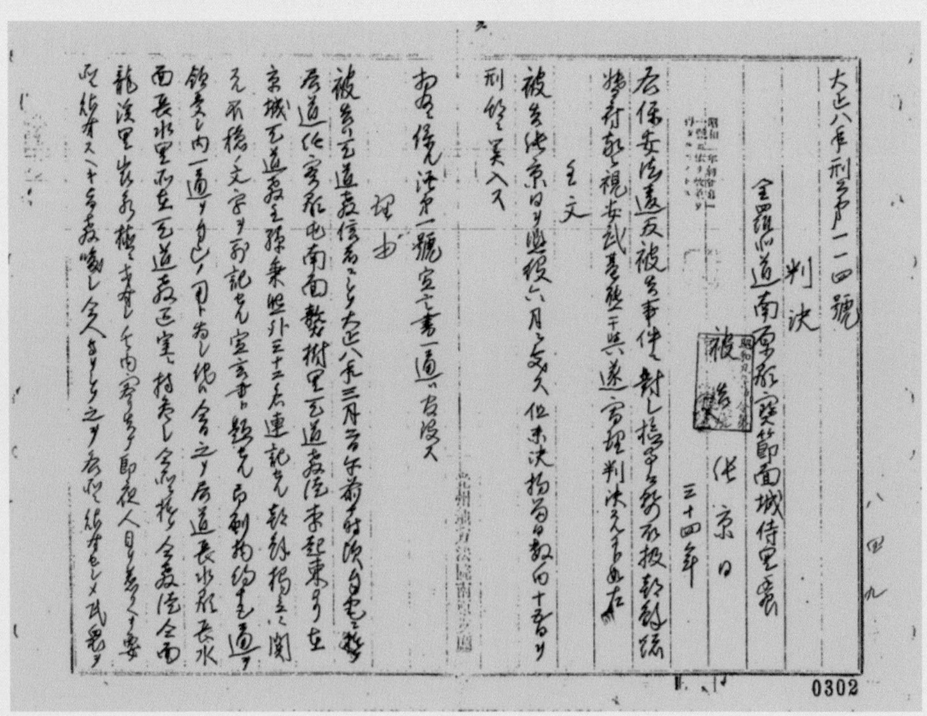

判決

主文

理由

0302

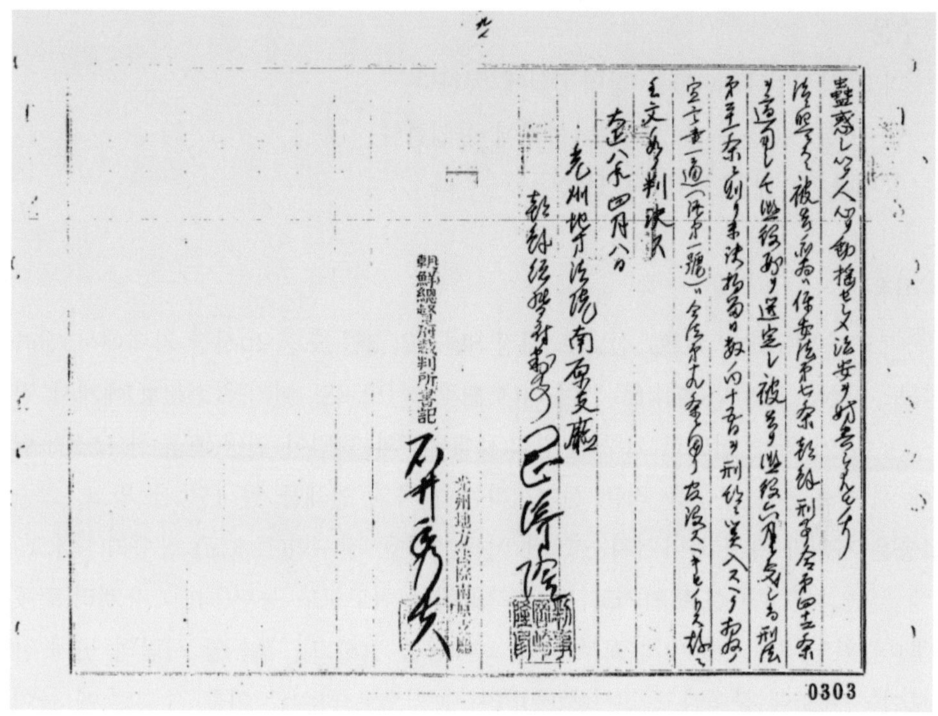

主文ノ如ク判決ス

大正八年四月八日

光州地方法院南原支廳

朝鮮總督府裁判所書記

光州地方法院南原支廳

0303

판결

대정 8년 형 제114호

전라북도 남원군 보절면(寶節面) 성시리(城侍里)

농업

장경일(張京日) 34세

위 보안법 위반 피고사건에 대하여 검사사무취급 조선총독부 경시(警視) 안무기웅(安武基熊)의 간여로 심리를 마치고 판결함이 다음과 같다.

주문

피고 장경일(張京日)을 징역 6월에 처한다.

단 미결구류일수 중 15일을 형기에 산입한다.

압수한 증 제1호 선언서 1통은 몰수한다.

이유

피고는 천도교(天道敎) 신도로 대정 8년 3월 2일 오전 10시경 자택에서 전라북도 임실군 둔남면(屯南面) 오수리(獒樹里) 천도교도 이기동(李起東)에게서 경성(京城)에 있는 천도교 교주 손병희(孫秉熙) 외 32명이 연명(連名)한 조선독립에 관한 불온한 문구를 적은 선언서라는 제목의 인쇄물 약 15통을 받고, 그중 1통은 자기가 가지고 나머지는 그날 이를 장수군 장수면(長水面) 장수리(長水里)에 있는 천도교구실로 가지고 가서 그곳에서 천도교도 동면(同面) 용계리(龍溪里)의 최영식(崔永植)에게 교부하며 그 내용을 말하고, 그날 밤 사람의 눈에 잘 보이는 요소에 붙이라고 교사(敎唆)하여 동인으로 하여금 이를 각 장소에 붙이게 하여 민중을 고혹(蠱惑)하여 인심을 동요시켜 치안을 방해한 것이다.

법에 비추어 보건대, 피고의 소위는 보안법 제7조, 조선형사령 제42조에 해당하므로 징역형을 선택하여 피고를 징역 6월에 처한다. 그리고 형법 제21조에 따라 미결구류일수 15일을 형기에 산입한다. 압수한 선언서 1통(증 제1호)는 동법 제19조에 따라 관에서 몰수한다.

이에 주문과 같이 판결한다.

4. 판결문 - 1919년 4월 24일

1. 판결일자 : 1919년 4월 24일

2. 판결기관 : 광주지방법원 남원지청

3. 독립유공자
   황석현(黃錫顯) 김덕인(金德仁)

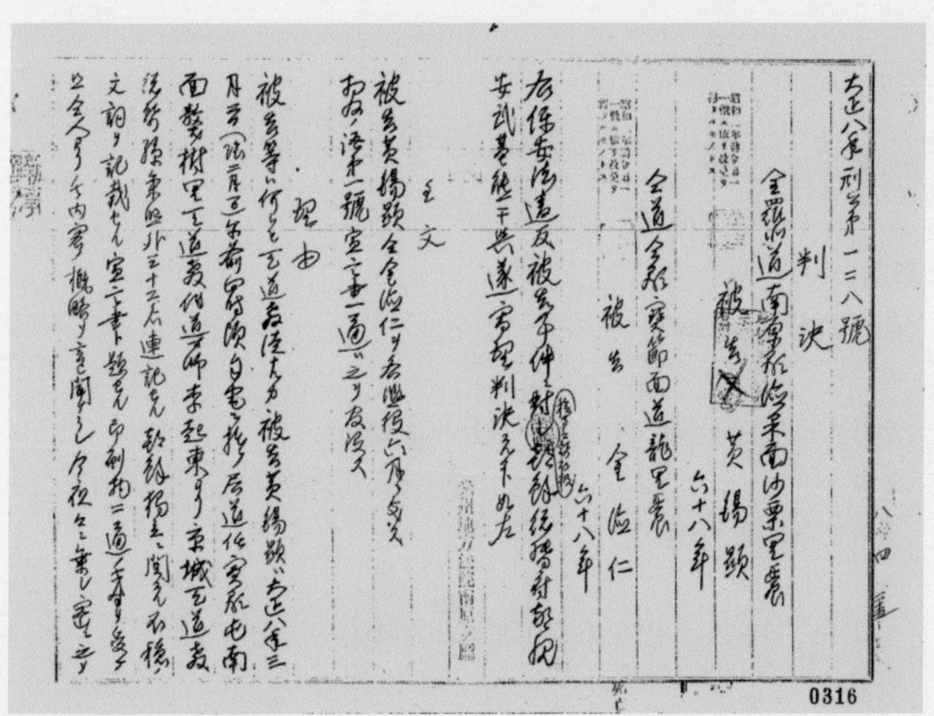
大正八年刑第一二八號

判決

被告 黄錫顯 六十八年

被告 金德仁 六十八年

主文

理由

0316

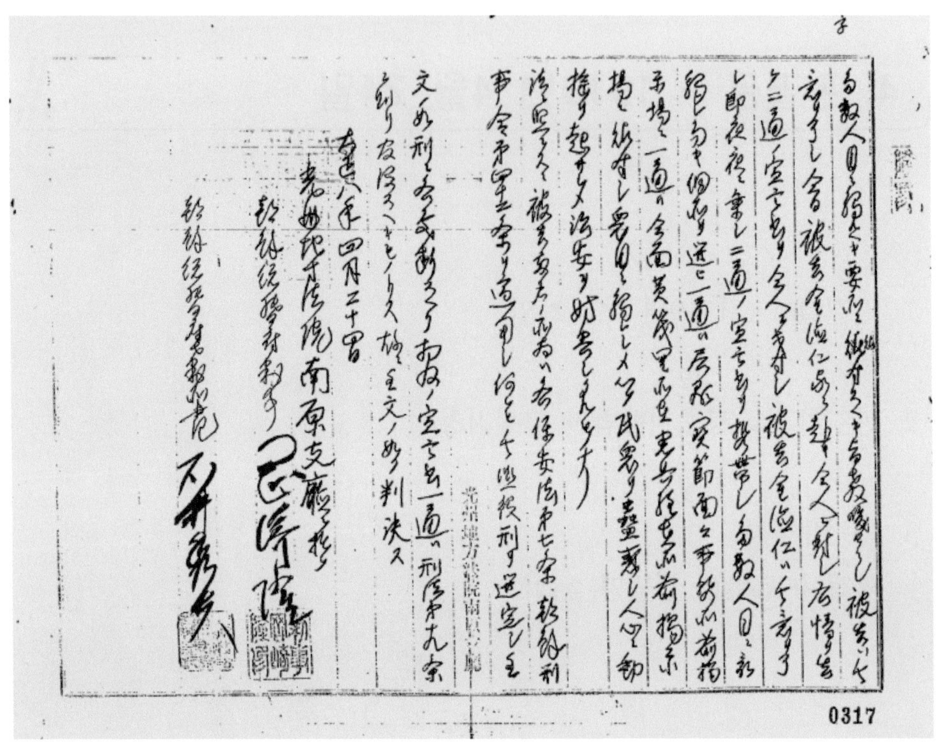

판결

대정 8년 형 제128호

전라북도 남원군 덕과면(德果面) 사율리(沙栗里)

농업

황석현(黃錫顯) 68세

전라북도 남원군 보절면(寶節面) 도룡리(道龍里)

농업

김덕인(金德仁) 68세

위 보안법위반 피고사건에 대하여 검사사무취급 조선총독부 경시(警視) 안무기웅(安武基熊)의 간여로 심리를 마치고 판결함이 다음과 같다.

주문

피고 황석현(黃錫顯), 동 김덕인(金德仁)을 각 징역 6월에 처한다.

압수된 증 제1호 선언서 1통은 이를 몰수한다.

이유

피고들은 모두 천도교(天道教) 교도인데, 피고 황석현은 대정 8년 3월 2일(음력 2월 1일) 오전 4시경 자택에서 전라북도 임실군 둔남면(屯南面) 오수리(獒樹里) 천도교 전도사 이기동(李起東)에게서 경성(京城)의 천도교 총세(總勢) 손병희(孫秉熙) 외 32명이 연기(連記)한 조선독립에 관한 불온한 문구를 기재한 선언서라는 제목의 인쇄물 2통의 교부를 받은 후 동인에게서 그 내용의 개괄을 듣고 그날 밤 어둠을 틈타 몰래 이를 많은 사람들의 눈에 띄는 주요 장소에 붙이라는 교사(教唆)를 받았다. 피고는 그 의도를 이해하고 그날 피고 김덕인의 집에 가서 동인에게 위의 사정을 말하고 2통의 선언서를 동인에게 교부하였다. 피고 김덕인은 그의 의도를 이해하고 그날 밤 어둠을 틈타 2통의 선언서를 가지고 많은 사람들의 눈에 잘 보이는 장소를 선택하여 1통은 남원군 보절면 면사무소 앞 게시판에, 1통은 보절면 황벌리(黃筏里)에 있는 헌병주재소 앞 게시판에 붙여 많은 사람들의 눈에 띄게 함으로써 민중을 혹란(惑亂)하여 인심에 동요를 일으켜 치안을 방해한 것이다.

법에 비추어 보건대, 피고 두 명의 소위는 보안법 제7조, 조선형사령 제42조를 적용하여 모두 그 징역형을 선정하고 주문과 같은 형에 각 처단한다. 압수된 선언서 1통은 형법 제19조에 따라 몰수할 것이다.

이에 주문과 같이 판결한다.

5. 판결문 - 1919년 4월 24일

1. 판결일자 : 1919년 4월 24일

2. 판결기관 : 광주지방법원 남원지청

3. 독립유공자
   황동주(黃東周) 문경록(文環錄)

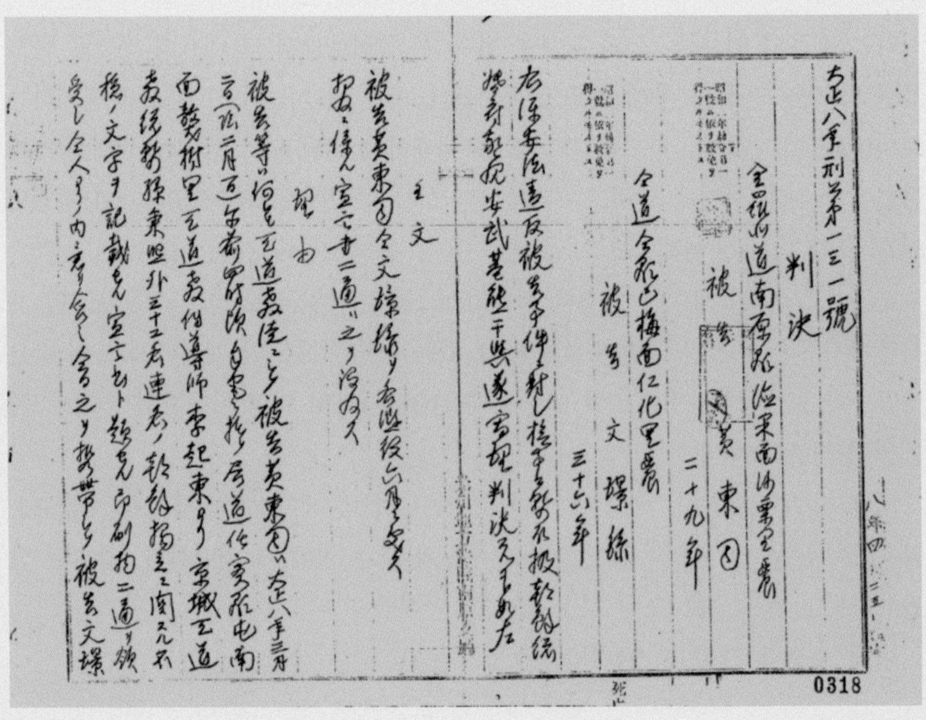

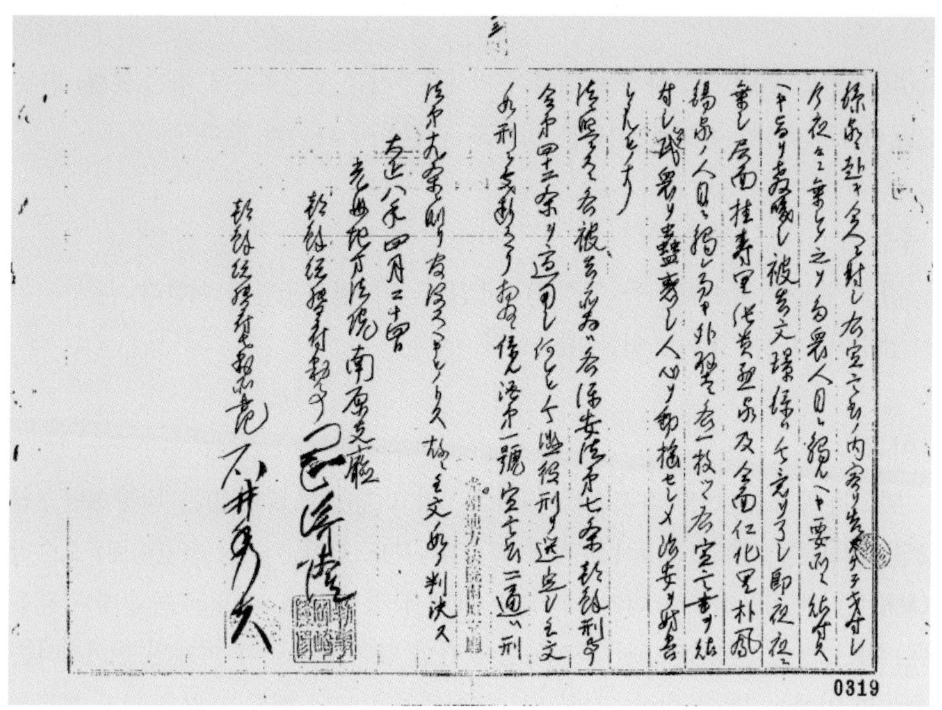

판결

대정 8년 형 제131호

전라북도 남원군 덕과면(德果面) 사율리(沙栗里)

농업

황동주(黃東周) 29세

전라북도 남원군 사매면(巳梅面) 인화리(仁化里)

농업

문경록(文璟錄) 36세

위 보안법 위반 피고사건에 대하여 검사사무취급 조선총독부 경시(警視) 안무기웅(安武基熊)의 간여로 심리를 마치고 판결함이 다음과 같다.

주문

피고 황동주(黃東周), 동 문경록(文璟錄)을 각 징역 6월에 처한다.

압수된 선언서 2통은 이를 몰수한다.

이유

피고들은 모두 천도교(天道敎) 교도로, 피고 황동주(黃東周)는 대정 8년 3월 2일(음력 2월 1일) 오전 4시경 자택에서 전라북도 임실군 둔남면(屯南面) 오수리(獒樹里) 천도교 전도사 이기동(李起東)에게서 경성(京城) 천도교주 손병희(孫秉熙) 외 32명이 연명(連名)한 조선독립에 관한 불온한 문구가 기재된 선언서라는 제목의 인쇄물 2통을 받아 그의 의도를 이해하고 그날 이를 가지고 피고 문경록(文璟錄)의 집으로 가서 동인에게 이 선언서의 내용을 말하고 교부하고 그날 밤에 어둠을 틈타 이를 다중의 눈에 잘 보이는 주요 장소에 붙이라고 교사(敎唆)하였다. 피고 문경록은 그의 의도를 이해하고 그날 밤 어둠을 틈타 남원군 사매면 계수리(桂壽里) 장귀열(張貴烈)의 집과 동면(同面) 인화리(仁化里) 박봉석(朴鳳錫)의 집 사람 눈에 띄기 쉬운 외벽에 각 1장씩 위 선언서를 붙임으로써 민중을 고혹(蠱惑)하여 인심을 동요시켜 치안을 방해한 것이다.

법에 비추어 보건대, 피고 두 명의 소위는 보안법 제7조, 조선형사령 제42조를 적용하여 모두 그 징역형을 선정하고 주문과 같은 형에 각 처단한다. 압수된 증 제1호의 선언서 2통은 형법 제19조에 따라 몰수할 것이다.

이에 주문과 같이 판결한다.

6. 판결문 - 1919년 5월 6일

1. 판결일자 : 1919년 5월 6일

2. 판결기관 : 광주지방법원 남원지청

3. 독립유공자

황일환(黃日煥)

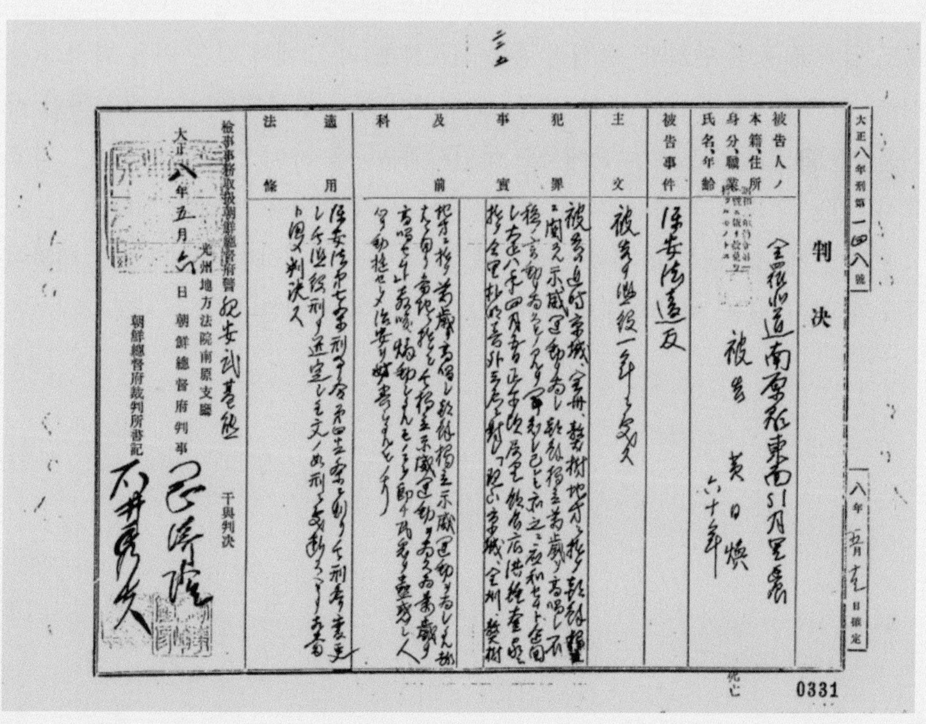

大正八年刑第一四八號

判決

被告人ノ本籍、住所、身分、職業、氏名、年齡

全羅北道南原郡東面

被告 黃日煥

六十年

被告事件 保安法違反

主文 被告ヲ懲役一年ニ處ス

犯罪事實及前科

法律適用條

大正八年五月六日

光州地方法院南原支廳

朝鮮總督府判事

朝鮮總督府裁判所書記

檢事事務取扱朝鮮總督府警視

干與判決

八年五月　日確定

0331

판결

대정 8년 형 제 148호

전라북도 남원군 동면(東面) 인월리(引月里)

농업

황일환(黃日煥) 60세

주문

피고를 징역 1년에 처한다.

이유

피고는 요사이 경성, 전주, 오수 지방에서 조선독립에 관한 시위운동을 하여 조선독립만세를 외치는 불온한 언동이 일어나고 있다는 것을 들어 알고는 자기도 이에 호응할 것을 계획하여 대정 8년(1919) 4월 5일 정오경 거주지 마을(전라북도 남원군 동면 인월리) 음식점 홍종규(洪鍾奎)의 집에서 같은 마을 박명선(朴明善) 외 3명에게 "현재 경성, 전주, 오수 지방에서 만세를 외치며 조선독립 시위운동을 하고 있으므로 이곳에서도 독립시위운동을 하여 만세를 외치자."라고 교사, 선동한 자로 민중을 꾀어 인심을 동요시켜 치안을 방해한 자다.

보안법 제7조, 형사령 제42조에 따라 그 형명을 변경하여 징역형을 선택하여 주문과 같이 형을 처단함이 타당하다고 인정하여 판결한다.

7. 판결문 - 1919년 5월 9일

1. 판결일자 : 1919년 5월 9일

2. 판결기관 : 광주지방법원 남원지청

3. 독립유공자

   이형기(李炯器) 이성기(李成器) 이용기(李龍器)

   유창근(柳昌根) 김해근(金海根) 천연도(千年桃)

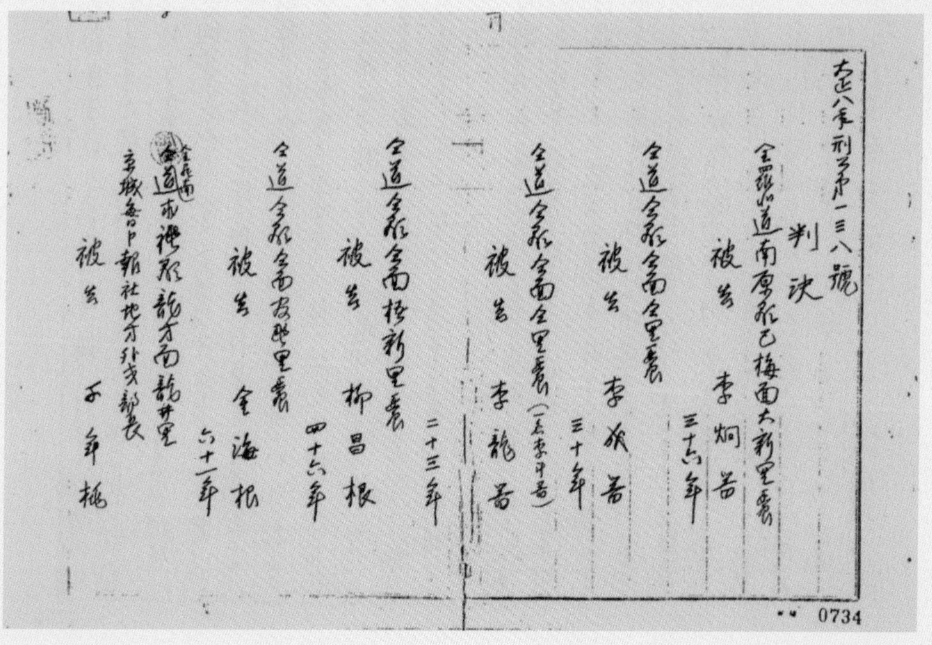

大正八年刑第一三八號

判決

全羅北道南原郡巳梅面大新里 農
被告 李炯器
三十六年

仝道仝郡仝面仝里 農
被告 李成器
三十年

仝道仝郡仝面仝里 農(一名 李中器)
被告 李龍器
二十三年

仝道仝郡仝面梧新里 農
被告 柳昌根
四十六年

仝道仝郡仝面交龍里 農
被告 金海根
六十一年

全羅南道求禮郡龍方面龍井里
京城每日申報社地方分局長
被告 千年桃

0734

三十年

右保安法違反被告事件ニ対シ朝鮮総督府検事事務取扱朝鮮
総督府警視安武基態干與審理判決スルコト
如左

主文

被告李炯善全李敬善全李龍善ヲ各懲役二年ニ被告柳
昌根全金海根全千永植ヲ各懲役一年六月ニ処ス
押収ニ係ル白旗及国旗竿(証第一號)根棒(証第二號)ハ之ヲ
没収シ馬寸帽(証第三號)ハ所有者ニ還付ス

理由

被告李炯善、李敬善、李龍善ハ我門族ニシテ全羅北道
南原郡徳果面長李爽善ト共ニ謀者ヲ郡内面民ヲ
煽動シ朝鮮独立示威運動ヲ為シ大正八年四月三日南原
憲兵分隊ニ闖入セントシタル際被告等ハ更ニ朝鮮独
立示威運動ヲ企図シ右数名ト協議ヲ遂ケ之ヲ實行セ
ンコトヲ企図シ全夜被告李敬善ハ其ノ家ニ於テ李種一門
ヲ勧誘シ大韓国形ヲ為シ朝鮮独立萬歳ヲ標榜シ
事ヲ挙ケムナリ激論シ全月四日己ニ被告李龍善ハ
自宅ニ於テ太極章ヲ画キ大韓独立旗ト已梅面ト大書シ
為剣ヲ旗ニ擬セン木綿紫旗一旒ヲ作製シ含ム

前七時頃李種二十餘名ヲ集メ謀議ヲ遂ケ情ヲ明シ一同之ニ贊
成シタルヤ被告李龍善ハ先ツ其旗ヲ携ヘ宣ニ南原ニ
入リ於テ市日ナルヲ乗シ全集ヲ携ヘ全志ヲ糾合シ被告
李炯善李敬善ハ含ム午後二時頃応シテ南原ニ来リ示
之ニ會シ全志ト市場ニ於テ多数群衆ヲ玄求シ之ニ対シ或ハ
根棒ヲ打チ振リ或ハ独立ノ言語ヲ弄シ朝鮮独立ヲ
為スヘキ萬歳ヲ高唱スヘシト絶ヘス煽動シ被告柳昌根
全金海根千永植ハ含ム右南原市場ニ参加シ前揭ノ
旗ヲ携ヘ前示ノ如ク朝鮮独立萬歳ヲ高唱スヘク煽動
シテ喚起ヲ為シ之ニ賛同シ前示各者ト共ニ或ハ根棒ヲ
打チ振リ或ハ独立ノ言語ヲ弄シ多数ノ市民ニ對シ朝鮮
独立ヲ為スヘキ萬歳ヲ高唱スヘシト煽動シ含ム午後三時
頃機至レリトシ被告李龍善ハ竹竿(約三間)ニ前掲ノ旗
ヲ備ヘ前記旗ヲ揭揚シ他被告等ト共ニ群集ヲ
従ヘテ朝鮮独立萬歳ヲ高唱シ衆ヲシテ之ニ和セシメ
或ハ根棒ヲ打チ振リ或ハ旗ヲ振リ市場ノ東側ヨリ起リ
同頃南進シ一気ニ南原憲兵分隊ニ殺到セントシ形勢
尤モ不穏ナリシ為憲兵ハ之ヲ制止セントシ且解散ヲ命
セシカ執拗ニ被告等ハ更ニ応セス気色ナク却テ反抗ノ
態度ヲ示シ益萬歳ヲ遂ケ叫ヒ遂ニ現場ヲ去ラ

ム可備兵ノ暴行ヲ誘発スルコトアリ死傷者ヲ出シ惨ヲ極ムルコトアルモノナリ即チ被告等ハ政治ニ関シ不逞ノ言詞ヲ弄シ民衆ヲ蠱惑シ為メニ其周辺ニ社会ノ安寧秩序ヲ妨害シタルモノナリ

以上判示ノ事実ハ左ノ証拠ヲ綜合シ之ヲ認定ス

一 証人竹内新ニ対スル当庁検事ノ訊問調書中証人ハ大正八年四月三日午前十時頃南原邑市場ニ赴キ居タル処被告[illegible]ハ根棒ヲ携帯シ馬ニ乗リ帽子ヲ目深ニ被リ黒毛ノ周衣ヲ着シ群衆ニ対シ朝鮮獨立萬歳ヲ絶叫スヘシト煽動シ居リシカ暫時スルト約一千名位ノ大群衆カ太極旗ヲ先頭ニ押立テ根棒ヲ振リツツ朝鮮獨立萬歳ヲ高唱シ南方ニ向ヒテ前進シ来リ其中ニハ手ニ手ニ根棒ヲ持チ振リ民衆ヲ指揮シ萬歳々々ヲ連呼シ居タルヲ目撃シタル旨ノ趣旨ノ記載

一 証人菅通一郎ニ対スル前同上訊問調書中証人ハ雑貨商ニシテ大正八年四月三日午前十時頃南原邑市場ニ出店シ商業ヲ為シ居タルニ被告人等ハ今日ハ朝鮮獨立ノ萬歳ヲ唱ヘネハナラヌト謀シ合ヒ居タリシ又中ニハ朝人ノ飲食店ヤ商人ニ対シ其他朝鮮獨立萬歳ヲ絶叫スヘシ若シ応セサレハ根棒ヲ殴打スヘシト威シ居タル者アリ暫クシテ午前十時頃ニ市場ノ東北隅ヨリ群衆来タル気配アリ群衆カ急ニ約千名程ノ大群衆トナリ太極旗ヲ先頭ニ朝鮮獨立萬歳ヲ絶叫シツツ南

方ニ向ヒテ前進シ来リシカ此時憲兵ハ群衆ニ向ヒテ之ヲ制止シ且解散ヲ説諭セントシタルモ応セス根棒ヲ振リ反抗ノ態度ヲ示シ益萬歳ヲ高唱シ止マス漸次騒擾ヲ拡大シ事態容易ナラサルヲ見テ[illegible]安全ノ為メ[illegible]セシメントシタルカ遂ニ暴民ハ当所ノ大部分ヲ破毀セシメタル現金三十余圓程ヲ掠奪セラレタル者及被告李炳昌、柳昌根、李承器、李龍善、金海根、千手植ノ六名ハ証人カ市場ニ居タル際根棒ヲ携ヘ良民ニ対シ「今日ハ朝鮮獨立萬歳ヲ絶叫セサル者ハ殴打スヘシト威嚇シ回リ居タリトノ趣旨ノ記載

一 証人丁在原ニ対スル前同上訊問調書中証人ハ煙草商ニシテ大正八年四月三日南原邑市場ニ於テ商売ヲ為シ居タルニ同日午前十時頃根棒ヲ携ヘタル暴民カ来リテ萬歳々々ト叫ヒ居タルカ萬歳ヲ高唱セヨト言ヒテ自分ニ迫リ殴打セントシタルヲ以テ自分ハ顔面ニ負傷シタリ自分ハ急ニ逃避セントシタルカ暴民ハ尾行シテ捕ヘ又ハ根棒ヲ打チ振リ良民ノ逃去ヲ許サス十圓ハ奪ハレタリ市場ノ東北隅ヨリ太極旗ヲ先頭ニ大群衆中朝鮮獨立萬歳ヲ唱ヘテ根棒ヲ手ニ振リ[illegible]放棄ヲ決シテ逃避セシカ之カ為メ商品ヲ紛失シタル者及被告千手植、李炳善、柳昌根、李承器、李龍善、金海根等ハ暴民ノ先頭ニ立チ獨立萬歳ヲ絶叫シ群衆ヲ指揮

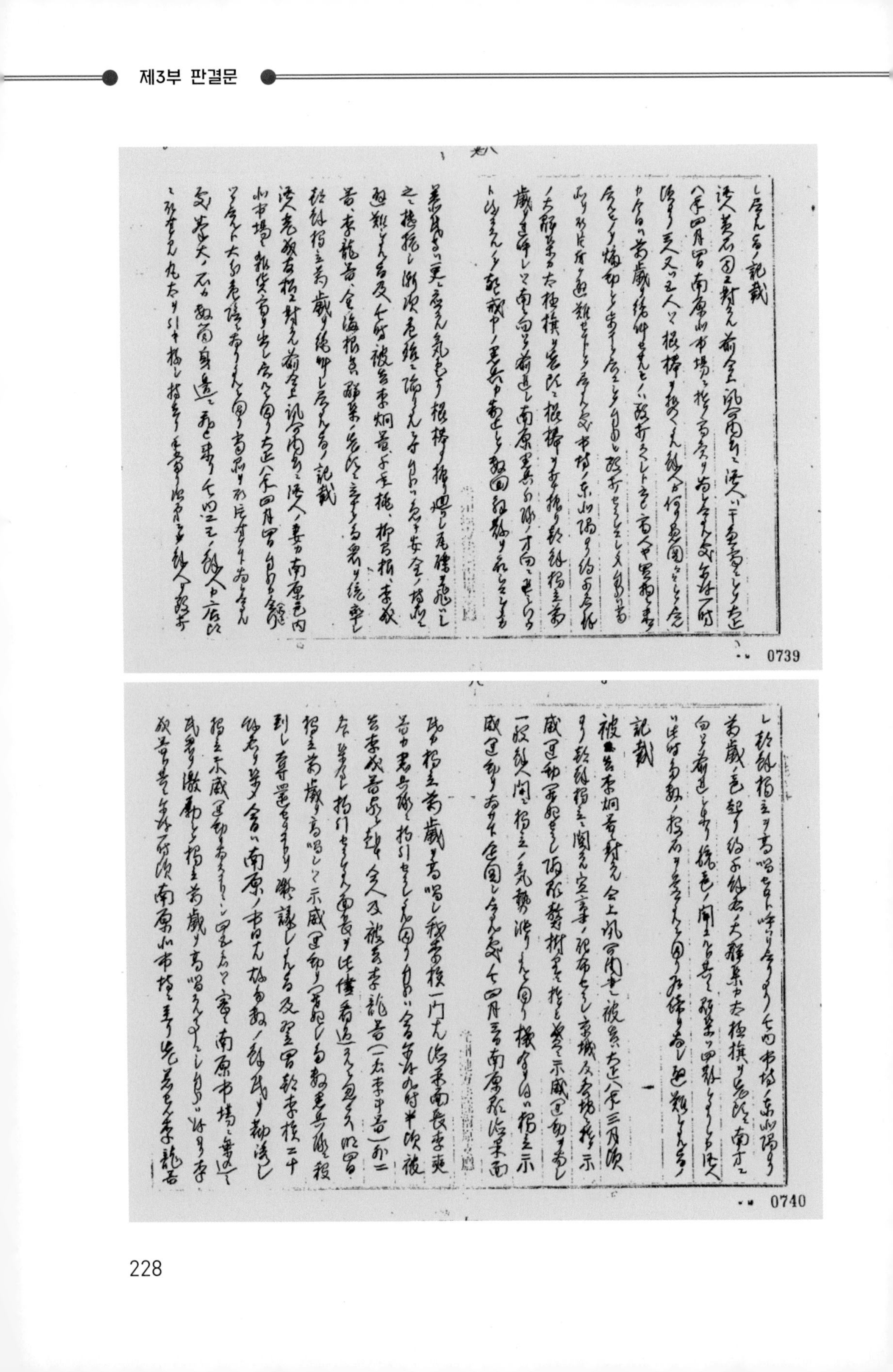

シ居ル旨ノ記載

證人黃石國ニ對スル豫審訊問調書ニ證人ハ[illegible]八年四月三日南原[illegible]市場ニ於テ[illegible]

[illegible]

拾[illegible]指主前[illegible]歲ヲ絶叫シ居ル旨ノ記載

[illegible]

シ[illegible]指主ヲ高唱[illegible]市場ノ[illegible]

[illegible]

記載

被告李炳[illegible]ニ對スル[illegible]訊問調書ニ被告ハ大正八年三月頃[illegible]

[illegible]

ヲ煽動シ群衆シ全市場ノ飲食店李萬吾ノ店ニテ休憩シ
居タル所萬歳ノ声ヲ起リタルヲ以テ自分モ出テ群集ヲ指揮シ萬
歳ヲ高唱セヨト激励シ民衆之ニ和シテ萬歳ヲ高唱シ以テ
安寧秩序ヲ妨害シ逮捕セラレタル者並ニ数人路傍ヲ起シ自分
等ハ多数ヲ以テ憲兵駐在所ニ殺到セシ已ムナク面長ヲ釈放セラルルナラム旨
ニモ付通リ実行シタル旨ノ記載
被告李龍善ニ対スル前会上訊問調書ニ被告ハ被告李炯
善ヲ南原郡徳果面長李爽善カ独立示威運
動ヲ決行シタル為メ謀者トシテ憲兵ニ同行セシメタルモノナル旨
ヲ聞キナシ全面長ハ全冊李一換ナトヨリ尊崇セラレ居ルハ之ヲ
ト言聞カセ自分モ之ニ加担スルコトト為リ大正八年四月四日自宅ニ
於テ木綿ニテ舊韓国旗ヲ作成シ之ニ大韓国独立旗ト記シ梅
田ト大書シ之ヲ携帯シテ前記ノ如ク南原山市場ニ赴キ
李一換ノ来会スルヲ待チ市場ニ来集セル多数ノ群衆ヲ煽
動シ大韓国ヲ作リ南原ニ集ムリト隊ニ於テ者モ一気ニ李両
尽ヲ尊崇セラレ自分ハ舊韓国旗ヲ振リ興シ運動ニ中
カリ指揮シ作ノ者ハ根棒等ヲ市場ニ来集セル群集ヲ
煽動シ為協セルコトニ部落ヲ定メ午後三時頃自分ハ竹竿ニ右
舊韓国旗ヲ揭揚シ市場ノ東山隅ニ行キ之ヲ振リ独立萬
歳ヲ高唱シテ之ヲ叫ヒ群衆ノ群集ハ之ニ和シテ雷同

0741

シ参加シ示威運動ヲ為シタルカ自分ハ現場ニテ警戒中ノ憲兵ニ
逮捕セラレタル為メ其ノ後ノ状況ハ知ラスト被告柳呂根
金相根カ之ヲ知リテ部落民ノ熱望ノ記載
全被告カ舊韓国旗ヲ作成シ竹竿（証第一号）ニ
付ケ被告ニ於テ之ヲ持チ居リタルモノナル旨ノ記載
被告李敬善ニ対スル前会上訊問調書ニ被告李炯
善ノ発言ニテ之ニ合意シ南原市場ニ来リ午後三時頃
大極旗ヲ持チ独立萬歳ヲ高唱セヨト言ヒ群集ニ対シ
高ラカニ群衆ヲ煽動シ萬歳ヲ高唱シ以テ同日憲兵ニ逮
捕セラレタル旨ノ記載
被告柳呂根ニ対スル前会上訊問調書ニ被告ハ大正八年四月
四日南原市場ニ来リ午後三時頃居面大新里ノ者等カ
太極旗ヲ持チ独立萬歳ヲ高唱スヘシト叫ヒ以テ
一些ノ機会ヲ待チ居リシハ以テ群集ヲ扇動シ
居タル状況ヲ見テ憲兵ニ逮捕セラレタル旨ノ記載
被告金海根ニ対スル前会上訊問調書ニ被告ハ大正八年四月四日
南原市場ニ来リタル所居面大新里ノ住民カ来リテ民衆
ニ対シ独立示威運動ヲ為スヘキ様子アリシヲ以テ自分モ
之ヲ助勢スル為メ午後三時頃一ノ群衆ヲ煽動シ根
棒ヲ以テ民衆ニ対シ萬歳ヲ高唱セヨト指揮シ高唱セシメタル者ハ

0742

踏ホシタル捕ヘ因ツ右及ヒ其ノ指揮ヲ受ケタル十七名ト共ニ逮捕
セラレタル旨並ニ其ノ附被告柳明根李敬善ニ於テ根棒ヲ持
チ右氏ト共ニ走セタル者共ト路上ニ於テ萬歳ヲ高唱シ居タル
旨ノ記載

同被告ノ第一回訊問調書中同被告ノ供述トシテ根棒（證第二號）一本ハ其ノ時自分ガ
携帯シ居リタルモノナリトノ旨ノ供述

被告李石柱ニ對スル前同上訊問調書ニ被告ハ大正八年四月四日
午后二時頃南原郡市場ノ郡業市場道ニ於テ群集ノ文市
場ノ東北隅ヨリ一團ノ群集ヲ指揮シ萬歳ヲ高唱シテ徹頃
自分ハ之ヲ制止セス前進シ来ルト同ジク自分モ之ニ参加シ指揮シ
萬歳ヲ高唱シ居タルニ憲兵等ニ依リ憲兵士等ニ逮捕セラレタル
因ツテ其ノ旨ヲ證言シタル旨ノ記載

押収ニ係ル證第一號舊韓國旗一旒（紙製竿共）證第二號根
棒一本ノ現存

以上

法律ニ照スニ被告等ノ所爲ハ犯罪時ノ法律ニ因レハ刑ノ變
更アリタルモノニ係リ刑法第六條第十條ニ依リ保安法
大正八年制令第七號ヨリ比照スルニ保安法ニ依リ前者法第
七條刑ノ方カ軽キヲ以テ同法ヲ適用シ其ノ刑期ヲ範囲ニ變更シ其ノ所
定ノ懲役刑ヲ選定スヘク、大正八年制令第七號ニ依ル

ハ同令第一條第一項ヲ適用シ其ノ懲役刑ヲ選定スヘキモ
ノナリト雖モ保安法ノ刑ハ軽キヲ以テ前掲保
安法第七條刑法第十條第四十五條ヲ適用シ其ノ懲役刑ヲ選定
シ各主文ノ刑ニ處断スヘク押収ノ舊韓國旗一旒紙製竿共
（證第一號）根棒一本（證第二號）ハ刑法第十九條ニ則リ没收
シ其ノ他ハ刑事訴訟法第二百二條ニ則リ差出人ニ還付スヘ
キモノトス 依テ主文ノ如ク判決ス

大正八年五月九日

光州地方法院南原支廳

朝鮮總督府判事 [signature]

朝鮮總督府裁判所書記 [signature]

판결

대정 8년 형 제138호

전라북도 남원군 사매면(巳梅面) 대신리(大新里)
농업
이형기(李炯器) 36세

동도 동군 동면 동리
농업
이성기(李成器) 30세

동도 동군 동면 동리
농업 일명 이두기(李斗器)
이용기(李龍器) 23세

동도 동군 동면 오신리(梧新里)
농업
유창근(柳昌根) 46세

동도 동군 동면 동리
농업
김해근(金海根) 61세

전라남도 구례군 용재면(龍才面) 용정리(龍井里)
경성 매일신보사 외사부장
천연도(千年桃) 30세

위 보안법 위반 피고사건에 대하여 검사사무취급 조선총독부 경시(警視) 안무기웅(安武基熊)의 간여로 심리를 마치고 판결함이 다음과 같다.

주문

피고 이형기(李炯器), 동(同) 이성기(李成器)를 각 징역 2년에, 피고 유창근(柳昌根), 동(同) 김해근(金海根), 동(同) 천연도(千年桃)를 각 징역 1년 6월에 처한다.

압수된 국기 및 국기 깃대(증 제1호), 곤봉(증 제2호)는 이를 몰수하고 사냥모자(증 제3호)는 소유자에게 환부한다.

이유

피고 이형기, 이성기, 이용기는 일족(一族)인 전라북도 남원군 덕과면 면장 이석기(李奭器)가 주모자가 되어 군내 면민을 선동하여 조선독립시위운동을 하여 대정 8년 4월 3일 남원 헌병분대에 유치되자, 피고들은 다시 조선독립시위운동을 개시하여 다수가 분대로 몰려가 그를 빼내 올 것을 계획하고, 그날 밤 피고 이성기의 집에서 회합하였다. 그리고 이씨 가문을 권유하여 대집단을 형성하고 조선독립만세를 표방하여 거사를 일으킬 것을 의의(擬議)하였다.

동월 4일 일찍 피고 이용기는 자택에서 태극장을 그린 '대한독립기 사매면(大韓獨立旗巳梅面)'이라고 크게 쓴 구한국 깃발을 본뜬 목면으로 만든 깃발 1개를 만들고, 그날 오전 7시경 이씨 가문 20명을 모아 사정을 설명하여 일동이 찬성의 뜻을 표하자 피고 이용기가 먼저 무리와 함께 몰래 남원에 들어가서 마침 장날임을 틈타 그곳에서 동지를 규합하였다.

피고 이형기, 이성기는 그날 오후 1시경 끝으로 남원에 들어가 그곳 북(北) 시장에서 다수의 군집한 양민에게 혹은 곤봉을 휘두르거나 혹은 난폭한 언어를 내뱉으며, 조선독립을 할 만세를 외치라고 강하게 선동하였다.

피고 유창근, 김해근, 천연도는 그날 위 남원시장에 모여 위의 피고 3명에게서 위와 같이 조선독립만세를 외치라는 선동, 교사를 받고 바로 이에 찬동하여 위 3명과 함께 혹은 곤봉을 휘두르거나 혹은 난폭한 언어를 내뱉으며 다수의 양민에게 조선독립을 할 만세를 외치라고 선동하였다.

피고 이용기는 대나무 깃대(약 3間)에 미리 준비한 구한국 깃발을 게양하여 다른 피고들과 함께 군중의 선두에 서서 조선독립만세를 외치고, 군중으로 하여금 이를 따라하게 하고, 혹은 곤봉을 휘두르거나 혹은 깃발을 흔들며 시장의 동북쪽 구석에서 궐기하여 점차 남쪽으로 행진하였다. 짧은 시간에 남원 헌병분대로 몰려오는 형세가 되자 이때 경계를 담당하던 헌병이 이들을 제지한 후 해산을 명령하였는데, 열광한 피고들은 응하는 기색이 없이 오히려 반항의 태도를 보이며 더욱 사나운 기세를 드러냈다. 이에 끝내 헌병수비병이 발포를 하여 사상자가 여러 명 나왔고 점차 해산하게 된 것으로, 즉 피고들은 정치에 관한 불령(不逞)한 언사를 내뱉으며 민중을 고혹(蠱惑)하고 다수가 공동으로 사회의 안녕, 질서를 방해한 것이다.

위의 판시 사실은 다음의 증거를 종합하여 이를 인정한다.

증인 죽내정(竹內鼎)에 대한 당청 검사사무취급 신문조서에, 증인은 대정 8년 4월 4일 오후 2시 남원 북(北) 시장에 갔었는데, 피고 천연도가 곤봉을 휴대하고 사냥모자를 눈이 가려질 정도로 눌러 쓰고 조선인에게 조선독립만세를 절규하라고 선동하고 있었는데, 잠깐 사이에 약 1천 명 정도의 많은 군중이 태극기를 선두에 앞세우고 곤봉을 휘두르며 조선독립만세를 외치며 남쪽을 향해 전진하고 있었다. 그런데 그 속에서 천연도는 곤봉을 휘두르며 민중을 지휘하여 만세를 연호하고 있는 것을 목격하였다는 취지의 기재.

증인 곡구미일랑(谷口彌一郎)에 대한 위와 동일한 신문조서에, 증인은 잡화상으로 대정 8년 4월 오전 11시경 남원 북(北) 시장에 있는 가게에 나가 상업을 하고 있었는데, 조선인들이 오늘은 조선독립만세를 부르지 않으면 안 된다고 이야기하며 모여 있었고, 또 그 중에는 조선인 음식점이나 상인에게 '조선독립만세를 절규해야 하고, 만약 응하지 않으면 곤봉으로 구타하겠다.'라고 위협하고 있는 것을 보았다는 내용, 오전 2시경에 시장의 동북쪽 구석에서부터 5,6백 명으로 생각되는 군중이 짧은 시간에 약 1천 정도의 큰 군중이 되어 태극기를 선두에 앞세우고 조선독립만세를 절규하면서 남쪽을 향해 전진하고 있었는데, 이때 경계근무를 하고 있던 헌병이 군중을 향해 이를 제지한 후 여러 번 해산하라고 타일렀으나 조금도 이에 응하는 모양이 없이 오히려 반항의 태도를 보이고 더욱 만세를 외치는 것을 멈추지 않았다. 점차 소요가 확대되어 사태가 쉽지 않다는 생각이 들어 자신은 가게를 정리하고 재빨리 안전한 장소로 피난하였는데, 폭민에게 상품의 대부분이 파훼되었고, 현금 30전 정도 도난당하였다는 내용, 피고 이형기, 유창근, 이성기, 이용기, 김해근, 천연도의 6명은 증인이 시장에 있을 때 곤봉을 휴대하고 양민에게 '오늘 조선독립만세를 절규하지 않은 자는 구타한다.'고 위협하면서 돌고 있었다는 취지의 기재.

증인 정재봉(丁在奉)에 대한 위와 동일한 신문조서에, 증인은 소금장수로서 대정 8년 4월 4일 남원 북(北) 시장에서 소금장사를 하고 있었는데, 동일 오후 2시경 곤봉을 가진 폭민이 와서 '어찌하여 우물쭈물 하고 있는가. 빨리 만세를 외치라.'고 말하면서 자신을 구타하였기에 자신은 안면에 부상을 입었다. 자신은 빨리 피난하려고 했는데 폭민이 기와와 돌을 던지거나 곤봉을 휘두르며 양민의 퇴거를 허락하지 않았다. 시장의 동북쪽 구석에서부터 태극장 깃발을 선두로 많은 군중이 조선독립만세를 외치면서 곤봉을 휘두르며 오고 있기에 죽음을 각오하고 피난했고, 때문에 상품을 분실했다는 내용, 피고 천연도, 이형기, 유창근, 이성기, 이용기, 김해근 등은 폭민의 선두에 서서 독립만세를 절규하며 군중을 지휘하고 있었다는 내용의 기재.

증인 황석동(黃石同)에 대한 위의 같은 신문조서에, 증인은 건어물상으로 대정 8년 4월 4일 남원 북(北) 시장에서 장사를 하고 있었는데, 오후 1시경부터 3명 또는 5명씩 곤봉을 휴대한 조선인이 '어찌하여 우물쭈물하고 있는가. 오늘 만세를 절규하지 않는 자는 구타하겠다.'라고 말하며 선동하면서 다니고 있었다. 자신은 구타당할 것 같아 상품을 정리해 피난하려고 하고 있었는데, 시장의 동북쪽 구석에서 약 1천 명 정도의 많은 군중이 태극기를 선두에 세우고 곤봉을 휘두르며 조선독립만세를 연호하면서 남쪽을 향해 전진해 남원 헌병분대 방향으로 나가고 있었다. 경계 중이던 헌병이 제지하여 여러 번 해산을 명령했는데, 폭민들은 응할 기색이 없이 곤봉을 휘두르며 돌면서 기와 등을 던지며 이에 저항하였다. 점차 위태로운 상태가 되어가 자신은 급히 안전한 장소로 피난했다는 내용, 그때 피고인 이형기, 천연도, 유창근, 이성기, 이용기, 김해근 등은 군중의 선두에 서서 다중을 통솔하고 조선독립만세를 절규하고 있었다는 내용의 기재.

증인 광성우송(光成友松)에 대한 위와 동일한 신문조서에, 증인의 처가 남원

읍내 북(北)시장에 있는 잡화상에 나갔기 때문에 대정 8년 4월 4일 자신은 그곳에 있었는데 대부분이 위험하다고 하여서 상품을 정리하고 있었다. 그런데 주먹 크기의 돌이 여러 개가 신변으로 날아왔고 그중 2,3인의 조선인이 가게 앞에 부착한 통나무를 떼어서 갖고 가버리고 닥치는 대로 조선인을 구타하며 조선독립 만세를 외치라고 소리치고 있었다. 그때 동북쪽 구석에서부터 만세소리가 일어나 약 1천 명 정도의 많은 군중이 태극기를 선두에 세우고 남쪽을 향해 전진하고 있었는데 총성소리를 듣고 군중이 해산하였다. 증인은 이때 다수의 돌에 맞았기 때문에 문단속을 하고 피난했다는 내용의 기재.

피고 이형기에 대한 동상(同上) 신문조서에, 피고는 대정 8년 3월경부터 조선독립에 관한 선언서가 배포되어 경성 또는 각지에서 시위운동이 개시되고 이웃 군(郡)인 오수리에서도 성대하게 시위운동을 하고 일반 조선인 사이에 독립의 기세가 퍼졌기 때문에 기회가 되면 독립시위운동을 하려고 계획하고 있었다. 그런데 4월 3일 남원군(南原郡) 덕과면 면민이 독립만세를 외치고, 우리 이씨 가문인 덕과면장 이석기(李奭器)가 헌병대에 구인되었기에 자신은 그날 오후 9시경 피고 이성기의 집에 가서 동인 및 피고 이용기(일명 이두기李斗器) 외 2명과 만나 구인된 면장을 이대로 간과하는 것은 참을 수 없으니 내일 4일 독립만세를 외치면서 시위운동을 개시하고 다수가 헌병대로 몰리자 탈환할 것을 의의(擬議)하였다는 내용, 다음날 4일 아침 이씨 가문 20명 정도를 모아 오늘은 남원의 장날이니 다수의 군중에게 권유하여 독립운동시위를 하자고 하고, 4~5명씩 몰래 남원시장으로 보내어 민중을 격려해 독립만세를 외치도록 하고 자신은 나중에 이성기와 함께 오후 1시경 남원 북(北)시장에 가서 쉬고 있다가 만세 소리가 일어나기에 자신은 바로 군중을 지휘해 만세를 외치라고 격려하였다. 민중이 이에 따라 만세를 외치고 있었는데, 헌병에게 체포되었다는 내용 및 이와 같이 소요가 일어나 다수가 분대로 몰려가면 어쩔 수 없이 면장을 석방시킬 것이라 생각해 계획을 실행하였다는 내용의 기재.

피고 이용기에 대한 위와 같은 신문조서에, 피고는 피고 이형기로부터 남원군 덕과면장 이석기가 조선독립시위운동을 결행했기 때문에 주모자로서 헌병에게 구인되었다는 것을 들었고, 동 면장은 전주이씨 가문이므로 탈환해야 한다는 말을 듣고 자신도 이에 가담하였다. 대정 8년 4월 4일 자택에서 목면으로 구한국 깃발을 만들어 여기에 '대한독립기사매면'이라 크게 적고 이를 휴대하고 오전 10시경 남원 북(北)시장에 갔다. 이씨 가문이 집합한 곳에서 기다리다가 시장에 모여든 다수의 조선인을 선동하여 큰 집단을 만들어 남원 헌병분대로 몰려가 이(李) 면장을 탈환하자고 하고, 자신은 구한국 깃발을 휘두르며 돌고, 운동을 할 것을 담당한 사람들은 곤봉 등으로 시장에 모인 군중을 선동, 교사하기로 부서를 정하였다. 오후 2시경 자신은 죽간에 위 구한국 깃발을 게양하고 시장의 동북쪽 구석에서 이를 흔들며 독립만세를 발성하였는데, 순식간에 천여 명의 군중이 이에 따라 뇌동(雷同)하여 성대하게 시위운동을 하였다. 자신은 현장에서 경계 중인 헌병에게 체포되었다는 내용, 그 소요의 때에 피고 유창근, 김해근이 그 주동자라는 취지의 기재.

동 피고가 당심 법정에서 한 구한국 국기 및 죽간(증 제1호)는 그때 피고가 몽둥이에 부착하여 휘두르면서 돌았다는 내용의 공술.

피고 이성기에 대한 위 같은 신문조서에, 피고는 대정 8년 4월 4일 이형기의 발의에 동의하여 남원시장에 가서 그날 오후 2시경 태극기를 앞세우고 독립만세를 외치라고 군중을 선동하며 만세를 외칠 때 헌병에게 체포되었다는 내용의 기재.

피고 유창근에 대한 위와 같은 신문조서에, 피고는 대정 8년 4월 4일 남원시장에 갔는데, 오후 2시경 거주지 면 대신리의 사람들이 태극기를 앞세우고 조선독립만세를 외치고 있기에 자신도 그곳으로 가서 만세를 부르며 다른 사람에게도 만세를 외치라고 소리치며 돌아다녔고, 그 현장에서 헌병에게 체포되었다는 내용의 기재.

피고 김해근에 대한 위와 같은 신문조서에, 피고는 대정 8년 4월 4일 남원시장에 갔는데, 거주지 면 대신리 주민이 주동자가 되어 민중에게 조선독립시위운동을 개시한다고 하여 자신도 이에 가세하였고, 오후 2시경 곤봉으로 민중에게 만세를 연호하라고 지휘하고, 외치지 않는 자는 구타하려고 생각했다는 내용 및 그 지휘를 하고 있을 때 헌병에게 체포되었다는 내용 및 그때 피고 유창근, 이성기도 곤봉을 가지고 양민으로 도주하려는 자 모두를 제지하고 만세를 외치라고 강요하고 있었다는 내용의 기재.

동 피고의 당심 법정에서 한 곤봉(증 제2호) 1개는 그때 피고가 휴대하고 있었던 것이라는 취지의 공술.

피고 천연도에 대한 위와 같은 신문조서에, 피고는 대정 8년 4월 4일 오후 2시경 남원 북(北)시장의 야채시장 주변에 서 있었는데, 시장의 동북쪽 구석에서부터 한 무리의 군중이 독립만세를 외치면서 점차 자신이 있는 방향으로 전진해 오기에 자신도 이에 참가하여 독립만세를 외쳤는데, 헌병수비대의 병사들이 발포했기에 그 장소에서 도망쳤다는 내용의 기재.

압수된 증 제1호 구한국 깃발 1개(죽간 포함), 증 제2호 곤봉 1개의 현존. 이상.

법률에 비추어 보건대, 피고들의 소위는 범죄 후의 법률에 의해 형의 변경이 있는 것으로 형법 제6조 제10조에 의해 보안법과 대정 8년 제령 제7호를 비교하건대, 보안법에서는 각 동법 제7조, 형사령 제42조를 적용하여 그 형명을 변경하고 그 소정의 징역형을 선택한다. 대정 8년 제령 제7호에서는 동 제령 제1조 제1항을 적용하여 그 징역형을 선정해 처분한다. 그런즉 보안법의 형이 가벼운 것이 명확하므로 위의 보안법 제7조, 형사령 제42조를 적용해 그 징역형을 선정하여 각 주문과 같은 형에 처단한다. 압수된 구 한국깃발 1개-죽간 포함-(증 제1호), 곤봉 1개(증 제2호)는 형법 제19조에 따라 몰수하고 기타는 형사소송법 제202조에 따라 차출인에게 환부한다.

그러므로 주문과 같이 판결한다.

8. 판결문 - 1919년 5월 19일

1. 판결일자 : 1919년 5월 19일

2. 판결기관 : 광주지방법원 남원지청

3. 독립유공자

이석기(李奭器) 조동선(趙東先) 이풍기(李豊器) 이승순(李承珣) 김선양(金善養) 이재화(李載和)

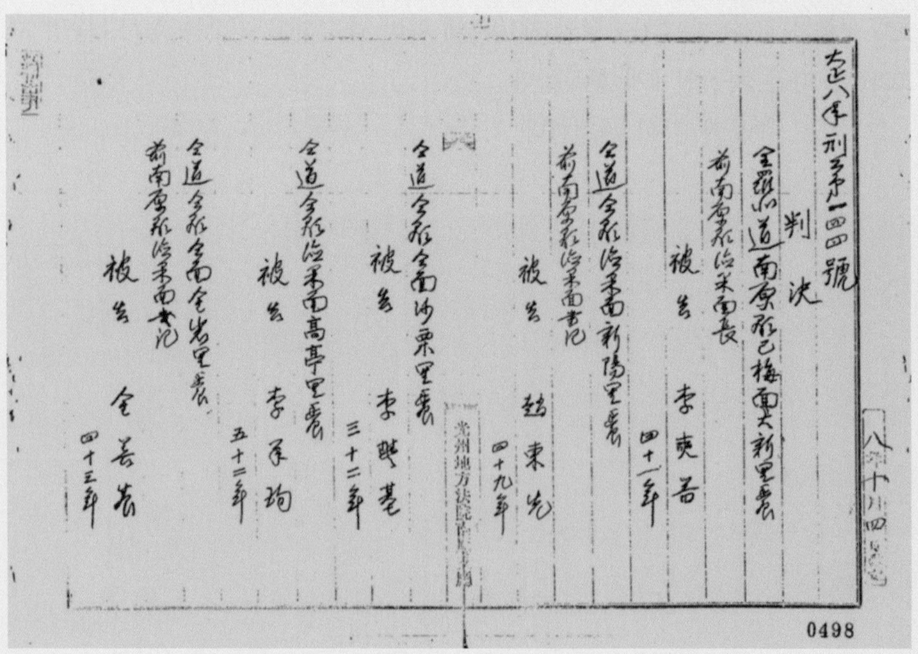

大正八年刑第一四四號

判決

全羅北道南原郡巳梅面大新里農
前南原郡[illegible]面長
被告 李奭器
四十一年

全道全郡[illegible]面新陽里農
前南原郡[illegible]面書記
被告 趙東先
四十九年

全道全郡全面沙栗里農
被告 李豊器
三十二年

全道全郡[illegible]面高亭里農
被告 李承珣
五十二年

全道全郡全面全岩里農
前南原郡[illegible]面書記
被告 金善養
四十三年

光州地方法院南原支廳

0498

仝道仝郡仝面沙栗里農

前南原郡德果面書記

被告　李載和

四十四年

右保安法違反被告事件ニ付朝鮮總督府檢事安武甚能干與審理判決スルコト左ノ如シ

主文

被告李奭器ヲ懲役一年六月ニ被告趙東先ヲ懲役一年ニ被告李學基仝李承珣ヲ各懲役六月ニ處ス

被告金善基仝李載和ヲ各[illegible]ニ處ス

押收ニ係ル不穩文書(證第一號)ハ之ヲ沒收ス

理由

被告李奭器ハ南原郡德果面長ヲ被告趙東先ハ仝面書記ヲ奉職中大正八年三月三十一日南原郡德果面事務所ニ於テ外二名(仝面新陽里區長李秉圭仝面高亭里李鍾源)ト會合シ仝年四月三日ハ植樹紀念日ニ當ル故面民ノ集會スルヲ機トシ朝鮮獨立示威運動ノ爲朝鮮獨立萬歳ヲ高唱セシメンコトヲ共謀シ被告李奭器ハ面長ノ名義ヲ以テ面内各區長ニ對シ四月三日ハ植樹紀念日ナルヲ以テ各戸ヨリ男子一名ツツヲ出シ仝面新陽里竹山植栽所ニ參集スヘキ旨ヲ通達シ

0499

會合セシ面民約八百名ニ對シ植樹ヲ爲サシメ終リテ此一同ニ酒ヲ饗シ稍々興奮シタル時機ヲ窺ヒ被告等ノ内率先シテ朝鮮獨立萬歳ヲ高唱シ被告李學基仝李承珣ハ衆ニ先ンシ之ニ和シテ群集ヲ煽動シテ和唱セシメ出張セル憲兵ノ制止セシモ之ヲ肯ハスシテ毫モ之ニ服セス却テ群集ヲ煽動シテ萬歳ヲ高唱セシメ梧新憲兵駐在所ニ向テ進行シテ之ヲ追及シ被告李奭器ハ仝面沙栗里吳白龍ノ家屋上ニ登リ群衆ニ對シ銃ヲ攜帯シ「朝鮮全胞諸君ト題シ神聖ナル檀君ノ子孫トシテ半萬年東方ニ根據セシ我朝鮮民族ハ庚戌ノ年(明治四十三年併合ノ年ヲ指ス)カ寃憤ナル[illegible]江山ハ殘民地圖ニ出版セシ神聖子孫ハ奴隷氏籍ニ入リテ斯ル羞辱ヲ受ケ何ノ面目アリテ地下ノ聖祖ニ見ヘンヤ奮起シテ列強人ニ對スルカ叢古ヲ指シテ宣言シ波蘭モ民族自決ヲ主張セリ吾等モ憤興奮氣ニ滿腔熱誠ヲ盡シ朝鮮獨立ヲ高唱ス萬歳萬歳朝鮮獨立萬歳萬歳萬萬歳」ト記載セル不穩ノ文書ヲ朗讀シ且仝文書二十一枚ヲ群集ニ撒布シ益々興奮激昂セシメ再ヒ進行ヲ繼續シ梧新憲兵駐在所前道路ニ殺到シ朝鮮獨立萬歳ヲ高唱シツツアリシカ折柄南原憲兵分隊ヨリ應援ト

0500

ヲ生セシメ其ノ実行ヲ為シ以テ治安ヲ妨害セシモノナリ
被告李爽善ハ大正八年四月五日夜自宅ニ於テ「現今二十
世紀時代ハ世ヲ更新シ霊ヲ実シ吾人ノ後者ハ今ヤ興起セントスル者
時ノ弱者ハ現時ノ強者ト並ビテ独立ヲ宣言シ波蘭モ民
族自決ヲ主唱シ況ヤ神聖子孫我朝鮮民族ニ於テ
オヤ吾等ハ面長ノ職ヲ辞シ満腔ノ誠意ヲ盡シ朝鮮
独立ヲ高唱ス」ト題スル記載セル旧治東面長ノ名義ヲ以テ
各面事務所ニ宛テタル不穏文書二十一通ヲ作成シ同月五日居
所治東面新陽里紀念植樹ノ場所ニ於テ内十五通ヲ南
原郡内各面事務所ニ宛テタル封筒ニ入レ封緘シタル後之ヲ
分リセシ治東面事務所小使金光三ニ交付シ南原郡内治
東面外十四箇面事務所ヘ配達スベキ旨ヲ命シ金光三ハ
之ヲ受ケ同年四月六日内一通ヲ治東面事務所ニ持参シ
面長金善義ニ外十四通ハ他ノ者ヲ以テ南原郡内雲
峰面、山内面、阿英面、東面、山東面、帯江面、金池面、
水旨面、巳梅面、周生面、大山面ノ十二箇面事務所ニ配達
シ残リ二箇面即チ宝節面朱川面ノ各事務所ニ宛テタル三通ノ封書ハ
尚配達前当局ノ発見押収スル所トナリ以テ政治ノ変
革ニ関シ民衆ヲ蠱惑シ人心ヲ動揺セシメ治安ノ安寧秩序ヲ妨
害シタルモノナリ

光州地方法院南原支廳

0501

叙上判示ノ事実ハ左ノ証拠ヲ綜合シ之ヲ認定ス
被告李爽善ニ対スル当庁検事ノ訊問調書中自分ハ紀念
植樹ヲ為スタメ郡内ノ者ヲ招集セントセシ以テ朝鮮独立示威運
動ヲ為スコトトナリ大正八年三月三十日治東面事務所ニ於テ被告朴
東先治東面新陽里区長李秉圭、同面高亭里区長李炳源ト
協議シ面内各戸ヨリ一人ヅツ人夫ヲ出シ植樹ヲ為シ終リテ一同ニ
万歳ヲ高唱連呼セシメントシ内定シタル者及新ヲ挙ゲタ人ノ風評
ヲ以テ京城、平壌ヲ中心トシ道ノ下ニ於テハ全州、[illegible]、[illegible]等
ノ各地ニ於テ朝鮮独立示威運動ヲ為シ過激ナル言動ヲ為シタル
趣ヲ聞キ南原郡内ニ於テモ亦一回ノ独立運動ヲ為
スモノナキ故朝鮮民族ニ対シ恥辱ナリト信シ面長トシテ自ラ首
唱ヲ為サントシテ決意シタル文何モ分ラズ大正八年四月三日ノ紀
念植樹ヲ終リ朝鮮独立万歳ヲ高唱シ群集ヲシテ之ニ附
和高唱セシメタル旨ノ記載（記録一二五丁）
前同被告ノ当審公判廷ニ於ケル大正八年四月五日ノ夜於自宅「朝
鮮民族諸君」（証第一号ノ三）ト題スル不穏ノ文字ヲ記載シタル
文書二十一通及旧南原郡治東面長李爽善ノ名義ヲ以テ各面
事務所ニ宛テタル不穏ノ文字ヲ記載シタル文書（証第一号ノ一、二、四、五、六）二
十一通ヲ作成シタル旨ノ供述及前同月三日紀念植樹ノ場所タル
治東面新陽里裏山梅谷ニ於テ群集ノ面前ニ向ヒテ

光州地方法院南原支廳

0502

何レモ朝鮮獨立ヲ希望スル者ナルカ今ヤ其意思ヲ表示シテ之ヲ
周知セシメンカ為決然率先シテ朝鮮獨立ノ示威運動ヲ為スヘク
ノ獨立萬歳ヲ高唱シ羣衆ヲシテ之ニ和セシメ以テ舊韓國國旗ヲ掲
示シテ面ニ至リ羣衆ヲ前進セシメタル者並ニ其ノ途次前夜組織
シタル南原郡内九箇面及任實郡巴川面、屯南面ニ
宛テ不穏ノ文字ヲ記載シタル文書（證第一號ノ一二三四五六）ヲ作成シ
信者約二十一通ヲ治安面事務所小使金光三ニ交付シ之ヲ面
長ノ辭職ヲ迫リタル書面ナル旨說明シテ面事務所ニ配達方ヲ依頼シ
タルモ同人ハ又治安面沙雲里崔龍洙ヲ宿所ニ至リ羣衆ニ
對シ「朝鮮獨立記念品」（證第一號ノ二）ト題スル文書ヲ謄寫シテ之ヲ
二十一通ヲ羣衆ニ撒布シタル者ナリ行々朝鮮獨立萬歳ヲ高
唱シテ舊韓國國旗ヲ携帯シ殺到シタルカ忽チ南原憲兵
分遣所ノ應援憲兵ノ來着スルニ遭ヒ其ノ目的ヲ遂ケサリシ
タル者ナリ目的ヲ遂ケサリシ者ノ供述（司法記録第二冊一七九丁）
被告趙東先ニ對スル檢事ノ訊問調書中同人ノ供述トシテ
訊問調書中大正八年四月三日治安面長李東吉ト共ニ里民
羣衆ノ先頭ニ立チ朝鮮獨立萬歳ヲ高唱シツツ羣衆ト共ニ舊
韓國國旗ヲ携帯シ道路ヲ殺到シタル南原郡廳ヲ破壊セント
前ニ記念植樹ヲ為シタル多數ノ人ヲ出場セシメタル模様ナルヲ以テ
之ヲ會ヲ開キ朝鮮獨立萬歳ヲ高唱スル好機會ナリト

0503

同日ハ郡内各所ヨリ多數ノ人出場セシメタルト思ヒ居リタル旨並ニ一切ノ
出テクレト通知シタル者ノ記載（同第二丁）
被告李基鉉ニ對スル前同訊問調書中大正八年四月三日紀
念植樹ノ當日里民ヲ指揮シ朝鮮獨立萬歳ヲ高唱シツツ
南原邑内迄進入スル計画ヲ立テ舊韓國國旗ヲ携ヘ道路
殺到セシカ途中ヲ阻止セラレタル者及其ノ目的ハ朝鮮獨
立ヲ祈リ朝鮮獨立萬歳ヲ高唱シテ世人ニ知ラシメ我等ノ志ヲ之ニ
應和シ朝鮮獨立ノ希望ヲ紀念植樹ノ場所ニ於テ高唱シ
其ノ騒擾ヲ企テ同日更ニ道瀨警官全州ヨリ南原ニ通スル
街道ヲ進ミ舊韓國國旗ヲ携ヘ道路ヲ進ミ南原邑内ニ入リ
込ミタル者數名民ノ雷同者ヲ得タルノ目的ヲ達セントノ旨ノ記載
被告李東吉ニ對スル前同訊問調書中其ノ陳述トシテ朝鮮獨立ヲ
ヲ叫ヒ朝鮮獨立萬歳ヲ高唱シ之ヲ同人ノ目的ニ於テ示シ獨立
萬歳ヲ高唱シテ之ヲ思ヒ居タル處大正八年四月三日紀念植樹
ノ機會ニ羣衆ト萬歳ヲ高唱シ以テ同人ノ目的ハ之ヲ遂ケ先ニ誑
ヲ生シ羣衆ヲ指揮シ治安面長ト協力シ朝鮮獨立萬
歳ヲ唱ヘ全州南原間ノ本道路ニ於テ獨立萬歳ヲ高唱シ一般朝鮮
人ヲ雷同セシメ以テ朝鮮獨立ヲ為サシメント萬歳高唱ヲ為シテ舊
韓國國旗ヲ携ヘ道路ヲ殺到セシ者及朝鮮カ獨立セハ朝鮮人一般ノ幸
福ナリト思ヒタル旨ノ記載（同第一八丁）

0504

證人金光三ノ當法廷ニ於ケル自分ハ大正八年四月三日德果面
長李奭器全面書記趙東先ト隨從シ居面新陽里野山桃
花谷ノ紀念植樹場ニ赴キ居タル處面長ハ證人ニ對シ南原
郡内十五箇面事務所宛ノ封緘ヲ施シタル信書十五通ヲ我
付シ云ヒ辭職ノ通知書ナル旨告ケ各面事務所ニ配達スヘシト命
シタルヲ以テ自分ハ斯ク多數ノ封書ヲ一人ニテ配達スルハ困
難ナルヲ以テ望因德果面事務所ニ持參シ一通ヲ面書記金
善黙ニ交付シ他ハ之ヲ二分シ南原郡内二白面王峙面朱川
面雲峰面山東面山内面阿英面東面ノ八箇面事務所宛
ノモノハ證人ニ於テ配達スヘキ旨ヲ指示シ金ハ之ヲ承諾シ
右内山東面雲峰面山内面、東面阿英面ノ右配達ヲ終リ
阿英面事務所ヨリ二白面事務所ニ赴ク途路ニ於テ東亜
逮捕セラレタリ故ニ二白面王峙面朱川面ノ三箇面事務所
宛ノ封書ハ未配達ノ儘押收セラレタリトノ記載ノ供述及右
配達セル信書ハ德果面事務所ニ於テ面書記金善黙カ之ハ
面長カ辭職ノ辭職届ナリトテ自分ニ辭職ノ通知書ナリ
トテ居リタルヲ以テ自分ハ斯ク信シ居リタリトノ記載ノ供述
證人姜富根ニ當法廷ニ於ケル自分ハ大正八年四月三日德果面事
務所ニ於テ金ヨリ依頼ヲ受ケ金光三ト南原郡内大山面、周生面、金
池面、黒松面帶江面水旨面ノ六箇面事務所宛ノ封緘ヲ施

光州地方法院南原支廳

0505

シタル信書六通ヲ手交サレ之ヲ各宛名ノ面事務所ニ配達セヨト命
セラレタルヲ以テ證人ハ之ヲ受取リ帶江面事務所ヲ始メトシ他ノ行キ
人ニ手交シ他五箇面事務所ニ配達ヲ為シタルカ右信書ハ
職文書ナリト證人ニ告ケタルヤハ更ニ知ラス金光三カ面長ノ辭職通知
書ナリト申シタルヲ以テ自分ハ斯ク信シ居リタリトノ記載ノ供述
押收ニ係ル證第一號ノ一乃至六不穏文書六通ノ現存
以上
法律ニ照スニ被告等ノ所為ハ犯罪後ノ法律ニ因リ刑ノ變更アリタル
モノニ係ルヲ以テ刑法第六條第十條ニ依リ保安法ト大正八年制令
第七號トヲ比照スルニ保安法ニ於テハ各同法第七條刑事令第
四十二條ヲ適用スヘク被告李奭器ニ對シテハ刑法第五十五條ヲ
適用シ各懲役刑ヲ選定スヘク、大正八年制令第七號ニ於テ
ハ各制令第一條第一項ヲ適用スヘク被告李奭器ニ對シテハ刑法
第五十五條ヲ適用シ各懲役刑ヲ選定スヘキモノトス、然ルニ
保安法ノ刑ハ輕キヲ以テ前掲保安法ヲ適用シ其懲
役刑ヲ選定シ各被告ヲ主文ノ如キ刑ニ處スヘク押收ニ係ル證第
一號ノ一乃至六不穏文書六通(封筒共)ハ刑法第十九條ニ則リ沒收スヘキ
モノトス
被告金善恭全李載和ハ何レモ德果面書記奉職中大正八年
四月三日全面事務所ニ於テ面小使金光三ヲ經テ德果面長

光州地方法院南原支廳

0506

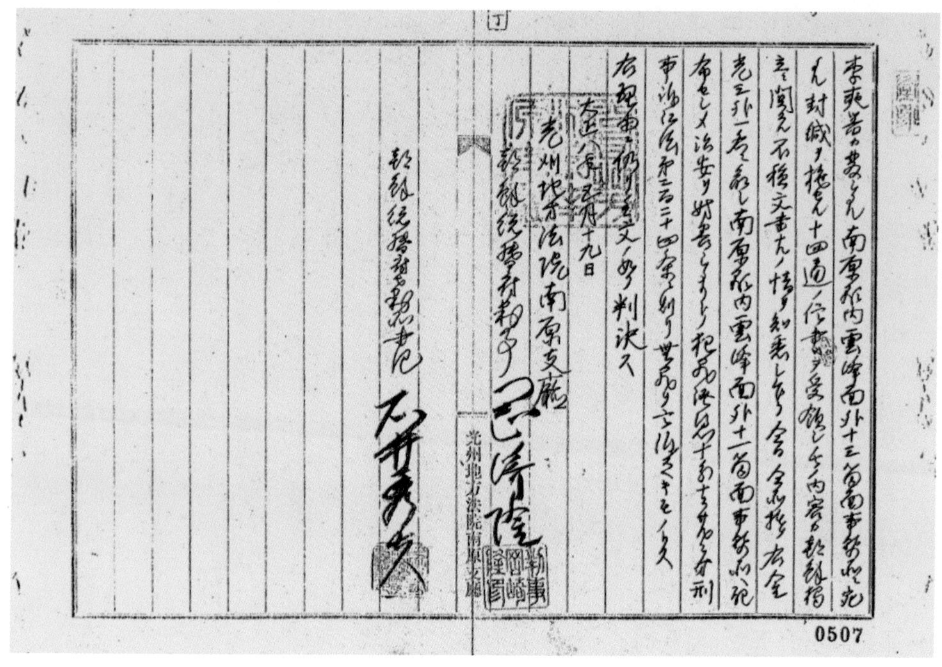

大正八年五月十九日

光州地方法院南原支廳

光州地方法院南原支廳

0507

판결

대정 8년 형 제144호

전라북도 남원군 사매면(巳梅面) 대신리(大新里)
농업. 전 남원군 덕과면장
이석기(李奭器) 41세

동도 동군 덕과면(德果面) 신양리(新陽里)
농업. 전 남원군 덕과면서기
조동선(趙東先) 49세

동도 동군 동면 사율리(沙栗里)
농업
이풍기(李豊器) 32세

동도 동군 동면 고정리(高亭里)
농업
이승순(李承珣) 52세

동도 동군 동면 금암리(金岩里)
농업. 전 남원군 덕과면서기
김선양(金善養) 43세

동도 동군 동면 사율리
농업. 전 남원군 덕과면서기
이재화(李載和) 44세

위 보안법 위반 피고사건에 대하여 검사사무취급 조선총독부 경시(警視) 안무기웅(安武基熊)의 간여로 심리를 마치고 판결함이 다음과 같다.

주문

피고 이석기(李奭器)를 징역 1년 6월에, 피고 조동선(趙東先)을 징역 1년에, 피고 이풍기(李豊基), 동 이승순(李承珣)을 각 징역 6월에 처한다.

피고 김선양(金善養), 동 이재화(李載和)는 각 무죄.

압수된 불온 문서 6통(봉투 포함)은 이를 몰수한다.

이유

피고 이석기는 남원군 덕과면(德果面) 면장으로, 피고 조동선은 동면(同面) 서기로 봉직 중인 대정 8년 3월 31일 남원군 덕과면사무소에서 다른 2명(덕과면 신양리(新陽里) 구장 이병규(李秉圭) 동면(同面) 고정리(高亭里) 이명원(李明源)) 과 만나 동년 4월 3일은 식수기념일에 다수의 면민이 모이는 것을 기회로 조선 독립시위운동으로 조선독립만세를 외칠 것을 공모하였다.

피고 이석기는 면장의 명의로 면내 각 구장에게 4월 3일은 식수기념일이므로 각 집집마다 반드시 한 명씩 내보내 덕과면 신양리 뒷산 도화곡(桃花谷)으로 모이라고 통보하였다. 4월 3일 신양리 뒷산에 모인 조선인 800명에게 식수(植樹)를 마친 후에 일동이 탁주를 마시고 홍이 오를 때를 살피어 피고들 중에서 솔선하여 조선독립만세를 외쳤고,

피고 이풍기, 동 이승순은 대중에 솔선하여 이에 가담해 군중을 선동하며 따라 부르게 하였다. 출장 온 헌병으로부터 제지를 받았음에도 불구하고 조금도 이를 따르지 않고 오히려 군중을 교사(教唆)하여 만세를 외치게 하며 오신(梧新) 헌병주재소 방면을 향하여 행진하였다. 그 도중에 피고 이석기는 동면(同面) 사율리(沙栗里) 오백룡(吳白龍)의 집 옥상에 올라 군중에게 미리 준비한 「우리 동포 여러분」이라는 제목으로 "신성한 단군의 자손으로 반만년 동방에서 웅비(雄飛)한 우리 조선민족은 경술년(명치 43년 병합 건을 말함)이 원수가 되어 금수강산이 식민지도(殖民地圖)로 출판되고 신성한 자손은 노예의 민적(民籍)으로 들어가게 되었다. 이러한 치욕을 받고 무슨 면목으로 지하의 성조(聖祖)를 볼 수 있겠는가. 어떻게든 열강인(列强人)에게 몽고도 독립을 선언하고, 폴란드도 민족자결을 주장하고 있다. 이에 분발하여 만강(滿腔)의 열성(熱誠)을 다해 조선독립을 외치자. 만세! 만세! 조선독립만세 만만세!"라고 기재한 불온문서를 낭독하고 동(同) 문서 21장을 군중에게 살포하여 더욱 흥분, 격앙시켜 다시 행진을 계속하여 오신 헌병주재소 앞 도로로 몰려가 조선독립만세를 소리 높여 외치고 있었는데 마침 남원 헌병분대에서 응원하러 출장을 온 헌병이 도착하여 해산하고 물러났다.

피고 이석기는 대정 8년 4월 2일 밤 자택에서 "지금은 20세기 시대는 무(無)를 유(有)로 만들고 허(虛)를 실(實)로 만든다. 어제의 패자(敗者)가 오늘의 홍자(興者)가 되고 옛날의 약자가 현재의 강자가 되고 있다. 몽고도 독립을 선언하고 폴란드도 민족자결을 주창하니 하물며 신성자손인 우리 조선민족이 못하겠는가.

이에 우생(愚生)은 면장의 직을 사직한다. 만강(滿腔)의 숙성(熟誠)을 다하여 조선독립을 외치자."라는 취지를 가재한 구 덕과면장 명의로 각 면사무소 앞으로 봉투에 넣어 봉함한 채 이것을 덕과면사무소 소사 김광삼(金光三)에게 교부하며 남원군 내의 덕과면 외 14개 면사무소로 배달하라고 명령하였다. 김광삼은 그 의도를 이해하고 4월 4일 중에 그중 1통을 덕과면사무소에 가지고 가서 면서기 김선양에게, 다른 14통은 다른 1명과 함께 남원군 내의 운봉면(雲峯面), 산내면(山內面), 아영면(阿英面), 동면(東面), 산동면(山東面), 대강면(帶江面), 금지면(金池面), 수지면(水旨面), 흑송면(黑松面), 주생면(周生面), 대산면(大山面)의 11개 면사무소에 배달하고, 나머지 이백면(二白面), 왕치면(王峙面), 주천면(朱川面)의 각 사무소 앞의 3통의 봉서(封書)는 배달 전에 헌병에게 발각되어 압수되었다. 이로써 모두 정치에 관하여 민중을 고혹(蠱惑)하여 인심을 동요시켜 사회의 안녕질서를 방해한 것이다. 위의 판시 사실은 다음의 증거를 종합하여 이를 인정한다.

피고 이석기에 대한 당청 검사사무취급의 신문조서에 '자신은 기념식수를 하려고 다수의 조선인이 모이는 것을 기회로 하여 조선독립시위운동을 하는 것에 대해 대정 8년 3월 31일 덕과면사무소에서 피고 조동선, 덕과면 신양리 구장 이병규, 동면 고정리 구장 이명원과 협의하고 면내 각 집에서 반드시 한 사람이 나와 식수(植樹)를 마치고 일제히 만세를 외치며 연호하기로 정하였다는 내용 및 신문지와 사람들의 소문에 의하면 경성(京城), 평양(平壤)을 중심으로 하여 근처 지방에서는 전주(全州), 오수(獒樹), 동화(桐花) 등의 각 지방에서 조선독립시위운동을 하고 과격한 언동을 하고 있는데, 유독 남원군 내에서만 아직 한 번도 독립운동을 하지 않았으니 다른 군의 조선인에게 부끄러운 일이라고 생각하여 면서기 등에게 자신의 의중을 말하였더니 모두 자신과 동감하였다. 이에 대정 8년 4월 3일의 식수기념일을 기하여 조선독립만세를 외치고 군중으로 하여금 이에 따라 외치게 하였다'는 내용의 기재.

위와 동일한 피고의 당심 공판정에서 한 대정 8년 4월 2일 밤에 자신의 집에서 「경고 우리 동포 여러분」(증 제1호-3)이라는 제목의 불온한 문구를 기재한 문서 21통 및 구 남원군 덕과면장 이석기의 명의로 각 면사무소 앞의 불온문구를 기재한 문서(증 제1호-1,2,4,5,6)로 21통을 작성하였다는 내용의 공술 및 위와 같은 달 3일 기념식수 장소인 덕과면 신양리 뒷산 도화곡에서 군중의 의사를 물었는데, 모두 조선독립을 희망한다고 손을 들어 그 의사를 표시하여 자신은 결연히 솔선하여 조선독립시위운동으로 독립만세를 외치고 군중으로 하여금 이를 따라 부르게 하고 오신 헌병주재소 방면을 향해 군중을 전진시켰다는 내용, 그리고 그 도중에 전날 밤 작성한 남원군 내의 각 면 및 임실군 지사면(只沙面), 둔남면(屯南面) 앞의 불온한 문구를 기재한 문서(증 제1호-1,2,4,5,6)를 넣은 편지 약 21통을 덕과면사무소 소사 김광삼에게 교부하며 이것은 면장의 사직을 통지하는 서면이니 각 앞의 각 면사무소로 배달하라고 명령하였다는 내용, 또 덕과면 사율리 오백룡 집 옥상에 올라 군중에게 「경고 우리 동포 여러분」(증 제1호-3)라는 제목의 문서를 낭독하고 그 21통을 군중에게 살포했다는 내용, 조선독립만세를 외치며 오신 헌병주재소로 몰려갔는데, 남원 헌병분대에서 온 응원 헌병과 만나 바로 해산을 명령하기에 해산했다는 내용의 공술.

피고 조동선에 대한 오신 헌병주재소에서 한 사법경찰관의 신문조서에 '대정 8년 4월 3일 덕과면장 이석기와 함께 마을 주민의 선두에 서서 조선독립만세를 외치며 군중과 함께 오신 헌병주재소 부근으로 몰려갔다는 내용, 남원군청에서 그 이전에 기념식수로 다수의 사람을 장소로 나오게 하라는 예고가 있었는데 그 날을 제한다면 조선독립만세를 외칠 좋은 기회가 없을 것이므로 그날은 가능한 다수를 모이게 하려고 생각하여 각 집마다 반드시 1명씩 나오라고 통지하였다.'는 내용의 기재.

피고 이풍기에 대한 위와 같은 신문조서에 '대정 8년 4월 3일 기념식수 당일 마을주민을 지휘하여 조선독립만세를 외치면서 남원읍내로 진행할 계획으로 오신 헌병주재소 부근까지 몰려갔고 그곳에서 제지를 받았다는 내용 및 그 목적은 현재 조선 각지에서 조선독립만세를 외치고 있으므로 우리들 역시 이에 응하여 조선독립의 희망으로 기념식수의 장소에서 외쳤으나 효과가 없었기에 교통이 번잡한 전주에서 남원 사이의 큰 도로로 나가 오신 헌병주재소 앞을 통과하여 남원 읍내로 들어가 다수의 조선인 뇌동(雷同)자를 얻을 목적이었다.'는 내용의 기재.

피고 이승균에 대한 위와 같은 신문조서에 '근래 조선 각지에서 왕성하게 조선독립만세를 외치고 있기에 자신도 역시 독립만세를 외치려고 생각하고 있었는데, 마침 대정 8년 4월 3일 기념식수의 장소에서 군중이 만세를 외치기 시작하기에 자신은 선두로 달려 나가 군중의 지휘를 맡아 덕과면장과 협력하여 조선독립만세를 부르며 전주-남원 간의 도로로 나가 독립만세를 외쳤다. 일반 주민을 뇌동(雷同)하게 하여 조선독립을 할 수 있다고 생각해 만세를 외치며 오신 헌병주재소 부근까지 몰려갔다는 내용 및 조선이 독립하면 조선인 일반이 행복하게 된다고 생각한다.'는 내용의 공술 기재.

증인 김광삼이 당심 공판정에서 한 '자신은 대정 8년 월 3일 덕과면장 이석기, 동면(同面) 서기 조동선을 따라 거주지 면 신양리 뒷산 도화곡의 기념식수 장소에 있었는데, 면장은 증인에게 남원군 내 15개 면사무소 앞의 봉함(封緘)한 편지 15통을 교부하며 이는 사직의 통지서이니 주소의 각 면사무소로 배달하라고 명령했다. 그런데 자신은 이렇게 다수의 편지를 한 사람이 배달하기에는 곤란하다고 생각해 다음 날 4일 덕과면사무소로 가지고 가서 1통을 면서기 김선양에게 교부하고 다른 것은 이를 이등분하여 남원군 내 이백면, 왕치면, 주천면, 운봉면, 산동면, 산내면, 아영면, 동면의 8개 면사무소 앞의 것은 증인이 배달하기로 담당하고, 그날 그곳을 출발하여 그중 산동면, 운봉면, 산내면, 동면, 아영면에 각 배달을 마치고 아영면사무소에서 이백면사무소로 달려가는 도중에 헌병에게 체포되었다. 이에 이백면, 왕치면, 주천면의 3개 면사무소 앞의 편지는 미처 배달하지 못한 채 압수되었다는 취지의 공술 및 각 배달된 편지는 덕과면사무소에서 면서기 김선양이 이는 면장이 예전부터 사직한다고 말하더니 그 사직통지를 한 것이라고 말하기에 자신은 그렇게 믿고 있었다.'는 취지의 공술.

증인 임경철(林京哲)이 당심 공판정에서 한 '자신은 대정 8년 4월 4일 덕과면사무소에서 그곳 소사 김광삼에게서 남원군 내 대산면, 주생면, 금지면, 흑송면, 대강면, 수지면의 6개 면사무소 앞의 봉함된 편지 6통을 교부받고 이를 각 주소의 각 면사무소로 배달하라는 명을 받아 증인은 이를 가지고 대강면사무소를 첫 번째로, 기타는 행인에게 물어 그날 다른 5개 면사무소에 배달했는데, 각 편지가 불온문서를 넣은 것임은 알지 못하고 김광삼이 면장의 사직통지라고 했기에 자신은 그렇게 믿고 있었다.'는 취지의 공술.

압수된 중 제1호에서 6의 불온문서 6통은 현존 법률에 비추어 보건대, 피고들의 소위는 범죄 후의 법률에 의해 형의 변경이 있는 것으로 형법 제6조, 제10조에 의해 보안법과 대정 9년 제령 제7호를 대조하니, 보안법에 있어서는 각 동법 제7조, 형사령 제42조를 적용하고, 피고 이석기에 대해서는 형법 제55조를 적용하여 각 그 징역형을 선택해 처분한다. 대정 8년 제령 제7호에 있어서는 각 제령 제1조 제1항을 적용하고 피고 이석기에 대해서는 형법 제55조를 적용해 각 그 징역형을 선택할 것이다. 그런데 보안법의 형이 가벼우므로 위의 보안법을 적용해 그 징역형을 선택하여 각 피고를 주문과 같은 형에 처단한다. 압수된 중 제1호에서 6의 불온문서 6통(봉투 포함)은 형법 제19조에 따라 몰수한다. 피고 김선양, 통 이재화는 모두 덕과면서기로 봉직 중인 대정 8년 4월 4일 동 면사무소에서 면소사 김광삼에게 구 덕과면장 이석기가 보낸 남원군 내 운봉면 외 13개 면사무소 앞의 봉함된 14통의 편지를 수령해 그 내용이 조선독립에 관한 불온문서라는 것을 알면서도 그날 그곳에서 위 김광삼 외 1명이 남원군 내 운봉면 외 11개 면사무소로 배달하게 하여 치안을 방해하였다는 범죄 사실은 증거가 충분하지 않으므로 형사소송법 제224조에 따라 무죄를 언도한다.

위의 이유로 주문과 같이 판결한다.

9. 판결문 - 1919년 6월 12일

1. 판결일자 : 1919년 6월 12일

2. 판결기관 : 광주지방법원 남원지청

3. 독립유공자

   이석화(李石和) 신봉순(申鳳淳) 신경화(申京化)

   강응화(姜應化) 김민두(金泯斗)

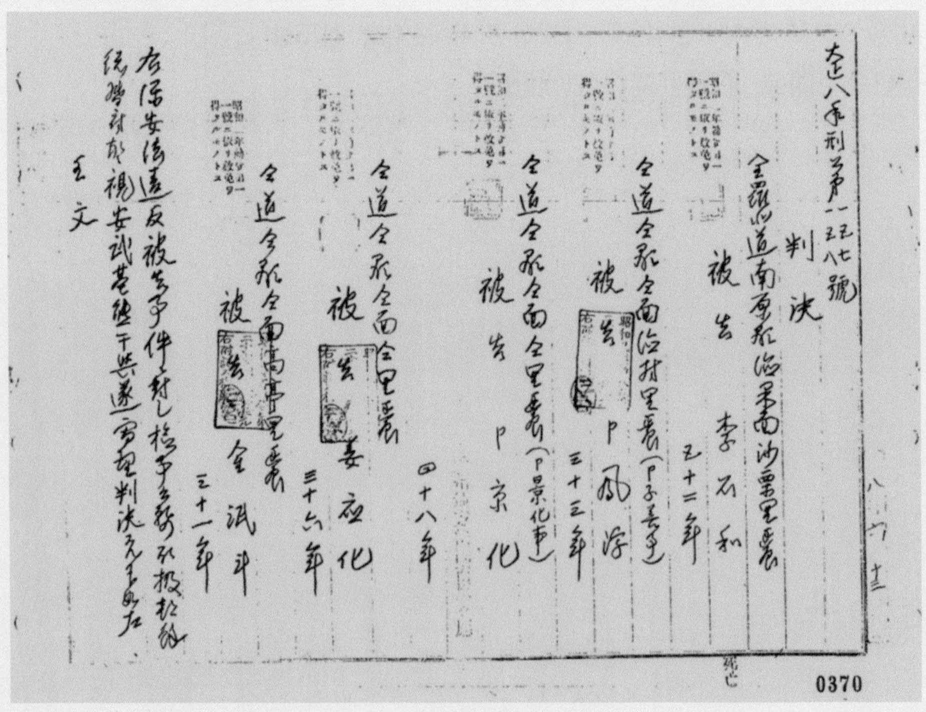

判決

主文

0370

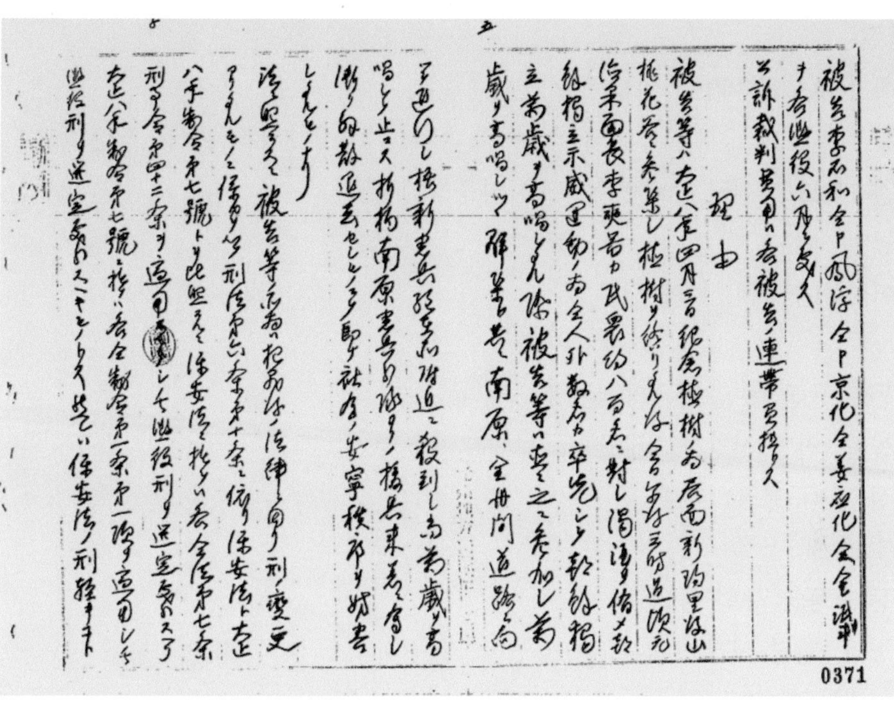

被告李石和仝尹威淳仝尹京化仝姜應化仝金錫
ヲ各懲役六月ニ處ス
公訴裁判費用ハ各被告ノ連帶負擔トス

理由

被告等ハ大正八年四月三日紀念植樹ノ為居西面新場里後山
桃花谷ニ參集シ植樹ヲ終リタル後會衆三百餘名ニ對シ被告元
德ハ朱面長李爽善カ民衆約八百名ニ對シ渦漾ヲ信メ朝鮮
獨立示威運動ノ爲全人外數名カ率先シテ朝鮮獨
立萬歲ヲ高唱シタル際被告等ハ之ニ參加シ萬
歲ヲ高唱シツツ群集ト共ニ南原、全州間道路ニ向
テ進行シ梧新里憲兵駐在所附近ニ殺到シ高萬歲ヲ高
唱シテ止ス折柄南原憲兵分隊ヨリノ援兵來着ニ會シ
解散スル迄擾亂セシメ以テ即チ社會ノ安寧秩序ヲ妨害
シタルモノナリ
法律ニ照スニ被告等ノ所為ハ犯罪後ノ法律ニ因リ刑ノ變更
アリタルモノナルヲ以テ刑法第六條第十條ニ依リ保安法ト大正
八年制令第七號トヲ比照スルニ保安法ニ據レハ各同法第七條
刑事令第四十二條ヲ適用シテ懲役刑ヲ選擇スヘク
大正八年制令第七號ニ據レハ各同令第一條第一項ヲ適用シテ
懲役刑ヲ選擇スヘキモノナルヲ以テ保安法ノ刑輕キヲ

0371

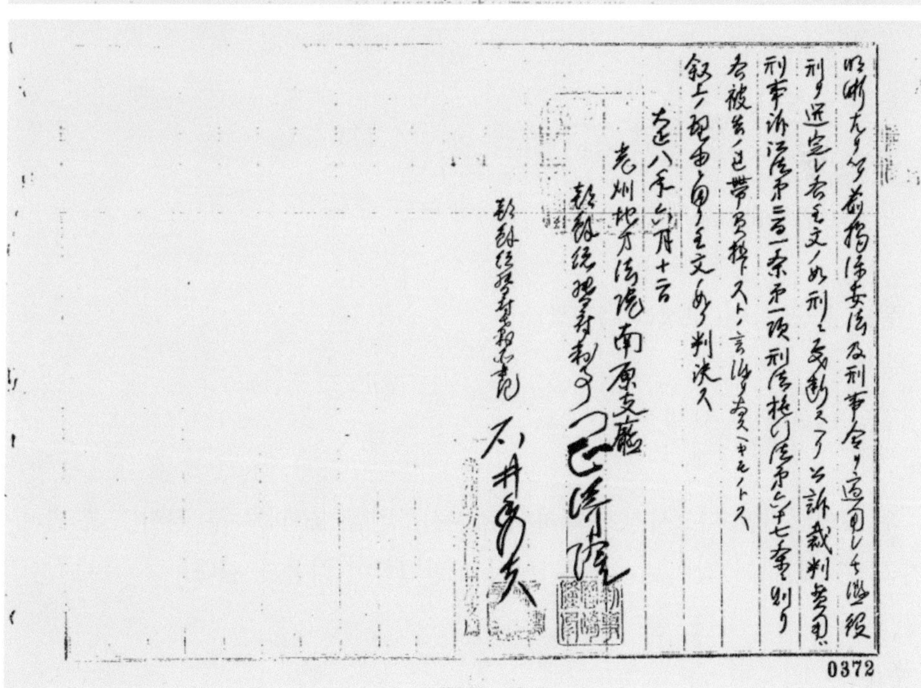

以テ輕キ保安法及刑事令ヲ適用シテ懲役
刑ヲ選擇シ各主文ノ刑ニ處斷スヘク公訴裁判費用ハ
刑事訴訟法第二百一條第一項刑法施行法第六十七條ニ則リ
各被告ノ連帶負擔トスヘキモノトス
叙上ノ理由ニ因リ主文ノ如ク判決ス
大正八年六月十二日
光州地方法院南原支廳
朝鮮總督府判事
朝鮮總督府裁判所書記 石井[illegible]

0372

판결

대정 8년 형 제157 · 158호

전라북도 남원군 덕과면(德果面) 사율리(沙栗里)
농업
이석화(李石和) 52세

동도 동군 동면 덕촌리(德村里)
농업. 일명 신자선(申子善)
신봉순(申鳳淳) 33세

동도 동군 동면 동리
농업. 일명 신경화(申景化)
신경화(申京化) 48세

동도 동군 동면 동리
농업
강응화(姜應化) 36세

동도 동군 동면 고정리(高亭里)
농업
김민두(金泯斗) 31세

위 보안법위반 피고사건에 대하여 검사사무취급 조선총독부 경시(警視) 안무기웅(安武基熊)의 간여로 심리를 마치고 판결함이 다음과 같다.

주문

피고 이석화(李石和), 동 신봉순(申鳳淳), 동 신경화(申京化), 동 강응화(姜應

化), 동 김민두(金泯斗)를 각 징역 6월에 처한다.

공소 재판비용은 각 피고의 연대부담으로 한다.

이유

피고들은 대정 8년 4월 3일 기념식수를 하기 위해 거주지 면 신양리(新陽里) 뒷산 도화곡(桃花谷)에 모여 식수(植樹)를 마친 후, 그날 오후 3시가 지난 무렵 옛 덕과면장 이석기(李奭器)가 민중 약 800명에게 탁주를 돌리고 조선독립시위운동으로 동인 외 여러 명이 솔선하여 조선독립만세를 외쳤다. 그때 피고들은 바로 이에 참가하여 만세를 외치면서 군중과 함께 남원과 전주 간의 도로를 향해 행진하여 오신 헌병주재소 부근으로 몰려가면서 멈추지 않고 만세를 불렀다. 그때 마침 남원 헌병분대에서 온 지원병과 만나게 되어 점차 해산하여 물러난 것으로, 즉 사회의 안녕과 질서를 방해한 것이다.

법에 비추어 보건대, 피고들의 소위는 범죄 후의 법률에 의해 형의 변경이 있는 것으로 형법 제6조 제10조에 의해 보안법과 대정 8년 제령 제7호를 대조하니, 보안법에 의하면 각 동법 제7조, 형사령 제42조를 적용하여 그 징역형을 선택하고, 대정 8년 제령 제7호에 의하면 각 동(同) 제령 제1호 제1항을 적용해 그 징역형을 선택하여 처분한다.

따라서 보안법의 형이 가벼우므로 위의 보안법 및 형사령을 적용해 그 징역형을 선택하고 각 주문과 같은 형에 처단한다. 공소 재판비용은 형사소송법 제201호 제1항, 형법시행법 제67조에 따라 각 피고의 연대부담으로 한다고 언도한다.

이상의 이유로 주문과 같이 판결한다.

10. 판결문 - 1919년 7월 4일

1. 판결일자 : 1919년 7월 4일

2. 판결기관 : 대구복심법원

3. 독립유공자

이석기(李奭器) 조동선(趙東先) 이풍기(李豊器) 이승순(李承珣)

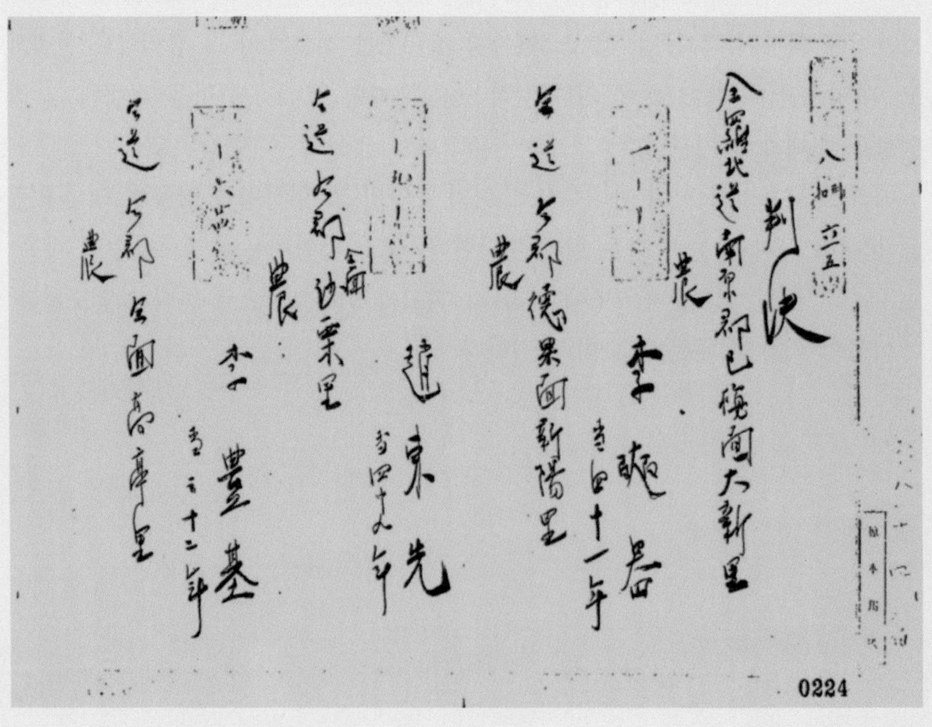

判決

全羅北道南原郡巳梅面大新里

農 李奭器 當四十一年

同道同郡德果面新陽里

農 趙東先 當四十七年

同道同郡金池面沙栗里

農 李豊基 當三十二年

同道同郡同面高亭里

農

0224

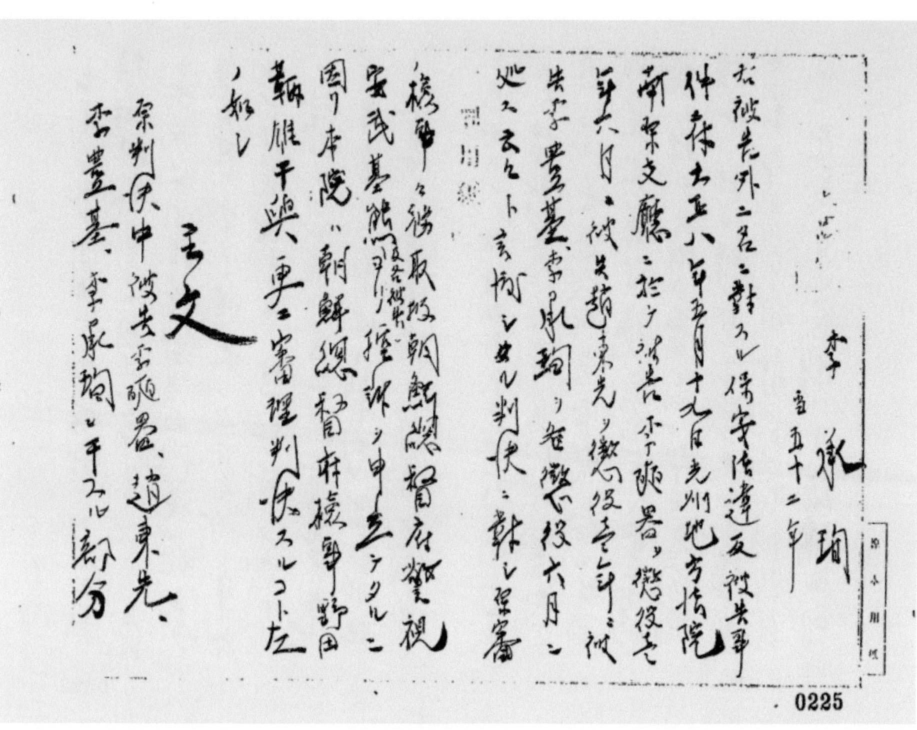

李承珣　当五十二年

右被告外二名ニ對スル保安法違反被告事件ニ付大正八年五月十九日光州地方法院南原支廳ニ於テ被告李殷器ヲ懲役壹年ニ年六月ニ被告趙東先ヲ懲役壹年ニ被告李豐基、李承珣ヲ各懲役六月ニ處スル旨言渡シタル判決ニ對シ原審檢事ハ控訴取下ケ朝鮮總督府警視安武基熊ハ被告等ヨリ控訴ヲ申立テタルニ因リ本院ハ朝鮮總督府檢事野田鞆雄干與更ニ審理判決スルコト左ノ如シ

主文

原判決中被告李殷器、趙東先、李豐基、李承珣ニ對スル部分

0225

ヲ取消ス

被告李殷器ヲ懲役貳年、被告趙東先ヲ懲役壹年六月ニ被告李豐基、李承珣ヲ各懲役六月ニ處ス

押收ニ係ル文書六通(林端表)ハ之ヲ没收ス

理由

被告李殷器ハ南原郡德果面長、被告趙東先ハ右面書記ニシテ大正八年三月三十日南原郡德果面事務所ニ於テ外二名ト會合シ本年四月三日ハ植樹記念日ニシテ多數面民ノ集合スル機トシ朝鮮獨立示威運動ヲ為シ朝鮮獨立萬歲ヲ高唱セムコトヲ共謀シ被告李殷器ハ面長

0226

ノ名義ヲ以テ面内各区長ニ対シ四月三日ハ植樹紀念日ナルニ因リ各戸ヨリ必ス一名宛ヲ出シ午前拾時陽里後山桃花谷ニ参集スヘキ旨ヲ通告シ当日右所ニ集合セシ鮮民数百名ニ対シ植樹ヲ為サシメ終ハリタル後被告李秉鎬最先ニ太極旗ヲ振リ瑜ハ率先シテ朝鮮独立万歳ヲ高唱シ群衆ヲ煽動シテ唱和セシメ出張セル憲兵ノ制止ニ服セズ擾新憲兵分遣所方面ニ向ツテ進行シ其途次被告秉鎬ハ右面洞里長白龍家屋上ニ登リ群衆ニ対シ其懐ヨリ携帯セル「敬告我同胞諸君」ト題シ神聖ナル檀君ノ子孫ニシテ半万年栄光ニ輝キタル我朝鮮民族ハ庚戌年ガ寃讐ナリ錦繍江山ハ

0227

殖民地図ニ出版サレ神聖子孫ハ奴隷民籍ニ入リタリ斯ル羞辱ヲ受ケ何ノ面目アリテ地下ノ聖祖ニ見エンヤ如何ニシテ列強人ニ許スルカ蒙古モ独立ヲ宣言シ波蘭モ民族自決ヲ主張セリ我ニ奮憤興起シ満腔熱誠ヲ盡シ朝鮮独立ヲ高唱シ万歳万歳独立万歳万々歳ヲ叫フノ趣旨ヲ記載セル不穏ノ文書ヲ朗読シ且今文書二十一枚ヲ群衆ニ撒布シ大ニ興奮激昂セシメ尚ホ進行ヲ継続シ[illegible]憲兵駐在所ノ前道路ニ殺到シ朝鮮独立万歳ヲ高唱シツヽアリシガ折柄南部憲兵分隊ヨリ応援トシテ出張セル憲兵ノ来着セルニ会シ解散セシメタルモノナルガ被告李秉鎬ハ尚他人ヲ煽動シ朝鮮ノ独立示威運動ヲ為サシムル

0228

目的ヲ以テ大正八年四月二日夜自宅ニ於テ現
今平和時代ハ無ヲ有トシ虚ヲ実トシ
昨日ノ微者ハ今日ノ興者ニシテ昔時ノ弱
者ハ現時ノ強者ナリ蒙古モ独立ヲ宣言
シ波蘭猶太ト民族自決ヲ主唱セリ況ンヤ
神聖ナル我朝鮮民族ニ於テヲヤ然ニ
愚生ハ面長ノ職ヲ辞シ満腔ノ真誠ヲ尽
シ朝鮮独立ヲ高唱ス云々ノ趣旨ヲ記載
セル同徳果面長ノ名義ヲ以テ各面事
務所ニ宛ツル不穏文書二十一通ヲ作成
シ全月三日南原郡徳果面新陽里
記念植樹ノ場所ニ於テ内十五通ヲ南原
郡内各面事務所ニ宛タル封状ニ入レ
封緘シタル後之ヲ同行セシ徳果面事
務所小使金光三ニ交付シ南原郡内
徳果面外十四箇面事務所ニ配達

判用紙

0229

又同趣旨ヲ情ヲ知ラサル金光三ハ其委託ニ基キ同月
四日内一通ヲ徳果面事務所ニ提出シ
同面書記金善養良ニ外十四通ハ外一
名ト分擔シテ南原郡内雲峰面、山内
面、阿英面、東面、山東面、帯江面、金
池面、水旨面、里松面、周生面、大山面ノ十
一箇面事務所ニ配達シ残ル二白面、王
峙面、朱川面ノ各事務所ニ宛タル三通ノ
封書ハ其配達前憲兵ニ発見押收セ
ラレタルモノニシテ右ハ何レモ[illegible]公共ノ治安ヲ
妨害シタルモノトス
以上ノ事実ハ
被告ハ当公廷ニ於ケル検事ノ取扱ノ訊問
調書中被告ハ記念植樹ヲナス際ニ依リ記載
鮮民ノ集合スルヲ機トシ朝鮮独立示威
運動ヲナサンタメ大正八年三月三十日頃

0230

果面事務所ニ於テ被告趙東先德果面
新陽里區長李秉奎、上古面高亭里區
長李明深ト協議シ面内各戸ヨリ必ス一人
ツヽ人夫ヲ出シ植樹ノ為ト欺カリテ一様ニ萬
歳ヲ高唱連呼セシムルコトトセ決定シタル
旨及新聞紙上ヤ人ノ風評ニ因レハ京城
平壤ヲ中心トシ近方ニ於テハ全州、桐花(?)
等ノ各地ニ於テ朝鮮独立ノ示威運動ヲ
為シ過激ナル騒擾ナルモ独リ南陽郡ニ於
テホソ一回ノ独立運動ヲモ為サゞルハ他郡
ノ鮮民ニ対シ恥辱ナリト信シ当宿記載ニ
自己ノ意中ヲ告ケタル処何レモ同意ナルノ旨
答ナリシニ依リ大正八年四月三日紀念植樹
ノ日ヲ期シ朝鮮独立萬歳ヲ高唱シ群
集ヲシテ之ニ附和高唱セシメタル者ノ
供述記載

0231

當審公判始末書中被告ノ當公判廷ニ於
テ大正八年四月二日ノ夜自宅ニ於テ「朝鮮青年
同胞諸君」ト題スル「證第一号ノ三」不穏ノ文字ヲ記載セル
文書二十一通及「南陽郡德果面青年同胞(?)
君」ノ名義ニテ各面事務所ニ宛タル不穏
ノ文字ヲ記載セル文書「證第一号ノ一、二、四、五、六」三
十一通ヲ作成シタル旨供述及同月三日
紀念植樹ノ場所ナル德果面新陽里後
山桃花谷ニ於テ群集ノ意見ヲ聞キタル処
何レモ朝鮮独立ヲ希望スル旨挙手ヲ
以テ其意思ヲ表示シタルニ因リ茲ニ自分ハ
決然率先シテ朝鮮独立ノ示威運動ヲナス
可ク独立萬歳ヲ高唱シ群集ヲシテ之ニ和
セシメ次テ積極的ニ憲兵駐在所方面ニ向ヒ
群集ヲ前進セシメタル旨並ニ其逮捕前
従作成シタル南陽郡…十九…劉…及佐…郡

0232

天沙面、北面面ニ宛タル不穏ノ文字ヲ記載セル
文書（証第九号ノ一、二、四、五、六）ヲ封入セル信書殆
二十一通ヲ徳果面事務所小使崔光三ニ
交付シ之ハ面長ノ辞職ヲ通知スル書面ナレ
ハ各面事務所ニ配達スヘシト命シ
タル旨又徳果面沙栗里吳甫龍ノ家屋
上ニ登リ群集ニ対シ同感ナル朝鮮諸君ニ
九年ノ三）ト題スル文書ヲ朗読シ且ツ二十
ヲ群集ニ撒布シタル旨並行ヘ朝鮮独立万
歳ヲ高唱シツツ梅新憲兵駐在所
附近ニ殺到シタルカ忽チ南原憲兵
分隊ヨリ応援憲兵ノ来着スルニ遭ヒ
遂ニ解散ヲ命セラレタルニ因リ解散シ
タル旨ノ供述記載
被告趙某先ニ対スル梅新憲兵駐在所
ニ於ケル同人ノ訊問調書中

0233

自分ハ大正八年四月三日徳果面長李奭器ト
共ニ里民群集ノ先頭ニ立チ朝鮮独立
万歳ヲ高唱シツツ群集ト共ニ梅新憲
兵駐在所附近ニ殺到シタル旨南原
郡廳ヨリ其以前ニ記念植樹ニ付多数
ノ人ヲ出場セシメサル様ト通牒アリシカ今
日ヲ除キテハ朝鮮独立万歳ヲ高唱スル
好機会ナキニ因リ右日ハ可成多数ヲ出場
セシメムトシ群集ニ対シ各戸ヨリ是非一名ツツ出ス可
ト通達シタル旨ノ供述記載
被告李奭器ニ対スル右訊問調書中大
正八年四月三日記念植樹ノ当日里民
ヲ指揮シ朝鮮独立万歳ヲ高唱シツツ
南原邑ニ進入スル計画ニテ梅新
憲兵駐在所附近ニ殺到セシカ右所ニ阻
止セラレタル旨及其日頃ハ朝鮮各地ニ

0234

於テ朝鮮独立万歳ヲ高唱シツヽアルニ因リ
我等モ亦之ニ応シ朝鮮独立ノ希望ニテ記念
為植樹ノ場所ナラハ高唱スルモ效果少キ
ニヨリ交通頻繁ナル全州ヨリ南原ニ通
ズル街道ニ出テ撰新宮里兵駐在所前
ヲ通過シ南原邑内ニ入リ途ニ多数鮮民
ノ雷同者ヲ得ムトノ目的ナリシ旨ノ記載
被告李成徇ニ対スル前各上訊問調書中
近時朝鮮各地ニ於テ盛ニ朝鮮独立万歳
ヲ高唱シツヽアルニ因リ自分モ亦独立万歳
ヲ高唱セムト思ヒ居タル処恰モ大正八年
四月二日記念植樹ノ場所ニテ群集ガ万
歳ヲ高唱シ始メタルニ因リ自分ハ真先ニ駈
ケ出シ群集ノ指揮ニ任ジ徳果面長等ニ
喚オシ朝鮮独立万歳ヲ唱ヘ全州南
原間ノ本道路ニ出テ独立万歳ヲ高唱シ

一般鮮民ヲ雷同セシメテ朝鮮ノ独立ヲナサ
シメル考ニテ万歳高唱シナシツヽ據ノ新宮
兵駐在所附近迄殺到セシ旨及朝鮮ガ
独立セハ鮮人一般ノ幸福ナリト思ヒタル旨ノ
供述記載
証人公判始末書中金光三ノ供述トシテ
自分ハ大正八年四月二日徳果面長木暁嵓
全面居住趙東先ニ随従シ居面所得里
後山桃花谷ノ紀念植樹ノ場所ニ赴キ
居タル処面長ハ証人ニ対シ南原郡内十五箇
面事務所ニ配タル封緘ヲ施セル信書十
五通ヲ交付シ之ガ辞職ノ通知書ナルガ
宛名ノ各面事務所ニ持参シ交付シ置
旨託シ金善養ニ交付シ他ハ之ヲ二分シ南原
郡内二白面 王峙面 朱川面 雲峰面
山東面 山内面 阿英面 東面等ノ八箇面

事務所ニ宛タルモノハ私ニ於テ配達スル事ヤ
コトヲ擔任シ右日居所ヲ出發シ南原山東
面、雲峰面、山內面、東面、阿英面、各
配達ヲ終ハリ阿英面事務所ヨリ二白
面事務所ニ赴ク途路ニ於テ憲兵ニ逮捕
セラレタリ故ニ二白面、王峙面、朱川面ノ三箇
面事務所ニ宛タル封書ハ未配達ノ儘
押收セラレタリトノ趣旨ノ供述及右配達シ
タル信書ハ隱果面事務所ニ於テ面書記
全善養ガ之ハ面長ガ隱示シテ辭職スルト
申述ルニ因リ其辭職ノ通知ナラムト申シ
居リタルニ因リ自分ハ斯ク信シ居リタル旨
ノ供述記載
原審公判始末書中林在申指名ノ供述
トシテ自分ハ大正八年四月四日隱果面
事務所ニ於テ同所小使金光三ヨリ南

0237

原郡大山面、周生面、金池面、寶節面、帶江
面及上白面ノ六個面事務所ニ宛タル封緘
ヲ施シタル信書ノ遞送ヲ依頼サレ之ヲ承諾
各ノ面事務所ヘ配達セヨト命セラレタルニ
因リ私ハ之ヲ受取リ帶江面事務所ヲ
初メニ其他ハ行ク人ニ與ヘテ自他ノ五箇
ノ面事務所ヘ配達ヲ爲シタリシガ右信
書ガ不穩文書ヲ封入シタルモノナリシ事ハ
知ラズ金光三ガ面長ノ辭職ヲ通知スルカノ様
申シタル故自分ハ斯ク信シ居リタル旨ノ
供述記載
當院公判廷ニ於ケル被告李[illegible]器ノ私ハ本
年四月三日迄隱果面長ノ職ヲ奉シ居
リシガ右日頃迄宋先ト共謀シ朝鮮獨立
ノ示威運動ヲナサンコトヲ企テ南原郡陽
里後山桃谷ニ於テ太極旗ノ多數ノ

0238

人民ヲ参集セシメ之ヲ煽動シ大ニ朝鮮独立
万歳ヲ唱ヘタルアリ又沙栗里呉白龍ノ
座上ニ登リ群集ニ対シ訓示セルノ文句ヲ
朗読シ之ト共ニ文書ヲ炭酸紙ニ鉄筆ヲ以
テ複写シタル文書約十一通ヲ群集ニ撒布シ
タリ本年四月一日夜其ノ自宅ニ於テ旧
陽城面長ノ名義ヲ以テ前各項ノ事情ニ
因リ証ス一千ノ如キ檄文二十一通ヲ複
写シ封筒ニ入レ陽城面事務所小使崔光先
ニ渡シテ同郡内十四個所ノ面事務所ニ
配達セシメタルコトアル旨ノ供述
当院公判廷ニ於ケル被告趙東先ノ私ハ
陽城面書記ヲ勤メ居ルモノナルカ本年
四月三日居住地陽里後山桃花谷ニ於
テ集合シタル群集ト共ニ朝鮮独立万
歳ヲ高唱シ講新宮兵駐在所

0239

向ヒ行進シ其ノ途中被告李醴器ハ
沙栗里呉白龍ノ座上ニ登リ群集ニ不
穏ノ文書ヲ撒布シタル旨ノ供述
当院公判廷ニ於ケル被告李豊基ノ私ハ
本年四月三日居住地陽里後山桃花谷
ヨリ積谷憲兵駐在所方面ニ向ヒ多数
ノ農民カ進行スル故自分モ之ニ随ヒ行キ
タル旨ノ供述
其ノ前記憑書ノ記載アル押収ニ係ル
証第一号ノ一乃至六ノ不穏文書六通存
在
ニ徴シ之ヲ認ムルニ証憑十分ナリトス
之ヲ法ニ照スニ被告等ノ所為ハ行為時ニ於
テハ大正八年制令第七号第一条第一項ニ
裁判時ニ於テハ保安法第七条朝鮮刑事令第四
十二条ニ該当スル処新旧両法

0240

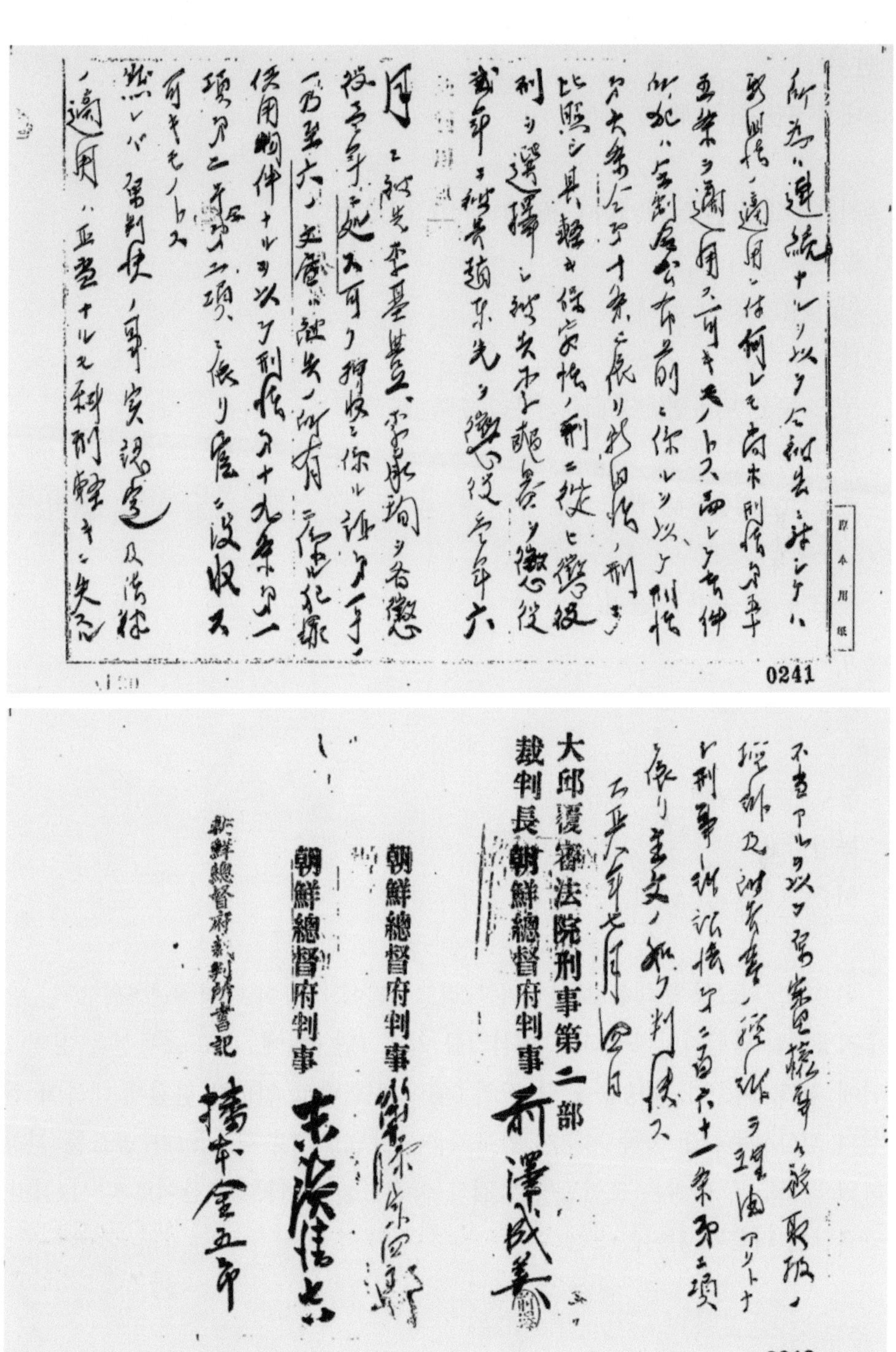

所為ハ連続ナルヲ以テ各被告ニ對シテハ
刑法第五十五條ヲ適用シ付何レモ同法第百三十
五條ヲ適用スヘキモノトス而シテ右併
合罪ハ各刑律公布前ニ係ルヲ以テ刑法
第六条第十条ニ依リ新旧両法ノ刑ヲ
比照シ其軽キ保安法ノ刑ニ従ヒ懲役
刑ヲ選択シ被告李龜善ヲ懲役
弐年ニ被告趙東先ヲ懲役壹年六
月ニ被告李基豊、李永珣ヲ各懲
役壹年ニ処スヘク押収ニ係ル証第一号
乃至第六ノ文書ハ被告ノ所有ニ係ル犯罪
供用物件ナルヲ以テ刑法第十九条第一
項第二号第二項ニ依リ之ヲ没収ス
可キモノトス
然レハ原判決ハ事実認定及法律
ノ適用ハ正当ナルモ科刑軽キニ失シ

0241

不当アルヲ以テ當審検事ノ控
訴及被告等ノ控訴ヲ理由アリトナ
シ刑事訴訟法第二百六十一条第二項
ニ依リ主文ノ如ク判決ス

大正八年七月四日

大邱覆審法院刑事第二部

裁判長朝鮮總督府判事 前澤成美

朝鮮總督府判事 [signature]

朝鮮總督府判事 [signature]

朝鮮總督府裁判所書記 [signature]

0242

판결

대정 8년 형공(刑控) 제615호

전라북도 남원군 사매면(巳梅面) 대신리(大新里)
농업
이석기(李奭器) 41세

동도 동군 덕과면(德果面) 신양리(新陽里)
농업
조동선(趙東先) 49세

동도 동군 동면 사율리(沙栗里)
농업
이풍기(李豊器) 32세

동도 동군 동면 고정리(高亭里)
농업
이승순(李承珣) 52세

위 피고 외 2명에 대한 보안법위반 피고사건에 대하여 대정 8년 5월 19일 광주지방법원 남원지청에서 피고 이석기를 징역 1년 6월에, 피고 조동선을 징역 1년에, 피고 이풍기, 이승순을 각 징역 6월에 처한다고 언도한 판결에 대하여 원심의 검사사무취급 총독부 경시 안무기웅(安武基熊) 및 각 피고가 공소를 신청하였으므로 본 법원은 조선총독부 검사 야전병웅(野田鞆雄) 간여로 다시 심리, 판결함이 다음과 같다.

주문

원판결 중 피고 이석기, 조동선, 이풍기, 이승순에 관한 부분을 취소한다.

피고 이석기를 징역 2년에, 피고 조동선을 징역 1년 6월에, 피고 이풍기, 이승순을 각 징역 1년에 처한다.

압수된 문서 6통(봉투 포함)은 이를 몰수한다.

이유

피고 이석기(李奭器)는 남원군 덕과면 면장을, 피고 조동선(趙東先)은 동면(同面) 면서기로 봉직하던 중에 대정 8년 3월 31일 남원군 덕과면사무소에서 다른 2명과 회합하여 동년 4월 3일 식수기념일(植樹紀念日)로 다수의 면민이 집합하는 것을 기회로 하여 조선독립 시위운동을 하여 조선독립만세를 외칠 것을 공모하였다.

피고 이석기는 면장의 명의로써 면내 각 구장에게 4월 3일은 식수기념일이므로 각 집에서 반드시 1명씩 나와 동면 신양리 뒷산 도화곡에 모이라는 내용을 통지하고, 그날 그곳에 집합한 조선민 수백 명에게 식수(植樹)를 마친 후 피고 이석기, 조동선, 이풍기(李豊基), 이승순(李承珣)은 솔선하여 조선독립만세를 외쳐 군중을 선동하여 따라 부르게 하였다. 출장 나온 헌병의 제지에 굴하지 않고 오신(梧新) 헌병분견소 방면을 향해 진행하여 그 도중에 피고 이석기는 동면(同面) 사율리 오백룡(吳白龍)의 집 옥상에 올라 군중에게 그가 휴대한 「경고 우리 동포 여러분」이라는 제목으로 '신성한 단군의 자손으로 반만년 동방에서 웅비(雄飛)한 우리 조선민족은 경술년이 원수가 되어 금수강산이 식민지도로 출판되고 신성한 자손은 노예의 민적(民籍)으로 들어가게 되었다. 이러한 치욕을 받고 무슨 면목으로 지하의 성조(聖祖)를 볼 수 있겠는가. 어떻게는 열강인(列强人)에게 몽고도 독립을 선언하고, 폴란드도 민족자결을 주장하고 있다. 이에 분발, 흥기(興起)하여 만강(滿腔)의 숙성(熟誠)을 다해 조선독립을 외치자. 만세! 만세! 조선독립만세 만만세'라는 취지를 기재한 불온문서를 낭독하고 동 문서 21매를 군중에게 살포하여 더욱 흥분, 격앙시켰다. 다시 행진을 계속하여 오신 헌병주재소 앞 도로로 몰려가 조선독립만세를 외치고 있었는데 마침 남원 헌병부대에서 응원하러 출장 온 헌병이 도착하여 해산한 것인데, 피고 이석기는 다른 사람을 선동하여 조선독립시위운동을 시킬 목적으로 대정 8년 4월 3일 밤 자택에서 '지금 20세기 시대는 무(無)를 유(有)로 만들고, 허(虛)를 실(實)로 만든다. 어제의 패자(敗者)자

오늘의 흥자(興者)가 되고 옛날의 약자가 현재의 강자가 되고 있다. 몽고도 독립을 선언하고 폴란드도 민족자결을 주창하니 하물며 신성자손인 우리 조선민족이 못하겠는가. 이에 우생(愚生)은 면장의 직을 사직한다. 만강(滿腔)의 진성(眞誠)을 다하여 조선독립을 외치자.' 는 취지를 기재한 구(舊) 덕과면장의 명의로 각 면사무소 앞으로 불온문서 21통을 작성하여 동원 3일 남원군 덕과면 신양리 기념식수의 장소에서 그중 15을 남원군 내의 각 면사무소 앞으로 봉투에 넣어 봉함한 채 동행한 덕과면사무소 소사 김광삼(金光三)에게 교부하여 남원군 내의 덕과면 외 14개 면사무소에 배달하라고 명령하였다. 사정을 알지못한 김광삼은 동월 4일 중에 그중 1통을 덕과면사무소에 가지고 가서 면서기 김선양(金善養)에게, 다른 14통은 다른 1명과 분담하여 남원군 내의 운봉면, 산내면, 아영면, 동면, 산동면, 대강면, 금지면, 수지면, 흑송면, 주생면, 대산면의 11개 면사무소에 배달하고, 남은 이백면, 왕치면, 주천면의 각 사무소 앞의 3통의 봉서(封書)는 배달 전에 헌병에게 발각되어 압수된 것으로, 위는 모두 공공의 치안을 방해한 것이다.

이상의 사실은 피고 이석기에 대한 검사사무취급의 신문조서 중에서, 자신은 기념식수를 하려고 다수의 조선인이 모이는 것을 기회로 하여 조선독립시위운동을 하는 것에 대해 대정 8년 3월 31일 덕과면사무소에서 피고 조동선, 덕과면 신양리 구장 이병규(李秉圭), 동면 고정리 구장 이명원(李明源)과 협의하고, 면내 각 집에서 반드시 한 사람씩 인부가 나와 식수(植樹)를 마치고 일제히 만세를 외치며 연호하기로 내정하였다는 내용 및 신문지와 사람들의 소문에 의하면 경성(京城), 평양(平壤)을 중심으로 하여 근처 지방에서는 전주(全州) 동화(桐花) 등의 각 지방에서 조선독립시위운동을 하고 있는데, 유독 남원군 내에서만 아직 한 번도 독립운동을 하지 않았으니 다른 군(郡)의 조선인에게 부끄러운 일이라 생각하여 면서기 등에게 자신의 의중을 말하였더니 모두 자신과 동감하여 대정 8년 4월 3일의 기념식수일을 기하여 조선독립만세를 외치고 군중으로 하여금 이를 따라 외치게 했다는 내용의 공술 기재.

원심공판 시말서 중에 피고의 대정 8년 4월 2일 밤 자택에서 「경고 우리 동포 여러분」(증 제1호-3)이라는 제목의 불온한 문구를 기재한 문서 21통 및 구 남원군 덕과면장 이석기의 명의로 각 면사무소 앞으로 불온문구를 기재한 문서(증 제1호-1, 2, 4, 5, 6)로 21통을 작성하였다는 내용의 공술 및 동월 3일 기념식수 장소인 덕과면 신양리 뒷산 도화곡에서 군중의 의사를 물었는데, 모두 조선독립을 희망한다고 손을 들어서 그 의사를 표시함에 따라 이에 자신은 결연히 솔선하여 조선독립시위운동으로 독립만세를 외치고 군중으로 하여금 이를 따라 부르게 하고 이어서 오신 헌병주재소 방면을 향해 군중을 전진시켰다는 내용 및 그 도중에 전날 밤 작성한 남원군 내 19개 면 및 임실군 지사면, 둔남면 앞의 불온한 문구를 기재한 문서(증 제1호-1, 2, 4, 5, 6)을 넣은 편지 약 21통을 덕과면사무소 소사 김광삼에게 교부하여 이것은 면장의 사직을 통지하는 서면이니 각 앞의 각 면사무소로 배달하라고 명령하였다는 내용, 또 덕과면 사율리 오백룡의 집 옥상에 올라 군중에게 「경고 우리 동포 여러분」(증 제1호-3)이라는 제목의 문서를 낭독하고 그 21통을 군중에게 살포하였다는 내용, 다시 행진하며 조선독립만세를 외치며 오신 헌병주재소로 몰려갔는데 남원 헌병분대에서 온 응원 헌병과 만나 바로 해산을 명령하기에 해산하였다는 내용의 공술 기재.

피고 조동선에 대한 오신헌 병주재소에서 한 사법경찰관의 신문조서 중에서, 자신은 대정 8년 4월 3일 덕과면장 이석기와 함께 마을 주민의 선두에 서서 조선독립만세를 외치며 군중과 함께 오신 헌병주재소 부근까지 몰려갔다는 내용 그리고 남원군청에서 그 이전에 기념식수로 다수의 사람을 출장시키라는 명령을 그날을 제한다면 조선독립만세를 외칠 좋은 기회가 없을 것이므로 그날은 가능한 다수를 출장시킬 생각으로 각 집마다 반드시 1명씩 나오라고 통지하였다는 내용의 공술 기재.

피고 이풍기에 대한 동상(同上) 신문조서 중에서 대정 8년 4월 3일 기념식수 당일 마을주민을 지휘하여 조선독립만세를 외치면서 남원 읍내로 진행할 계획으로 오신 헌병주재소 부근까지 몰려갔는데 그곳에서 제지를 받았다는 내용 및 그 목적은 현재 조선 각지에서 조선독립만세를 외치고 있으므로 우리들 역시 이에 응하여 조선독립의 희망으로 기념식수의 장소에서는 외쳐도 효과가 적기 때문에 교통이 번잡한 전주에서 남원으로 통하는 큰 도로로 나가 오신 헌병주재소 앞을 통과하여 남원읍내로 들어가 다수의 조선인 뇌동(雷同)자를 얻을 목적이었다는 내용.

피고 이승순에 대한 위 동상(同上) 신문조서 중에서 근래 조선 각지에서 왕성하게 조선독립만세를 외치고 있기에 자신도 역시 독립만세를 외치려고 생각하고 있었는데 마침 대정 8년 4월 3일 기념식수의 장소에서 군중이 만세를 외치기 시작하기에 자신은 선두로 달려 나가 군중의 지휘를 맡아 덕과면장 등과 협력하여 조선독립만세를 부르며 전주-남원 간의 도로로 나가 독립만세를 외쳤다. 일반 주민을 뇌동(雷同)하게 함으로써 조선독립을 할 수 있다고 생각하여 만세를 외치며 오신 헌병주재소 부근까지 몰려갔다는 내용 및 조선이 독립하면 조선인 일반이 행복하게 된다고 생각한다는 내용의 공술 기재.

원심공판 시말서 중에서 김광삼의 공술로, 자신은 대정 8년 4월 3일 덕과면장 이석기, 동면(同面) 서기 조동선을 따라 거주지 면 신양리 뒷산 도화곡의 기념식수 장소에 가 있었는데 면장은 증인에게 남원군 내 15개 면사무소 앞의 봉함(封緘)한 편지 15통을 교부하며 이는 사직의 통지서라고 하여 주소의 각 면사무소로 가지고 가서 1통을 면서기 김선양에게 교부하고 나머지는 이를 2등분하여 남원군 내 이백면, 왕치면, 주천면, 운봉면, 산동면, 산내면, 아영면, 동면의 8개 면사무소 앞의 것은 자신이 배달하기로 담당하고 그날 그곳으로 출발하여 그중 산동면, 운봉면, 산내면, 동면, 아영면에 각 배달을 마치고 아영면사무소에서 이백면사무소로 달려가는 도중에 헌병에게 체포되었다. 이에 이백면, 왕치면, 주천면의 3개 면사무소 앞의 편지는 미처 배달하지 못한 채 압수되었다는 취지의 공술 및 위 배달한 편지는 덕과면사무소에서 면서기 김선양이 이는 면장이 예전부터 사직한다고 말하더니 그 사직 통지를 한 것이라 말하기에 자신은 그렇게 믿고 있었다는 내용의 공술 기재.

원심공판 시말서 중에 임경철(林京哲)의 공술로, 자신은 대정 8년 4월 4일 덕과면사무소에서 그곳 소사 김광삼에게서 남원군 내 대산면, 주생면, 금지면, 흑송면, 대강면, 수지면의 6개 면사무소 앞의 봉함된 편지 6통을 교부받고 이를 각 주소의 각 면사무소로 배달하라는 명을 받아 자신은 이를 가지고 대강면사무소를 첫 번째로, 기타는 행인에게 물어 그날 다른 5개 면사무소에 배달하였는데 각 편지가 불온문서를 넣은 것임은 알지 못하고 김광삼이 면장의 사직 통지라고 하였기에 자신은 그렇게 믿고 있었다는 내용의 공술 기재.

당 법원 공판정에서 한 피고 이석기의 자신은 올해 4월 3일까지 덕과면장의 직을 하고 있었는데, 동일 조동선과 공모하여 조선독립 시위운동을 할 것을 계획하고 거주지 면 신양리 뒷산 도화곡 기념식수를 위해 다수의 사람을 모이게 하고 이들을 선동하여 함께 독립만세를 외친 일이 있다. 또 사율리 오백룡의 옥상에 올라 군중에게 증 제3호의 문서를 낭독하고, 이와 동일한 문구를 탄산지(炭酸紙)에 철필로 복사한 문서 21통을 군중에게 살포하였다. 올해 4월 3일 밤에도 자택에서 구 덕과면장의 명의로 위와 동일한 방법으로 증 제1호와 같은 격문 21통을 복사하여 봉투에 넣고 덕과면사무소 소사 김광삼으로 하여금 남원군 내 14개소 면사무소로 배달하게 한 일이 있다는 내용의 공술.

당 공판정에서 한 피고 조동선의 자신은 덕과면 서기를 봉직한 자인데, 올해 4월 3일 거주지 면 신양리 뒷산 도화곡에 집합한 군중과 함께 조선독립만세를 외치고 오신 헌병주재소를 향해 행진하고 그 도중에 상(相) 피고 이석기는 사율리 오백룡의 집 옥상에 올라 군중에게 불혼한 문서를 살포하였다는 내용의 공술.

당 법원 공판정에서 한 피고 이풍기의 자신은 올해 4월 3일 거주지 면 신양리 뒷산 도화곡에서부터 오신 헌병주재소 방면을 향해 다수의 농민이 행진하기에 자신도 이들을 따라 행진하였다는 내용의 공술.

각 위의 취지가 기재된 압수된 증 제1호-1에서 6의 불온문서 6통의 존재에 비추어 이를 인정하기에 증거가 충분하다.

이를 법률에 비추어 보건대, 피고들의 소위는 신법에 있어서는 대정 8년 제령 제7호 제1조에, 구법에 있어서는 보안법 제7조, 조선형사령 제42조에 해당하는 바, 피고 이석기의 소위는 연속되었으므로 동 피고에 대해서는 신구법의 적용에 대해 모두 형법 제55조를 적용한다. 그리고 본건 소범(所犯)이 동 제령 공포 전에 있었으므로 형법 제6조, 동 제10조에 의해 신구법의 형을 비교하여 그중 가벼운 보안법의 형에 따라 징역형을 선택하여 피고 이석기를 징역 2년에, 피고 조동선을 징역 1년 6월에, 피고 이풍기, 이승순을 각 징역 1년에 처한다. 압수된 증 제1호-1에서 6의 문서는 피고의 소유이고, 범죄에 사용된 물건이므로 형법 제19조 제1항 제3호, 동 제2항에 의해 관에서 몰수한다.

그런즉, 원판결의 사실 인정 및 법률의 적용은 정당하나 과형(科刑)이 지나치게 가벼운 부당이 있으므로 원심검사사무취급의 공소 및 피고들의 공소를 이유 있다 하여 형사소송법 제261조 제2항에 의해 주문과 같이 판결한다.

11. 판결문 - 1919년 8월 18일

1. 판결일자 : 1919년 8월 18일

2. 판결기관 : 대구복심법원

3. 독립유공자
   이형기(李烱器)

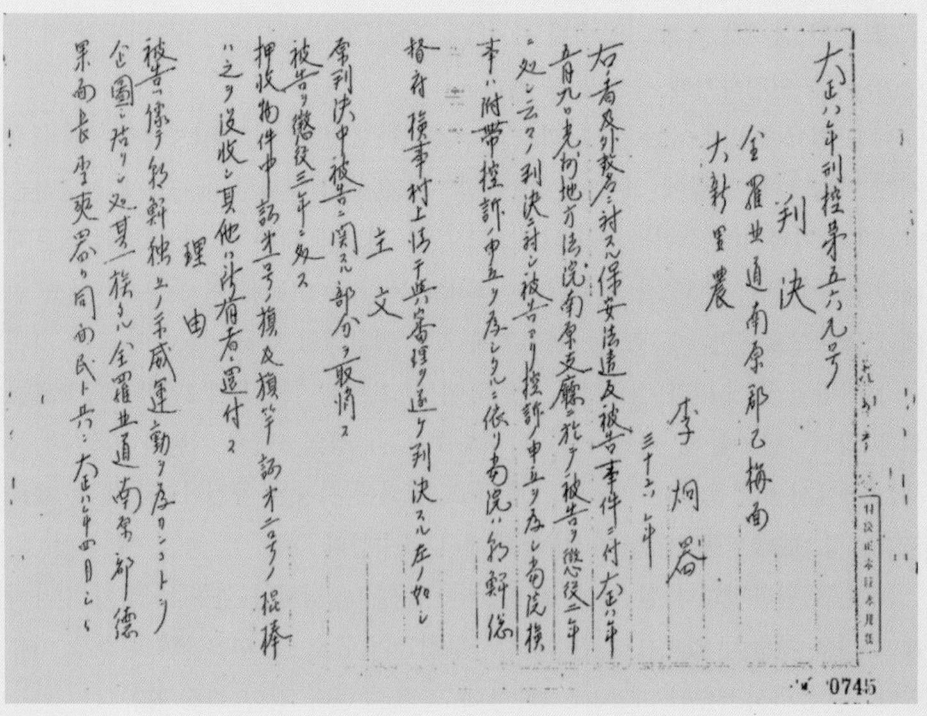

大正八年刑控第五六九号

判決

全羅北道南原郡己梅面
大新里 農
李烱器 三十六年

右者及外数名ニ対スル保安法違反及被告事件ニ付大正八年五月九日光州地方法院南原支庁ニ於テ被告ヲ懲役二年ニ処ス云々ノ判決ニ対シ被告ヨリ控訴ノ申立ヲ為シ検事ハ附帯控訴ノ申立ヲ為シタルニ依リ当院ハ朝鮮総督府検事村上清干与審理ヲ遂ケ判決スル左ノ如シ

主文

原判決中被告ニ関スル部分ヲ取消ス
被告ヲ懲役三年ニ処ス
押収物件中証第一号ノ旗及旗竿証第二号ノ棍棒ハ之ヲ没収シ其他ハ差出人ニ還付ス

理由

被告ハ夙ニ朝鮮独立ノ示威運動ヲ為サンコトヲ企図シ居リシ処其一族タル全羅北道南原郡徳果面長李奭器ヲ同面民ト共ニ大正八年四月三日

0745

朝鮮独立ノ示威運動ヲ為シタル際ノ南原憲兵分隊
ニ留置セラレタルヨリ朝鮮ノ独立ヲ図ルノ目的ヲ以テ原
審相被告李成器及李竜器外二名ト会合シ同月四
日ノ南原市日ヲ利用シ同市場ニ於テ朝鮮独立ノ示威
運動ヲ開始シ且ツ右憲兵分隊ニ殺到シテ同隊ニ
留置中ノ右李爽器ヲ奪還セントコトヲ謀議シ同月
四日朝鮮人二千余名ヲ集メテ右主旨ヲ告ケテ共ニ
南原市場ニ赴キ右李竜器ハ大韓独立ト旗
面ト大書シタル旧韓国旗（証第一号）ヲ押立テ被告
及原審相被告等ハ同市場ニ集合セル群衆及
市民ニ対シ朝鮮独立ノ万歳ヲ高唱スヘシト絶
叫シテ之ヲ煽動スルヤ群衆ハ増加シテ千余名トナ
リ該群衆ハ各朝鮮独立万歳ヲ高唱シ同市
場警戒ノ任ニ当リタル憲兵ノ制止ヲ肯ンセスシ
テ棍棒ヲ以テ市民ヲ殴打シ且独立万歳ヲ高唱
セサレバ殴打スヘシト脅迫シ及同市場ニ於ケル商人ノ露
店及商品ヲ破壊シテ騒擾ヲ為シタルカ被告ハ該騒
擾ニ参加シ棍棒ヲ携ヘテ群衆ノ先
頭ニ立チテ朝鮮独立万歳ヲ絶叫シテ群衆ヲ
指揮シ以テ治安ヲ妨害シタルモノナリ

0746

右事実ハ検事ノ被告ニ対スル訊問調書中私ハ大正
八年三月頃ヨリ朝鮮独立ニ関スル宣言書ヲ配布セラレ
京城及各地ニ於テ示威運動開始セラレ淳昌郡樊
樹里ニ於テモ盛ニ示威運動ヲ為シタルニヨリ私ハ機会
ヲ得テ独立ノ示威運動ヲ為サント企図シ居リ
シ処四月ニハ儒軍面民ハ独立万歳ヲ高唱シ私ノ同
示威運動ヲ開始シ多数憲兵分隊ニ殺到シテ右
面長ヲ奪還セントコトヲ議シ其翌四日ハ朝鮮人
二千余名ヲ集ノ同日ハ南原ノ市日ナル故多数ノ
鮮民ヲ勧誘シ独立ノ示威運動ヲ為スコトニ
定メ四五名ト秘密カニ南原市場ニ乗込ミ私ハ先
着セル李竜器ヨリ形勢ヲ聴取シテ休ミ居ル
ト万歳ノ声カ起リタル故私ハ直ニ群衆ヲ指揮
シテ万歳ヲ高唱セヨト激励シ民衆ハ之ニ和シテ
万歳ヲ高唱シテ居タル処ヲ逮捕セラレタル旨ノ
供述記載
原審公判始末書中原審相被告李竜器ノ供
述トシテ私ハ四月四日ニ証第一号ノ旗ヲ作リ竿ハ之ヲ買
ホノ南原市場ニ於テ竿ニ旗ヲ付ケテ万歳ヲ
連唱シ居ル処ヲ捕ヘラレタル旨及全帳振ノ供述

0747

トシテ証第三号ノ棍棒ハ判示ノ日判示市場ニ於テ私ノ所持シ居リタルモノナル旨ノ各供述記載

検事々務取扱ノ谷口弥一郎ニ対スル訊問調書中私ハ判示ノ日判示市場ニ店ヲ出シ居リシ処鮮人等ハ今日ハ朝鮮独立万歳ヲ唱ヘネハナラヌト云ヒ居シカ中ニハ鮮人ノ飲食店ヤ商人ニ対シ朝鮮独立万歳ヲ絶叫スヘシ若シ応セサレハ棍棒ニテ殴打スヘシト云ヒ居リシ云々斯クテ午後二時頃ニ市場ノ東北隅ヨリ五、六百ノ群衆カ急ニ約千名程ノ大群衆ト為リ大極旗ヲ先頭ニ朝鮮独立万歳ヲ絶叫シツツ南方ニ向テ前進シ来リシカ警戒ノ憲兵ハ之レヲ制止セシモ毫モ応スル模様ナク却テ反抗ノ態度アリテ益々万歳ヲ高唱シテ止マス漸次騒擾ヲ拡大シ事態容易ナラスト思ヒシ故私ハ店ヲ取片付ケ避難セントシタリシカ途ニ暴民ノ為ノ商品ノ大部分ヲ破損セラレタリ云々被告李炯器、林昌根、李成器等ハ棍棒ヲ携ヘ朝鮮独立万歳ヲ絶叫セサレハ殴打スヘシト脅迫シ居リタル旨ノ供述記載

判決正本原本用紙

0748

同上ノ李奉ニ対スル訊問調書中私ハ塩商ニシテ判示ノ日判示市場ニ於テ塩ノ商売ヲ為シ居リタル処午後二時頃棍棒ヲ持チタル暴民カ来リ何ヲ愚図々々為シ居ルカ早ク万歳ヲ高唱セヨト云ヒ私ヲ殴打シタルニヨリ私ハ急キ避難セントシタリシカ暴民ハ瓦礫ヲ投付ケ又ハ棍棒ヲ打振リ良民ノ逃去ヲ許サヽラントスル市場ノ東北隅ヨリ大極旗ヲ先頭ニ大群衆カ朝鮮独立万歳ヲ唱ヘツヽ棍棒ヲ打振リ来リシ故私ハ死ヲ決シテ避難セシカ之カ為メ商品ヲ紛失シタリ而シテ被告李炯器等ハ暴民ノ先頭ニ立チテ独立万歳ヲ絶叫シテ群衆ヲ指揮シ居リタル旨ノ供述記載

同上光成友ニ対スル訊問調書中私ハ判示ノ日妻カ判示市場ニ雑貨店ヲ出シタルニヨリ同女ノ所ニ行キ居リシニ大分危険ト為リタル為ノ商品ヲ取片付ケントシ居リタル所拳大ノ石数個身辺ニ飛ヒ来リ二三ノ鮮人カ店頭ニ取付ケアル丸太ヲ引倒シテ持去リ手当次第ニ鮮人ヲ殴打シ朝鮮ノ独立ヲ絶叫セヨト呼ハリ居リシカ其内市場ノ東北隅ヨリ万歳ノ声起リ千余

判決正本原本用紙

0749

名ノ大群衆カ大極旗ヲ先頭ニ南方ニ向ツテ前進シ
来リタルカ私ハ其隊ヨリ数ノ投石ヲ受ケタル為メ戸締
ヲ為シ避難シタル旨ノ供述記載
押収ニ係ル証第一号ノ旗及旗竿並ニ証第二号ノ
棍棒ノ各存在
ニ依リ其証憑十分ナリトス
法ニ照スニ被告ノ行為中治安妨害ノ点ハ其
行為当時ノ法令ニアリテハ保安法第七条前段
刑事令第四十二条ニ該当シ大正八年制令第七号
施行後ニアリテハ同令第一条第一項ニ該当シ騒擾
ノ点ハ刑法第百六条第二号ニ該当スル処右ハ一
個ノ行為ニシテ二個ノ罪名ニ触ルルヲ以テ旧法ニ
アリテハ同第五十四条第一項前段第十条ニ依リ重
キ騒擾罪ノ刑ニ従フヘク新法ニアリテハ同各項ニ
依リ重キ右制令所定ノ刑ニ従フヘキモノナル処
刑法第六条第十条ニ則リ軽キ騒擾罪ノ刑ニ
従ヒ被告ヲ懲役二年ニ処スヘク押収物件中
証第一二号ハ刑法第十九条ニ則リ之ヲ没収シ其
他ハ刑事訴訟法第二百二条ニ則リ所有者ニ
還付スヘキモノトス

0750

其ハ原審カ被告ノ治安妨害ノ事実ヲ認定シタ
ルハ相当ナルモ之ト牽連スル騒擾ノ事実ヲ認
定セサリシハ失当ニシテ被告ノ控訴及当院検
事ノ附帯控訴ハ各其理由アルヲ以テ刑事訴
訟法第二百六十一条第二項ニ則リ主文ノ如ク判決ス
被告ハ本判決ニ対シ自ラ其送達ヲ受ケタル又ハ
判決執行ニ因リ刑ノ言渡アリタルコトヲ知リタ
ル日ヨリ三日内ニ故障ヲ申立ツルコトヲ得
大正八年八月十八日
大邱覆審法院刑事第二部
裁判長朝鮮総督府判事 前澤成美
朝鮮総督府判事 春森宗四郎
朝鮮総督府判事 末廣清吉
朝鮮総督府裁判所書記 尹達洙
右謄本也
大正八年八月廿九日
大邱覆審法院
朝鮮総督府裁判所書記 尹達洙

0751

판결

대정 8년 형공 제569호

전라북도 남원군 사매면(巳梅面) 대신리(大新里)

농업

이형기(李炯器) 36세

위 사람 및 다른 여러 명에 대한 보안법 위반 피고사건에 대하여 대정 8년 5월 9일 광주지방법원 남원지청에서 피고들 징역 2년에 처한다고 운운한 판결에 대하여 피고가 공소를 신청하고, 당 법원 검사학 부대공소를 신청하였으므로 당 법원은 조선총독부 검사 촌상청(村上淸)의 간여로 심리를 마치고 판결함이 다음과 같다.

주문

원판결 중 피고에 관한 부분을 취소한다.

피고를 징역 3년에 처한다.

압수물건 중 증 제1호의 깃발 및 깃대, 증 제2호의 곤봉은 이를 몰수하고 기타는 소유자에게 환부한다.

이유

피고는 예전부터 조선독립 시위운동을 할 것을 계획하고 있었는데, 그의 일족(一族)인 전라북도 남원군 덕과면 면장 이석기(李奭器)가 동 면민과 함께 대정 8년 4월 3일 조선독립 시위운동을 하였기 때문에 남원헌병분대에 유치되자 조선독립을 도모할 목적으로 원심 상(相) 피고 이성기(李成器) 및 이용기(李龍器) 외 2명과 회합하여 그다음 날 4일 남원 장날을 이용하여 동 시장에서 조선독립 시위운동을 개시하고 또한 위 헌병분대에 몰려가 그곳에 유치중인 위 이석기를 탈환할 것을 모의하였다. 동월 4일 아침 이씨 가문 20여 명을 모아 위 주지를 말하고 함께 남원시장에 가서 위 이용기는 '대한독립기 사매면(大韓獨立旗巳梅面)'이라고 크게 쓴 구한국 깃발(증 제1호)를 앞세우고, 피고 및 원심 상(相) 피고들은 동 시장에 집합한 군중 및 시민에게 조선독립만세를 외치라고 절규하며 이들을 선동하자 군중이 증가하여 천여 명이 되었다. 해당 군중은 조선독립만세를 외치고 동 시장의 경계 임무를 하고 있던 헌병의 제지에 응하지 않고 곤봉으로 시민을 구타하고 또 독립만세를 외치지 않으면 구타한다고 협박하고, 또한 동 시장 상인의 노점 및 상품을 파괴하며 소요를 하였다. 피고는 해당 소요를 할 때 곤봉을 휴대하고 군중의 선두에 서서 조선독립만세를 절규하면서 군중을 지휘함으로써 치안을 방해한 것이다.

위 사실은 검사사무취급 피고에 대한 신문조서 중에서, 자신은 대정 8년 3월경부터 조선독립에 관한 선언서가 배포되어 경성 및 각지에서 시위운동이 개시되고 이웃 군(郡)인 오수리에서도 성대하게 시위운동을 하였기에 자신은 기회가 되면 독립시위운동을 하려고 계획하고 있었다. 그런데 4월 3일 덕과면민이 독립만세를 외치고 자신의 가문인 동 면장 이석기가 헌병대에 구인되었기에 자신은 그날 밤 피고 이성기의 집에 가서 동인 및 이용기 외 2명과 집합하여 내일인 4일에 시위운동을 개시하고 다수가 헌병대로 몰려가서 위 면장을 탈환할 것을 의논하였다. 그다음 날 4일 아침 이씨 가문 20명 정도를 모아 오늘은 남원의 장날이므로 다수의 조선인에게 권유하여 독립시위운동을 할 것을 정하고 4~5명씩 몰래 남원시장에 들어갔다. 자신은 먼저 도착한 이용기로부터 정세를 듣고 쉬고 있던 중에 만세소리가 일어나기에 자신은 바로 군중을 지휘하여 만세를 외치자고 격려하고 민중은 이에 따라 만세를 외치고 있었는데 체포되었다는 내용의 공술 기재.

원심공판 시말서 중에 원심 상(相) 피고 이용기의 공술로, 자신은 4월 4일 증 제1호의 깃발을 만들고 깃대는 구입하여 남원시장에서 깃대에 깃발을 매고 만세를 연창하고 있었는데 체포되었다는 내용의 및 김해근(金海根)의 공술로, 증 제2호의 곤봉은 판시 일, 판시 시장에서 자신이 소지하고 있던 것이라는 내용의 각 공술 기재.

검사사무취급의 곡구미일랑(谷口彌一郞)에 대한 신문조서 중에 자신은 판시의 날, 판시 장소인 가게에 나와 있었는데, 조선인들이 오늘은 조선독립만세를 부르지 않으면 안 된다고 말하고, 그중에는 조선인의 음식점이나 상인에게 '조선독립만세를 절규하라, 만약 응하지 않으면 곤봉으로 구타하겠다.'라고 말하고 있었다. 운운. 오후 2시경에 시장의 동북쪽 구석에서부터 5~6백 명의 군중이 빠른 시간에 약 1천 명 정도의 큰 군중이 되어 태극기를 선두로 조선독립만세를 절규하면서 남쪽을 향해 전진해 왔는데, 경계 중인 헌병이 이를 제지했으나 조금도 응할 모양이 없이 오히려 반항적인 태도를 보이며 더더욱 만세를 외치는 것을 멈추지 않았다. 점차 소요가 확대되어 사태가 쉽지 않다고 생각하여 자신은 가게를 정리하고 피난하려고 하였는데, 폭민 때문에 상품 대부분이 파손되었다. 운운. 피고 이형기, 유창근(柳昌根), 이성기 등은 곤봉을 휴대하고 조선독립만세를 절규하지 않으면 구타하겠다고 협박하고 있었다는 내용의 공술 기재.

동상(同上) 정재봉에 대한 신문조서 중에, 자신은 소금장수로서 판시 일, 판시 시장에서 소금장사를 하고 있었는데, 오후 2시경 곤봉을 가진 폭민이 와서 '어찌하여 우물쭈물하고 있는가. 빨리 만세를 외치라.'라고 말하면서 자신을 구타하였다. 자신은 빨리 피난하려고 하였는데 폭민이 기와와 돌을 던지거나 또는 곤봉을 휘두르며 양민의 퇴거를 허락하지 않았다. 시장의 동북쪽 구석에서부터 태극장 깃발을 선두로 많은 군중이 조선독립만세를 외치면서 곤봉을 휘두르며 오고 있기에 죽음을 각오하고 피난하였고 이 때문에 상품을 분실하였다는 내용, 그리고 피고 이형기 등은 폭민의 선두에 서서 독립만세를 절규하며 군중을 지휘하고 있었다는 내용의 공술 기재.

동상(同上) 광성우송(光成友松)에 대한 신문조서 중에서 자신은 판시의 날 처가 판시 시장에 있는 잡화상에 나갔기 때문에 그 장소에 가 있었는데 대부분이 위험하다고 하여서 상품을 정리하고 있었다. 그런데 주먹 크기의 돌이 여러 개가 신변으로 날아왔고 2~3인의 조선인이 가게 앞에 부착한 통나무를 떼어서 갖고 가 버리고 닥치는 대로 조선인을 구타하며 조선독립을 절규하라고 외치고 있었는데, 그때 시장의 동북쪽 구석에서부터 만세 소리가 일어나 1천 명 정도의 많은 군중이 태극기를 선두에 세우고 남쪽을 향해 전진해 오고 있었다. 자신은 이때 다수의 돌에 맞았기 때문에 문단속을 하고 피난하였다는 내용의 공술 기재.

압수된 증 제1호의 깃발 및 깃대, 증 제2호의 곤봉의 각 현존에 의해 그 증명이 충분하다.

법에 비추어보건대, 피고의 행위 중 치안 방해의 점은 그 행위 당시의 법령에 있어서는 보안법 제7조, 조선형사령 제42조에 해당하고, 대정 8년 제령 7호 시행 후에 있어서는 동령 제1조 제1항에 해당한다. 소요의 점은 형법 제106조 제2호에 해당하는 바, 위는 1개의 행위로 2개의 죄명에 저촉되는 것으로 구법에 있어서는 동 제54조 제1항 전단 제10조에 의해 무거운 소요죄의 형에 따른다. 신법에 있어서는 동 각 항에 의해 무거운 제령 소정의 형에 따를 것인데, 형법 제6조 제10조에 따라 가벼운 소요죄의 형에 따라 피고들 징역 3년에 처한다. 압수물건 중 증 제1호, 2호는 형법 제19조에 따라 이를 몰수하고 그 나머지는 형사소송법 제 202조에 따라 소유자에게 환부한다.

그런즉, 원심이 피고의 치안 방해의 사실을 인정한 것은 타당하나 이와 견련(牽聯) 관계인 소요의 사실을 인정하지 않은 것은 피고의 공소 및 당 법원 검사의 부대공소는 각 그 이유가 있으므로 형사소송법 제261조 제2항에 따라 주문과 같이 판결한다.

피고는 본 판결에 대해 본인이 그 송달을 받거나 또는 판결집행에 의해 형의 언도가 있었음을 안 날로부터 3일 내에 이의신청을 할 수 있다.

12. 판결문 - 1925년 6월 30일

1. 판결일자 : 1925년 6월 30일

2. 판결기관 : 대구복심법원

3. 독립유공자

   이형기(李炯器)

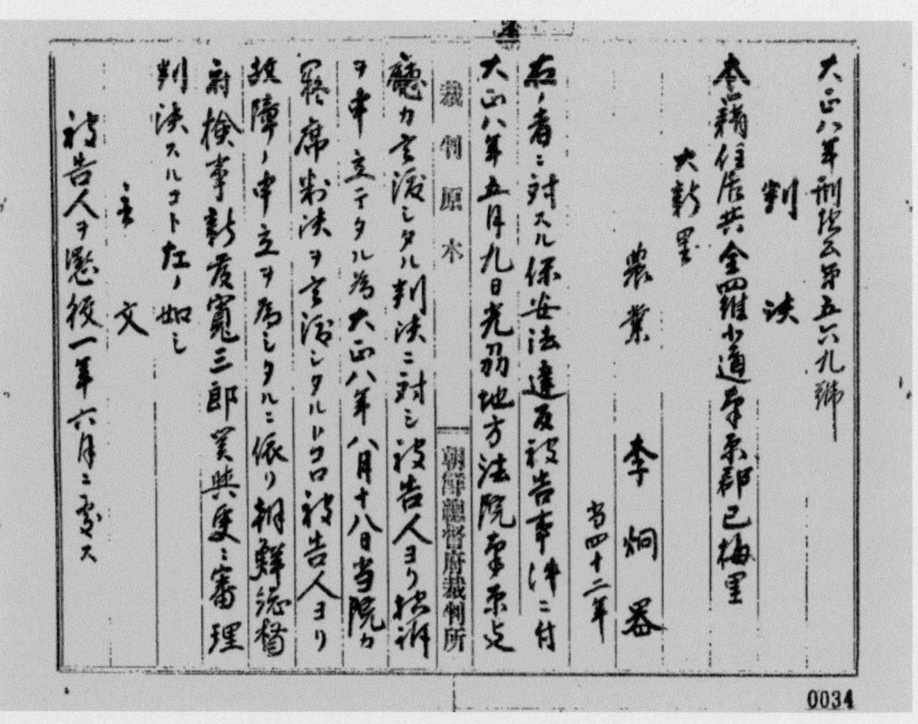

大正八年刑控公第五六九號

判決

本籍住居共全羅北道全州郡己梅里
大新里

農業 李炯器
当四十二年

右ノ者ニ對スル保安法違反被告事件ニ付
大正八年五月九日光州地方法院全州支廳ガ言渡シタル判決ニ對シ被告人ヨリ控訴
ヲ申立テタル為大正八年八月十八日当院ガ
缺席判決ヲ言渡シタルトコロ被告人ヨリ
故障ノ申立ヲ為シタルニ依リ朝鮮總督
府檢事新居寛三郎關與ノ上審理
判決スルコト左ノ如シ

主文

被告人ヲ懲役一年六月ニ處ス

押收物中證第一號ノ旗及旗竿證
第二號ノ棍棒ハ之ヲ沒收ス

理由

被告ハ豫テ朝鮮独立ノ示威運動ヲ爲サンコトヲ企畫シ居リシ処其一族タル全羅北道南原郡德果面長李奭器カ同面民ト共ニ大正八年四月三日朝鮮独立ノ示威運動ヲ爲シタル爲メ南原憲兵分隊ニ留置セラレタルヨリ朝鮮ノ独立ヲ畫ル目的ヲ以テ來審相被告李成器及李龍器外二名ト會合シ其翌四日ノ南原市日ヲ利用シ同市場ニ於テ朝鮮独立ノ示威運動ヲ開始シ且右憲兵分隊ニ殺到シテ同所ニ留置中ノ右李奭器ヲ奪還セシコトヲ謀議シ同月四日朝手旗二十余爲ヲ集メテ右主旨ヲ告ケテ共ニ南原市

場ニ赴キ右李龍器ハ大韓独立旗巳梅面ト大書セル旧韓國旗（證第一號）ヲ押立テ被告及來審相被告等ハ同市場ニ集合セル群衆及市民ニ對シ朝鮮独立万歲ヲ高唱スヘシト絶叫シテ之ヲ煽動スルヤ群衆ハ增加シテ千余名ト爲リ該群衆ハ各朝鮮独立萬歲ヲ高唱シ同市場警戒ノ任ニ當リ居リタル憲兵ノ制止ヲ肯ンセスシテ棍棒ヲ以テ市民ヲ毆打シ且独立萬歲ヲ高唱セサレハ毆打スヘシト脅迫シ及同市場ニ於ケル商人ノ露店及商品ヲ破壞シテ騷擾ヲ爲シタルカ被告ハ該騷擾ニ際シ棍棒ヲ携ヘテ群衆ノ先頭ニ立チテ朝鮮独立萬歲ヲ高唱シツツ群衆ヲ指揮シ以テ治安ヲ妨害シタルモノナリ

右事實ハ檢事事務取扱ノ被告ニ對スル訊

訊問調書中私ハ大正八年三月頃ヨリ朝鮮独立ニ関スル宣言書カ配布セラレ京城及各地ニ於テ示威運動開始セラレ隣郡楊樹里ニ於テモ盛ニ示威運動ヲ為シタルニヨリ私ハ機会ヲ得テ独立ノ示威運動ヲ為サント企図シ居リシ処四月三日徳果面民カ独立万歳ヲ高唱シ私ノ一門ナル面長李奭器カ憲兵隊ニ拘引セラレタルニヨリ私ハ同夜被告李成器方ニ赴キ同人父李龍器外二名ト集合シ明四日独立万歳ヲ高唱シツヽ示威運動ヲ開始シ多数憲兵隊ニ殺到シテ右面長ヲ奪還センコトヲ議シ其翌四日朝李族二十余ヲ集メ同日ハ南原市日ナル故多数ノ鮮民ヲ勧誘シ独立ノ示威運動ヲ為スコトニ定メ四、五名宛密カニ南原市場ニ乗込ミ私ハ先着セ

0037

ル李龍器ヨリ情勢ヲ聴取シテ休ミ居ルト万歳ノ声カ起リタル故私ハ直ニ群衆ヲ指揮シテ万歳ヲ高唱セヨト激励シ民衆ハ之ニ和シテ万歳ヲ高唱シツヽアル処ヲ逮捕セラレタル旨ノ供述記載

原審公判始末書中原審相被告李龍器ノ供述トシテ私ハ四月四日証第一號ノ旗ヲ作リ竿ハ之ヲ買求メ南原市場ニ於テ竿ニ旗ヲ附ケテ掲揚シ先頭ニ立チテ万歳ヲ連唱シ居ル私ヲ捕ヘラレタル旨及金海根ノ供述トシテ証第二號ノ棍棒ハ判示ノ日判示市場ニ於テ私カ所持シ居リタルモノナル旨ノ各供述記載

検事事務取扱ノ谷口彌一郎ニ対スル訊問調書中私ハ判示ノ日判示市場ニ店ヲ出シ居リシ処鮮人等ハ今日ハ朝鮮独立万歳ヲ

0038

唱ヘネハナラヌト云ヒ居シカ中ニハ鮮人ノ飲食店ヤ商人ニ対シ朝鮮独立万歳ヲ絶叫スヘシ若シ応セサレハ棍棒ニテ殴打スヘシト云ヒ居リト云々斯クテ午後二時頃ニ市場ノ東北隅ヨリ五、六百ノ鮮衆カ急ニ約八千名程ノ大鮮衆ト為リ太極旗ヲ先頭ニ朝鮮独立万歳ヲ絶叫シツツ南方ニ向ツテ前進シ来リシカ警戒ノ憲兵ハ之ヲ制止セシモ毫モ応スル模様ナク却テ反抗ノ態度ヲ示シ益々万歳ヲ高唱シテ止マス漸次騒擾ヲ拡大シ事態容易ナラスト思ヒシ故私ハ店ヲ取片付ケ避難セントシタリシカ遂ニ暴民ノ為メ商品ノ大部分ヲ破損セラレタリ云々被告李炯器、柳昌根、李成器等ハ棍棒ヲ携ヘ朝鮮独立万歳ヲ絶叫セサレハ殴打スヘシト脅迫シ居リタル旨ノ供述記載

0039

同上丁石奉ニ対スル訊問調書中私ハ塩商ニシテ判示ノ日判示市場ニ於テ塩ノ商売ヲ為シ居リタル処午後二時頃棍棒ヲ持チタル暴民カ来リ何ヲ愚図々々為シ居ルカ早ク万歳ヲ高唱セヨト云ヒ私ヲ殴打シタルニヨリ私ハ急キ避難セントシタリシカ暴民ハ瓦礫ヲ投付ケ又ハ棍棒ヲ打振リ良民ノ退去ヲ許サゝリシ然ルニ市場ノ東北隅ヨリ太極旗ヲ先頭ニ大鮮衆カ朝鮮独立万歳ヲ唱ヘツゝ棍棒ヲ打振リ来リシ故私ハ死ヲ決シテ避難セシカ之カ為メ商品ヲ紛失シタリ而シテ被告李炯器等ハ暴民ノ先頭ニ立チテ独立万歳ヲ絶叫シテ鮮衆ヲ指揮シ居リタル旨ノ供述記載

同上元成友松ニ対スル訊問調書中私ハ判示ノ日妻カ判示市場ニ雑貨店ヲ出シタ

0040

ルニヨリ同所ニ行キ居リシニ大分危険ト為リタル
為メ商品ヲ取片付ケント為リタル処拳
大ノ石數個身邊ニ飛ヒ来リ二、三ノ鮮人カ店
頭ニ取付ケアル丸太ヲ引倒シテ持去リ手當
リ次第ニ鮮人ヲ殴打シ朝鮮ノ独立ヲ絶
叫セヨト喚ハリ居リシカ其内市場ノ東北隅
ヨリ萬歲ノ声起リ千余名ノ大群衆カ太
極旗ヲ先頭ニ南方ニ向ツテ前進シ来リ

タルカ私ハ其際多數ノ投石ヲ受ケタル為メ
戸締ヲ為シ避難シタル旨ノ供述記載
押収ニ係ル証第一號ノ旗及旗竿並ニ
証第二號ノ棍棒ノ各存在
ニ依リ其証憑十分ナリトス
法ニ照スニ被告ノ行為中治安妨害ノ点ハ
其行為當時ノ法令ニアリテハ保安法第七
條朝鮮刑事令第四十二條ニ該當シ大正

0041

八年制令第七號施行後ニアリテハ同令第一條
第一項ニ該當シ騒擾ノ点ハ刑法第百六條第
二號ニ該当スル所右ハ一個ノ行為ニシテ二個ノ
罪名ニ触ルヽヲ以テ旧法ニアリテハ同第五十四條
第一項前段第十條ニ依リ重キ騒擾罪ノ
刑ニ従フヘク新法ニアリテハ同各條項ニ依リ
重キ右制令所定ノ刑ニ従フヘキモノナル所刑
法第六條第十條ニ則リ軽キ騒擾罪ノ刑

ニ従ヒ被告ヲ懲役一年六月ニ處スヘク押収
物件中証第一、二號ハ刑法第十九條ニ則リ之
ヲ没収スヘキモノトス
然ラハ原審判決カ被告ノ治安妨害ノ事
実ヲ認定シタルハ相當ナルモ之ト牽連セル
騒擾ノ事実ヲ認定セサルハ失當アルノミナ
ラス科刑重キニ失シ被告人ノ控訴ハ其ノ
理由アリトス

0042

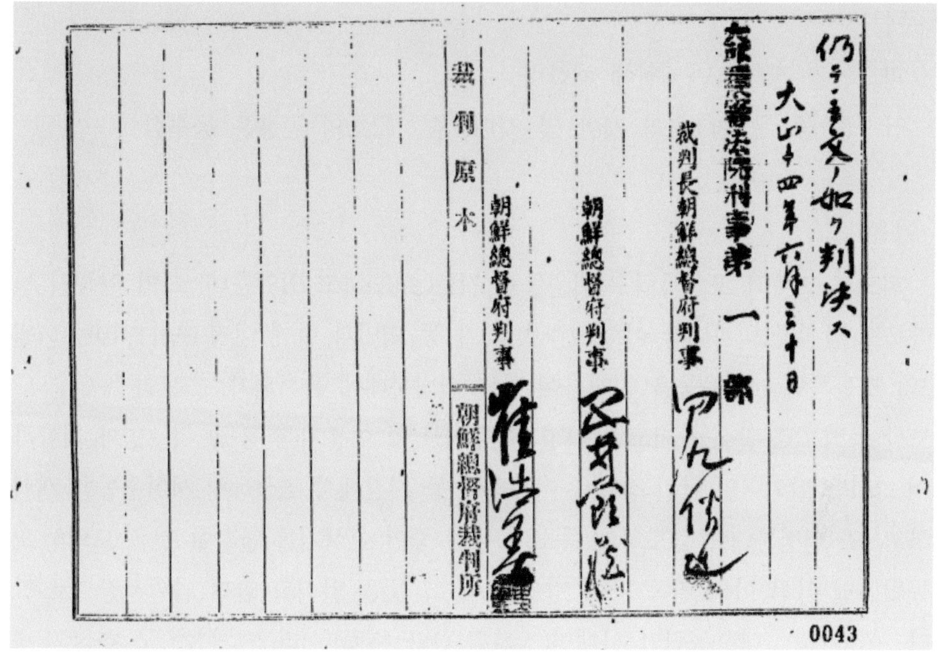
仍テ主文ノ如ク判決ス

大正十四年六月三十日

大邱覆審法院刑事第一部

裁判長朝鮮總督府判事

朝鮮總督府判事

朝鮮總督府判事

裁判原本

朝鮮總督府裁判所

0043

판결

대정 8년 형공 제569호[1]

전라북도 남원군 사매리(巳梅面: 역자 주) 대신리(大新里)

이형기(李炯器) 42세

상기 자에 대한 보안법 위반 및 피고사건에 대한 대정 8년(1919년) 5월 9일 광주지방법원 남원지청이 언도한 판결에 대해 피고인이 공소를 제기하여 대정 8년 8월 18일 당원이 결석재판을 언도한 바, 동 피고인이 이의를 주장함에 따라 조선총독부 검사 신등관삼랑(新藤寬三郎) 관여, 재차 심리 판결함이 다음과 같다.

1) 1919년 8월 18일 대구복심법원 판결 당시 이형기는 결석재판이었던 관계로 6년 뒤의 판결인데, 판결문 번호는 종전 것과 동일함.

주문

피고인을 징역 1년 6월에 처한다.

압수물 중, 증 제1호의 깃발 및 깃대, 증 제2호의 곤봉은 몰수함.

이유

피고는 전부터 조선독립 시위운동을 기도(企圖)하고 있었는데, 그의 일족인 전라북도 남원군 덕과면장 이석기(李奭器)가 동 면민과 함께 대정 8년(1919년) 4월 3일 조선독립 시위운동을 전개하여 남원 헌병분대에 유치되자, 조선의 독립을 도모할 목적으로 원심상 피고인 이성기(李成器) 및 이용기(李龍器) 외 2명과 회합하여 그다음 날인 4일 남원 장날을 이용하여 동 시장에서 조선독립 시위운동을 개시하고, 또 헌병분대에 쇄도하여 동소에 유치 중인 이석기를 탈환할 것을 모의하고, 동월 4일 아침 이씨 일족 20여 명을 모아 그 뜻을 알리고 함께 남원시장으로 갔다. 이용기는 '대한독립기 사매면(大韓獨立旗巳梅面)'이라 크게 쓴 구 한국기(증 제1호)를 앞세우고, 피고 및 원심상 피고 등은 동 시장에 집합한 군중 및 시민에게 조선독립만세를 고창하라고 절규하고, 그들을 선동하자 군중은 증가하여 천여 명을 이루었다. 군중은 모두 조선독립만세를 고창하며, 동 시장 경계 임무를 담당한 헌병의 제지에 응하지 않고, 곤봉으로 시민을 구타하고, 또 독립만세를 고창하지 않으면 구타할 것이라고 협박하였다. 그리고 동 시장 상인의 노점 및 상품을 파괴하며 소요를 일으켰다. 피고는 이 소요 때 곤봉을 들고 휴대 군중의 선두에 서서 조선독립만세를 외치면서 군중을 지휘하여 치안을 방해한 자이다.

위 사실은 검사사무취급의 피고에 대한 심문조서 중, '나는 대정 8년 3월경부터 조선독립에 관한 선언서가 배포되어 경성 및 각지에서 시위운동이 개시되고, 이웃 군(郡)의 오수리(獒樹里)에서도 왕성하게 시위운동을 함에 따라, 기회를 얻어 독립 시위운동을 하려고 기도하고 있었다. 4월 3일 덕과면민이 독립만세를 고창하고 우리 문중의 동 면장 이석기가 헌병대에 구인되어 가자 나는 그날 밤 피고 이성기 쪽에 가서 동인과 이용기 외 2명과 집합하여 다음날인 4일 독립만세를 고창하면서 시위운동을 개시하여 다수가 헌병대에 쇄도하여 면장을 탈환할 것을 의논하였다. 다음 날 4일 아침 이씨 일족 20여 명을 모아, 오늘은 남원 장날로 많은 군민에게 권유하여 독립시위운동을 전개할 것을 정하고, 4, 5명씩 비밀스럽게 남원시장에 들어갔다. 나는 먼저 도착한 이용기로부터 정세를 청취하고 쉬고 있었는데, 만세 소리가 들려 곧바로 군중을 지휘하여 만세를 고창하자고 격려하고, 민중은 이에 화답하여 만세를 고창하고 있었는데 체포되었다'는 내용의 공술 기재.

원심공판 시말서 중, 원심상 피고 이용기의 공술에, '나는 4월 4일 증거 제1호의 깃발을 만들었고, 장대는 구입하여 남원시장에서 장대에 깃발을 매어 게양하고, 선두에 서서 만세를 연창하고 있다가 체포되었다'는 내용 및 김해근(金海根)의 공술에 '증거 제2호의 곤봉'은 판시의 날 판시 시장에서 내가 소지한 것이다' 라는 내용. 각 공술 기재.

검사사무취급의 곡구미일랑(谷口彌一郎)에 대한 심문조서에, '나는 판시일 판시 시장에 가게를 냈는데, 조선인들이 오늘은 조선독립만세를 외치지 않으면 안 된다고 말하였고, 그 중에는 조선인 음식점이랑 상인에게 조선독립만세를 절규해야만 한다, 만약 응하지 않으면 곤봉으로 구타할 것이라고 하였다.' 운운. '오후 2시경에 시장의 동북쪽 구석으로부터 5, 6백의 군중이 갑자기 약 천 명 정도의 대군중을 이루어 태극기를 선두로 조선독립만세를 절규하면서 남쪽을 향해 전진하였다. 경계하고 있던 헌병은 이를 제지하였지만 조금도 응하는 모습은 없고, 오히려 반항하는 태도를 보이며 점점 더 만세를 고창하기를 멈추지 않았다. 점차 소요가 확대되어 사태가 용이하지 않을 것으로 생각하여 점포를 정리하고 피난하려고 하였는데, 결국 폭민 때문에 상품 대부분이 파손되었다.' 운운. 피고 '이형기, 유창근(柳昌根), 이성기 등은 곤봉을 지니고 조선독립만세를 절규하지 않으면 구타하겠다고 협박하였다'는 내용의 공술 기재.

상동 정재봉(丁在奉)에 대한 심문조서 중, '나는 소금장수로 판시 일 판시 시장에서 소금을 판매하고 있었는데, 오후 2시경 곤봉을 지닌 폭민이 와서, 무엇을 우물쭈물하고 있는가 빨리 만세를 고창하라고 말하며 나를 구타하여 나는 급히 피난하려고 하였지만, 폭민은 기와 조각을 던지거나 혹은 곤봉을 휘두르며 양민이 물러나는 것을 허락하지 않았다. 그런데 시장의 동북 구석으로부터 태극기를 선두로 대군중이 조선독립만세를 외치면서 곤봉을 휘두르면서 와서, 나는 죽을 결심으로 피난하였지만 상품을 분실하였다. 피고 이형기 등은 폭민의 선두에 서서 독립만세를 절규하여 군중을 지휘하였다'는 내용의 공술 기재.

상동 광성우송(光成友松)에 대한 심문조서 중, '나는 판시 일에 처가 판시 시장에 잡화점을 내어 그곳에 가 있었는데 상당히 위험해져서 상품을 치우려고 할 때 큰 돌 몇 개가 몸 가까이에 날아왔고, 2, 3명의 조선인이 상점 어귀에 붙여둔 통나무를 쓰러뜨려 가지고 가서 닥치는 대로 조선인을 구타하며 조선의 독립을 절규하라고 외쳤다. 그 사이에 시장의 동북쪽 구석으로부터 만세 소리가 일어나며 천여 명의 대군중이 태극기를 선두로 남쪽을 향하여 전진해 왔는데, 나는 그때 다수의 돌에 맞아 문을 닫고 피난하였다'는 내용의 공술 기재.

압수와 관련된 '증 제1호의 깃발 및 깃대'와 '증 제2호의 곤봉' 모두 존재함에 따라 그 증빙은 충분하다고 본다.

법에 비추어 피고의 행위 중 치안을 방해한 점은 그 행위 당시의 법령으로는 보안법 제7조, 조선형사령 제42호에 해당하고, 대정 8년 제령 제7호 시행 후에는 동령 제1조 제1항에 해당하며, 소요는 형법 제106조 제2호에 해당한다. 이는 하나의 행위로써 두 개의 죄명에 저촉하는 것으로 구법에 있어서는 동 제54조 제1항 전단 제10조에 따라 무거운 소요죄의 형에 따라야 하고, 신법에 있어서는 동각 조항에 따라 무거운 위의 제령 소정의 형에 따라야 하는데, 형법 제6조, 제10조를 본받아 가벼운 소요죄의 형에 따라 피고를 징역 1년 6월에 처한다. 압수물건 중, '증 제1, 2호'는 형법 제19조에 따라 그것을 몰수하기로 한다.

그렇다면, 원심판결이 피고가 치안방해 사실을 인정한 것은 적합하지만 이것과 이어지는 소요 사실을 인정하지 않는 부당함이 있을 뿐 아니라 형벌이 지나치게 무거워 피고인의 공소는 그 이유가 있다.

이에 주문과 같이 판결한다.

대정 14년 6월 30일

대구복심법원 형사 제1부

재판장 1925年 조선총독부 판사 전중성일(田中誠一) ㊞

조선총독부 판사 오정절장(五井節藏) ㊞

조선총독부 판사 최호선(崔浩善) ㊞

13. 판결문 - 1919년 10월 4일

1. 판결일자 : 1919년 10월 4일

2. 판결기관 : 고등법원

3. 독립유공자

   이석기(李奭器) 조동선(趙東先) 이풍기(李豊器) 이승순(李承珣)

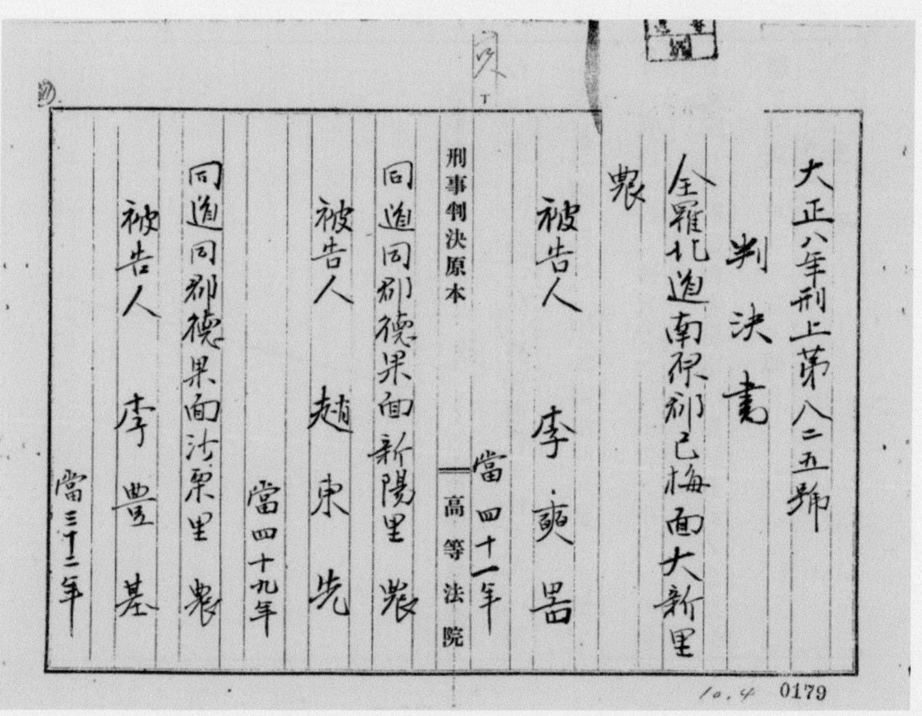

大正八年刑上第八二五號

判決書

全羅北道南原郡巳梅面大新里

農

被告人 李奭器

當四十一年

刑事判決原本 高等法院

同道同郡德果面新陽里 農

被告人 趙東先

當四十九年

同道同郡德果面沙栗里 農

被告人 李豊基

當三十二年

10.4 0179

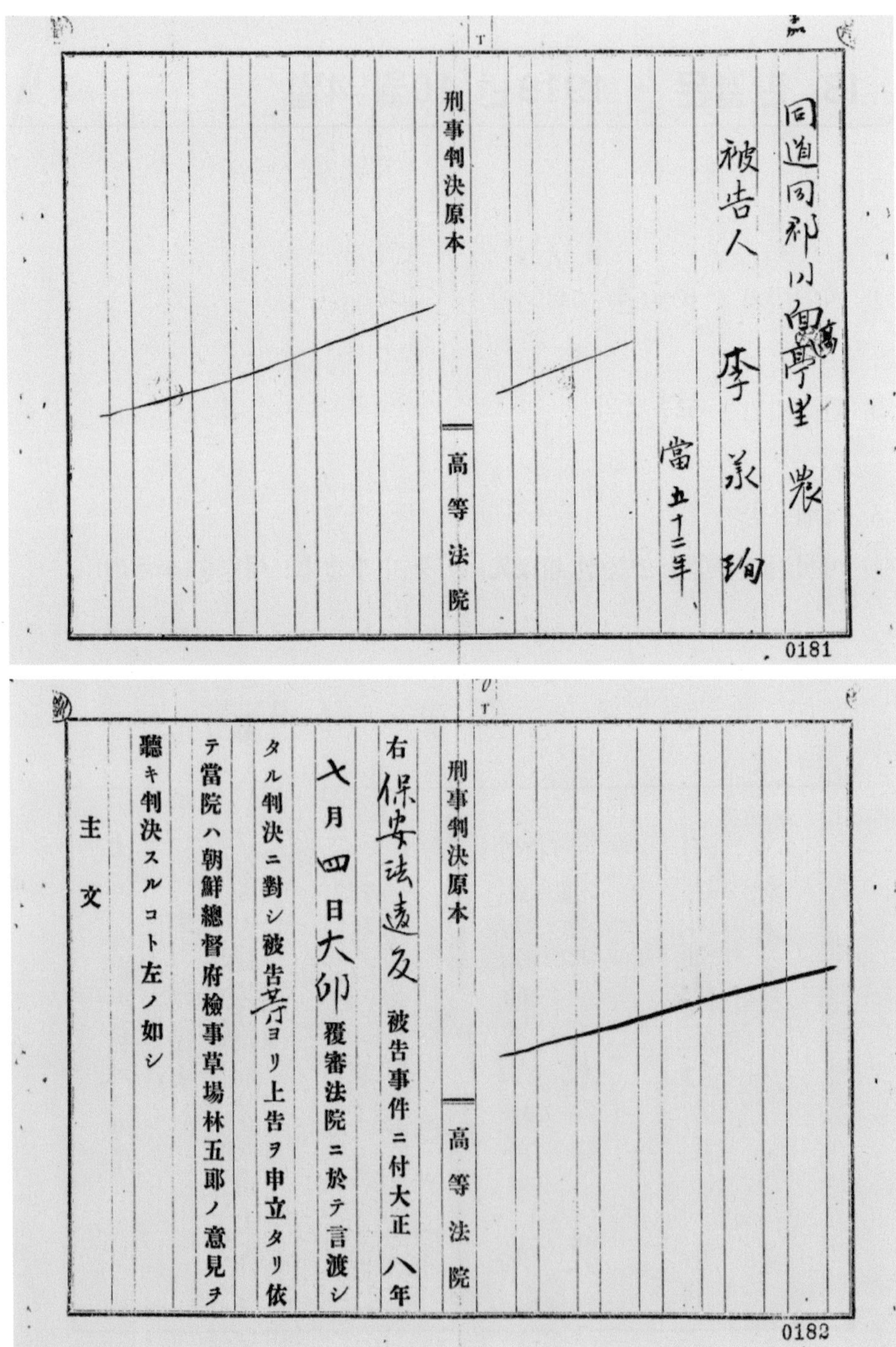

同道同郡川内高亭里 農

被告人 李彔珣

當五十二年

刑事判決原本

高等法院

0181

刑事判決原本

右保安法違反被告事件ニ付大正八年七月四日大邱覆審法院ニ於テ言渡シタル判決ニ對シ被告等ヨリ上告ヲ申立タリ依テ當院ハ朝鮮總督府檢事草場林五郎ノ意見ヲ聽キ判決スルコト左ノ如シ

主文

高等法院

0182

本件各被告人ノ上告ハ之ヲ
棄却ス

理由

被告人李奭器上告趣意ハ縷々陳辯スル所アレトモ其要旨ハ被告ハ南原郡德果面長ナリシカ四月三日ハ神武天皇祭日ニシテ例年紀念植樹ノ日ナルト南原郡守ヨリ本年ハ面有基本財産トナルヘキ地ヲ選定シ植樹スヘキ旨通牒アリタルニ依リ三月三十一日面長会議ヲ開催シ植樹ノ地ヲ選定

0183

シ人夫出役ノ決議ヲ為ス際ニ散會セントスル時區長李明源李東奎ハ近日京城其他ニ於テ萬歳呼唱者連續絶ヘサレハ同日若シ多數人民會集セハ或ハ萬歳ヲ唱フル者アル虞レアリト申スニ付被告ハ同日紀念植樹ヲ為スコトハ毎年ノ例ニシテ郡守ノ訓令モアルコトナレハ斯ル虞レナカルヘク若シ其虞アリトセハ憲兵所長ニ協議スヘシト答ヘ其翌日憲兵所ニ往キ同日来参監督センコト

0184

ヲ請願シタル《中心尚憂アリ同
日若シ萬歳呼唱者アルトキハ面
民ノ困難多キヲ思ヒ被告ハ面内
人民ノ代表トシテ其責ニ當ル為
被告ハ南原郡十九面任實郡屯南
面只沙面ニ對シ辭職シテ萬歳ヲ

刑事判決原本　高等法院

唱フトノ公函二十一枚其他警告
書二十一枚ヲ準備シ居リタ
ル處四月三日人夫會集シテ砂防
工事ヲ為シ午食ヲ喫シ居リタル
際憲兵所長補助員等来参シ午後
五時工事畢了シ各飲酒シ居リタ

0185

ル時不意ニ役夫中何人ナルカ萬
歳ヲ呼唱シタルモノアリ役夫全
部之ニ唱和シタルヲ以テ之ヲ禁
止セントシタルモ之ヲ禁スル能
ハス憲兵及補助員ハ軍刀ヲ以テ
打撃シ多数ヲ結縛セリ然ルニ被

刑事判決原本　高等法院

告ハ嚮ニ面長會議ノ際斯ル事出
来セハ被告担當スヘキ旨明言セ
ルコトアリ面内ノ代表トシテ憲
兵隊ニ自ラ出頭シ其罪ヲ願ヒタ
ル處憲兵隊ヒシテ再参所詢ヘテレ
タルカ検事ノ審問ノ際ニハ唯警

0186

告書ノ理由ヲ問ヒタルノミニテ
憲兵隊ニ於ケル調査書ノ理由ヲ
問ハサルニヨリ被告カ憲兵隊調
査書ノ問答ヲ聽カレコトヲ請ヒ
タルハ檢事及書記ハ被告ヲ無數
殴打シタルヲ以テ其儘退キタ

ル其後判事ヨリ懲役一年六月ノ
言渡アリタルヲ以テ大邱覆審法
院ニ控訴シタルニ判事ハ懲役二
年ニ處セラレタルカ保安法違反ハ
何論スルモ同法ハ光武十一年ニ
制定サレタル法律也而シテ朝鮮

0187

人民ハ本是光武皇帝ノ民也光武皇
帝ノ民カ朝鮮獨立萬歳ヲ呼唱シ
タルヲ光武十一年ニ制定シタル
保安法違反罪ニ處スルハ不當ナ
リ其冤ノ爲ニシタルコトヲ罪ト
稱シテ役ニ處セハ天下ノ民罪人

ニアラサルナカラシ朝鮮獨立萬
歳ハ朝鮮人民タル者一人トシテ
唱ヘサルモノナシ去レハ朝鮮人
民全部ヲ處律スヘキ也然ラサレ
ハ其當初ノ主唱者ノミ處律スヘ
キ也被告ハ寧ロ大正八年ノ新法

0188

律ニヨリ處罰セラル、ハ格別光武十一年ノ旧法律ニ處律セラルルハ不當ナリト思惟ス殊ニ朝鮮人民タル者カ其私ノ爲ニ萬歲ヲ呼唱スルモ罪トナラサルモノト思ヒ萬歲ヲ唱ヘタルモノニシテ被

刑事判決原本　高等法院

告ハ其法律ヲ知ラスシテ風ヲ聞テ發聲セルノミナレバ是レ天ノ爲ス所ニシテ人爲ニアラスト云フニ在レトモ保安法ハ舊韓國ノ法律ナリシモ明治四十三年八月制令第一號ニ依リ朝鮮總督ノ發

0189

シタル命令トシテ尚其効力ヲ有スルモノナルヲ以テ朝鮮人カ同法律ニ違背スル所爲ヲ爲シタルトキハ同法ノ適用ヲ受クヘキコト言ヲ俟タサレハ本論旨中保安法ハ光武十一年ノ制定ニ係ルヲ

刑事判決原本　高等法院

以テ今日朝鮮人ニ對シ其適用ナキカ如ク論スル点ハ理由ナシ

而シテ原審ハ証拠ニ依リ被告カ南原郡德果面長奉職中大正八年三月三十一日德果面事務所ニ於テ同面書記趙東先外二名ト會合

0190

ニ同年四月三日ハ植樹紀念日ニ
シテ多数面民ノ集合スルヲ機ト
シ朝鮮独立示威運動ノ為朝鮮独
立萬歳ヲ高唱セムコトヲ共謀シ
同日数百名ニ対シ植樹ヲ為サシ
メタル後趙東九李豊基李萊稙等

刑事判決原本　高等法院

ト共ニ率先シテ朝鮮独立萬歳ヲ
高唱シ群集ヲ煽動シ群衆ヲシテ
之ニ唱和セシメ憲兵ノ制止ニ服
セス梧新憲兵分遣所方面ニ向テ
進行シ其途次被告ハ原判文掲記
ノ如キ不穏ノ文書ヲ朗読シ且同

0191

文書二十一枚ヲ群集ニ撒布シ前
記憲兵分遣所前道路ニ殺到シ朝
鮮独立萬歳ヲ高唱シ尚被告ハ意
思継続シテ他人ヲ煽動シ朝鮮独
立示威運動ヲ為サシムル目的ヲ
以テ原判示ノ如キ各面事務所ニ

刑事判決原本　高等法院

宛テタル政治ニ関スル不穏ノ文
書二十一通ヲ舊德米面長ノ名義
ヲ以テ作成シ情ヲ知ラサル金光
三ヲシテ原判示ノ如キ十二ケ所
ノ面事務所ニ配達セシメ治安ヲ
妨害シタル事実ヲ認定セルヲ以

0192

ヲ本論旨前段ハ被告一個ノ事實
トスル所ヲ述ヘ原審ノ專權ニ屬
スル事實認定ヲ非難スルモノニ
過キスシテ其理由ナキノミナラ
ス前記原審ノ認定事實ニ依レハ
被告ノ所為ハ保安法第七條ノ犯
刑事判決原本　高等法院
罪ヲ構成スヘキモノナルコト明
ナレハ原審カ同法條ヲ適用処断
シタルハ相當ニシテ本論旨中被
告ノ所為ハ其家主ノ為ニ為シタ
ル行為ナルヲ以テ保安法違反ト
ナラサルカ如ク論スル点ハ被告

0193

一個ノ事實トスル所ヲ述ヘ被告
一個ノ意見ニヨリ罪トナラサル
コトヲ主張スルモノニ過キサレ
ハ理由ナシ其他被告カ檢事ヨリ
取調ヲ受クル際殴打セラレタル
カ如キ事迹ハ毫モ之ヲ認ムヘキ
刑事判決原本　高等法院
モノナキヲ以テ其旨ノ主張ハ採
用シ難キノミナラス被告ハ自己
ノ行為カ犯罪トナルヘキ法律ア
ルヲ知ラサリシ旨陳辯スルモ法
律ヲ知ラサルヲ以テ罪ヲ犯スノ
意ナカリシモノト為スヲ得サル

0194

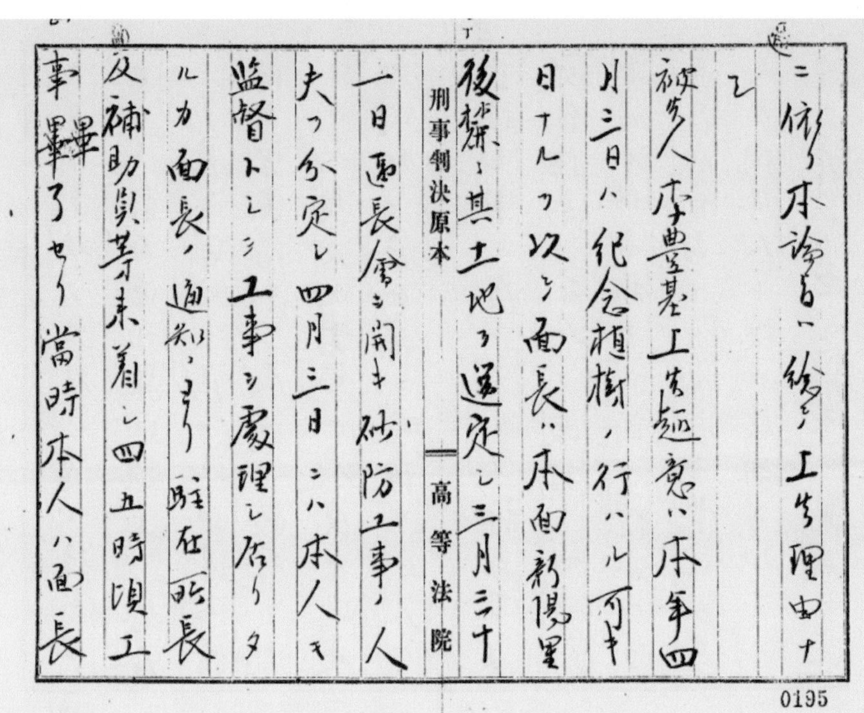

ニ依リ本論旨ハ総テ理由ナ
シ
被告人李豊基ノ上告趣意ハ本年四
月三日ハ紀念植樹ノ行ハルル可キ
日ナルヲ以テ面長ハ本面新陽里
後麓ニ其土地ヲ選定シ三月三十

刑事判決原本　高等法院

一日面長會ヲ開キ砂防工事ノ人
夫ヲ分定シ四月三日ニハ本人モ
監督トシテ工事ヲ處理シ居リタ
ルカ面長ノ通知ニヨリ駐在所長
及補助員等未着シ四五時頃工
事畢了セリ當時本人ハ面長

0195

面書記所長補助員等ト山上ニ在
リ人夫等ハ其下ニ聚合シ居リ将
ニ分散セントスル際不意ニ萬歳
呼唱ノ聲起リタルニ付面長先ツ
下リ大ニ之ヲ責メタルカ續テ所
長補助員等亦下リ来リ人民ヲ撫

刑事判決原本　高等法院

[illegible]スルヨリ面長ハ人民ノ指
導宜シキヲ得サル過失アリトシ
所長等カ本郡分隊ニ通知スル為
駐在所ニ帰リタル後本人等ト共
ニ人民ニ對シ直ニ解散スヘク説
諭スルモ聴カス新道路ニ出テ行

0196

キタルヲ以テ其後ニ随ヒ往キ見タルニ駐在所附近道路上ニ聚合シ萬歳ヲ高唱シ居リシカ本郡分隊并守備隊来リ人民ヲ殴打スルヨリ面長及面書記ハ人民ノ迫失ヲ代表シ駐在所ニ出頭シ本人ハ已ニ面室ニ居リタルヲ補助員及守備隊来リテ本人ヲ殴打シツヽ駐在所ニ伴ヒ行キ取調ノ際本人ヲ面長代表者トシ面長面書記及本人ヲ同謀人ト認メ厳刑ヲ加フルヨリ本人ハ之ニ勝ヘス萬歳ヲ高

刑事判決原本 高等法院

0197

唱シタル旨答ヘタルカ検事ノ再調査ノトキ事実ヲ答ヘタルニ検事ハ駐在所ニ於ケル答ト同シカラスト云ヒ一審ニ於テ六月ノ言渡ヲ受ケ不服ニテ控訴シタルニ二審ニテハ一年ノ言渡ヲ受ケタルヲ以テ前ハ上告ス本人ヲ主唱者ト認定セラレタル如キモ不服ナリト云ヒ

被告人李彩珣上告趣意ハ大正八年四月三日紀念植樹スヘク本里面長ヨリ通知アリタルヲ以テエ

刑事判決原本 高等法院

0198

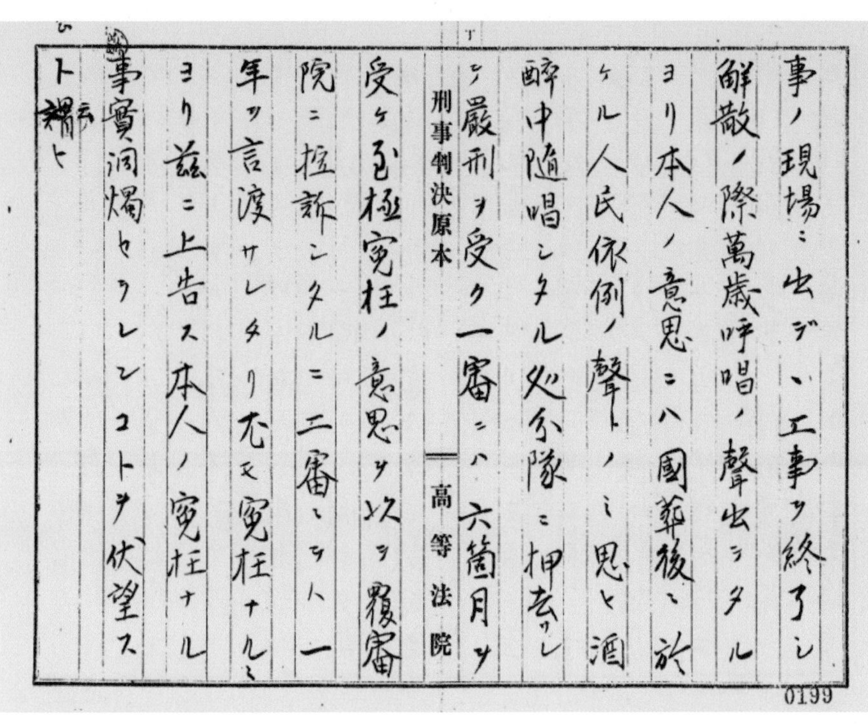
事ノ現場ニ出デハ工事ヲ終了シ解散ノ際萬歳呼唱ノ聲出デタルヨリ本人ノ意思ニハ國葬後ニ於ケル人民依例ノ聲トノミ思ヒ酒酔中隨唱シタル処分隊ニ押去サレテ嚴刑ヲ受ク一審ニハ六箇月ヲ受ケ至極寃枉ノ意思ヲ以テ覆審院ニ控訴シタルニ二審ニテハ一年ヲ言渡サレタリ尤モ寃枉ナルニヨリ茲ニ上告ス本人ノ寃枉ナル事實洞燭セラレンコトヲ伏望スト云ヒ

刑事判決原本　高等法院

0199

被告人趙東先上告趣意ハ本年四月三日紀念植樹ノ予定ニテ面長ハ三月二十九日面内ニ出張シテ本面新陽里後麓一坵ノ地ヲ選定シ三月三十一日區長會ヲ開催シテ砂防工事人夫ヲ分定シ午後四時頃罷會ノ時區長李明源李秉圭二人後ニ在リテ近日獨立萬歳ノ聲近處ニ連續ス同日人夫多数集合セル中此ノ如キ聲出ル憂慮アリト云ヒタルニ面長李奭昌ハ紀念植樹ノ苗木モ準備シアレハ中止

刑事判決原本　高等法院

0200

シ難シ萬一許ノ如キ聲アルトキ
ハ吾等幾人ニ於テ過失ヲ擔當セ
ント云ヒタルモ本人不可ナリト
言ヒタルヲ以テ面長ハ本面駐在
所ニ通知シテ同日ニハ同シク監
督ヲ請ノヘシト言ヒタル故皆之

ニ賛シ罷會シタリ四月三日ニ至
リ本人モ監督員トシテ工事ノ現
場ニ出張シタル處面長ハ駐在所
ニ通知シタリト云ヒ果然午後二
時頃駐在所長並ニ補助員到着シ
五時頃マテ監督シテ工事ヲ終了

0201

ニ本人面長所長補助員トハ上ニ
在リ人夫ハ其下ニ聚合シ散セント
分散ノ頃ニ至リ萬歳呼唱ノ聲不
知中ニ高出セリ面長李奭晶先ツ
下リ往キ大ニ之ヲ責ムル際所長
補助員下リ来リテ人民ヲ撫綏

刑事判決原本 高等法院

致シタルヨリ面長ハ人民ノ指導
宜シキヲ得サル過失ヲ以テ擔當
シ所長ト補助員トハ本郡分隊ヘ
電話スル爲駐在所ニ帰リタルハ
面長ト被告トハ人民ニ對シテ直ク
ニ解散スヘク萬端説諭スルモ聽

0202

カス其下ノ新道路ニ出テ行キタルヨリ追後シテ往イテ之ヲ観ルニ駐在所附近ノ地ニ聚合シテ萬歳ヲ高唱スルニヨリ本人ハ人民ノ意見ニ従ヒ一タヒ随唱シ直ニ解散セントスル際本部分隊ト守備隊トハ一同出發シテ餘存ノ人民ヲ毆打スルヨリ面長李爽畓ト本人トハ人民ノ過失ヲ擔當シ駐在所ニ出頭シタルニ取調ノ際主唱者ト認定シ嚴刑ヲ加フルヲ以テ惶恐中如何ニ答フ可キカヲ知

刑事判決原本　高等法院

0203

ラス検事室ニテ再調ノ時人民代表トシテ自ラ願出タル事ニシテ主唱者ニアラサル事ヲ陳言シ駐在所ニテ取調ノ件ヲ聴カセラレンコトヲ願ヒタルモ終ニ讀ミ聴カセラレス一審ニ於テ一年ノ言渡ヲ受ケ不服ニテ覆審法院ニ控訴シタル処二審ニテハ一年六箇月ヲ言渡サレタリ依テ茲ニ上告ス被告ハ人民ノ過失ヲ代表シテ擔當シタルモノニシテ主唱者ニアラサル事實ヲ垂察セラレシコ

刑事判決原本　高等法院

0204

トツ伏望スト謂フニ在レトモ
本件記録ヲ調査スルモ被告等カ
憲兵分隊若クハ駐在所ニ於テ殴
打拷問セラレタル事迹ハ之ヲ認
ムヘキモノナキヲ以テ本論旨中
其旨ノ主張ハ何レモ採用シ難シ

刑事判決原本　高等法院

而シテ原審ハ被告人吹畄上告趣
意書下ニ説示セル如キ被告等ノ
犯罪事実ヲ認定セルヲ以テ本論
旨ハ何レモ被告等一個ノ事実ト
スル所ヲ述ヘ原審ノ専権ニ属
スル事実認定ヲ非難スルモノニ

0205

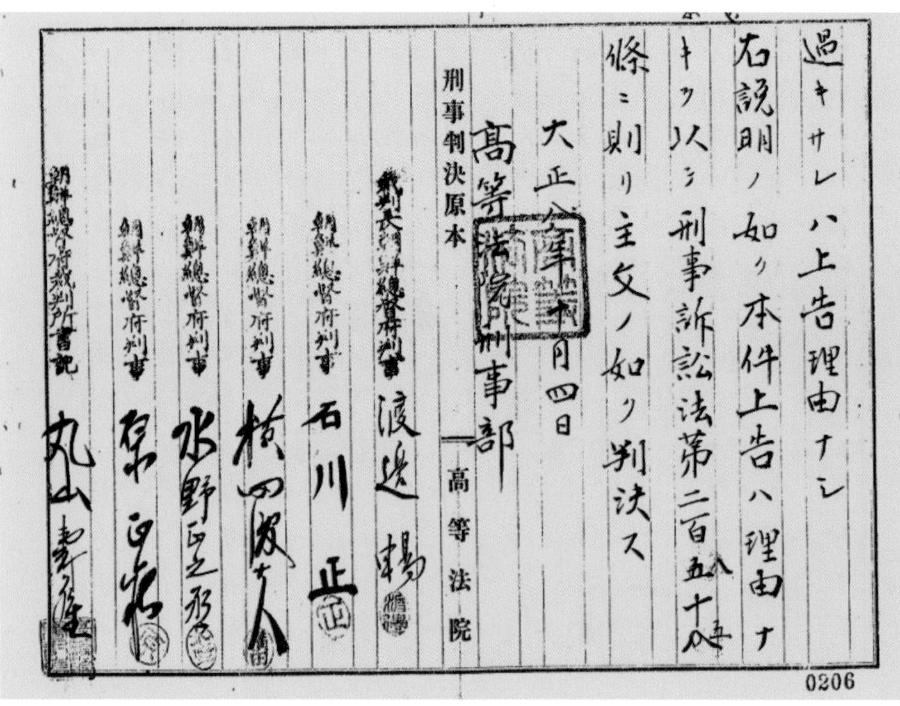

過キサレハ上告理由ナシ
右説明ノ如ク本件上告ハ理由ナ
キヲ以テ刑事訴訟法第二百八十五
条ニ則リ主文ノ如ク判決ス

大正八年十月四日

高等法院刑事部

刑事判決原本　高等法院

裁判長朝鮮総督府判事　渡邊暢
朝鮮総督府判事　石川正
朝鮮総督府判事　横田俊夫
朝鮮総督府判事　水野正之丞
朝鮮総督府判事　原正鼎
朝鮮総督府裁判所書記　丸山

0206

판결

대정 8년 형상(刑上) 제825호

전라북도 남원군 사매면(巳梅面) 대신리(大新里)
농업
이석기(李奭器) 41세

동도 동군 덕과면(德果面) 신양리(新陽里)
농업
조동선(趙東先) 49세

동도 동군 동면 사율리(沙栗里)
농업
이풍기(李豊器) 32세

동도 동군 동면 고정리(高亭里)
농업
이승순(李承珣) 52세

위 피고 외 2명에 대한 보안법위반 피고사건에 대하여 대정 8년 5월 19일 광주지방법원 남원지청에서 피고 이석기를 징역 1년 6월에, 피고 조동선을 징역 1년에, 피고 이풍기, 이승순을 각 징역 6월에 처한다고 언도한 판결에 대하여 원심의 검사사무취급 총독부 경시 안무기웅(安武基熊) 및 각 피고가 공소를 신청하였으므로 본 법원은 조선총독부 검사 야전병웅(野田鞆雄) 간여로 다시 심리, 판결함이 다음과 같다.

주문

원판결 중 피고 이석기, 조동선, 이풍기, 이승순에 관한 부분을 취소한다.

피고 이석기를 징역 2년에, 피고 조동선을 징역 1년 6월에, 피고 이풍기, 이승순을 각 징역 1년에 처한다.

압수된 문서 6통(봉투 포함)은 이를 몰수한다.

이유

피고 이석기(李奭器)는 남원군 덕과면 면장을, 피고 조동선(趙東先)은 동면(同面) 면서기로 봉직하던 중에 대정 8년 3월 31일 남원군 덕과면사무소에서 다른 2명과 회합하여 동년 4월 3일 식수기념일(植樹紀念日)로 다수의 면민이 집합하는 것을 기회로 하여 조선독립 시위운동을 하여 조선독립만세를 외칠 것을 공모하였다. 피고 이석기는 면장의 명의로써 면내 각 구장에게 4월 3일은 식수기념일이므로 각 집에서 반드시 1명씩 나와 동면 신양리 뒷산 도화곡에 모이라는 내용을 통지하고, 그날 그곳에 집합한 조선민 수백 명에게 식수(植樹)를 마친 후 피고 이석기, 조동선, 이풍기(李豊基), 이승순(李承珣)은 솔선하여 조선독립만세를 외쳐 군중을 선동하여 따라 부르게 하였다. 출장 나온 헌병의 제지에 굴하지 않고 오신(梧新) 헌병분견소 방면을 향해 진행하여 그 도중에 피고 이석기는 동면(同面) 사율리 오백룡(吳白龍)의 집 옥상에 올라 군중에게 그가 휴대한 「경고 우리 동포 여러분」이라는 제목으로 '신성한 단군의 자손으로 반만년 동방에서 웅비(雄飛)한 우리 조선민족은 경술년이 원수가 되어 금수강산이 식민지도로 출판되고 신성한 자손은 노예의 민적(民籍)으로 들어가게 되었다. 이러한 치욕을 받고 무슨 면목으로 지하의 성조(聖祖)를 볼 수 있겠는가. 어떻게는 열강인(列强人)에게 몽고도 독립을 선언하고, 폴란드도 민족자결을 주장하고 있다. 이에 분발, 흥기(興起)하여 만강(滿腔)의 열성(熱誠)을 다해 조선독립을 외치자. 만세! 만세! 조선독립만세 만만세'라는 취지를 기재한 불온문서를 낭독하고 동 문서 21매를 군중에게 살포하여 더욱 흥분, 격앙시켰다. 다시 행진을 계속하여 오신 헌병주재소 앞 도로로 몰려가 조선독립만세를 외치고 있었는데 마침 남원 헌병부대에서 응원하러 출장 온 헌병이 도착하여 해산한 것인데, 피고 이석기는 다른 사람을 선동하여 조선독립시위운동을 시킬 목적으로 대정 8년 4월 3일 밤 자택에서 '지금 20세기 시대는 무(無)를 유(有)로 만들고, 허(虛)를 실(實)로 만든다. 어제의 패자(敗者)자

오늘의 흥자(興者)가 되고 옛날의 약자가 현재의 강자가 되고 있다. 몽고도 독립을 선언하고 폴란드도 민족자결을 주창하니 하물며 신성 자손인 우리 조선민족이 못하겠는가. 이에 우생(愚生)은 면장의 직을 사직한다. 만강(滿腔)의 진성(眞誠)을 다하여 조선독립을 외치자.'라는 취지를 기재한 구(舊) 덕과면장의 명의로 각 면사무소 앞으로 불온문서 21통을 작성하여 동원 3일 남원군 덕과면 신양리 기념식수의 장소에서 그중 15통을 남원군 내의 각 면사무소 앞으로 봉투에 넣어 봉함한 채 동행한 덕과면사무소 소사 김광삼(金光三)에게 교부하여 남원군 내의 덕과면 외 14개 면사무소에 배달하라고 명령하였다. 사정을 알지 못한 김광삼은 동월 4일 중에 그중 1통을 덕과면사무소에 가지고 가서 면서기 김선양(金善養)에게, 다른 14통은 다른 1명과 분담하여 남원군 내의 운봉면, 산내면, 아영면, 동면, 산동면, 대강면, 금지면, 수지면, 흑송면, 주생면, 대산면의 11개 면사무소에 배달하고, 남은 이백면, 왕치면, 주천면의 각 사무소 앞의 3통의 봉서(封書)는 배달 전에 헌병에게 발각되어 압수된 것으로, 위는 모두 공공의 치안을 방해한 것이다.

이상의 사실은 피고 이석기에 대한 검사사무취급의 신문조서 중에서, 자신은 기념식수를 하려고 다수의 조선인이 모이는 것을 기회로 하여 조선독립시위운동을 하는 것에 대해 대정 8년 3월 31일 덕과면사무소에서 피고 조동선, 덕과면 신양리 구장 이병규(李秉圭), 동면 고정리 구장 이명원(李明源)과 협의하고, 면내 각 집에서 반드시 한 사람씩 인부가 나와 식수(植樹)를 마치고 일제히 만세를 외치며 연호하기로 내정하였다는 내용 및 신문지와 사람들의 소문에 의하면 경성(京城), 평양(平壤)을 중심으로 하여 근처 지방에서는 전주(全州) 동화(桐花) 등의 각 지방에서 조선독립시위운동을 하고 있는데, 유독 남원군 내에서만 아직 한 번도 독립운동을 하지 않았으니 다른 군(郡)의 조선인에게 부끄러운 일이라 생각하여 면서기 등에게 자신의 의중을 말하였더니 모두 자신과 동감하여 대정 8년 4월 3일의 기념식수일을 기하여 조선독립만세를 외치고 군중으로 하여금 이를 따라 외치게 했다는 내용의 공술 기재.

원심공판 시말서 중에 피고의 대정 8년 4월 2일 밤 자택에서 「경고 우리 동포 여러분」(증 제1호-3)이라는 제목의 불온한 문구를 기재한 문서 21통 및 구 남원군 덕과면장 이석기의 명의로 각 면사무소 앞으로 불온문구를 기재한 문서(증 제1호-1, 2, 4, 5, 6)로 21통을 작성하였다는 내용의 공술 및 동월 3일 기념식수 장소인 덕과면 신양리 뒷산 도화곡에서 군중의 의사를 물었는데, 모두 조선독립을 희망한다고 손을 들어서 그 의사를 표시함에 따라 이에 자신은 결연히 솔선하여 조선독립시위운동으로 독립만세를 외치고 군중으로 하여금 이를 따라 부르게 하고 이어서 오신 헌병주재소 방면을 향해 군중을 전진시켰다는 내용 및 그 도중에 전날 밤 작성한 남원군 내 19개 면 및 임실군 지사면, 둔남면 앞의 불온한 문구를 기재한 문서(증 제1호-1, 2, 4, 5, 6)을 넣은 편지 약 21통을 덕과면사무소 소사 김광삼에게 교부하여 이것은 면장의 사직을 통지하는 서면이니 각 앞의 각 면사무소로 배달하라고 명령하였다는 내용, 또 덕과면 사율리 오백룡의 집 옥상에 올라 군중에게 「경고 우리 동포 여러분」(증 제1호-3)이라는 제목의 문서를 낭독하고 그 21통을 군중에게 살포하였다는 내용, 다시 행진하며 조선독립만세를 외치며 오신헌병주재소로 몰려갔는데 남원 헌병분대에서 온 응원 헌병과 만나 바로 해산을 명령하기에 해산하였다는 내용의 공술 기재.

피고 조동선에 대한 오신헌병주재소에서 한 사법경찰관의 신문조서 중에서, 자신은 대정 8년 4월 3일 덕과면장 이석기와 함께 마을 주민의 선두에 서서 조선독립만세를 외치며 군중과 함께 오신 헌병주재소 부근까지 몰려갔다는 내용 그리고 남원군청에서 그 이전에 기념식수로 다수의 사람을 출장시키라는 명령을 그날을 제한다면 조선독립만세를 외칠 좋은 기회가 없을 것이므로 그날은 가능한 다수를 출장시킬 생각으로 각 집마다 반드시 1명씩 나오라고 통지하였다는 내용의 공술 기재.

피고 이풍기에 대한 동상(同上) 신문조서 중에서 대정 8년 4월 3일 기념식수 당일 마을주민을 지휘하여 조선독립만세를 외치면서 남원 읍내로 진행할 계획으로 오신헌병주재소 부근까지 몰려갔는데 그곳에서 제지를 받았다는 내용 및 그 목적은 현재 조선 각지에서 조선독립만세를 외치고 있으므로 우리들 역시 이에 응하여 조선독립의 희망으로 기념식수의 장소에서는 외쳐도 효과가 적기 때문에 교통이 번잡한 전주에서 남원으로 통하는 큰 도로로 나가 오신 헌병주재소 앞을 통과하여 남원읍내로 들어가 다수의 조선인 뇌동(雷同)자를 얻을 목적이었다는 내용.

피고 이승순에 대한 위 동상(同上) 신문조서 중에서 근래 조선 각지에서 왕성하게 조선독립만세를 외치고 있기에 자신도 역시 독립만세를 외치려고 생각하고 있었는데 마침 대정 8년 4월 3일 기념식수의 장소에서 군중이 만세를 외치기 시작하기에 자신은 선두로 달려 나가 군중의 지휘를 맡아 덕과면장 등과 협력하여 조선독립만세를 부르며 전주-남원 간의 도로로 나가 독립만세를 외쳤다. 일반 주민을 뇌동(雷同)하게 함으로써 조선독립을 할 수 있다고 생각하여 만세를 외치며 오신헌병주재소 부근까지 몰려갔다는 내용 및 조선이 독립하면 조선인 일반이 행복하게 된다고 생각한다는 내용의 공술 기재.

원심공판 시말서 중에서 김광삼의 공술로, 자신은 대정 8년 4월 3일 덕과면장 이석기, 동면(同面) 서기 조동선을 따라 거주지 면 신양리 뒷산 도화곡의 기념식수 장소에 가 있었는데 면장은 증인에게 남원군 내 15개 면사무소 앞의 봉함(封緘)한 편지 15통을 교부하며 이는 사직의 통지서라고 하여 주소의 각 면사무소로 가지고 가서 1통을 면서기 김선양에게 교부하고 나머지는 이를 2등분하여 남원군 내 이백면, 왕치면, 주천면, 운봉면, 산동면, 산내면, 아영면, 동면의 8개 면사무소 앞의 것은 자신이 배달하기로 담당하고 그날 그곳으로 출발하여 그중 산동면, 운봉면, 산내면, 동면, 아영면에 각 배달을 마치고 아영면사무소에서 이백면사무소로 달려가는 도중에 헌병에게 체포되었다. 이에 이백면, 왕치면, 주천면의 3개 면사무소 앞의 편지는 미처 배달하지 못한 채 압수되었다는 취지의 공술 및 위 배달한 편지는 덕과면사무소에서 면서기 김선양이 이는 면장이 예전부터 사직한다고 말하더니 그 사직 통지를 한 것이라 말하기에 자신은 그렇게 믿고 있었다는 내용의 공술 기재.

원심공판 시말서 중에 임경철(林京哲)의 공술로, 자신은 대정 8년 4월 4일 덕과면사무소에서 그곳 소사 김광삼에게서 남원군 내 대산면, 주생면, 금지면, 흑송면, 대강면, 수지면의 6개 면사무소 앞의 봉함된 편지 6통을 교부받고 이를 각 주소의 각 면사무소로 배달하라는 명을 받아 자신은 이를 가지고 대강면사무소를 첫 번째로, 기타는 행인에게 물어 그날 다른 5개 면사무소에 배달하였는데 각 편지가 불온문서를 넣은 것임은 알지 못하고 김광삼이 면장의 사직 통지라고 하였기에 자신은 그렇게 믿고 있었다는 내용의 공술 기재.

당 법원 공판정에서 한 피고 이석기의 자신은 올해 4월 3일까지 덕과면장의 직을 하고 있었는데, 동일 조동선과 공모하여 조선독립 시위운동을 할 것을 계획하고 거주지 면 신양리 뒷산 도화곡 기념식수를 위해 다수의 사람을 모이게 하고 이들을 선동하여 함께 독립만세를 외친 일이 있다. 또 사율리 오백룡의 옥상에 올라 군중에게 증 제3호의 문서를 낭독하고, 이와 동일한 문구를 탄산지(炭酸紙)에 철필로 복사한 문서 21통을 군중에게 살포하였다. 올해 4월 3일 밤에도 자택에서 구 덕과면장의 명의로 위와 동일한 방법으로 증 제1호와 같은 격문 21통을 복사하여 봉투에 넣고 덕과면사무소 소사 김광삼으로 하여금 남원군 내 14개소 면사무소로 배달하게 한 일이 있다는 내용의 공술.

당 공판정에서 한 피고 조동선의 자신은 덕과면 서기를 봉직한 자인데, 올해 4월 3일 거주지 면 신양리 뒷산 도화곡에 집합한 군중과 함께 조선독립만세를 외치고 오신 헌병주재소를 향해 행진하고 그 도중에 상(相) 피고 이석기는 사율리 오백룡의 집 옥상에 올라 군중에게 불온한 문서를 살포하였다는 내용의 공술.

당 법원 공판정에서 한 피고 이풍기의 자신은 올해 4월 3일 거주지 면 신양리 뒷산 도화곡에서부터 오신 헌병주재소 방면을 향해 다수의 농민이 행진하기에 자신도 이들을 따라 행진하였다는 내용의 공술.

각 위의 취지가 기재된 압수된 증 제1호-1에서 6의 불온문서 6통의 존재에 비추어 이를 인정하기에 증거가 충분하다.

이를 법률에 비추어 보건대, 피고들의 소위는 신법에 있어서는 대정 8년 제령 제7호 제1조에, 구법에 있어서는 보안법 제7조, 조선형사령 제42조에 해당하는 바, 피고 이석기의 소위는 연속되었으므로 동 피고에 대해서는 신구법의 적용에 대해 모두 형법 제55조를 적용한다. 그리고 본건 소범(所犯)이 동 제령 공포 전에 있었으므로 형법 제6조, 동 제10조에 의해 신구법의 형을 비교하여 그중 가벼운 보안법의 형에 따라 징역형을 선택하여 피고 이석기를 징역 2년에, 피고 조동선을 징역 1년 6월에, 피고 이풍기, 이승순을 각 징역 1년에 처한다.

압수된 증 제1호-1에서 6의 문서는 피고의 소유이고, 범죄에 사용된 물건이므로 형법 제19조 제1항 제3호, 동 제2항에 의해 관에서 몰수한다.

그런즉, 원판결의 사실인정 및 법률의 적용은 정당하나 과형(科刑)이 지나치게 가벼운 부당이 있으므로 원심검사사무취급의 공소 및 피고들의 공소를 이유 있다 하여 형사소송법 제261조 제2항에 의해 주문과 같이 판결한다.

14. 판결문 - 1919년 7월 31일

1. 판결일자 : 1919년 7월 31일

2. 판결기관 : 광주지방법원 전주지청

3. 독립유공자

이기송(李起松) 이기우(李起堣) 이윤의(李倫儀) 김찬오(金贊五)
이춘만(李春萬) 이주의(李注儀) 김태순(金泰順) 이영의(李英儀)
이송의(李松儀) 이정의(李正儀) 김종창(金鍾暢) 심상룡(沈尙龍)
이회열(李會烈) 오병용(吳秉鎔) 이병렬(李秉烈) 이용의(李容儀)
김행집(金行輯) 한돈석(韓敦錫) 하용기(河龍基) 김용식(金容湜)
이경구(李京九) 진만조(陳萬祚) 양태환(梁太煥)

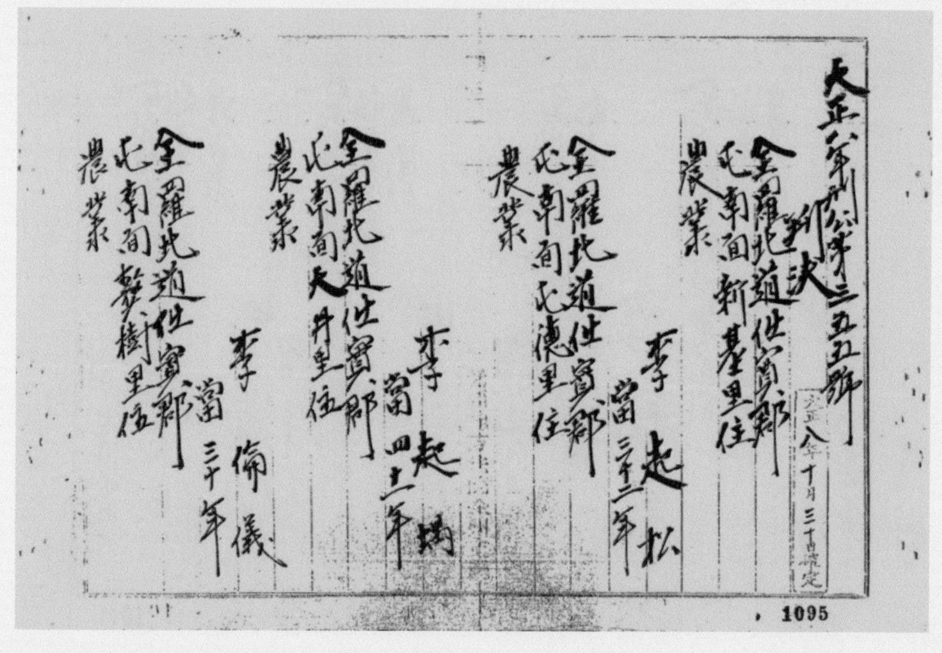
大正八年刑公第三五五號

大正八年十月三十日確定

判決

全羅北道任實郡屯南面新基里住
農業
李起松
當三十二年

全羅北道任實郡屯南面屯德里住
農業
李起堣
當四十二年

全羅北道任實郡屯南面大井里住
農業
李倫儀
當三十年

全羅北道任實郡屯南面獒樹里住
農業

31

1095

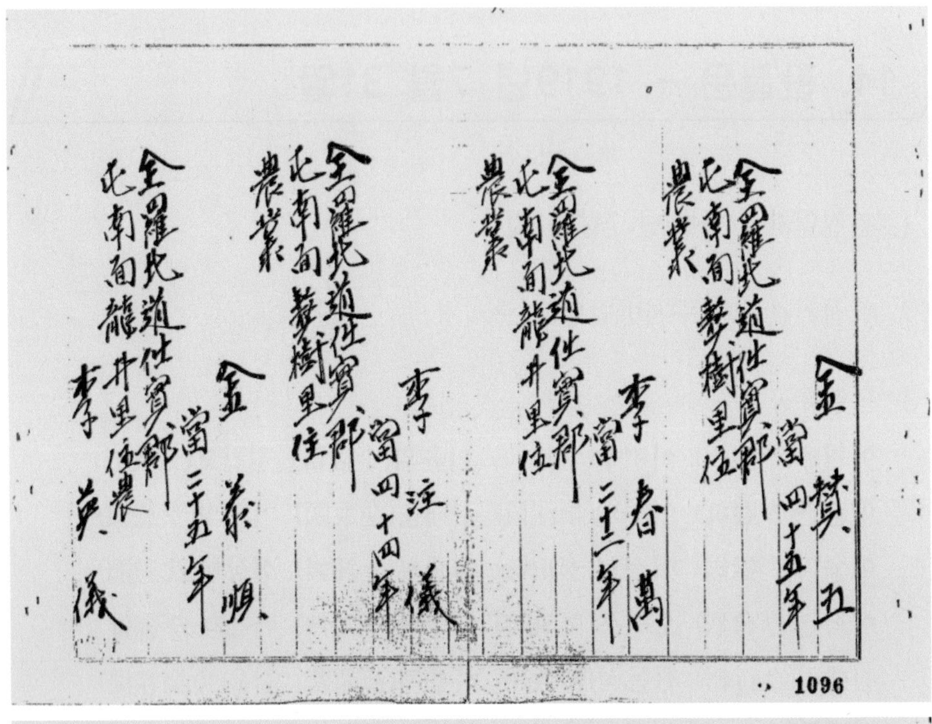

金贊五 當四十五年
全羅北道任實郡
屯南面獒樹里住
農業

李春萬 當三十二年
全羅北道任實郡
屯南面龍井里住
農業

李注儀 當四十四年
全羅北道任實郡
屯南面獒樹里住
農業

金萊順 當二十五年
全羅北道任實郡
屯南面龍井里住農

李英儀

1096

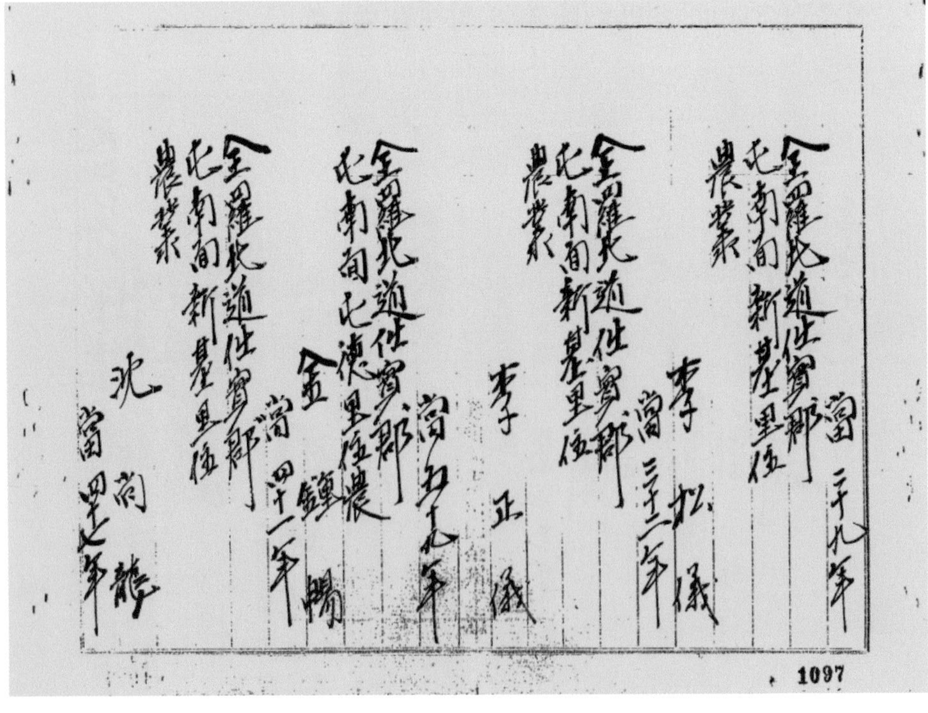

當二十九年
全羅北道任實郡
屯南面新基里住
農業

李松儀 當三十二年
全羅北道任實郡
屯南面新基里住
農業

李正儀 當廿九年
全羅北道任實郡
屯南面屯德里住農

金鍾暘 當四十一年
全羅北道任實郡
屯南面新基里住
農業

沈尙龍 當四十七年

1097

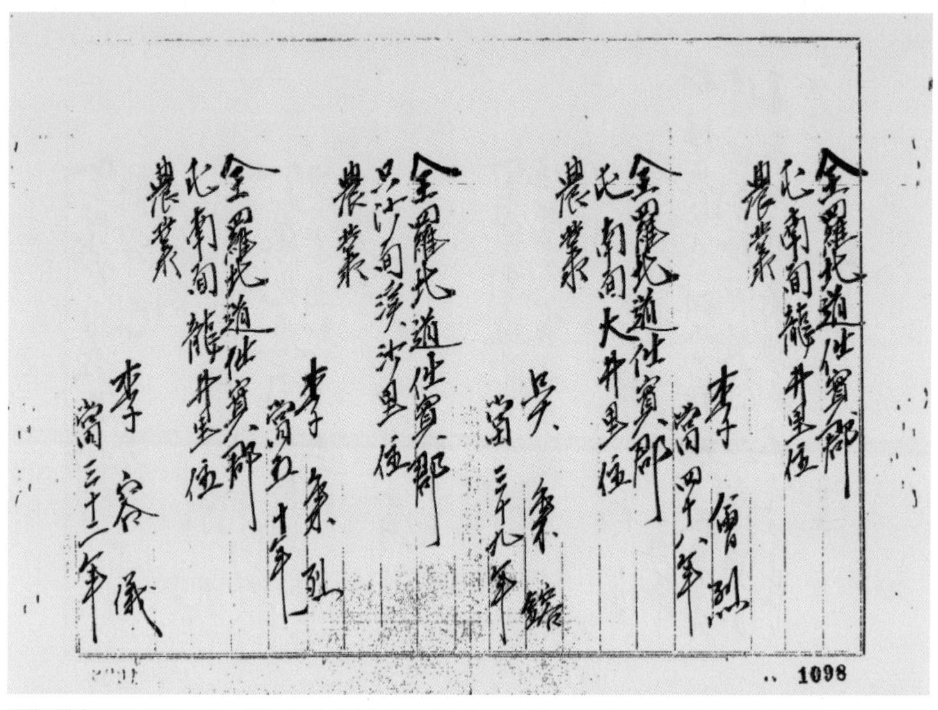

全羅北道任實郡
屯南面龍井里住
農業
李曾烈
當四十八年

全羅北道任實郡
屯南面大井里住
農業
吳秉鎬
當三十九年

全羅北道任實郡
只沙面溪沙里住
農業
李秉烈
當五十年

全羅北道任實郡
屯南面龍井里住
農業
李容儀
當三十二年

1098

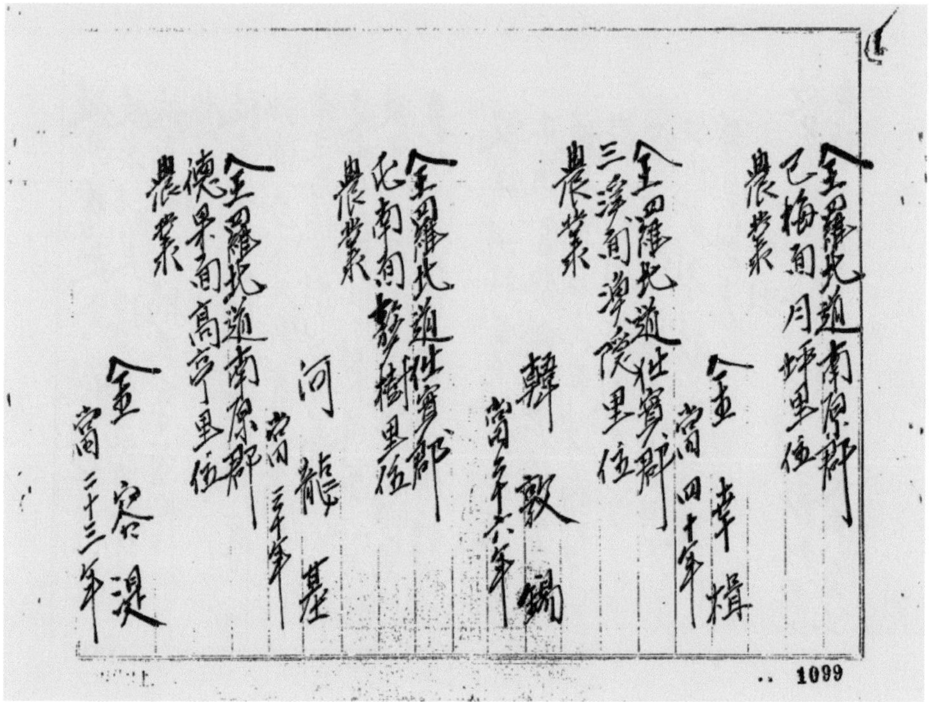

全羅北道南原郡
巳梅面月坪里住
農業
金幸楫
當四十年

全羅北道任實郡
三溪面溪隱里住
農業
韓敎鎬
當三十六年

全羅北道任實郡
屯南面獒樹里住
農業
河龍基
當三十年

全羅北道南原郡
德果面高亭里住
農業
金容湜
當二十三年

1099

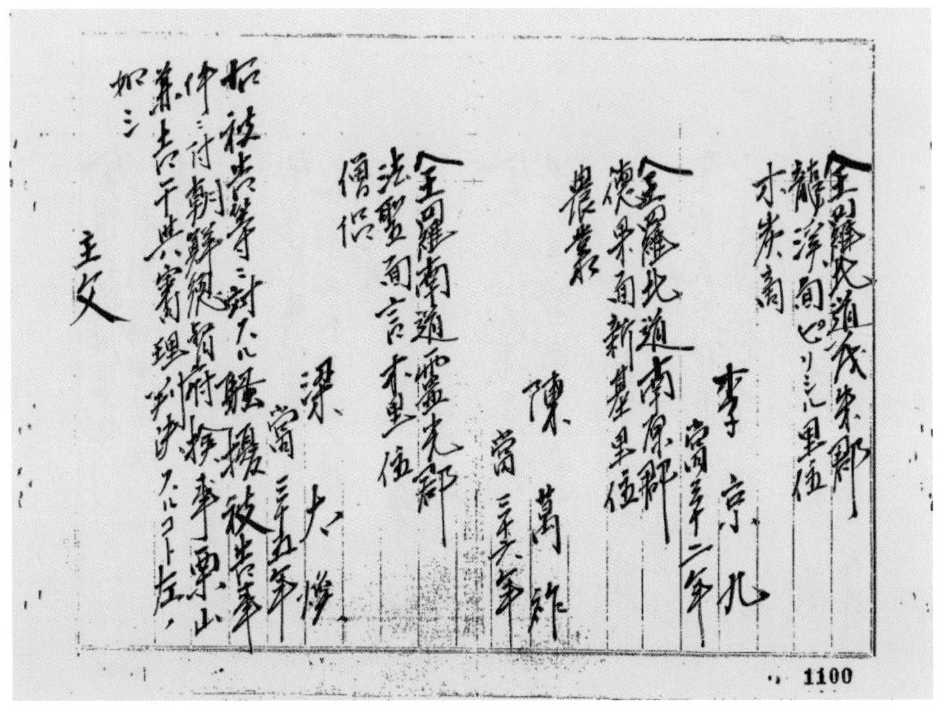

全羅北道茂朱郡
龍渓面ピリシル里住
木炭商
李 京 九
當二十二年

全羅北道南原郡
德果面新基里住
農業
陳 萬 祚
當三十六年

全羅南道靈光郡
法聖面言木里住
僧侶
梁 大 燮
當三十五年

右被告等ニ對スル騷擾被告事
件ニ付朝鮮總督府檢事栗山
兼吉干與審理判決スルコト左ノ
如シ

主文

1100

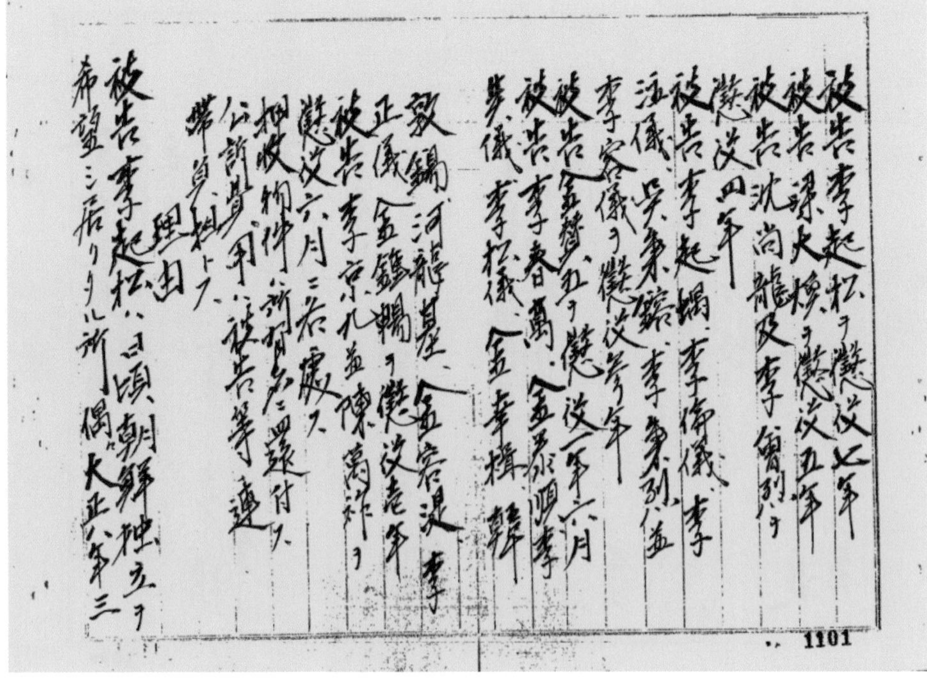

被告李起松ヲ懲役七年
被告梁大燮ヲ懲役五年
被告沈尚龍及李會烈ヲ
懲役四年
被告李起鵬、李偉儀、李
汪儀、吳秉鎔、李象烈、並
李容儀ヲ懲役二年
被告金贊五ヲ懲役一年六月
被告李春萬、金永源、李
炳儀、李松儀、金幸植、韓
敎錫、河龍基、金容汲、李
正儀、金鎭鵬ヲ懲役壹年
被告李京九並陳萬祚ヲ
懲役六月ニ處ス
押收物件ハ所有者ニ還付ス
公訴費用ハ被告等連
帶負擔トス

理由

被告李起松ハ曩ニ朝鮮獨立ヲ
希望シ居リタル所偶大正八年三

1101

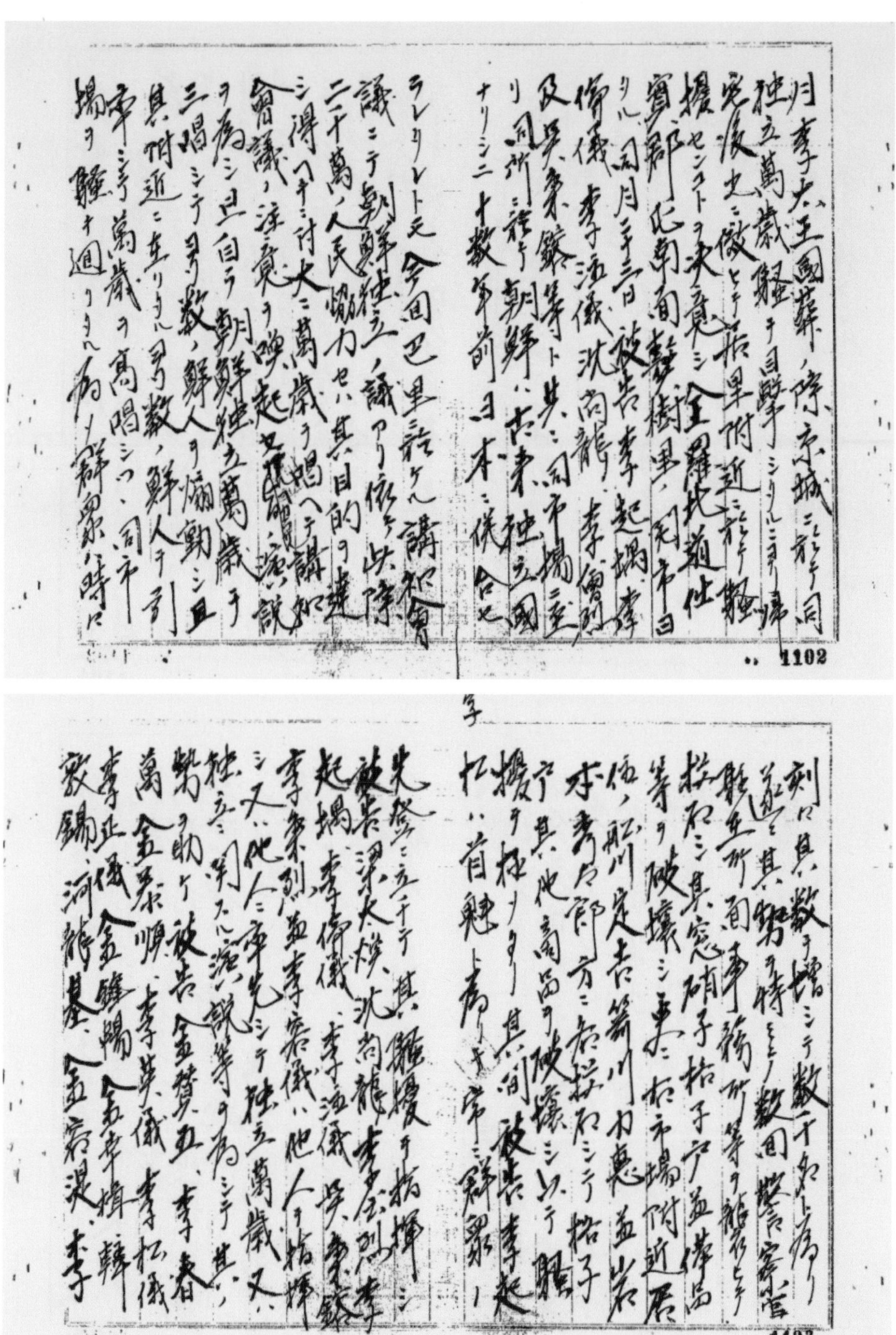

月李太王國葬ノ際京城ニ於テ同
独立萬歳騒擾ヲ目撃シテ歸リ
来後之ニ倣ヒテ指里附近ニ於テ騒
擾セシコトヲ決意シ金羅玭趙仕
實鄭化南崔南樹里ノ同市日
タル同月二十二日被告李起竭李
偉儀李泣儀沈尚龍李偉烈
及吳象鉉等ト共ニ同市場ニ至
リ同所ニ於テ朝鮮ハ古来独立國
ナリシニ十数年前ヨリ日本ニ併合セ
ラレタリシトモ今回巴里ニ於ケル講和會
議ニ於テ朝鮮独立ノ議アリ依テ此際
二千萬ノ人民協力セハ其目的ヲ達
シ得ヘキニ付大ニ萬歳ヲ唱ヘテ講和
會議ノ注意ヲ喚起セヨト演説
ヲ為シ且自ラ朝鮮独立萬歳ヲ
三唱シテ其数ノ鮮人ヲ煽動シ且
其附近ニ在リタル其数ノ鮮人ヲシテ
率ミテ萬歳ヲ高唱シツツ同市
場ヲ騒キ廻リタル為メ群衆ハ時

1102

刻ニハ其数数千名ト為リ
益々其勢ヲ得テ數個ノ警察官
駐在所面事務所等ヲ襲撃シテ
投石シ其窓硝子格子戸並備品
等ヲ破壊シ更ニ右市場附近居
住ノ松川定吉篠川力恵並岩
本秀太郎方ニ投石シテ格子
戸其他商品ヲ破壊シ以テ騒
擾ヲ極メタリ其間被告李起
杠ハ首魁ト為リテ常ニ群衆ノ
先頭ニ立チテ其騒擾ヲ指揮シ
被告梁太燮、沈尚龍、李石烈、李
起竭、李偉儀、李泣儀、吳象鉉
李象烈並李容儀ハ他人ヲ指揮
シ又ハ他人ニ率先シテ独立萬歳又ハ
独立ニ関スル演説等ヲ為シテ其ノ
勢ヲ助ケ被告金賛五、李春
萬、金泰順、李英儀、李松儀
李正儀、金鍾暘、金正炫、韓
家錫、河龍基、金容浞、李

1103

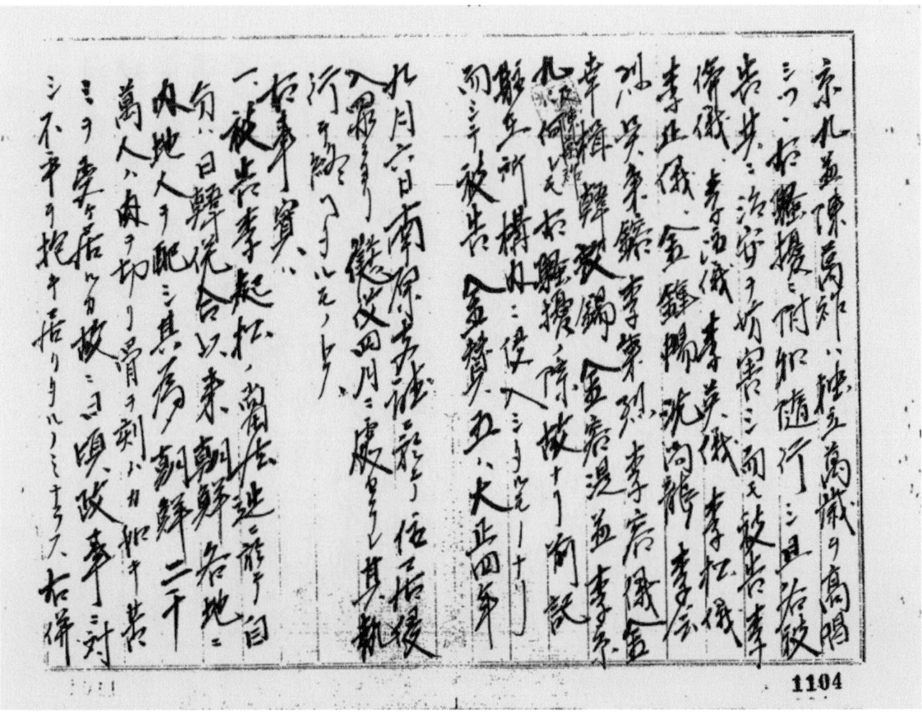

京城並陳萬郊ハ独立萬歳ヲ高唱シツヽ右騒擾ニ附和随行シ且右被告等ニ治安ヲ妨害シ而シテ被告李偉儀 李昌儀 李英儀 李松儀 李正儀 金鐘暢 沈尚龍 李[illegible] 列ハ吳秉鉉 李[illegible]烈 李[illegible]儀 金幸植 韓致錫 金容湜 並 李[illegible] 九[illegible]何レモ右騒擾ノ際故ナク前記独立所構内ニ侵入シタルモノナリ

而シテ被告金贊五ハ大正四年九月六日南原[illegible]支廳ニ於テ[illegible]ニ依リ懲役四月ニ處セラレ其執行ヲ終ヘタルモノナリ

右事實ハ

一、被告李起松ノ当法廷ニ於ケル自分ハ日韓併合以来朝鮮各地ニ内地人ヲ配シ其為メ朝鮮二千萬人ハ肉ヲ切リ骨ヲ刻ムカ如キ苦ミヲ受ケ居ルカ故ニ日頃併合ニ対シ不平ヲ抱キ居リタル所 右併

1104

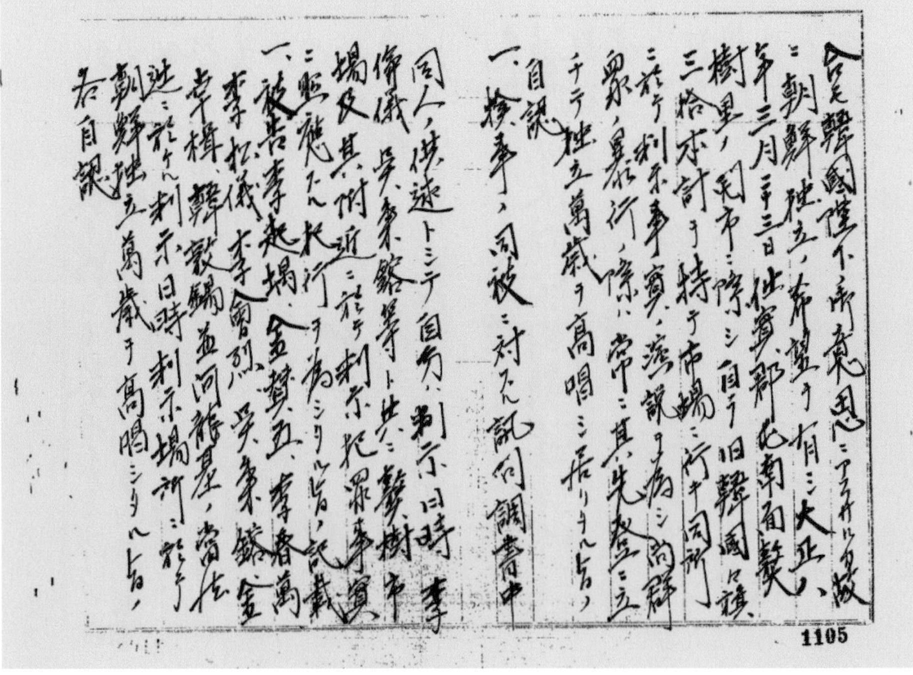

合セ韓國陛下ノ聖恩ニアラサルカ[illegible]ニ朝鮮ハ独立ノ希望ヲ有シ大正八年三月二十三日任實郡屯南面獒樹里ノ市日ニ際シ自ラ旧韓國々旗三拾本許ヲ持チ市場ニ行キ同所ニ於テ判示事實ノ演説ヲ為シ而群衆ノ募行ノ際ハ常ニ其先登ニ立チテ独立萬歳ヲ高唱シ居リタル旨ノ自認

一、検事ノ同被告ニ対スル訊問調書中同人ノ供述トシテ自分ハ判示日時 李偉儀 吳秉鉉等ト共ニ獒樹市場及其附近ニ於テ判示犯罪事實ニ照應スル行為ヲ為シタル旨ノ記載

一、被告李起場 金贊五 李香萬 李松儀 李曾烈 吳秉鉉 金幸植 韓致錫 並 河龍基ノ当法廷ニ於ケル判示日時判示場所ニ於テ朝鮮独立萬歳ヲ高唱シタル旨ノ各自認

1105

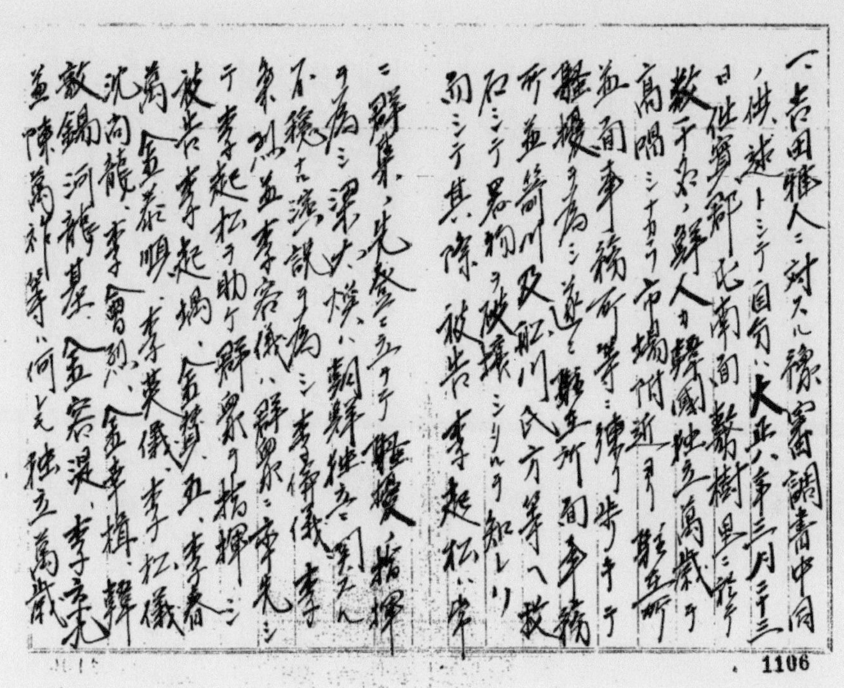

一、吉田雅人ニ対スル豫審調書中同人ノ供述トシテ自分ハ大正八年三月二十三日仝賓郡北南面新樹里ニ於テ数千名ノ群人カ韓國独立萬歳ヲ高唱シナカラ市場附近ヨリ駐在所並面事務所等ニ練リ歩キテ騒擾ヲ為シ遂ニ駐在所面事務所並箭川及舩川氏方等ヘ投石シテ器物ヲ破壊シタリシヲ知レリ而シテ其際被告李起松ハ常ニ群集ノ先登ニ立チテ騒擾ノ指揮ヲ為シ梁大煥ハ朝鮮独立ニ関スル不穏ナル演説ヲ為シ李偉儀、李象烈ハ並李容儀ハ群衆ニ率先シテ李起松ヲ助ケ群衆ヲ指揮シ被告李起鳩、金贊五、李春萬、金若順、李英儀、李松儀、沈尚龍、李會烈、金幸楫、韓敬錫、河龍基、金容湜、李京九並陳萬祚等ハ何レモ独立萬歳

1106

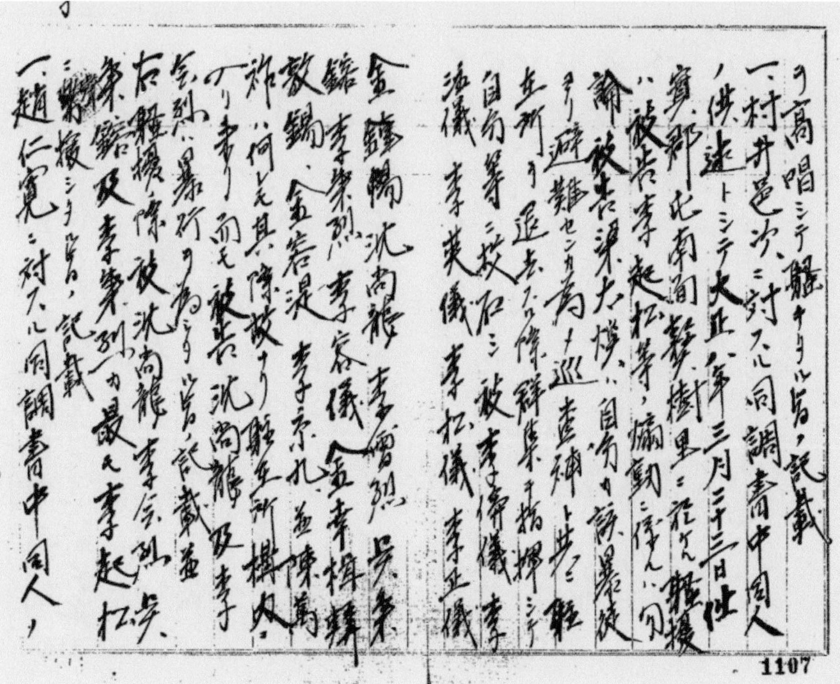

ヲ高唱シテ騒キタル旨ノ記載

一、村井邑次ニ対スル同調書中同人ノ供述トシテ大正八年三月二十三日仝賓郡北南面新樹里ニ於ケル騒擾ハ被告李起松等ノ煽動ニ依ルモノニテ同諭被告梁大煥ハ自分カ諸暴徒ヨリ避難セシカ為メ巡査補ト共ニ駐在所ヲ退去シタル際群集ヲ指揮シテ自分等ニ投石シ被告李偉儀、李浩儀、李英儀、李松儀、李正儀、金鍾暘、沈尚龍、李會烈、吳象鎔、李象烈ハ李容儀、金幸楫、韓敬錫、金容湜、李京九並陳萬祚ハ何レモ其際被告ト駐在所構内ニ入リ来リ而モ被告沈尚龍及李會烈ハ暴行ヲ為シタル旨ノ記載並右騒擾ノ際被告沈尚龍、李會烈、吳象鎔及李象烈ハ最モ李起松ニ[illegible]擾シタル旨ノ記載

一、趙仁寛ニ対スル同調書中同人ノ

1107

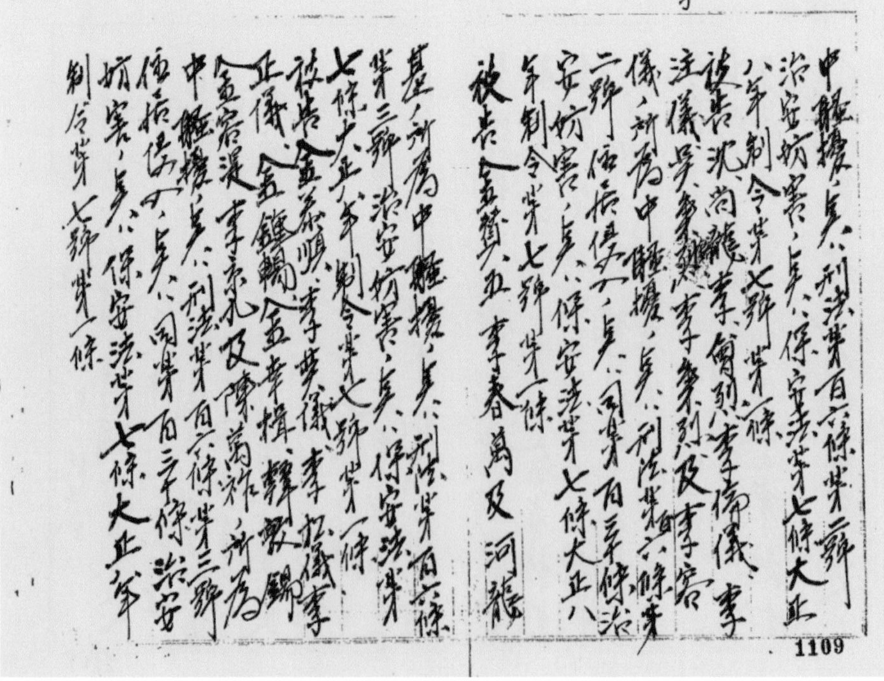

ニ於テ、當ニ保安法第七條ニ付テハ何
レモ刑事令第十二條ニ依リ其刑
名ヲ變更シ而シテ右被告等ハ右
所爲ハ何レモ一個ノ行爲ニシテ數個ノ罪
名ニ觸ルルモノナルヲ以テ被告李起松
ニ付テハ刑法第百六條第一號ト保安
法第七條、刑法第百六條第一號ト
右制令第七號第一條ニ各別ニ刑
法第五十四條第一項前段第十條
第九條ヲ適用シテ何レモ重キ刑
第百六條第一號ノ刑ニ依ルヘク被告
梁大勝及李起瑞ニ付テハ刑法第
百六條第二號ト保安法第七條刑
法第百六條第二號ト右制令第七號
第一條ニ各別ニ刑法第五十四條第一項
前段第十條第九條ヲ適用シテ右
被告共、前者ニ付テハ刑法第百六條
第二號後者ニ付テハ制令第七號
第一條ニ依ルヘク被告沈尚龍、李會
烈、李修儀、李泓儀、吳象鉉鎬

1110

李象烈、李容儀ニ付テハ刑法第百
六條第二號同第百三十條ト保安法
第七條刑法第百六條第二號同第
百三十條ト右制令第七號第一條ニ
各別ニ刑法第五十四條第一項前
段第十條第九條ヲ適用シテ何
レモ前者ニ付テハ重キ刑法第百六條
第二號後者ニ付テハ重キ制令第七
號第一條ニ依ルヘク被告金贊五
李春萬及河龍基ニ付テハ刑法
百六條第三號ト保安法第七條刑
法第百六條第三號ト制令第七號第一
條ニ各別ニ刑法第五十四條第一
項前段第十條第九條ヲ適用シテ
何レモ前者ニ付テハ重キ刑法第百六
條後者ニ付テハ重キ制令第七號第一
條ニ依ルヘク被告金泰順、李茂儀
李松儀、李正儀、金鍾轍、金章
植、韓敬錫、金容湜及李京九
益陳萬祚ニ付テハ刑法第百六條第

1111

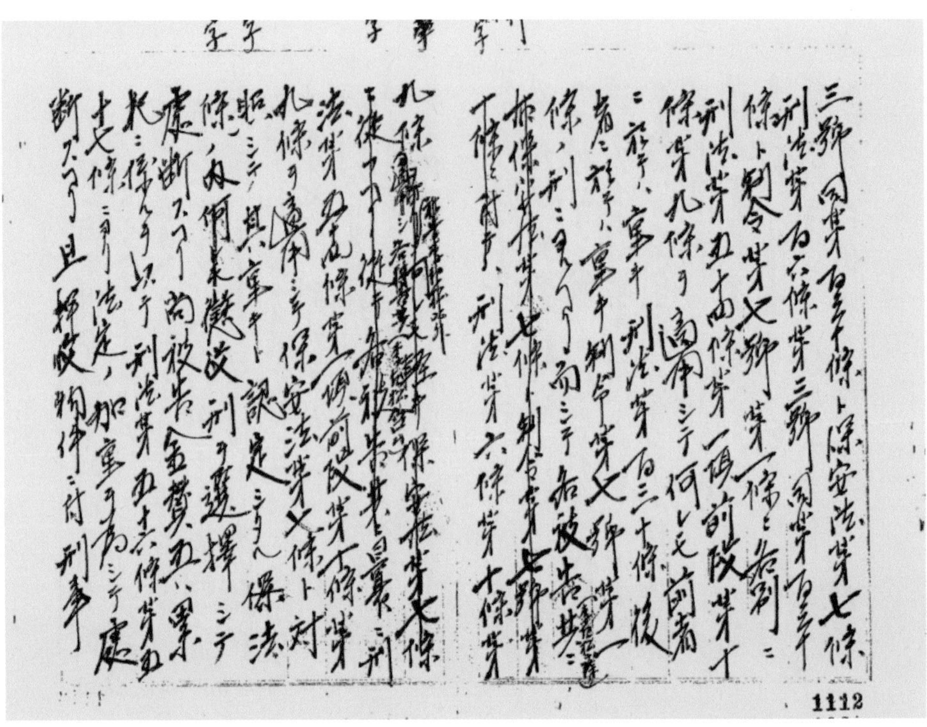

1112

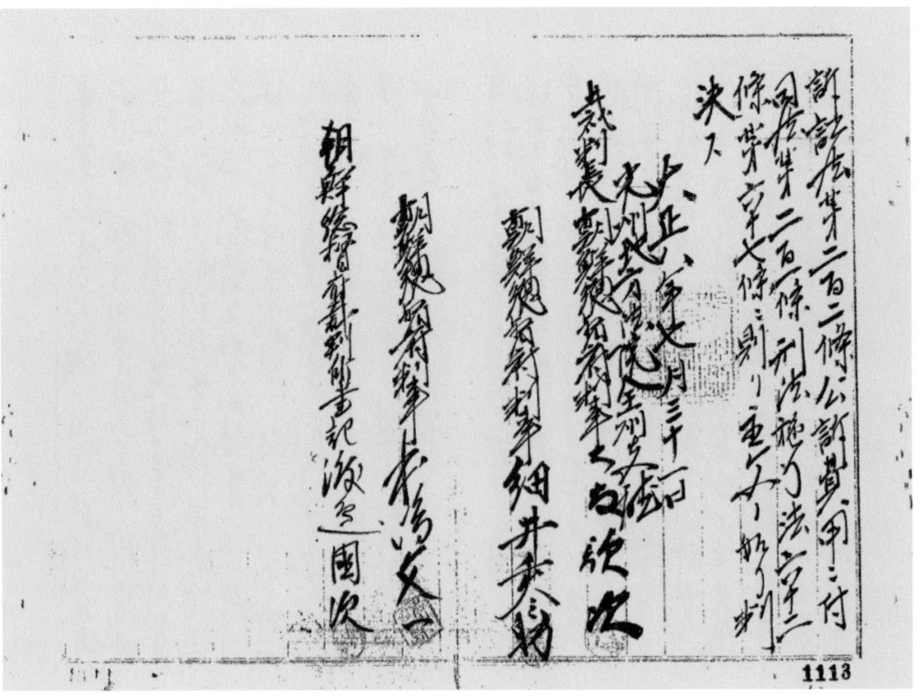

1113

판결

대정 8년 형공(刑公) 제355호

전라북도 임실군 둔남면(屯南面) 신기리(新基里)
농업
이기송(李起松) 32세

전라북도 임실군 둔남면 둔덕리(屯德里)
농업
이기우(李起堣) 41세

전라북도 임실군 둔남면 천정리(天井里)
농업
이윤의(李倫儀) 30세

전라북도 임실군 둔남면 오수리(獒樹里)
농업
김찬오(金贊五) 45세

전라북도 임실군 둔남면 오수리
농업
이춘만(李春萬) 22세

전라북도 임실군 둔남면 용정리(龍井里)
농업
이주의(李注儀) 44세

전라북도 임실군 둔남면 오수리

농업
김태순(金泰順) 25세
전라북도 임실군 둔남면 용정리
농업
이영의(李英儀) 29세

전라북도 임실군 둔남면 신기리
농업
이송의(李松儀) 32세

전라북도 임실군 둔남면 둔덕리
농업
이정의(李正儀) 59세

전라북도 임실군 둔남면 둔덕리
농업
김종창(金鍾暢) 41세

전라북도 임실군 둔남면 신기리
농업
심상룡(沈尙龍) 47세

전라북도 임실군 둔남면 용정리
농업
이회열(李會烈) 48세

전라북도 임실군 둔남면 대정리(大井里)
농업

오병용(吳秉鎔) 39세

전라북도 임실군 지사면(只沙面) 계사리(溪沙里)
농업
이병렬(李秉烈) 50세

전라북도 임실군 둔남면 용정리
농업
이용의(李容儀) 32세

전라북도 남원군 사매면(巳梅面) 월평리(月坪里)
농업
김행집(金行輯) 40세

전라북도 임실군 삼계면(三溪面) 어은리(漁隱里)
농업
한돈석(韓敦錫) 26세

전라북도 임실군 둔남면 오수리
농업
하용기(河龍基) 30세

전라북도 남원군 덕과면(德果面) 고정리(高亭里)
농업
김용식(金容湜) 23세

전라북도 무주군 용계면(龍溪面) 사기리(四岐里)
목탄상(木炭商)

이경구(李京九) 32세

전라북도 남원군 덕과면 신기리(新基里)
농업
진만조(陳萬祚) 36세

전라남도 영광군 법성면(法聖面) 언목리(言木里)
승려(僧侶)
양태환(梁太煥) 35세

위 피고들에 대한 소요 피고사건에 대하여 조선총독부 검사 율산겸길(栗山兼吉)의 간여로 심리, 판결함이 다음과 같다.

주문

피고 이기송(李起松)을 징역 7년에, 피고 양태환(梁太煥)을 징역 5년에, 피고 심상룡(沈尙龍) 및 이회열(李會烈)을 징역 4년에, 피고 이기우(李起堣), 이윤의(李倫儀), 이주의(李注儀), 오병용(吳秉鎔), 이병렬(李秉烈) 및 이용의(李容儀)를 징역 3년에, 피고 김찬오(金贊五)를 징역 1년 6월에, 피고 이춘만(李春萬), 김태순(金泰順), 이영의(李英儀), 이송의(李松儀), 김행집(金幸楫), 한돈석(韓敦錫), 하용기(河龍基), 김용식(金容湜), 이정의(李正儀), 김종창(金鍾暢)을 징역 1년에, 피고 이경구(李京九) 및 진만조(陣萬祚)를 징역 6월에 각 처한다.

압수물건은 소유자에게 환부(還付)한다.

공소비용은 피고들의 연대부담으로 한다.

이유

피고 이기송은 평소 조선독립을 희망하고 있었는데, 마침 대정 8년 3월 이태왕(李太王) 국장(國葬) 즈음에 경성에서 조선독립만세 소요 상황을 목격한 이후 집에 돌아와 이를 본떠 마을 부근에서 소요할 것을 결의하였다. 전라북도 임실군 둔남면(屯南面) 오수리(獒樹里) 장날인 3월 23일 피고 이기우, 이윤의, 이주의, 심상룡, 이회열, 및 오병용 등과 함께 오수리 시장에 가서 그곳에서 '조선은 예전부터 독립국이었는데, 십수 년 전 일본에 병합되었으나, 이번 파리에서의 강화회의에서 조선독립이 논의되고 있으니 이때 2천만 인민이 협력하면 그 목적을 달성할 수 있을 것이므로 크게 만세를 외쳐 강화회의의 주의(注意)를 환기하지 않으면 안 된다.'라는 내용의 연설을 하였다. 또 스스로 조선독립만세를 삼창하여 다수의 조선인을 선동하고 그 부근에 있던 다수의 조선인을 인솔하여 만세를 외치면서 오수시장을 소요하며 돌아다녔기 때문에 군중은 시시각각으로 그 수가 증가하여 수천 명이 되었다. 그 기세를 유지하며 여러 번 경찰관주재소, 면사무소 등을 습격하여 돌을 던져 유리창, 격자문 및 비품 등을 파괴하였다. 이어서 오수시장 부근에 거주하는 선천정길(舩川定吉), 전천력혜(箭川力惠) 및 암본수태랑(岩本秀太郎)의 집에 각 돌을 던져 격자문 기타 상품을 파괴함으로써 소요를 하였다. 그러는 동안 이기송은 주모자가 되어 항상 군중의 선두에 서서 그 소요를 지휘하고, 피고 양태환, 심상룡, 이회열, 이기우, 이윤의, 이주의, 오병용, 이병렬 및 이용의는 다른 사람을 지휘하거나 또는 다른 사람에 솔선하며 독립만세 또는 독립에 관한 연설 등을 하여 그 기세를 북돋았다. 피고 김찬오, 이춘만, 김태순, 이영의, 이송의, 이정의, 김종창, 김행집, 한돈석, 하용기, 김용식, 이경구 및 진만조는 독립만세를 외치면서 위 소요에 부화수행(附和隨行)하였다. 그리고 각 피고 모두 치안을 방해하였다. 그리고 피고 이윤의, 이주의, 이영의, 이송의, 이정의, 김종창, 심상룡, 이회열, 오병용, 이병령, 이용의, 김행집, 한돈석, 김용식, 이경구, 진만조 모두 위 소요의 때에 이유 없이 위의 주재소 건물 내에 침입한 자다. 그리고 피고 김찬오는 대정 4년 9월 6일 남원지청에서 주거침입죄로 징역 4월에 처해져 그 집행을 마친 자다.

이상의 사실은,

피고 이기송의 당 법정에서 한 '자신은 일한병합 이래 조선 각지에 일본인을 보내어 그 때문에 조선 2천만 인은 살이 찢기고 뼈에 새기는 것 같은 고통을 받고 있으므로 평소 정사(政事)에 대해 불만을 품고 있었을 뿐만 아니라 위 병합도 한국 폐하의 의사가 아니기 때문에 조선독립의 희망을 가지고 있었다. 대정 8년

3월 23일 임실군 둔남면 오수리의 장날에 스스로 구한국국기 30개 정도를 가지고 시장에 나가 그곳에서 판시 사실의 연설을 하였고, 군중이 폭행을 할 때는 항상 그 선두에 서서 독립만세를 외치고 있었다는 내용'의 자백,

1. 검사의 동(同) 피고에 대한 신문조서 중에 동인의 공술로, '자신은 판시의 일시, 이윤의, 오병용 등과 함께 오수시장 및 그 부근에서 판시 범죄사실에 조응하는 범행을 하였다는 내용'의 기재,

피고 이기우, 김찬오, 이춘만, 이송의, 이회열, 오병용, 김행집, 한돈석 및 하용기의 당 법정에서 한 '판시의 일시, 판시의 장소에서 조선독립만세를 외쳤다는 내용'의 각 자백.

길전아인(吉田雅人)에 대한 예심조서 중에 동인의 공술로, '자신은 대정 8년 3월 23일 임실군 둔남면 오수리에서 수천 명의 조선인이 한국독립만세를 외치면서 시장 부근에서 주재소 및 면사무소 등으로 열을 지어 걸으며 소요를 하고, 주재소, 면사무소 및 전천(箭川), 선천(舩川)의 집 등에 돌을 던져 기물을 파괴하는 것을 알고 있다. 그리고 그때 피고 이기송은 항상 군중의 선두에 서서 소요의 지휘를 하고, 양태환은 조선독립에 관한 불온한 연설을 하고, 이윤의, 이병렬 및 이용의는 군중에 솔선하여 이기송을 도와 군중을 지휘하고, 피고 이기우, 김찬오, 이춘만, 김태순, 이영의, 이송의, 심상룡, 이회열, 김행집, 한돈석, 하용기, 김용식, 이경구 및 진만조 등은 모두 독립만세를 외치면서 소요하고 있었다는 내용'의 기재,

촌정읍차(村井邑次)에 대한 동(同) 조서 중에 동인의 공술로, '대정 8년 3월 23일 임실군 둔남면 오수리에서의 소요는 피고 이기송 등의 선동에 의한 것은 물론이고, 피고 양태환은 자신이 해당 폭도들을 피하기 위해 순사보와 함께 주재소를 벗어나고 있을 때 군중을 지휘하며 자신들에게 돌을 던졌고, 피고 이병의, 이주의, 이영의, 이송의, 이정의, 김종창, 심상룡, 이회열, 오병용, 이병력, 이용의, 김행집, 한돈석, 김용식, 이경구 및 진만조는 모두 그때 이유 없이 주재소 건물 내로 들어왔고, 피고 심상룡 및 이회열은 폭행을 하였다는 내용의 기재 및 위 소요의 때 피고 심상룡, 이회열, 오병용 및 이병렬이 가장 이기송을 성원하였다는 내용'의 기재,

조인관(趙仁寬)에 대한 동(同) 조서 중에 동인의 공술로, '대정 8년 3월 23일 임실군 둔남면 오수리의 소요 때 피고 이기송과 함께 최초로 시장에 와서 독립 만세를 외친 자는 피고 이윤의, 이병우, 이주의, 심상룡, 이회열 및 오병용 등이라는 내용'의 기재 및 선천정길(船川定吉), 암본수태랑(岩本秀太郞)에 대한 동(同) 조서 중에 동인들의 공술로, '판시의 일시, 판시의 사실에 조응하는 피해가 있었다는 내용'의 기재 등에 의해 그 증거가 충분하다. 그리고 피고 김찬오의 의의 전과 및 그 집행을 마친 사실은 피고의 당 법정에서 한 이러한 내용의 자백 및 동인에 대한 전과조서에 의해 이를 인정한다.

법률에 비추어 보건대, 피고 이기송의 소위 중 소요의 점은 형법 제106조 제1호, 치안 방해의 점은 보안법 제7조, 대정 8년 제령 제7호 제1조. 피고 양태환 및 이기우의 소위 중 소요의 점은 형법 제106조 제2호, 치안 방해의 점은 보안법 제7조, 대정 8년 제령 제7호 제1조. 피고 심상룡, 이회열, 이윤의, 이주의, 오병용, 이병령 및 이용의의 소위 중에 소요의 점은 형법 제106조 제2호, 주거 침입의 점은 동 제103조, 치안 방해의 점은 보안법 제7조, 대정 8년 제령 제7호 제1조. 피고 김찬오, 이춘만 및 하용기의 소위 중에 소요의 점은 형법 제106조 제3호, 치안방해의 점은 보안법 제7조, 대정 8년 제령 제7호 제1조. 피고 김태순, 이영의, 이송의, 이정의, 김종창, 김행집, 한돈석, 김용식, 이경구 및 진만조의 소위 중에 소요의 점은 형법 제 106조 제3호, 주거 침입의 점은 동 제103조, 치안 방해의 점은 보안법 제7조, 대정 8년 제령 제7호 제1조에 해당하고, 보안법 제7조에 대해서는 모두 형사령 제42조에 의해 그 형명(形名)을 변경한다. 그리고 각 피고들의 위 소위는 모두 1개의 행위로 여러 개의 죄명에 저촉되는 것으로 피고 이기송에 대해서는 형법 제106조 제1호와 보안법 제7조, 형법 제106조 제1호와 위 제령 제7호 제1조에 각별히 형법 제54조 제1항 전단 제10조 제9조를 적용하여 모두 무거운 형법 제 106조 제1호의 형에 따른다.

피고 양태환 및 이기우에 대해서는 형법 제106조 제2호와 보안법 제7조, 형법 제106조 제2호와 위 제령 제7호 제1조에 각별히 형법 제54조 제1항 전단 제10조 제9조를 적용하여 각 피고 모두 전자에 대해서는 형법 제106조 제2호를, 후자에 대해서는 제령 제7호 제1조에 따른다. 피고 심상룡, 이회열, 이윤의, 이주의, 오병용, 이병렬, 이용의에 대해서는 형법 제106조 제2호, 동 제103조와 보안법 제7조, 형법 제106조 제2호, 동 제130조와 제령 제7호 제1조에 각별히 형법 제54조 제1항 전단 제10조 제9조를 적용하여 모두 전자에 대해서는 무거운 형법 제 106조 제2호를, 후자에 대해서는 무거운 제령 제7호 제1조에 따른다. 피고 김찬오, 이춘만 및 하용기에 대해서는 형법 제106조 제3호와 보안법 제7조, 형법 제106조 제3호와 제령 제7호 제1조에 각별히 형법 제54조 제1항 전단 제10조 제9조를 적용하여 모두 전자에 대해서는 무거운 형법 제130조를, 후자에 대해서는 무거운 제령 제7호 제1조에 따른다. 피고 김태순, 이영의, 이송의, 이정의, 김종창, 김행집, 한돈석, 김용식, 이경구 및 진만조에 대해서는 형법 제106조 제3호, 동 제130조와 보안법 제7조, 형법 제106조 제3호, 동 제130조와 제령 제7호 제1조에 각별히 형법 제 54조 제1항 전단 제10조 제9조를 적용하여 모두 전자에 대해서는 무거운 제령 제7호 제1조의 형에 따른다.

그리고 각 피고 모두(이기송 제외) 형법 제6조 제10조 제9조를 적용하여 보안법 제7조와 대조하여 그 무거운 것으로 인정되는 보안법 중 징역형을 선택하여 처단한다. 그리고 피고 김찬오는 누범이므로 형법 제56조 제57조에 의해 법정의 가중을 하여 처단한다. 또 압수물건에 대해서는 형사소송법 제202조, 공소비용에 대해서는 동법 제201조, 형법시행법 제62조, 제67조에 따라 주문과 같이 판결한다.

15. 판결문 - 1919년 9월 30일

1. 판결일자 : 1919년 9월 30일

2. 판결기관 : 대구복심법원

3. 독립유공자

이기송(李起松) 이기우(李起堣) 이윤의(李倫儀) 이주의(李注儀)
이영의(李英儀) 이송의(李松儀) 이정의(李正儀) 심상룡(沈尙龍)
이회열(李會烈) 오병용(吳秉鎔) 이병렬(李秉烈) 이용의(李容儀)
한돈석(韓敦錫) 양태환(梁太煥)

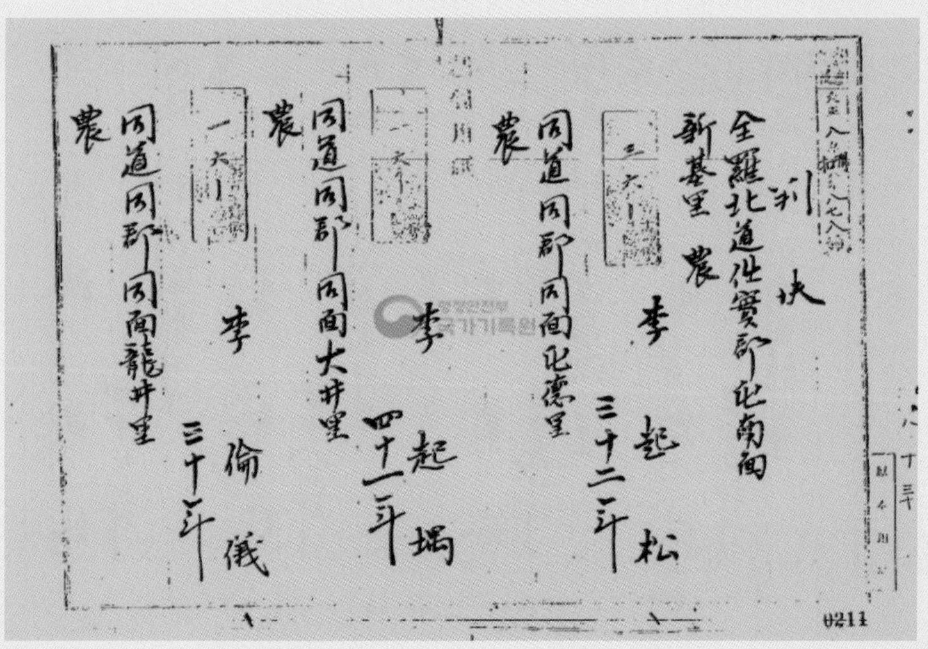
判決

全羅北道任實郡任南面
新基里 農
李起松
三十二年

同道同郡同面化德里 農
李起堣
四十一年

同道同郡同面大井里 農
李倫儀
三十一年

同道同郡同面龍井里 農

0211

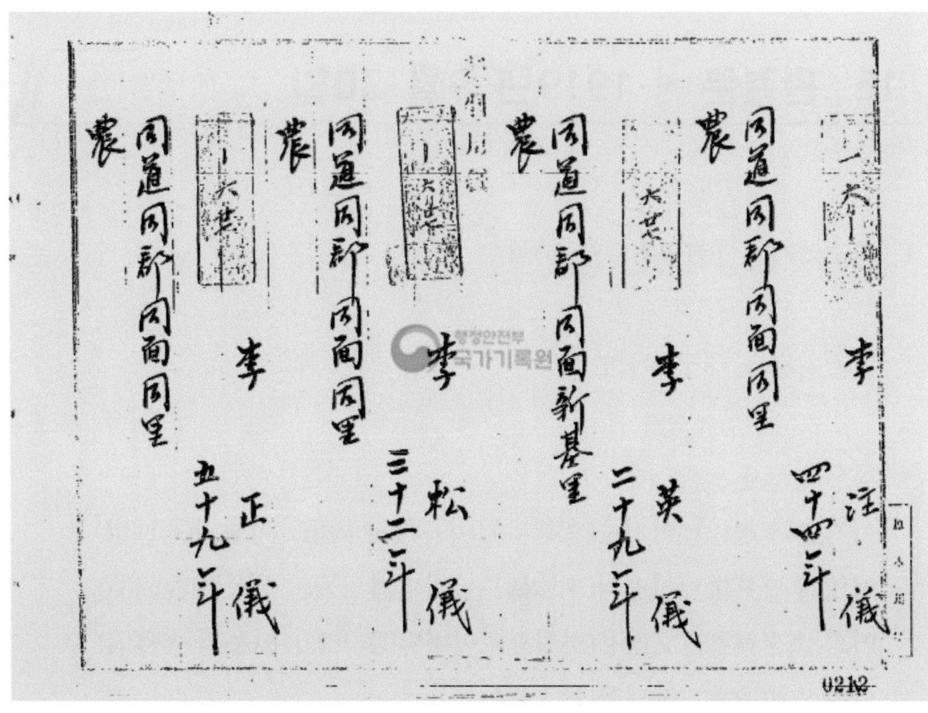

李注儀 四十四年
同道同郡同面同里
農

李英儀 二十九年
同道同郡同面新基里
農

李松儀 三十二年
同道同郡同面同里
農

李正儀 五十九年
同道同郡同面同里
農

0212

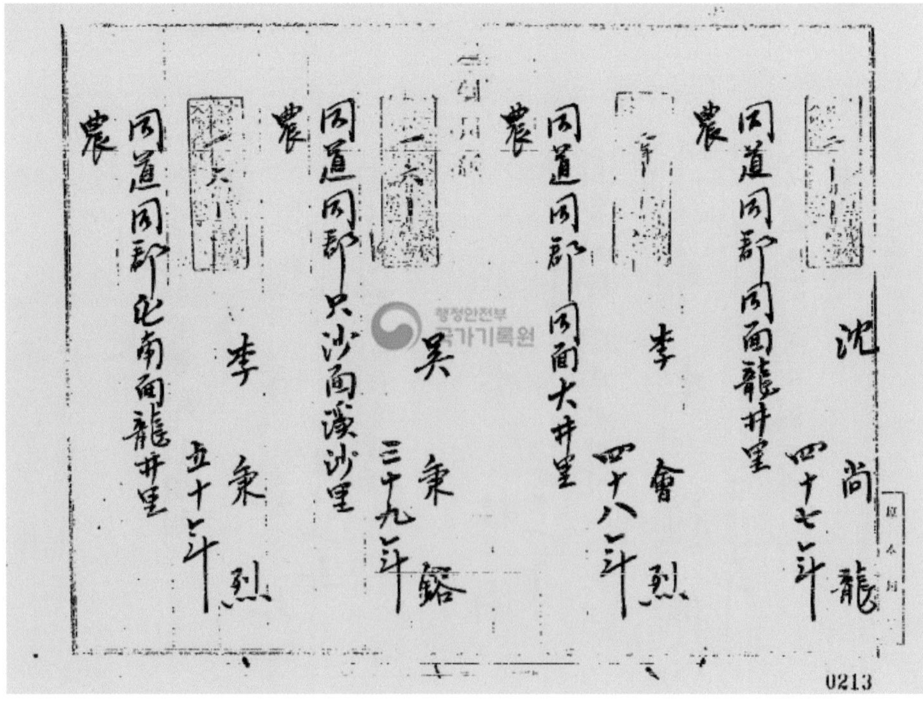

沈尚龍 四十七年
同道同郡同面龍井里
農

李會烈 四十八年
同道同郡同面大井里
農

吳秉鎔 三十九年
同道同郡只沙面溪沙里
農

李秉烈 五十年
同道同郡化南面龍井里
農

0213

同道同郡三溪面漁隱里
農

李容儀
三十二年

同道靈光郡法聖面宮木里
隱仙庵僧侶

韓敦錫
二十六年

梁太煥
三十五年

右外九名ニ対スル騷擾被告事件ニ付大正八年七月三十一日光州地方法院全州支廳ニ於テ被告李起松ヲ懲役七年ニ　被告梁太煥ヲ懲役五年ニ　被告沈尙龍　李會烈ヲ各懲役四年ニ　被告李起燭　李倫儀　李

0214

注儀　吳秉鎔　李秉烈　李容儀ヲ各懲役參年ニ　被告李英儀　李松儀　李正儀　韓敦錫ヲ各懲役壹年ニ處シタル判決ニ對シ同各被告ヨリ控訴ヲ申立タルニ依リ當院ハ朝鮮總督府檢事村上清干與審理ヲ遂ケ判決ヲ爲ス左ノ如シ

主　文

被告十四名ノ控訴ハ孰レモ之ヲ棄却ス

理　由

被告十四名ハ大正八年三月二十三日全羅北道任實郡屯南面獒樹里ノ市日ニ午後二時過ヨリ同里市場ニ於テ朝鮮人ノ群衆カ朝鮮獨立ノ企圖ヲ以テ共同シテ朝鮮獨

0215

立万歳又ハ韓国独立万歳ト高唱ス
ル示威運動ヲ挙行シ首唱者タ
ル被告李起松等カ一旦引致セラル
ヽヤ刻々加勢ヲ得テ終ニ二千ニ及
ヘル群衆ハ引続キ同前ノ高唱ヲ為
シナカラ聚合ノ勢ヲ以テ同里内ノ同
面事務所警察官駐在所及同市
場ニ接スル郡川定吉 前川力恵 岩本
秀太郎ノ各商店ニ押寄セ扉等ニ向
テ連リニ投石シ前記事務所及駐在所
構内ニ侵入シテ両所ノ窓硝子駐在所ノ
硝子戸板戸留置場郡川方ノ表格子
板戸前記各商店ノ商品多数ヲ破壊
シ同里駐在巡査村井邑次カ慰撫ヲ
求メントスル途上同里内ニ於テ同巡査
ニ対シ盛ニ投石ヲ為ス等暴行ヲ

0216

為シテ騒擾スルニ当リ被告梁太煥ヲ除キ
孰モ前記騒擾中ニ至ル迄同前ノ高唱ヲ為シ
テ示威運動ヲ為シ且被告李起松ハ同運
動開始ノ際ハ公衆ニ対シ同前ノ高唱ヲ為シテ
朝鮮独立ノ目的ヲ達スヘシトノ趣旨ヲ演説シ
先ツ自ラ高唱シテ他人ヲシテ唱和セシムルニ至ラ
シメ又自ラ亦騒擾ニ全般ノ指揮ニ任シ騒擾
ノ進行ヲ計リテ首魁タリ 被告梁太煥ハ右
騒擾中群民ニ対シ決死精神ヲ以テ万歳ヲ唱ヘ
騒擾スヘシト演説シテ示威運動ヲ煽動スルト
同時ニ騒擾ニ率先シテ其勢ヲ助ケ又前記巡
査ニ対スル投石ヲ衆ニ命シ被告沈尚龍ハ前記
駐在所ニ対スル投石ヲ衆ニ命シ孰モ被告李會
烈 李秉烈 李家儀ト共ニ同五名ハ騒擾ノ
群衆ヲ指揮シ 被告李起瑞 李倫儀
李注儀 呉東鉉ハ前記騒擾ニ之カ

0217

群衆ヲ励シテ率先其勢ヲ助ケ被告
李英儀 李松儀 李正儀 韓敦錫ハ孰
モ右騒擾ニ勢ニ駆ラレテ附和随行シ
被告李起松 李起偶 梁太煥ヲ除ケル
被告十一名ハ孰モ右騒擾ノ群衆ニ加
ハリ前記駐在所構内ニ闖入シタルモノ
トス

判示犯罪事実ハ
全谷騒擾事件巡査村井邑次作
成騒擾犯人引致報告ト題スル書面
中大正八年三月二十三日午後二時
過暴民一千余名数樹葉安駐
在所ニ来襲シ主謀首李起松等ハ
暴民ト共ニ駐在所事務室ニ侵入
シ時計窓硝子全部ヲ破壊シ留
置場ヲ破リ留置中ノ暴民金永徹

0218

ヲ逃走セシメ又南面事務所ニ侵入
硝子戸ヲ破壊シ舩川定吉 矢川(繁
川ノ誤ト認ム)力宗(岩本光太郎
秀太郎ノ誤ト認ム)ノ各商店ノ店屋
ヲ破壊シ損害千五百円ニ達シタル
旨ノ記載

朝鮮総督府検事栗山義吉ノ現場検
証調書中数樹葉安駐在所ニテハ
板戸硝子戸ノ殆ト全部破壊セラレ事務室
器機並監視場内ニハ硝子ノ破片ヲ以テ充タ
サレ周囲ノ土塀ニ諸所崩壊ノ跡アリ巡
査村井邑次ノ陳述ニハ当日同駐在所
ニ迫リタル群衆ハ約二千ニシテ構内
ニ闖入シ暴行ヲ為シタルモノ約五百名
ニ達シタリト同所ノ西手約十間ナル地
南面事務所ニテハ窓硝子ノ破壊セ

0219

ラレタルモノ五十四枚ヲ算ス其ヨリ南方二十
間ヲ隔ツル市場ノ雜貨商船川定吉方ヲ
検スルニ表格子全部及扉戸一枚破壊セ
ラレ店頭ノ菓子入瓶七個其他数多ノ雜
品ハ毀損セラレテ散乱シ西南五六間ヲ隔
ツル雜貨商箭川力恵方店頭ニハ十数
個ノ陶器破損セルモノヲ止ム更ニ東方十
間ヲ去ル銀細工業岩本秀太郎宅ノ
表格子及硝子五枚破損ノ跡ヲ止ムル旨
ノ記載
証人諸仁寛ニ対スル豫審調書中同証
人ノ供述トシテ判示同日同市場中央ノ
自宅ニテ昼食ヲ終リタル折李甚松カ
七八名ヲ随ヘ宅前ニ来リ携ヘタル太極
旗一旒ヲ群衆中ニ投シ万歳ヲ三唱シ
引致セラレタル市場ノ首等ハ駐在所ヲ

0220

壊リ甚松ヲ取戻セト騒キ居リシカ甚松
ハ南原街道ノ方ニテ演説シ居ルト襄先
許カニ暫時ニシテ甚松カ帰来リ当初
甚松ト共ニ来リタルハ李甚瑞李倫伐李
注儀沈尚龍呉秉鎬等七八名ニシテ注
儀ハ駐在所ヲ破壊セヨト騒キ居リ沈尚
龍ハ全所ヲ破壊セヨト騒キ且照川方
ヘ投石シ居タル旨ノ記載
証人村井邑次ニ対スル豫審調書中同
証人ノ供述トシテ判示同日午後二時過
巡査補高宅基金載春カ岩本秀太
郎ノ援ヲ得テ李甚松李甚瑞等カ
藝樹市場ニテ萬歳ヲ唱ヘ制止ニ應
セストテ引致シ来リタル處数百名ノ
首カ随ヒ来リ駐在所内ニ侵入シタル
故余外ニ逃出シタルニ李甚松ハ三四

0221

裁判用紙

同万歳ヲ唱ヘ杖ヲ振ルヤ群衆モ和唱
セル故之ヲ叱咤シ群衆ハ一旦引退リ
タルカ自分カ李鉅松ト説諭シ居ルト
再ヒ群衆カ所内ニ押入ラントシ暴民
ハ高巡査補ヲ外庭ニ引出シテ乱打
シ多数ノ者ハ所内ニ闖入シ李鉅松
ヲ抱ヒテ胴揚ヲ為シ万歳ヲ唱ヘナカ
ラ連出シ他ノ引致セラレタル者モ逃出
シ其ヨリ面事務所ノ方ニ行キ市場
ノ方ニ赴キテ破壊スル音カ聞エタリ
一旦引揚ケタル群衆ハ其数ヲ増シ
テ押寄セ駐在所内ニハ二百名許
其他附近一帯ニ数百名押寄セ
タルヲ以テ[illegible]長ト面ニ措置ヲ決セント
巡査補等ヲ引連レ只沙面ノ方向ニ
逃ケタルニ駐在所ヨリ二丁位ノ所ニテ偶儀

原本用紙

0222

裁判用紙

ノ梁大煥ハ百五十名位ヲ引連レ証人等
ニ対シ群衆ヲ勧メテ盛ニ投石セシメ自身
ニモ拳大ノ石ヲ投ケ其際暴民等ニ
対シ陜北ノ精神ヲ以テ万歳ヲ唱ヘ
騒擾セサレハ成功セストノ趣旨ニテ手ヲ
振リ揚ケ盛ニ演説ヲ為シタリ李倫儀
李注儀李英儀李極儀李正儀ハ皆
駐在所ニ闖入シタル者ニシテ沈尚龍
李會烈 呉秉鎮 李秉熙 李容儀(韓敬鶴)ハ
皆同所ニ押入リ来リタルモノナリ沈尚
龍ハ高巡査補ノ銃ヲ奪ヒ擲リ同
巡査補ヲ殴打シ李會烈モ之ヲ殴
打シタルヲ同証人ニ於テ目撃セル旨
ノ記載
証人吉田雅人ニ対スル豫審調書中
同証人ノ供述トシテ判示同日数樹ノ市

原本用紙

0223

日ニ目撃スル所ハ李起松カ初メ引致
サレ行ク時一人ニテ万歳ヲ唱ヘ行キ後ヨリ
五六十名カ随行シタルカ暫クシテ起松
カ放タレ来ルヤ駐在所ト市場トノ中間
ナル証人宅前ニテ杖ヲ振リテ切リニ万
歳ヲ唱ヘ数百名ハ之ニ唱和シ夫ヨリ
駐在所ノ方ニ行キ万歳ヲ唱ヘ引返シテ
市場ニ到リ今度ハ数十名ト共ニ面事
務所ニ到リテ投石シ駐在所ニ到リテ
投石破壊シテ再ヒ市場ニ来テ範川方
ヲ破壊シ次ニ船川方ヲ破壊スル音丈
ヲ聞キタリ其ヨリ同人方ヲ破壊シニ来ルナ
ラント拳銃ヲ携ヘ警戒ニ依ルニ証人
方ヘハ来ラス李起松ハ四五名ノ首魁ラ
シキ者ヲ引連レ常ニ群衆ノ先頭ニ立
チテ群衆ヲ指揮シ依リ駐在所ノ襲

0224

ヲ破壊スルニ先ケ第二回カ第三回位ノ万
歳騒ノ後証人宅前ニテ梁太煥ハ練歩
シテ群衆ニ対シ大韓国ハ独立セサル
可ラス何人モ起テ起テ死セヨト聲音ニテ
演説シ其姿ヲ騒マスヤ暫クスルト群衆カ
破壊ヲ行ヒタリ証人ノ目撃セル所ニテハ
李倫儀李秉烈等ハ起松ヲ助ケ群衆ヲ
指揮シ李容儀モ指揮者ナリ李起瑞
李松儀 沈尚龍 呉秉鉉ハ万歳ヲ唱ヘ盛ニ騒動シ自己ノ意見ヲ述ヘ記載
証人朝鮮總督府巡査補高宅基ニ対
スル豫審調書中同証人ノ供述トシテ
判示同日市場ノ騒擾ニ従事中起松
カ新基里ヨリ二十名許ヲ引連レ来リ
タル由ヲ聞知シタルカ現ニ同人カ多数
ノ者ヲ引連レ萬歳ヲ唱ヘ歩キ居タルカ
李起松ヲ駐在所ニ引致スルヤ群衆カ襲

0225

詰所内ニ闖入セントスル故之ヲ防カント銃
ヲ擬シタルニ之ヲ奪ハントスル者アリ遂ニ
証人ハ室外ニ引出サレ殴打サレタリ引出
シタル者ハ多数ニシテ沈尚龍ハ其一人ナリ
最初李起松ト共ニ引致シタルハ李起鳳及
李倫儀ナリ李起鳳李倫儀李金烈
李秉烈ハ市場ニテ盛ニ万歳ヲ唱ヘ
居タリ証人ノ銃ヲ奪ハントシタルハ沈尚
龍ニシテ同詰所ニ闖入ニ然カセントセリトノ
旨ノ記載
証人船川定吉ニ対スル訊問調書中
同証人ノ供述トシテ判示同日群衆ハ証
人ノ居ヲ破壊シ其居内ニ投入シタル石
ハ大ナルハ一抱モアリ小ナルハ拳大ニシテ
四貫目ニ達シタル旨ノ記載
同前検事ノ被告李起松訊問調書中

0226

同被告ノ供述トシテ判示同日ヲ期シ独立
万歳ヲ唱ヘンノ騒ク様其前夜三月十六日
自宅ニ於テ李倫儀等ト打合ヲ為シ
置キ判示当日午後二時頃判示市場ニ
到リ自分カ先ツ第一ニ万歳ヲ唱ヘ判示同
様ノ演説ヲ為シ夜ノ十時頃迄同市場
ヲ中心トシ同里発英学校所在同面
ヲ遊所普通学校等ヲ練歩キ独立
万歳ヲ唱ヘテ練歩キタリ当日同被告
ハ同面事務所ニ入リ面長ニ出テ万歳
ヲ唱ヘン様勧誘シタル旨ノ記載
被告李起松ニ対スル予審訊問調書中
同被告ノ供述トシテ判示当日同被告ハ
判示同里普通学校ノ運動場ニ遊
ヒ居タル生徒等ニ対シ校門ノ辺ヨリ
万歳ヲ唱ヘヨトヒタル旨ノ記載

0227

同前検事ノ北面面長李昌儀ニ対スル聴取書中同面長ノ供述トシテ判示同日同里ノ市日ニ数千ノ鮮人カ集リ朝鮮独立万歳ヲ唱ヘテ騒キ同面事務所並ニ憲兵駐在所市場附近ノ内地人宅ヲ破壊シ乱暴ヲ為シタルカ当日ハ日曜ニテ全面事務所ニハ自分ト書記林永学カ残リ居ルニ李聖松カ来リテ何故引込ミテ居ラスト出テ来ヌカトモニモ拒絶シタルニ己ムヲ得ス同人ハ約三百人許ノ鮮人ヲ率ヒ同事務所ヲ襲ヒ窓硝子器具全部ヲ破壊シ駐在所ヲ襲撃シタルカ李聖松カ前記勧誘ニ来リタル際ハ既ニ市場ニ於テハ多ノ衆カ万歳ヲ唱ヘ騒キ居タリ駐在所ニ押掛ケタル群衆ハ

0228

数千名ニシテ石ヲ投ケ硝子其他ヲ破壊シタル旨ノ記載

同前検事ノ被告李聖松ニ対スル訊問調書中同被告ノ供述トシテ判示当日同所ノ市日ニ二千名許ノ群衆ト共ニ韓国独立万歳ヲ唱ヘタル旨ノ記載

同前検事ノ被告李倫儀ニ対スル訊問調書中同被告ノ供述トシテ判示当日ノ襄樹市日ニ韓国独立万歳ヲ唱ヘテ騒キタル旨ノ記載

同前検事ノ李注儀外数名被告事件証人趙仁寛訊問調書中同証人ノ供述トシテ判示当日最初七名許カ朝鮮独立万歳ヲ唱ヘ約三十名許カ之ニ次キ第三回目ニハ市場ノ者全部万歳ヲ唱ヘ李注儀モ之ヲ唱ヘ

0229

唱ヘタル旨ノ記載
被告李黄儀ニ對スル豫審調書中同
被告ノ供述トシテ判示同日同面内ニ
於テ朝鮮独立万歳ヲ唱ヘタル事アル旨
ノ記載
被告李松儀ニ對スル豫審調書中同
被告ノ供述トシテ判示同日同里ノ市日ニ
市場ニ於テ万歳ヲ唱ヘタル事アル旨ノ
記載
被告李正儀ニ對スル豫審調書中同
被告ノ供述トシテ判示同日同市場ニテ
朝鮮独立万歳ヲ唱ヘタル旨ノ記載
被告李會烈ニ對スル豫審調書中
同被告ノ供述トシテ判示同日同里ニテ
群衆ト共ニ万歳ヲ唱ヘタル事アル
旨ノ記載

0230

被告呉秉鎬ニ對スル豫審調書
中同被告ノ供述トシテ判示同日
同里ニ於テ群衆ト共ニ万歳ヲ
唱ヘテ面事務所駐在所附近ヲ
歩キタル旨ノ記載
被告韓敎錫ニ對スル豫審調
書中同被告ノ供述トシテ判
示同日午後二時頃ヨリ同里ニ於
テ万歳ヲ唱ヘタル事アル旨ノ記
載
司法警察事務取扱ノ被告李起鳳訊
問調書中同被告ノ供述トシテ判示同日
同里ニ於テ駐在所ニ押寄セタルハ
何百人ナリシカ沢山ノ集リニシテ独立万歳
ト唱ヘ押寄セタル旨ノ記載
ヲ綜合シテ之ヲ認定ス

0231

法律ニ照スニ被告李甚嬀ノ所為ハ犯時ノ法律ニ據レハ示威運動ヲ為シタル點ニ於テ保安法第七條及朝鮮刑事令第四十二條ニ騷擾ノ首魁トナリタル點ニ於テ刑法第百六條第一號ニ各該當シ右ハ一個ノ行為ニシテ二個ノ罪名ニ觸ルヽモノナルニヨリ同法第五十四條第一項前段及第十條ニ照シ重キ騷擾ノ首魁トナリタル罪ノ刑ニ從ヒ處斷スヘキモノニ該リ又大正八年四月公布制令第七號施行後ニ在リテハ示威運動ヲ為シタル點ハ同制令第一條第一項ニ騷擾ノ首魁トナリタル點ハ刑法第百六條第一號ニ各該當シ右ハ一個ノ行為ニシテ二個ノ罪名ニ觸ルヽモノナルニヨリ同法第五十四條第一項前段及第十條ニ照シ重キ騷擾

0232

ノ首魁トナリタル罪ノ刑ニ從ヒ處斷スヘキモノニ該リ即チ犯罪後ノ法律ニ依リ刑ニ變更アル場合ニ非サルヲ以テ犯時ノ前揭法條ノ適用ヲ為シ所定ノ有期懲役刑ヲ選擇シテ處斷スヘク爾余十三名ノ各被告ノ所為ハ前記制令施行前ノ所犯ニ係リ刑法第六條及第十條ニ則リ犯時ト其後トノ兩法ヲ比照スルニ犯時ノ法律ニ據レハ同各被告ノ示威運動ヲ為シ若クハ之ヲ煽動シタル點ハ保安法第七條及朝鮮刑事令第四十二條ニ被告梁太煥沈尚龍李會烈李秉烈李容儀李甚嬀李倫儀李注儀吳秉鎔ノ騷擾ニ指揮者トナリ若クハ率先助勢シタル點ハ刑法第百六條第二號ニ被告李英儀李枚儀

0233

李正儀韓敦錫ノ騷擾ニ附和隨行ヲ爲シタル點ハ同條第三号ニ被告李起鳩梁太煥ヲ除キタル余十一名ノ各被告ノ住居侵入ノ點ハ刑法第百三十條ニ該當シ同上十三名ノ各被告ノ所爲ハ一個ノ行爲ニシテ數個ノ罪名ニ觸ルヽモノナルヲ以テ同法第五十四條第一項前段及第十條ニ照シ被告梁太煥沈尚龍李會烈李秉烈李容儀李起鳩李倫儀李注儀吳秉鎔ニ對シテハ重キ騷擾ニ指揮者トシテ率先助勢シタル罪ノ刑ニ從ヒ被告李英儀李極儀李正儀韓敦錫ニ對シテハ重キ住居侵入ノ罪ノ刑ニ從ヒ處斷スヘキモノニ該リ犯罪後ノ法律ニ據レハ被告梁太煥ノ示威運動ヲ煽動シタル點

0234

ハ前記制令第一條第二項及第一項ニ余十二名ノ各被告ノ示威運動ヲ爲シタル點ハ同條第一項ニ被告梁太煥沈尚龍李會烈李秉烈李容儀李起鳩李倫儀李注儀吳秉鎔ノ騷擾ニ指揮者トシテ率先助勢シタル點ハ刑法第百六條第二號ニ被告李英儀李極儀李正儀韓敦錫ノ騷擾ニ附和隨行ヲ爲シタル點ハ同條第三号ニ被告李起鳩梁太煥ヲ除キタル余十一名ノ各被告ノ住居侵入ノ點ハ刑法第百三十條ニ該當シ同上十三名ノ各被告ノ所爲ハ一個ノ行爲ニシテ數個ノ罪名ニ觸ルヽモノナルヲ以テ同法第五十四條第一項前段及第十條ニ照シ其ノ重キ制令違反ノ罪ノ

0235

刑ニ從ヒ處斷スヘキモノニ該リ犯時ノ法
律ノ刑輕キヲ以テ同上十三名ノ被告等
ニ對シテハ同法律ノ前掲當該法條
ヲ適用シ所定ノ有期懲役刑ヲ選擇
シテ處斷スヘク依リテ被告李起弘ヲ
懲役七年ニ被告梁大煥ヲ懲役五
年ニ被告沈尚龍 李會烈ヲ各懲役
四年ニ被告李起瑀 李倫儀 李注儀
吳秉鉉 李秉烈 李容儀ヲ各懲役參
年ニ被告李英儀 李極儀 李正儀 韓
致錫ヲ各懲役壹年ニ處スルヲ相當
ナリトシ押收物ハ沒收ニ係ラサルモノナルニ
ヨリ刑事訴訟法第二百二條ニ則リ之ヲ
所有者ニ還附スヘク公訴裁判費用ニ
付テハ同法第二百一條第一項民刑法
施行法第六十七條ニ從ヒ被告十四名

0236

其他原審共同被告ト連帶責任ヲ以テ
其全部ノ負擔ヲ被告十四名ニ命ス
ヘキモノトス
去トハ緒局合併ノ趣旨ニ出テタル原
判決中被告十四名ニ對スル部分ハ
相當ニシテ同各被告ノ控訴ハ理由
無キニ依リテ刑事訴訟法第二百六十
一條第一項ニ基キ主文ノ如ク判決
ス

大正八年九月三十日

大邱覆審法院刑事第一部

裁判長朝鮮總督府判事 [illegible]

朝鮮總督府判事 原田[illegible]

朝鮮總督府判事 [illegible]

0237

판결

대정 8년 형공(刑控) 제878호

전라북도 임실군 둔남면(屯南面) 신기리(新基里)
농업
이기송(李起松) 32세

동도 동군 동면 둔덕리(屯德里)
농업
이기우(李起堣) 41세

동도 동군 동면 대정리(大井里)
농업
이윤의(李倫儀) 30세

동도 동군 동면 용정리(龍井里)
농업
이주의(李注儀) 44세

동도 동군 동면 동리
농업
이영의(李英儀)

동도 동군 동면 신기리
농업
이송의(李松儀) 32세

동도 동군 동면 동리
농업
이정의(李正儀)
동도 동군 동면 동리
농업
심상룡(沈尙龍)

동도 동군 동면 용정리
농업
이회열(李會烈) 48세

동도 동군 동면 대정리
농업
오병용(吳秉鎔)

동도 동군 지사면(只沙面) 계사리(溪沙里)
농업
이병렬(李秉烈)

동도 동군 둔남면 용정리
농업
이용의(李容儀) 32세

동도 동군 삼계면(三溪面) 어은리(漁隱里)
농업
한돈석(韓敦錫) 26세

동도 영광군 법성면(法聖面) 언목리(言木里)

은선암(隱仙庵) 승려
양태환(梁太煥) 35세

위 이기송 외 13명에 대한 소요 피고사건에 대해 대정 8년(1919년) 7월 31일 광주지방법원 전주지청에서 피고 이기송을 징역 7년에, 피고 양태환을 징역 5년에, 피고 심상룡, 이회열을 각 징역 4년에, 피고 이기우, 이윤의, 이주의, 오병용, 이병렬, 이용의를 각 징역 3년에, 피고 이영의, 이송의, 이정의, 한돈석을 각 징역 1년에 처한 판결에 대해 피고로부터 공소를 신청함에 따라 당원은 조선총독부 검사 촌상청(村上淸)이 간여 심리를 마치고 판결함이 다음과 같다.

주문

피고 14명의 공소는 모두 이를 기각한다.

이유

피고 14명은 대정 8년(1919년) 3월 23일 전라북도 임실군 둔남면(屯南面) 오수리(獒樹里)의 장날 오후 2시가 지나서 동리(同里) 시장에서 조선인 군중들이 조선독립의 기도(企圖)로써 공동으로 '조선독립만세' 또는 '한국독립만세'라고 크게 외치는 시위운동을 거행하고 주창자인 피고 이기송(李起松) 등이 일단 연행되자 시시각각 세를 더한 끝에 2천 명에 달하는 군중은 단결하여 위와 같이 크게 외치면서 모아진 기세로 동리 내의 면사무소, 경찰관주재소 및 시장에 인접한 선천정길(船川定吉), 전천력혜(箭川力惠), 암본수태랑(岩本秀太郎)의 상점에 몰려가 이들을 향해 잇달아 돌을 던지고 위의 사무소 및 주재소 구내로 침입하여 두 곳의 유리창, 주재소의 유리문짝 판호(板戶), 유치장 및 선천의 집 격자 살, 위 각 상점의 상품 다수를 파괴하고, 동리 주재소 순사 촌정읍차(村井邑次)가 도움을 구하러 가는 도중 동리 내에서 동(同) 순사에게 무수히 돌을 던지는 등 폭행을 하며 소요를 일으켰다. 피고 양태환(梁太煥)을 제외한 모두는 위의 소요 중에 위의 모양과 같이 소리높이 만세를 부르며 시위운동을 했다. 또 피고 이기송은 동 운동을 시작할 때 공중(公衆)에게 위와 같이 만세를 외쳐 조선독립의 목적을 이루어야 한다는 연설을 하고 먼저 스스로 큰소리로 외쳐 다른 이들도 따라 부르게 하고 또 스스로 위의 소요를 모든 지휘에 임하고 소요 진행을 맡는 우두머리가 되었다. 피고 양태환은 위의 소요 중 폭민(暴民)에게 '결사(決死)의 정신으로 만세를 불러야 한다.'라고 연설하여 시위운동을 선동함과 동시에 소요에 솔선하여 기세를 도와 위의 순사에게 돌을 던지도록 무리에게 명하고, 피고 심상룡(沈尙龍)은 위의 주재소에 대한 투석을 무리에게 명하고, 모두 피고 이회열(李會烈), 이병렬(李秉烈), 이용의(李容儀)와 5명이 공동으로 소요의 군중을 지휘하고, 피고 이기우(李起堣), 이윤의(李倫儀), 이주의(李注儀), 오병용(吳秉鎔)은 위의 소요의 군중을 격려하고, 솔선하여 그 세를 돕고, 피고 이영의(李英儀), 이송의(李松儀), 이정의(李正儀), 한돈석(韓敦錫)은 모두 위의 소요의 기세에 분주히 뛰어다니며 부화수행(附和隨行)하고, 피고 이기송, 이기우, 양태환을 제외한 피고 11명은 모두 위의 소요 군중에 가담하고 위 주재소 구내에 틈입(闖入)한 것이다.

판시 범죄 사실은 전주지청 검사 앞 순사 촌정읍차 작성의 「소요범인 인치보고」라는 제목의 서면 중 대정 8년 3월 23일 오후 2시가 지나서 폭민 1천여 명이 오수 경찰관 주재소에 습격해 와서 주모자 이기송 등은 폭민과 함께 주재소 사무실로 침입하고 시계, 창유리 전부를 파괴하고 유치장을 부수고 유치 중인 폭민 김영필(金永弼)을 도주시키고 둔남 면사무소에 침입하여 유리문짝을 파괴하고 선천정길, 시천역혜[矢川, 전천(箭川)의 오기로 인정], 암본원태랑[岩本元太郎, 수태랑(秀太郎)의 오기로 인정]의 각 상점 상품을 파괴하고, 피해가 1500원에 달했다는 내용의 기재.

조선총독부 검사 율산겸길(栗山兼吉)의 현장 검증조서 중 오수 경찰관 주재소에서는 판호(板戶) 유리문짝의 대부분이 전부 파괴되고 사무실, 응접실, 감시장 안은 유리파편으로 가득해지고 주위 토탐의 여러곳이 붕괴의 흔적이 있고 순사 촌정읍차의 진술로는 당일 동 주재소에서 위협한 군중은 약 2천이고 구내로 틈입하여 폭행을 한 자는 약 500명에 달했고 그곳의 서쪽으로 약 10간(間)인 둔남면 사무소에서는 유리창이 파괴되었는데 54장에 이른다. 그로부터 남쪽으로 20간 떨어진 시장의 잡화점 선천정거장 쪽을 조사해 보니 격자살 전부 및 판호 1장이 파괴되고 가게 앞쪽 과자가 들어 있는 병 7개, 기타 수다한 잡품은 훼손되어 어지럽게 흩어져 있고 서남쪽 5~6간 떨어진 잡화상 전천역혜의 가게 앞에서는 십여 개의 도기 부순 것을 없애고 다시 동쪽 10간 떨어진 은 세공업 암본수태랑 집의 격자살 및 유리 5장을 파손한 흔적을 없앴다는 내용의 기재,.

증인 조인관(趙仁寬)에 대한 예심조서 중 동 증인의 공술로써 판시 동일 동 시장 중앙의 자택에서 점심을 먹었을 때 마침 이기송이 7~8명을 따라 집 앞에 와서 가지고 있던 태극기 한 움큼을 군중 속에 던지고 만세를 3번 부르고 끌려감에 시장 사람들은 주재소를 무너뜨리고 기송을 되돌려 보내라고 소란을 피우고 있었는데 기송은 남원 가도 쪽에서 연설하고 있다고 배광조(裵光祚)가 말하고 잠시 기송이 돌아왔다. 당초 기송과 함께 온 것은 이기우, 이윤의, 이주의, 심상룡, 오병용 등 7~8명이고 주의는 주재소를 파괴하라고 소란을 피우고, 심상룡은 동소를 파괴하라고 소란을 피우고 또 선천 집에 돈을 던지고 있었다는 내용의 기재.

증인 조선총독부 순사 촌정읍차에 대한 예심조서 중 동 증인의 공술로써 파니 동일 오후 2시가 지나서 순사 보 고택기(高宅基), 김재춘(金裁春)이 암본수태랑의 지원을 받고 이기송, 이기우 등이 오수시장에서 만세를 부르고 제지에 응하지 않자 끌어왔는데, 수백 명의 사람이 따라와서 주재소 안으로 침입했기 때문에 실외로 잇따라 나갔는데, 이기송은 3~4번 만세를 부르고 지팡이를 흔들자 군중도 화창했기에 이를 질타하여 군중은 일단 물러났지만 자신이 이기송을 타이르고 있자 다시 군중이 소내로 밀고 들어오려 하고 폭민은 고(高) 순사보를 바깥마당으로 끌고 나와서 마구 때리고 다수의 사람은 실내로 틈입하여 이기송을 안고 헹가래를 치고 만세를 부르면서 잇따라 나가고 다른 끌려 온 자도 도망쳐 나갔다. 그 후 면사무소 쪽으로 가 시장 쪽에 다다라서 파괴하는 소리가 들렸고, 일단 돌아온 군중은 그 수를 늘려 밀고 들어왔다. 주재소 안에는 200명 정도, 기타 부근 일대로 수백 명이 밀고 들어왔으므로 서장에게 조치를 내리도록 하고, 순사보 등을 인솔하여 지사면 방향으로 나갔는데 주재소로부터 2정(丁) 정도 떨어진 곳에서 곱사등이인 양태환은 150명 정도를 인솔하고 증인 등에게 군중을 권하여 세차게 돌을 던지게 하고 자신에게도 주먹 크기의 돌을 던지고 그때 폭민 등에게 결사의 정신으로 만세를 부르고 소요하지 않으면 성공하지 못한다는 취지로 손을 들어올리고 거세게 연설을 하고 있었다. 이윤의, 이주의, 이영의, 이송의,

이정의는 모두 주재소에 틈입한 자이고 이회열, 오병용, 이병렬, 이용의, 한돈석은 모두 동소에 밀고 들어온 자이다. 심상룡은 고(高) 순사보의 총을 빼앗아 걸고 동 순사보를 구타하고, 이회열도 이를 구타하는 것을 동 증인이 목격했다는 내용의 기재.

증인 길전아인(吉田雅人)에 대한 예심조서 중 동 증인의 공술로써 판시 동일 오수 장날 목격한 점은 이기송이 처음 끌려갈 때 한 사람이 만세를 부르러 가는데 뒤에 5~60명이 따라갔는데 잠시 기송이 풀려져 오자 주재소와 시장과의 중간인 증인 집 앞에서 지팡이를 흔들다 멈추고 만세를 부르고 수백 명은 이에 같이 부르고 그로부터 주재소 쪽으로 가서 만세를 부르고 되돌아와서 시장에 이르러 이번에는 수십 명과 함께 면사무소로 가서 돌을 던지고 주재소에 도착해서 돌을 던지고 파괴하고 다시 시장에서 나와 전천 집을 파괴하고 다음으로 선천 집을 파괴하는 소리만 들었다. 이후 증인 집을 파괴하러 온다고 하여 단총을 가지고 경계하고 있는데 증인 집에는 오지 않았다. 이기송은 4~5명의 수괴 같은 사람을 데리고 항상 군중의 선두에 서서 군중을 지휘하고 있었다. 주재소 등을 파괴하는데, 우선 2~3회 정도의 만세 소동 후 증인 집 앞에서 양태환은 줄지어 행진하는 군중에게, '대한국은 이때 독립하지 않으면 안 된다, 모두 일어나 일어나서 죽이자.'라는 취지로 연설하고 그 모습을 감추자 잠시 후에 군중을 했다. 증인이 목격한 바로는 이윤의, 이병렬 등은 기송을 돕고 군중을 지휘하고 이용의도 지휘자가 되고, 이기우, 이송의, 심상룡, 오병용은 활발히 만세를 부르고 소동을 하고 있었다는 내용의 기재.

증인 조선총독부 순사보 고택기에 대한 예심조서 중, 동 증인이 공술로써 판시 동일 시장 경계를 하던 중, 기송이 신기리에서 20명 정도를 데리고 온 이유를 알아냈는데 실제로 동인이 같은 수의 사람을 데리고 만세를 부르며 걸어가고 있었는데, 이기송을 주재소로 끌고 가자 군중이 사무실 안으로 침입하려고 해서 이를 막으려고 총을 겨눴는데, 이를 빼앗으려고 하는 자가 있어서 끝내 증인은 실외로 끌려나와 난타당했다. 끌고 나온 자는 다수이고 심상룡은 그중 하나이다. 처음 기송과 함께 끌어온 자는 이기우 및 이윤의이고, 이기우, 이윤의, 이회열, 이병렬은 시장에서 활발히 만세를 부르고 있었다. 증인의 총을 빼앗으려고 한

자는 심상룡이고, 사무실로 틈입하여 저렇게 했다는 내용의 기재,

증인 선천정길에 대한 예심조서 중 동 증인의 공술로써 판시 동일 군중은 증인의 가게를 파괴하고 그 가게 안에 던져 넣은 돌은 한 아름 있고 작은 것은 주먹 크기로 네 짐 반에 달했다는 내용의 기재.

위와 같은 검사의 피고 이기송 신문조서 중, 동 피고의 공술로써 판시 동일을 기하여 독립만세를 부르고 소란을 피우기로 그 전 음력 2월 16일 자택에서 이윤의 등과 합의해 놓고 판시 당일 오후 2시경 판시 시장에 가서 자신이 제일 처음 만세를 부르고 판시와 똑같은 연설을 하고 밤 10시경까지 동 시장을 중심으로 동 리 경찰관 주재소, 동 면사무소, 보통학교 등을 행진하며 독립만세를 부르고 줄지어 행진했다. 당일 동 피고는 면사무소에 들어와 면장에게 나와서 만세를 부르도록 권유했다는 내용의 기재.

피고 이기송에 대한 예심조서 중 동 피고의 공술로써 판시 당일 동 피고는 판시 동리 보통학교 운동장에서 놀고 있는 학생들에게 교문 주변에서 만세를 부르라고 말했다는 내용의 기재.

위와 같은 둔남면장 이창의(李昌儀)에 대한 청취서 중 동 면장의 공술로써 판시 동일 동 리의 장날 수천의 조선인이 모여 조선독립만세를 부르며 소란을 피우고, 동 면사무소, 경찰관 주재소, 시장 부근의 일본인 집을 파괴하고 난폭을 했는데, 당일은 일요일로 동 면사무소에는 자신과 서기 임상학(林相學)이 있었는데, 이기송이 와서 어째서 함께하고 있지 않고 나와 있느냐고 말했으나 거절했는데, 이윽고 동인은 약 300명 정도의 조선인을 이끌고 동 사무소를 습격하고, 손으로 유리창 거의 전부를 파괴하고 주재소를 습격했는데, 이기송이 위와 같은 권유로 돌아왔을 때는 이미 시장에서는 다중이 만세를 부르고 소란을 피우고 있었다. 주재소로 밀고 들어온 군중은 수천 명이고 돌을 던지고 유리 기타를 파괴했다는 내용의 기재.

위와 같은 검사의 피고 이기우에 대한 신문조서 중, 동 피고의 공술로써 판시 당일 동소 장날 2천 명 정도의 군중과 함께 한국독립만세를 불렀다는 내용의 기재,

위와 같은 검사의 피고 이윤의에 대한 신문조서 중 피고의 공술로써 판시 당일 오수장날 한국독립만세를 부르고 소란을 피웠다는 내용의 기재.

위와 같은 검사의 이주의 소요 피고사건 증인 조인관 신문조서 중, 동 증인의 공술로써 판시 당일 처음 7명 정도가 조선독립만세를 부르고 약 30명 정도가 이에 뒤를 잇고 세 번째는 시장 사람 전부가 만세를 부르고 이주의도 이를 부르고 있었다는 내용의 기재.

피고 이영의에 대한 예심조서 중, 동 피고의 공술로써 판시 동일 동 면 내에서 조선독립만세를 보른 적이 있다는 내용의 기재.

피고 이송의에 대한 예심조서 중, 동 피고의 공술로써 판시 동일 동 리의 장날 시장에서 만세를 부른 적이 있다는 내용의 기재.

피고 이정의에 대한 예심조서 중, 동 피고의 공술로써 판시 동일 동 시장에서 조선독립만세를 불렀다는 내용의 기재.

피고 이회열에 대한 예심조서 중, 동 피고의 공술로써 판시 동일 동 리에서 군중과 함께 만세를 부른 적이 있다는 내용의 기재.

피고 오병용에 대한 예심조서 중, 동 피고의 공술로써 판시 동일 동 리에서 군중과 함께 만세를 부르고 면사무소, 주재소 부근을 걸었다는 내용의 기재.

피고 한돈석에 대한 예심조서 중 동 피고의 공술로써 판시 동일 오후 2시경부터 동 리에서 만세를 부른 적이 있다는 내용의 기재.

사법경찰 사무취급의 피고 이기우 신문조서 중, 동 피고의 공술로써 판시 동일 동리에서 주재소로 밀고 들어온 것은 몇 백 명이었는데, 많은 무리로 하여 '독립만세'라고 부르고, 밀고 들어왔다는 내용의 기재를 종합하여 이를 인정한다.

법률에 비추어 보니 피고 이기송의 소위는 범죄 시의 법률에 의거하면 시위운동을 한 점에 있어서 보안법 제7조 및 조선형사령 제42조에, 소요의 수괴가 된 점에 있어서 형법 제106조 제1호에 각 해당하고 위의 한 개의 소위로써 2개의 죄명에 저촉되는 것에 동법 제54조 제1항 전단 및 제10조에 비추어 무거운 소요의 수괴가 된 죄의 형에 따라 처단할 것에 해당한다. 또 대정 8년 4월 공포 제령 제7호 시행 후에 있어서는 시위운동을 한 점은 동 제령 제1조 제1항에, 소요에 수괴가 된 점은 형법 제106조 제1호에 각 해당하고 위는 한 개의 행위로써 2개의 죄명에 저촉되는 것임에 동법 제54조 제1항 전단 및 제10조에 비추어 무거운 소요의 수괴가 된 죄의 형에 따라 처단해야 할 것에 해당한다. 즉 범죄 후의 법률에 의해 형에 변경이 있는 경우가 아니므로 범죄 시의 위의 법조를 적용하고 소정의 유기징역형을 선택하여 처단해야 한다. 그 나머지 13명의 각 피고의 소위는 위의 제령 시행 이전의 소범에 관계되어 형법 제6조 및 제10조에 따라 범죄 시와 그 후와의 양법을 비교, 대조함에 범죄 시의 법률에 의거하면 동 각 피고가 시위운동을 하고 혹은 이를 선동한 점은 보안법 제7조 및 조선형사령 제42조에, 피고 양태환, 심상룡, 이회열, 이병렬, 이용의, 이기우, 이윤의, 이주의, 오병용이 소요에 지휘자가 되고 혹은 솔선, 조세(助勢)한 점은 형법 제106조 제2호에, 피고 이영의, 이송의, 이정의, 한돈석이 소요에 부가수행을 한 점은 동조 제3호에, 피고 이기우, 양태환을 제외한 나머지 11명의 각 피고가 주택 침입한 점은 형법 제103조에 해당하고, 위와 같은 13명의 각 피고의 소위는 한 개의 행위로써 여러 개의 죄명에 저촉되므로 동법 제54조 제1항 전단 및 제10조에 비추고, 피고 양태환, 심상룡, 이회열, 이병렬, 이용의, 이기우, 이윤의, 이주의, 오병용에 대해서는 무거운 소요에 지휘자가 되고 혹은 솔선, 조세한 죄의 형에 따르고, 피고 이영의, 이송의, 이정의, 한돈석에 대해서는 무거운 주택침입죄의 형에 따라 처단할 것에 해당한다. 범죄 후의 법률에 의거하면 피고 양태환이 시위운동을 선동한 점은 위의 제령 제1조 제2항 및 제1항에, 나머지 12명의 각 피고가 시위운동을 한 점은 동조 제1항에, 피고 양태환, 심상룡, 이회열, 이병령, 이용의, 이기우, 이윤의, 이주의, 오병용이 소요에 지휘자가 되고 혹은 솔선, 조세한 점은 형법 제106조 제2호에, 피고 이영의, 이송의, 이정의, 한돈석이 소요에 부가수행을 한 점은 동조 제3호에, 피고 이기우, 양태환을 제외한 나머지 11명의 각 피고가 주택 침입한 점은 형법 제130조에 해당하고, 위와 같은 13명의 피고와 소위는 한 개의 행위로써 여러 개의 죄명에 저촉되는 것이므로 동법 제54조 제1항 전단 및 제10조에 비추어 모두 무거운 제령 위반의 죄의 형에 따라 처단할 것에 해당한다. 범죄세의 법률의 형이 가벼우므로 위와 같은 13명의 피고 등에 대해서는 동 법률의 위 해당 법조를 적용하고 소정의 유기징역형을 선택하여 처단해야 한다.

따라서 피고 이기송을 징역 7년에, 피고 양태환을 징역 5년에, 피고 심상룡, 이회열을 각 징역 4년에, 피고 이기우, 이윤의 이주의, 오병용, 이병렬, 이용의를 각 징역 3년에, 피고 이영의, 이송의, 이정의, 한돈석을 각 징역 1년에 처함이 타당하고, 압수품은 몰수에 관계되지 않는 것임에 형사소송법 제202조에 따라 이를 소유자에게 환부해야 한다.

공소 재판비용에 대해서는 동법 제201조 제1항 및 형법시행법 제67조에 따라 피고 14명, 기타 원심 공동 피고의 연대책임에 있어서 그 전부를 피고 14명에 명령하기로 한다.

그렇다면 결국 똑같은 취지에서 나온 원판결 중 피고 14명에 대한 부분은 타당하고, 동 각 피고의 공소는 이유 없다.

따라서 형사소송법 제261조 제1항에 근거하여 주문과 같이 판결한다.

16. 판결문 - 1919년 10월 30일

1. 판결일자 : 1919년 10월 30일

2. 판결기관 : 고등법원

3. 독립유공자

이기송(李起松) 이윤의(李倫儀) 이주의(李注儀) 이회열(李會烈)

오병용(吳秉鎔) 이병렬(李秉烈) 이용의(李容儀) 양태환(梁太煥)

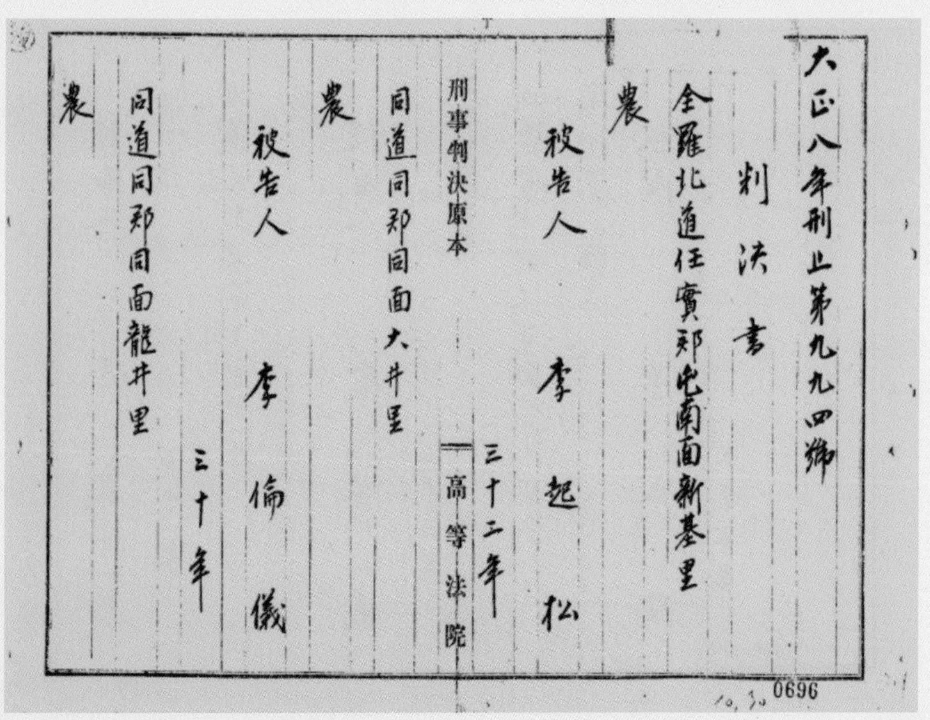

大正八年刑上第九九四號

判決書

全羅北道任實郡屯南面新基里

農

被告人 李起松

三十二年

刑事判決原本

高等法院

同道同郡同面大井里

農

被告人 李倫儀

三十年

同道同郡同面龍井里

農

10, 30 0696

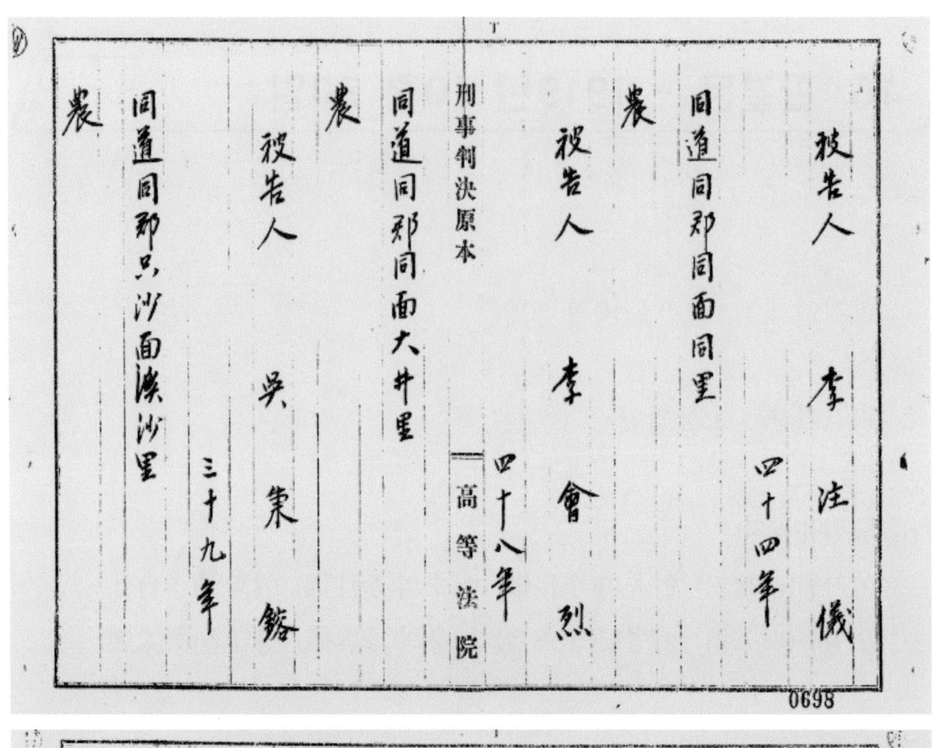

被告人 李注儀 四十四年
同道同郡同面同里
農
被告人 李會烈 四十八年
刑事判決原本 高等法院
同道同郡同面大井里
農
被告人 吳榮鎔 三十九年
同道同郡只沙面溪沙里
農

0698

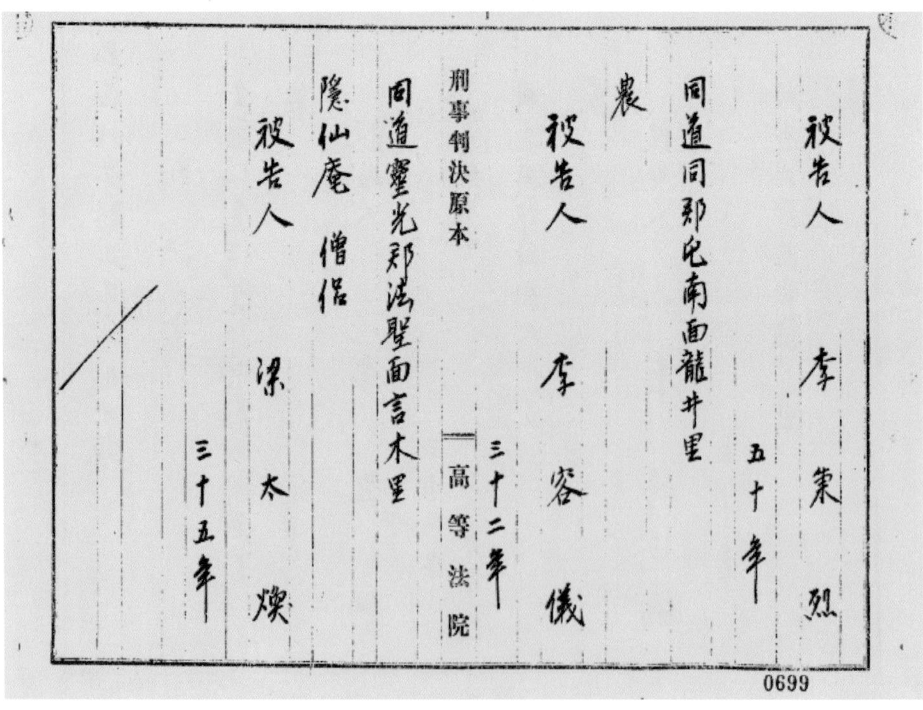

被告人 李榮烈 五十年
同道同郡屯南面龍井里
農
被告人 李容儀 三十二年
刑事判決原本 高等法院
同道靈光郡法聖面言木里
隱仙庵 僧侶
被告人 梁太煥 三十五年

0699

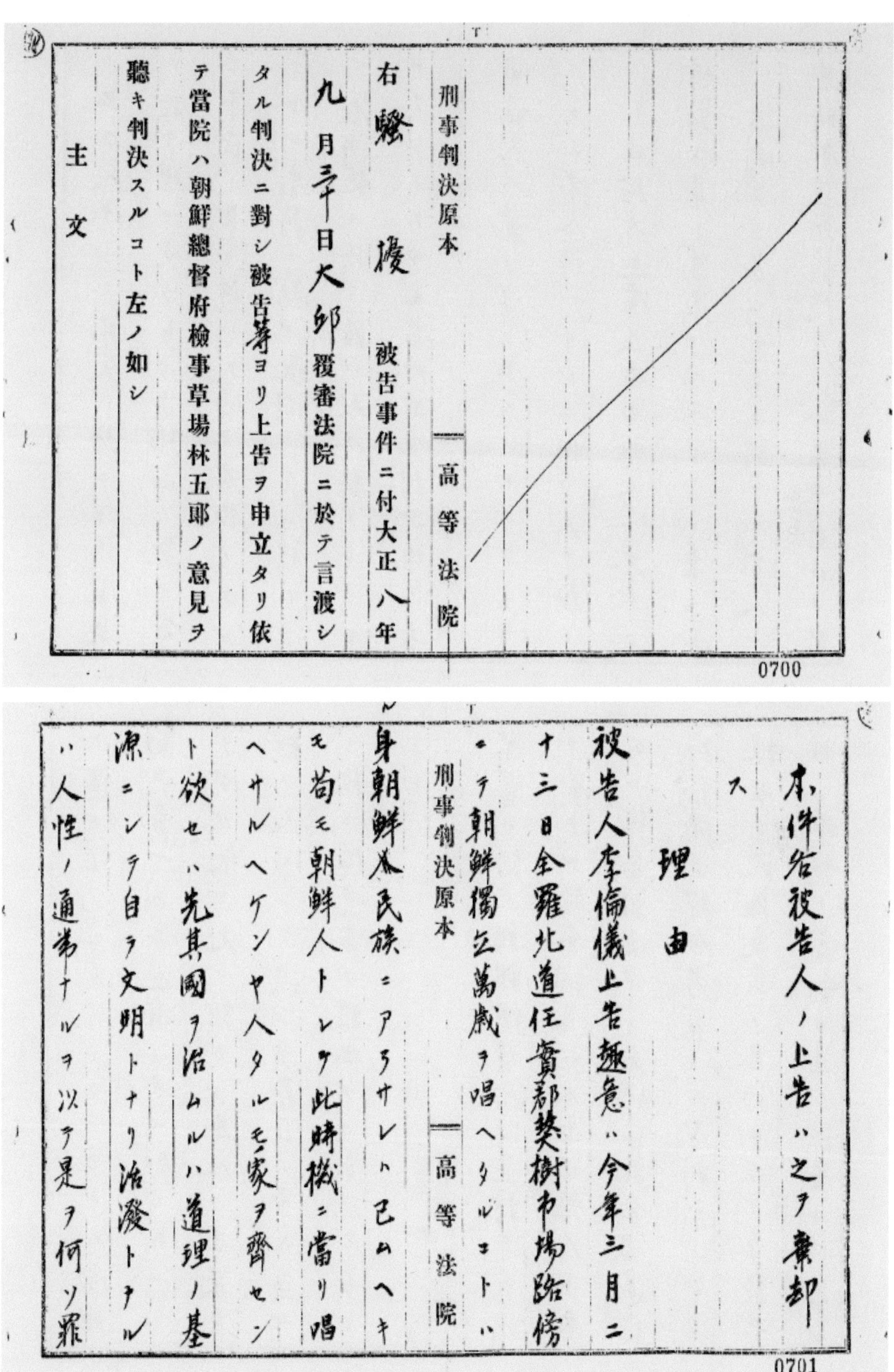

刑事判決原本　高等法院

右騷擾被告事件ニ付大正八年九月二十日大邱覆審法院ニ於テ言渡シタル判決ニ對シ被告等ヨリ上告ヲ申立タリ依テ當院ハ朝鮮總督府檢事草場林五郎ノ意見ヲ聽キ判決スルコト左ノ如シ

主文

0700

本件各被告人ノ上告ハ之ヲ棄却ス

理由

被告人李倫儀上告趣意ハ今年三月二十三日全羅北道任實郡獒樹市場路傍ニテ朝鮮獨立萬歲ヲ唱ヘタルコトハ

刑事判決原本　高等法院

身朝鮮民族ニアラサレハ已ムヘキモ苟モ朝鮮人トシテ此時機ニ當リ唱ヘサルヘケンヤ人タルモノ家ヲ齊セント欲セハ先其國ヲ治ムルハ道理ノ基源ニシテ自ラ文明トナリ活潑トナルハ人性ノ通弊ナルヲ以テ是ヲ何ソ罪

0701

ト云フヘケンヤ本人ハ幼ニシテ家庭ニ於テ學ヲ受ケ長シテ孔孟ノ教ヲ崇ヒ不正ノ事ヲ行ハス心ヲ端正ニスルコトハ本籍ニ就キ査問アラハ明ナリ一審法廷ニ於テ汝ハ人ヲ勧メタルコトナシトスルモ當地巡査村井雄治吉

刑事判決原本　高等法院

田雅人ハ見タリト云ヘリトノコトナリシモ本人行ハサルニ何ソ人ヲ勧メシヤ且村井巡査及吉田雅人ハ本人ノ行動ヲ見ス萬歳ヲ唱ヘタリト言ヘルハ推測シテ言ヘルコト明ナリ本人ハ其時郵便所前院東山一名鷲飛山ニ於

0702

テ遙ニ望見セシノミナルコトハ當地面吏員一同及巡査ノ共ニ知ル所ニシテ何ソ敢テ天ヲ欺カンヤ本人ハ本来無知ノ人ニシテ決シテ不正ノ事ヲ為サス故ニ趣意書ヲ提出スト云フニ在レトモ

刑事判決原本　高等法院

原審ハ証人朝鮮總督府巡査村井邑次ニ對スル豫審調書証人吉田雅人ニ對スル豫審調書中ノ右供述記載及其他ノ証據ヲ綜合考覈シテ原判示ノ如ク被告カ政治變革ノ目的ヲ以テ多数共同シ不穏ノ言動ヲ為シ治安ヲ妨害シ

0703

タル事實及李先勢ヲ助ケ騷擾ヲ為シ
タル事實ヲ認メタルヲ以テ本論旨中
前記証人村井邑次（論旨中村井雄次
トアルハ村井邑次ト同一人ト認ム）
右田雄人ノ証言ハ推測上ノ供述ナリ
トシ前記原審ノ認定事實ヲ否定スル

刑事判決原本　高等法院

点ハ原審ノ職權ニ屬スル証據ノ取捨
判斷及事實認定ヲ非難スルモノニ過
キス而シテ原審ノ認定事實ニ依レハ
被告ノ所為ハ原審ノ適用セル法條ノ
犯罪ヲ構成スヘキモノナルコト明ナ
ルヲ以テ朝鮮人カ朝鮮獨立萬歲ヲ呼

0704

唱スルモ犯罪トナラサル如ク論スル
点ハ被告一個ノ意見ニ基キ自己ノ所
為ハ罪トナラスト主張スルモノニ過
キサレハ本論旨ハ總テ上告理由ナシ
被告人李注儀上告趣意ハ自分儀朝鮮
獨立萬歲ヲ唱ヘタル事ニテ罪セラレ

刑事判決原本　高等法院

タルモ其國ヲ失ヒ十餘年日本政治下
ニテ朝鮮二千萬ノ人民甚タシク苦シ
メラレ生道ナキ折今回講和會議開催
セラレ朝鮮獨立ノ言ヲ聞キ萬歲呼唱
天地ニ滿ケレヲ以テ本人カ獨立ヲ望
ミレハ何ソ之ヲ罪ト為スヘケンヤ身

0705

病数年ニシテ入監九個月ニ及ヒ半死
半生ノ如シ特ニ容恕アランコトヲ望
ムト云ヒ
被告人李秉烈上告趣意ハ自分儀東方
禮義ノ國ノ民族トシテ國ヲ爲ス心ナ
カランヤ合邦以後年々朝鮮獨立ノ心
刑事判決原本 高等法院
甚タシカリシカ幸ヒ今回各國獨立ノ
時代来リタルヲ以テ朝鮮民族ニシテ
誰レカ獨立萬歳ヲ吟唱セサルモノア
ランヤ之ヲ大罪トシテ地方法院支廳
ニテ懲役三年ノ言渡ヲ受ケ不服ニ付
控訴シタルニ棄却トナリタリ冤枉ニ

0706

堪ヘス上告趣意書ヲ提出スト云ヒ
被告人李會烈上告趣意ハ東國ハ箕子
ノ治行洪範ニシテ入教ヲ叙シ禮樂ノ
敎化千有餘年我太祖大王登國以来文
風蔚興群賢輩出シ三綱五常ノ道粲然
タルコト復五百餘年ナリ而シテ這回
刑事判決原本 高等法院
太皇帝陛下ノ不幸昇遐ニヨリ人民タ
ル者誰レカ哀悼セサランヤ今年三月二
十三日任實郡屯南面葵樹市場ニ期セ
スシテ會スル者數千人朝鮮獨立ノ爲
萬歳ヲ高唱スルヲ以テ本人モ亦晩レ
テ參會セリ然ルニ地方法院支廳ニテ

0707

四年ノ懲役ヲ受ケ控訴シタルニ棄却
トナレルモ心少シモ憾ナシ漢ノ蘇武
ハ北海上ニ滞因サレ十年後國ニ還レ
リ此ニ比セハ四年ノ懲役豈ニ寛ト言
フヘケンヤ然レトモ萬歳呼唱者ヲ罪
ト為スニ何故ニ軽重ヲ論セス強制處
刑事判決原本　高等法院
併スルヤ國ノ政治ハ徳ニ在リテ地方
ノ多少ニアラス秦ノ始皇ハ六國ヲ統
合シ二世三世ヨリ萬世ニ至リ之ヲ無
窮ニ傳ヘントシタルモ僅ニ二世ニシ
テ亡ヒタリ前鑑昭然タリ日本ノ地方
ハ朝鮮ニ比較セハ幾十倍ナルヲ知ラ

0708

ス何ノ不足アリテ人ノ國ヲ合併スル
ヤ周ノ文王ハ百里ニシテ天下ニ政ヲ
為シ諸侯悦服シ水ノ下ニ就クカ如シ
之ヲ推察アランコトヲ望ムト云ヒ
被告人李起松上告趣意ハ朝鮮ハ古来
禮義ノ邦ニシテ日韓併合以来朝鮮人
刑事判決原本　高等法院
ハ總テ獨立ノ志アリタルヲ以テ萬歳
ヲ高唱シタリトテ何ソ犯罪ト謂フヘ
キヤ何故ニ強力、鉄及銃砲ヲ用ヒ数百
名ヲ捕殺シ朝鮮民族ニ對シ強暴ノ行
動ヲ為スヤ朝鮮ハ元君主ノ國ナリ日
本帝國ハ何故ニ其文明ヲ以テ朝鮮國

0709

ヲ指導セサルヤ本人ハ己未年陰二月
二十二日㙒樹市場ニテ獨立演説ヲ為
シ萬歳ヲ高唱セシカ軍兵ノ解散ニヨ
リ億兆ノ青年ハ捕ハレ入監セシメラ
レタリ而シテ本人ヲ率先暴行者煽動
者ト認メラレ七年ノ刑ヲ言渡サレタ

刑事判決原本　高等法院

リシモ今日東西洋世界各國共和政治
ノ時代ナルニ日本ハ文治政治ノ國ト
シテ之ヲ知ラサルカ畢ニ其利欲ヲ知
ル大日本帝國ニハ實ニ人無キナリ仁
義禮智三綱五倫ヲ知ラス朝鮮三千里
ノ江山ヲ强奪セントスルモ朝鮮ハ朝

0710

鮮ニシテ日本ハ日本ナルコト正々タ
ル事ナリトス朝鮮ヲ還送セサレハ日
本帝國ノ政治ニ不利益多シ我二千萬
同胞ヲ圏圄ノ中ニ苦シムルハ我同胞
ノ團結心ヲ日々强固ニスルコトヲ知
ラサルカ吾身ノ亡後吾子孫アリ子孫

刑事判決原本　高等法院

ハ進歩ス千萬年タリト雖此心ヲ廢セ
ス汝ノ國聖君明治天皇ト伊藤博文ハ
日本ノ英傑ノ智主ニシテ天下ノ大勢
共和タルヲ知リ朝鮮ヲ日本ニ合併ス
ル意ナカリシモ両人故人タル後日韓
合併トナリタリ汝カ苦シムルハ我國

0711

同胞ノ精神ヲ修養スルモノト謂フヘレ骨肉ヲ苦痛セシメハ汝等モ觸石違釘ノコトアルヘシ我同胞ハ日本ヲ排スルモノニアラサルハ我國政治ノ本志ナリ我民族ハ日本ニ朝鮮ヲ許給シタルコトナシト云フニ在レトモ

刑事判決原本　高等法院

原審ノ認定事實ニ依レハ被告等ノ所爲ハ原審ノ適用セル法條ノ犯罪ヲ構成スヘキモノナルコト明ナルヲ以テ原審カ同法條ヲ適用處斷セルハ相當ニシテ本論旨ハ被告等一個ノ事實トスル所ヲ述ヘ被告等個ノ意見ニヨリ

0712

自己ノ所爲ハ正當ノ行爲ニシテ犯罪ニアラスト主張スルモノニ過キサレハ何レモ上告理由ナシ

被告人李容儀上告趣意ハ本年三月二十三日午後五時頃漁隱里ニ赴リ途次本郡化南面々役所駐在所前ニ至リシ

刑事判決原本　高等法院

ニ數百人ノ人衆集合シ本郡警察署長郡守等モ會合シ院東山ニテ演說中ナリシ爲路塞リ通行スルヲ得ス約三十分間止マリ居リシニ官吏ニ捕ハレタルモノニシテ前後保安法違反トシテ豫審五個月ニ亘リ光州地方法院全州

0713

支廳ニテ懲役三年ノ處刑ヲ受ケ大邱覆審法院ニ控訴シタル處控訴棄却トナリタルヲ以テ茲ニ上告ス細々明察ノ上光明正當ノ判決アランコトヲ請フト云ヒ

被告人梁太煥上告趣意ハ自分儀保安法違反被告事件ニ依リ地方法院ニテ懲役五個年ノ言渡ヲ受ケタルモ朝鮮民族トシテ此時代ニ當リ萬歳ヲ高唱スルハ當然ノ事ナリ況ヤ本人ハ當時病人ニテ主人金尚局家ニテ服藥シ本人ノ姪子ヲ甕樹市ニ進ハシタルニ午

0714

後三時トナルモ其消息ナキニヨリ更ニ右主人ヲ市場ニ派シタルニ市場ノ衆人ニ毆打サレ行衛不明トナリタリトノコトニ付已ムヲ得ス自ラ甕樹市場ニ出テ行キタル處其際數千人會集セルヨリ本人カ何故ニ吾子ヲ毆打シ何處ニ送リシヤ速ニ尋ネ呉レト言ヒタル外他事ナキ因モノナルニ覆審法院ニテ懲役五年ニ處セラレタルハ甚タ冤痛ナルヲ以テ高等法院長ニ上告ス海諒洞燭アリ度シト云フニ在レトモ

0715

原審ハ適法ノ証據ニ依リ原判示ノ如ク被告等ノ保安法違反及騒擾ノ事實ヲ認定シ當該法條ヲ適用處断セルモノナルヲ以テ本論旨ハ何レモ被告一個ノ事實トスル所ヲ述ヘ原審ノ職權ニ屬スル事實認定ヲ非難スルモノニ

刑事判決原本　高等法院

過キス上告理由ナシ

被告人吳宗鎔上告趣意ハ朝鮮ハ本是レ禮義ノ邦ニシテ日本ニ合邦トナリタル以来獨立タランコトヲ晝宵希望セシ處今年ニ至リ禮義ノ民族カ獨立萬歳ヲ呼唱セシハ實ニ天地ノ常經ニ

0716

シテ古今ノ通義ナリ本被告カ獨立萬歳ヲ呼唱セシヲ保安法違反及率先騒擾者ト稱シ處律セラレタルモ本被告ハ獨立萬歳ヲ呼唱センニ過キス断シテ率先騒擾シタルコトナキヲ以テ覆審法院ニ控訴シタルニ棄却トナレリ

刑事判決原本　高等法院

率先シテ騒擾シタルコトナキニ何ソ騒擾ヲ以テ罰セラルヘキヤ調査ノ後騒擾ノ二字ヲ削除サレンコトヲ望ムト云フニ在レトモ

原審ハ適法ノ証據ニ依リ原判示ノ如ク被告ノ保安法違反及事實及率先シ

0717

ヲ勢ヲ助ケ騒擾ヲ為シタル事實ヲ認メタルモノナルヲ以テ本論旨中被告カ率先騒擾ヲ為シタル事實ナシト論スル点ハ原審ノ專權ニ屬スル事實認定ヲ非難スルモノニ過キス而シテ右原審認定ノ事實ニ依レハ被告ノ所為ハ原審ノ適用セル法條ノ犯罪ヲ構成スヘキコト明ナルヲ以テ被告カ朝鮮獨立萬歲ヲ高唱シタルハ罪トナラサルカ如ク論スル其餘ノ論旨ハ被告一個ノ意見事實トスル所ヲ述ヘ被告一個ノ意見ニ基キ自己ノ所為ハ犯罪ニ

刑事判決原本　高等法院

0718

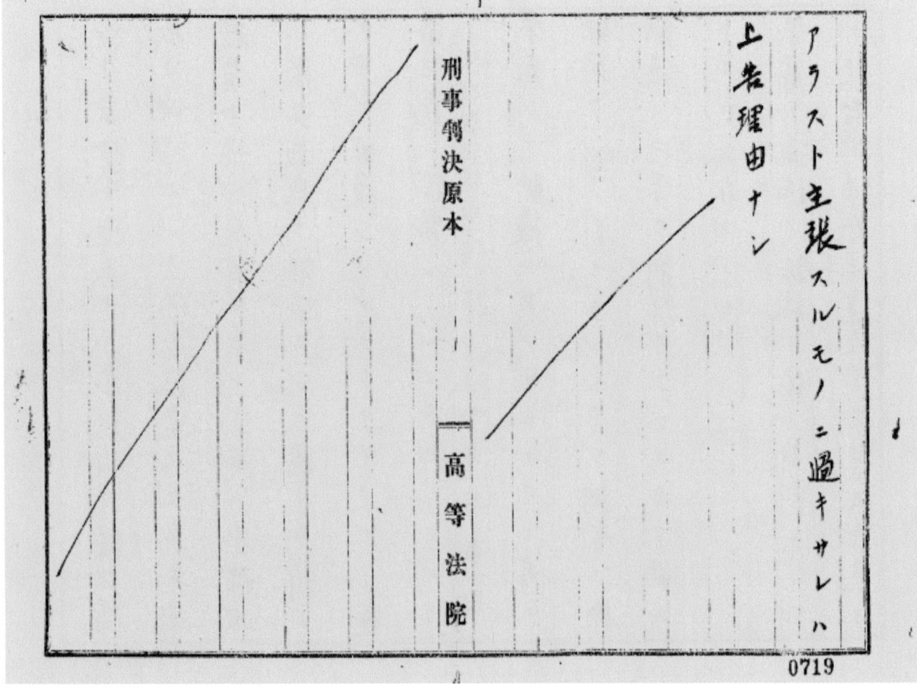
アラスト主張スルモノニ過キサレハ
上告理由ナシ

刑事判決原本　高等法院

0719

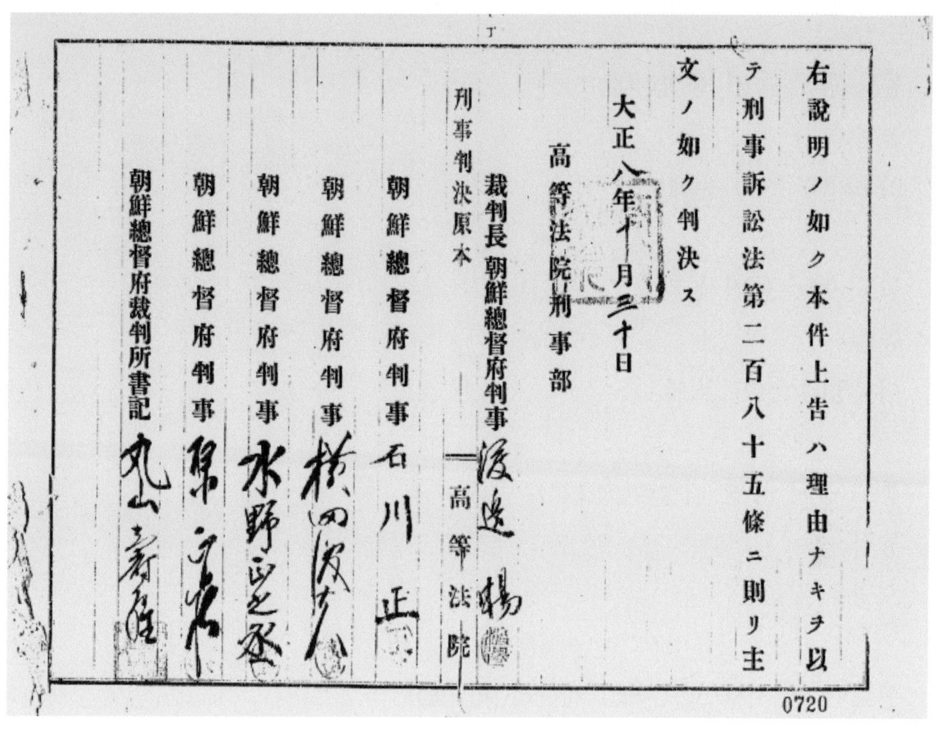

右說明ノ如ク本件上告ハ理由ナキヲ以
テ刑事訴訟法第二百八十五條ニ則リ主
文ノ如ク判決ス

大正八年十月三十日

高等法院刑事部

裁判長 朝鮮總督府判事 渡邊暢

刑事判決原本 高等法院

朝鮮總督府判事 石川正

朝鮮總督府判事 横田俊夫

朝鮮總督府判事 水野正之丞

朝鮮總督府判事 原正鼎

朝鮮總督府裁判所書記 丸山[illegible]

0720

판결

대정 8년 형상(刑上) 제994호

전라북도 임실군 둔남면(屯南面) 신기리(新基里)

농업

이기송(李起松) 32세

동도 동군 동면 대정리(大井里)

농업

이윤의(李倫儀) 30세

동도 동군 동면 용정리(龍井里)
농업
이주의(李注儀) 44세

동도 동군 동면 동리
농업
이회열(李會烈) 48세

동도 동군 동면 대정리(大井里)
농업
오병용(吳秉鎔)

동도 동군 지사면(只沙面) 계사리(溪沙里)
농업
이병렬(李秉烈)

동도 동군 둔남면 용정리
농업
이용의(李容儀) 32세
동도 영광군 법성면(法聖面) 언목리(言木里)
은선암(隱仙庵) 승려
양태환(梁太煥) 35세

위 소요 피고사건에 대해 대정 8년 9월 30일 대구복심법원에서 언도한 판결에 대해 피고 등으로부터 상고를 신청함에 따라 당원은 조선총독부 검사 초장임오랑(草場林五郎)의 의견을 듣고 판결함이 다음과 같다.

주문

본 건 각 피고인의 상고는 이를 기각한다.

이유

피고인 이윤의(李倫儀) 상고 취의는 올해 3월 23일 전라북도 임실군 오수시장 도로변에서 조선독립만세를 부름은 조선민족이 아니라면 그만둘 수 있으나 적어도 조선인으로서 이 시기를 맞이하여 부르지 않을 수 있겠는가. 사람이라도 가정을 갖추고자 하면 우선 그 나라를 다스림은 도리의 기원(基源)이고 스스로 문명이 되어 치발(治潑)이 됨은 인성(人性)의 통상이므로 이것을 어찌 죄라고 말할 수 있는가. 본인은 어려서 가정에서 배움을 받고 공맹(孔孟)의 가르침을 숭상하고 부정한 일을 행하지 않는다. 마음을 단정하게 함은 본적(本籍)에 대해 조사하여 물으면 분명하다. 1심 법정에서 '너는 사람을 권유한 적이 없느냐.'라고 하나 이 지역 순사 촌정웅치(村井雄治), 길전아인(吉田雅人)은 봤다고 말한 적이 있는데 본인이 하지 않았는데 어찌 사람을 권유하겠는가. 또 촌정 순사 및 길전아인은 본인의 행동을 보지 않고 만세를 불렀다고 말함은 추측하여 말하는 것임이 분명하다. 본인은 그때 우편소 앞 원동산 일명 연비산(鳶飛山)에서 멀게 바라본 것뿐임은 이 지역 면 직원 일동 면 순사 모두 아는 바로 어찌 감히 하늘을 속이겠는가. 본인은 본래 무식한 사람으로 결코 부정한 일을 하지 않기 때문에 취의서를 제출한다고 말하고 있으나 원심은 증인 조선총독부 순사 촌정읍차(村井邑次)에 대한 예심조서, 증인 길전아인에 대한 예심조서의 각 공술 기재 및 기타 증거를 종합, 고핵하여 원판시와 같이 피고가 정치 변혁을 목적으로 다수 공동으로 불온한 언동을 하고 치안을 방해한 사실 및 솔선하여 기세를 도와 소요를 한 사실은 인정함으로써 본 논지 중 위 증인 촌정읍차, 길전아인의 증언은 추측상의 공술이라고 하고 위 원심의 인정 사실을 부정하는 점은 원심의 직권에 속하는 증거의 취사 판단 및 사실 인정을 비난하는 것에 불과하다. 그리고 원심의 인정 사실에 의하면 피고의 소위는 원심이 적용한 법조의 범죄를 되지 않는 것과 같이 논하는 점은 피고 한 개의 의견에 근거하여 자기의 소위는 죄가 되지 않는다고 주장하는 것에 불과하니 본 논지는 모두 상고 이유 없다.

피고 이주의(李注儀) 상고 취의는 자신은 조선독립만세를 부른 것으로 죄가 된다고 하나 그 나라를 잃고 10여 년 일본 정치 아래에서 조선 2천만의 인민이 심하게 괴롬을 당하고 살길 없을 때 마침 이번 강화회의가 개최되고 조선독립의 말을 듣고 만세 호창이 천지에 가득하므로 본인이 독립을 바라는 것이 어찌 죄라고 할 수 있는가. 신병(身病)이 수년이고 감옥(監獄)에 들어온 지 9개월에 이르고 반은 죽고 반은 산 것과 같다. 특별히 용서가 있기를 바란다고 말하고,

피고 이병렬(李秉烈) 상고취의는 자신은 동방예의지국의 민족으로서 나를 위하는 마음이 없겠는가. 합방 이후 해마다 조선독립의 마음이 심해졌는데, 다행히 이번 각국 독립 시대가 왔으므로 조선민족으로서 누가 독립만세를 부르지 않을 자가 있겠는가. 이를 큰 죄로써 지방법원지청에서 징역 3년의 언도를 받고 불복하여 공소했는데 기각되었다. 억울함을 견디지 못하고 상고취의서를 제출한다고 말하고,

피고인 이회열(李會烈) 상고 취의는 동국(東國)은 기자(箕子)가 널리 다르시는 홍범(洪範)으로써 입교를 베풀고, 예락(禮樂)을 교화(敎化)한 지 1천여 년이다. 우리 태조대왕의 등곡(登國) 이후 문풍(文風)이 울흥(蔚興)하여 현인들이 많이 나오고, 삼강오상(三綱五常)의 도가 찬연(粲然)함이 돌아온 지 500여 년이다. 그리고 이번 태황제 각하의 불행한 승하(昇遐)로 인민인 자가 누가 애도하지 않겠는가. 올해 3월 23일 임실군 둔남면 오수시장에서 예기치 않게 만나는 사람 수천 명이 조선독립을 위해 만세를 크게 외침으로 본인도 역시 늦게 참석했다. 그런데 지방법원지청에서 4년의 징역을 받고 공소했는데 기각되었으나 마음에 조금도 섭섭함은 없다. 한(漢)의 소무(蘇武)는 북해 상에서 갇혀 10년 후 나라로 돌아왔다. 이에 비하면 4년의 징역이 어찌 원통하다고 말할 수 있겠는가. 그렇지만 만세를 부른 자를 죄라고 하는데 어째서 경중을 논하지 않고 강제로 처벌하는지. 국가의 정치는 덕에 있고 지방의 다소가 아니다. 진시황(秦始皇)은 6국을 통합하고 2~3세 만세에 이르러 이를 무궁하게 전하려고 했으나 겨우 2세에 망했다. 전감소연(前鑑昭然)한 일본의 지방은 조선에 비교하면 몇십 배임을 알지 못한다. 무슨 부족이 있어 다른 나라를 합병하는가. 주(周)의 문왕(文王)은 백리(百里)로 천하의 정치를 하여 모두 기쁨으로 복종하고 물 아래로 나아가는 것과 같다. 이를 추찰(推察)하기를 바란다고 말하고,

피고인 이기송(李起松) 상고 취의는 조선은 예부터 예의의 나라로 일·한 병합 이후 조선인은 모두 독립의 뜻이 있었으므로 만세를 외쳤다고 하여 어찌 범죄라고 말할 수 있는가. 어째서 강한 힘, 철 칼, 총포를 사용하여 수백 명을 포살하고 조선민족에게 강포의 행위를 하는지. 조선은 본래 군왕(君王)의 나라이다. 일본제국은 어째서 그 문명으로 조선국을 지도하지 못하는가. 본인은 기미년 음력 2월 22일 오수시장에서 독립연설을 하고 만세를 크게 외쳤는데 군병의 해산에 의해 억조의 청년은 붙잡히고 옥에 갇히게 되었다. 그리고 본인을 솔선 폭행자, 선동자로 인정하여 7년의 형을 언도받았으나 오늘날 동서양 세계 각국이 공화(共和) 정치 시대인데 일본은 문치정치의 나라로써 이것을 알지 못하는가. 단지 그 이욕(利欲)을 아는 대일본제국에게는 실로 인간이 없다. 인의예지(仁義禮智), 삼강오륜(三綱五倫)을 모른다. 조선 삼천리강산을 강탈하려고 하나 조선은 조선이고 일본은 일본임이 정정(正正)한 일이다. 조선을 환송(還送)하지 않으면 일본제국의 정치에 불이익이 많다. 우리 2천만 동포를 감옥 가운데 고통하게 함은 우리 동포의 단결심을 하루하루 강고하게 하는 것임을 알지 못하는가. 내가 죽은 후에 내 자손이 있고 자손은 진보한다. 천만 년이라고 해도 이 마음을 폐하지 못한다. 네 나라 성군 명치천왕(明治天皇)과 이등박문(伊藤博文)은 일본의 영걸(英傑)의 지주로 천하의 대세가 공화임을 안다. 조선을 일본에 합방할 뜻이 없었으나 두 사람이 죽은 후 일·한 합방되었다. 네가 괴롭게 함은 우리나라 동포의 정신을 수양(修養)하는 것이라고 말할 것이다. 골육을 고통하게 했으니 너희들도 돌에 부딪쳐 못을 만나는 일이 있을 것이다. 우리 동포는 일본을 배척하는 것이 아님은 우리나라 정치의 본뜻이다. 우리 민족은 일본에게 조선을 허락한 일이 없다고 말하고 있으나 원심의 인정 사실에 의하면 피고 등의 소위는 원심이 적용한 법조의 범죄를 구성할 수 있는 것임이 분명하므로 원심이 동 법조를 적용, 처단함을 타당하고 본 논지는 피고 등 일개의 사실로 하는 바를 진술하고 피고 등 일개의 의견에 의해 자기의 소위는 정당한 행위이고 범죄가 아니라고 주장하는 것에 불과하여 모두 상고 이유 없다.

피고인 이용의(李容儀) 상고취의는 올해 3월 23일 오후 5시경 어은리로 가는 도중 본군 둔남면 면사무소 주재소 앞에 이르렀는데, 수백 명의 무리가 집합하고 본 군 경찰서장, 군수 등도 모여 원동산에서 연설 중이었기 때문에 도로가 막혀 통행할 수 없어 약 30분 동안 멈춰 있었는데 관리에게 붙잡힌 것이고, 이후 보안법 위반으로 예심 5개월에 걸려 광주지방법원 전주지청에서 징역 3년의 처형을 받고 대구복심법원에 공소를 했는데 공소 기각되었으므로 이를 상고한다. 세세히 명찰(明察)한 후 광명정당한 판결이 있기를 요청한다고 말하고,

피고인 양태환(梁太煥) 상고취의는 자신은 보안법 위반 피고사건에 의해 지방법원에서 징역 5년의 언도를 받았으나 조선민족으로서 이 시대를 맞이하여 만세를 크게 외침은 당연한 일이다. 하물며 본인은 당시 병자로 주인 김상국(金尙局) 집에서 복약(服藥)하고 본인의 조카를 오수시장으로 보냈는데, 오후 3시가 되도 그 소식이 없어서 다시 위 주인을 시장으로 보냈는데, 시장의 무리에게 구타당하고 행방불명이 되었다는 것에 어쩔 수 없이 스스로 오수시장에 나갔는데, 그때 수천 명이 모였기에 본인이 '왜 내 자식을 구타하고 어디로 보냈느냐. 빨리 찾아 달라.'라고 말한 것밖에 없는데, 복심법원에서 징역 5년에 처해졌으니 심히 원통하므로 고등법원장에게 상고한다. 해량(海諒) 통촉(洞燭)해 달라고 말하고 있으나 원심은 적법한 증거에 의해 원판시와 같이 피고 등의 보안법 위반 및 소요한 사실을 인정하고 해당 법조를 적용, 처단한 것이므로 본 논지는 모두 피고 일개의 사실로 하는 바를 진술하고 원심의 직권에 속하는 사실 인정을 비난하는 것에 불과하다. 상고 이유 없다.

피고인 오병용(吳秉鎔) 상고취의는 조선은 본래 예의의 나라로 일본에게 합방된 이후 독립되기를 주야로 희망하고 있었는데 올해가 되어 예의의 민족이 독립만세를 부름은 실로 천지의 올바른 도리이고 고금(古今)의 통의(通義)이다. 본 피고가 독립만세를 부름을 보안법 위반 및 솔선 소요자라고 하여 법으로 처벌받았으나 본 피고는 독립만세를 부른 것에 불과하다. 결코 솔선 소요한 적이 없으므로 복심법원에 공소했는데 기각되었다. 솔선하여 소요한 적이 없는데 어찌 소요로써 벌을 받을 수 있겠는가. 조사한 후 소요라는 두 글자를 삭제받기를 바란다고 말하고 있으나 원심은 적법한 증거에 의해 원판시와 같이 피고가 보안법 위반 및 솔선하여 기세를 도와 소요를 한 사실을 인정한 것이므로 본 논지 중 피고가 솔선 소요를 한 사실이 없다고 논하는 점은 원심의 전권에 속하는 사실

인정을 비난하는 것에 불과하다. 그리고 위 원심 인정 사실에 의하면 피고의 소위는 원심이 적용한 법조의 범죄를 구성할 수 있음이 명백하므로 피고가 조선독립만세를 크게 외침은 죄가 되지 않는 것과 같이 논하는 그 나머지 논지는 피고 일개의 사실로 하는 바를 진술하고 피고 일개의 의견에 근거하여 자기의 소위는 범죄가 아니라고 주장하는 것에 불과하여 상고 이유 없다.

위 설명과 같이 본 건 상고는 이유 없으므로 형사소송법 제285조에 따라 주문과 같이 판결한다.

찾아보기

ㅂ

ㅅ

ㅇ

ㅈ

인천대학교 인천학연구원 독립운동사연구소 총서 1호

이성기 · 용기 형제와 남원 3 · 1독립만세의거

2021년 10월 20일 1판 1쇄 인 쇄
2021년 10월 28일 1판 1쇄 발 행

엮은이 : 이 태 룡

펴낸이 : 박 정 태

펴낸곳 : **광 문 각**

10881
파주시 파주출판문화도시 광인사길 161
광문각 B/D 4층
등 록 : 1991. 5. 31 제12-484호
전화(代) : 031) 955-8787
팩 스 : 031) 955-3730
E-mail : kwangmk7@hanmail.net
홈페이지 : www.kwangmoonkag.co.kr

• ISBN : 978-89-7093-578-2 93900

값 20,000원